心理健康教育

主　编：周秀艳
副主编：桑　肖　张　姿
编　委：刘　莹　张庆强　李倩玉　郭茜茜　张婧瑶　董　颖　王晓华

电子工业出版社
Publishing House of Electronics Industry
北京·BEIJING

内 容 简 介

本书包含"心理素养探索篇"和"心理素养提升篇"两个部分。"心理素养探索篇"从大学生的入学教育着手，以丰富大学生的心理健康知识、促进大学生的自我觉察为主线，根植心理健康理念，激发大学生关爱自我、关注心理健康的意识；"心理素养提升篇"从大学生的升级教育着手，以培养大学生的心理调节能力、提升大学生的生活和学习技能为主线，传授心理自助知识与技能，引导大学生明确生活和学习目标、提升自身心理素养。本书每章包含心灵导语、成长故事、心晴时刻、心海探索、课堂研讨、心理训练、学习资源等内容，集知识传授、心理体验与行为训练为一体，强化知识、技能、情感态度和价值观的有机统一。

本书语言风格贴近大学生的话语体系，内容贴近大学生的现实生活，既可以作为心理健康教育课程的教材，也可以作为青年提高心理健康素养的自助读物。

未经许可，不得以任何方式复制或抄袭本书之部分或全部内容。
版权所有，侵权必究。

图书在版编目（CIP）数据

心理健康教育 / 周秀艳主编. —北京：电子工业出版社，2022.9
ISBN 978-7-121-44269-8

Ⅰ. ①心… Ⅱ. ①周… Ⅲ. ①大学生－心理健康－健康教育 Ⅳ. ①G444

中国版本图书馆 CIP 数据核字（2022）第 162679 号

责任编辑：刘御廷　　　　　　特约编辑：田学清
印　　刷：山东华立印务有限公司
装　　订：山东华立印务有限公司
出版发行：电子工业出版社
　　　　　北京市海淀区万寿路 173 信箱　　邮编：100036
开　　本：787×1092　1/16　印张：17　字数：457 千字
版　　次：2022 年 9 月第 1 版
印　　次：2025 年 7 月第 4 次印刷
定　　价：56.80 元

凡所购买电子工业出版社图书有缺损问题，请向购买书店调换。若书店售缺，请与本社发行部联系，联系及邮购电话：（010）88254888，88258888。

质量投诉请发邮件至 zlts@phei.com.cn，盗版侵权举报请发邮件至 dbqq@phei.com.cn。
本书咨询联系方式：lyt@phei.com.cn。

前　言

心理健康是健康的重要组成部分，我国文化历来强调"形神共养"，主张将调神养心摆在优先位置，著名医学家华佗曾说过"善医者，先医其心，而后医其身"，可见心理健康的重要意义。党的十九大报告提出要"加强社会心理服务体系建设，培育自尊自信、理性平和、积极向上的社会心态"，《健康中国行动（2019—2030 年）》中提出了 15 个重大行动，其中之一就是心理健康促进行动，突出了国家对心理健康工作的高度重视。大学生作为我国社会主义事业的建设者和接班人，只有不断提升自身政治理论素养，保持良好的身心状态，方能成大才、担大任，成长为堪当民族复兴重任的时代新人。

为了进一步加强心理健康教育课程教学，推进心理健康知识普及，培养出心理健全的学生，山东建筑大学组织经验丰富的教学团队编写了本书。本书第一章、第五章由桑肖编写，第二章由王晓华编写，第三章由刘莹编写，第四章由张婧瑶编写，第六章由郭茜茜编写，第七章、第十二章由张姿编写，第八章由董颖编写，第九章由张庆强编写，第十章由周秀艳编写，第十一章由李倩玉编写。全书由周秀艳负责统稿，桑肖和张姿负责审阅定稿。

本书主要具有以下特色。一是落实习近平新时代中国特色社会主义思想和党的二十大精神进教材的要求，心理与思想政治有机融合。本书充分挖掘心理健康教育课程中所包含的思想政治元素，将时代楷模的事迹等融入本书，实现心理健康知识传授与思想政治教育的有机统一，促进同向同行。二是内容完善、体系清晰。本书从心理健康素养的三个方面——"知识、技能和态度"展开编写，每章包含心灵导语、成长故事、心晴时刻、心海探索、课堂研讨、心理训练、学习资源等内容，集知识传授、心理体验与行为训练为一体，强化知识、技能、情感态度和价值观的有机统一。三是体现升级教育理念。本书包含"心理素养探索篇"和"心理素养提升篇"两个部分。"心理素养探索篇"从大学生的入学教育着手，以丰富大学生的心理健康知识、促进大学生的自我觉察为主线，根植心理健康理念，激发大学生关爱自我、关注心理健康的意识；"心理素养提升篇"从大学生的升级教育着手，以培养大学生的心理调节能力、提升大学生的生活和学习技能为主线，传授心理自助知识与技能，引导学生明确生活和学习目标、提升自身心理素养。

  心理健康是一种健康、积极、开放的人生态度和处世心态，如果您是心理健康教育的教师，那么本书既可以作为您的教学辅助材料，也可以作为您日常开展心理健康教育工作的实用工具；如果您是青年学生，那么本书既可以是您打开心理学世界的窗口，也可以是您启智润心、拥抱积极心态的"加油站"。心理健康是一场长期修行，希望在这段旅程中，每位教师、大学生朋友能够在自我觉察、心理自助与互助的过程中，培育自尊自信、理性平和、积极向上的心态，理性面对生活中的"酸甜苦辣"，拥抱美好、自在、充实的人生！

  本书在编写过程中参阅了国内外有关心理健康的文献，并引用了一些专家学者的研究成果，还获山东建筑大学教材建设基金资助，在此一并表示感谢。由于编写时间紧张，编者水平有限，疏漏与错误在所难免，敬请广大读者批评、指正和谅解。

目　　录

第一部分　心理素养探索篇

第一章　心理健康知多少 2
　　第一节　正解心理健康 4
　　第二节　心理问题去污名化 8
　　第三节　揭开心理咨询的神秘面纱 15

第二章　走好大学第一步 24
　　第一节　大学生活知多少 25
　　第二节　大学学习与心理健康 29
　　第三节　大学生活与心理健康 33
　　第四节　大学学生工作与心理健康 38

第三章　别让情绪左右你 43
　　第一节　喜怒哀惧大杂烩——认识情绪 45
　　第二节　倾听心灵的声音——走进你的情绪 52
　　第三节　迷雾中前行——管理情绪 56
　　第四节　阳光照进生活——塑造积极情绪 60

第四章　在关系中成长 66
　　第一节　探究人际关系的奥秘 68
　　第二节　人际交往正当时 72
　　第三节　人际交往的黄金法则 77

第五章　爱情修炼手册 87
　　第一节　问世间情为何物 89
　　第二节　爱的准备 92
　　第三节　爱的经营 98

　　　　第四节　爱的冲突 ………………………………………………………… 103
　　　　第五节　爱的边界 ………………………………………………………… 111

第六章　认识我　悦纳我　珍爱我 …………………………………………… 118
　　　　第一节　我是谁——认识你自己 ………………………………………… 119
　　　　第二节　我从哪里来——打开你的乔哈里窗 …………………………… 126
　　　　第三节　我要到哪里去——悦纳自我与超越自我 ……………………… 128
　　　　第四节　活出我的范儿——爱己达人 …………………………………… 136

第二部分　心理素养提升篇

第七章　遇见更好的自己 ………………………………………………………… 142
　　　　第一节　探秘人格江湖——人格概述 …………………………………… 143
　　　　第二节　破解人格密码——人格解析 …………………………………… 150
　　　　第三节　实现人格飞跃——人格优化 …………………………………… 155

第八章　我的学习我做主 ………………………………………………………… 163
　　　　第一节　燃烧吧——学习动机 …………………………………………… 165
　　　　第二节　找到你——学习风格 …………………………………………… 171
　　　　第三节　UP　UP——学习策略 …………………………………………… 175
　　　　第四节　再见吧——学习拖延 …………………………………………… 179

第九章　压力应对有力量 ………………………………………………………… 185
　　　　第一节　压力知多少——认识压力 ……………………………………… 187
　　　　第二节　与压力共舞——压力管理 ……………………………………… 194
　　　　第三节　与正念为伴——正念减压 ……………………………………… 199

第十章　人际沟通的奥秘 ………………………………………………………… 209
　　　　第一节　人际沟通的心理探索 …………………………………………… 211
　　　　第二节　如何成为沟通高手 ……………………………………………… 214
　　　　第三节　家庭中的沟通与成长 …………………………………………… 219

第十一章　网络中的"虚"与"实" ……………………………………………… 226
　　　　第一节　网络生活与大学生心理健康 …………………………………… 228
　　　　第二节　网络世界里的迷失 ……………………………………………… 231
　　　　第三节　合理运用网络 …………………………………………………… 237

第十二章 活出你的精彩 244
第一节 一次内在对话——生涯剖析 246
第二节 一个重要决定——目标确立与规划 252
第三节 一场长期修行——问题调适与终身学习 256

参考文献 262

第一部分

心理素养探索篇

第一章

积极心理品质助成长

心理健康知多少

导语：心理健康是大学生成长成才的重要基础，了解大学生心理健康的标准，掌握常见心理问题的识别与调节方法，树立正确的心理健康观念，有助于大学生提升心理健康素质。在心理学知识的指导下，大学生形成对心理健康、心理咨询的正确认识，树立"身心皆健康"的理念和勇于求助的意识，有利于大学生的全面发展。在中国特色社会主义新时代，大学生要努力培养积极的生活态度，学会用发展的、辩证的眼光看待自身及他人心理健康状况，塑造积极的心理品质，提升心理健康素质，为构建和谐社会贡献自我力量。

 **心灵导语**

真实的幸福源于发现自己的优势和美德，并在生活中充分发挥它们。

——马丁·塞利格曼

 **成长故事**

总是很担心

李欣是一名大一女生，她专业成绩优秀、兴趣爱好广泛，但在生活中总是不开心。

面对喜欢的社团活动，她明明已经准备了很久，但在递交报名表的那一刻还是选择了"临阵脱逃"，因为她担心自己在台上出丑，被别人笑话；英语是她的强项，但是面对老师的提问，她紧张得一句话都说不出来，路上遇到英语老师原本想打个招呼，但是担心尴尬，所以选择赶紧低头溜走；身体不舒服想让舍友帮忙买份午餐，但是由于担心被别人拒绝，最终还是自己忍着不适下楼买饭……类似的事情让李欣每天都高兴不起来，为了避免与他人互动可能出现的问题，她直接选择尽量不社交。其实，她唱歌很好听，一直想在社团中一展歌喉；她英语口语很棒，十分希望和老师交流；她爱好看电影，很渴望和舍友一起分享、交流。但是，担心的情绪紧紧困住了她，让她难以迈出那一步。

思考：为什么李欣总是很担心与他人交往和互动呢？

专家点拨：很多大学生都希望拥有丰富多彩的大学生活，这需要开展积极的自我评价、历练宠辱不惊的心理素质、保持乐观向上的人生态度。李欣的担心背后是她的自卑心理、交往能力欠缺、情绪敏感等问题在作祟，这可能和她的家庭背景、成长经历有关。目前，对李欣来说，最重要的任务就是尝试打开自我、克服自卑心理，学会分析产生担心情绪的原因，勇敢迈出社交的第一步。

心晴时刻

捉拇指

1. 活动规则

全体同学起立，每个人都伸出双手，胳膊在胸前平举略比肩宽。左手拳头紧握、竖起大拇指，并用大拇指顶住左边同学的掌心；右手掌心朝下，确保"盖"住右边同学的大拇指，每一排的同学依次连接（最外侧的同学可以选择和前后排的同学连接起来）。主持人（老师）讲述《乌龟与乌鸦》的故事，当同学们听到"乌鸦"这个词语的时候，一方面右手快速"出击"，努力抓住右边同学的大拇指；另一方面，左手迅速"逃跑"，努力不让左边的同学抓住。

注意：在未听到目标词语时，要保持动作标准，不能出现左手大拇指不接触左边同学的掌心或者右手手掌弯曲握住右边同学大拇指的情况。

2. 活动素材

乌龟与乌鸦

森林里的池塘边住着一只乌龟，它有一双乌溜溜的大眼睛。有一天，乌龟在外面玩，忽然看见一只长有乌黑羽毛的乌鸦在天上飞，边飞边喊："兄弟，快跑，巫婆来了！"乌龟连忙把头缩进壳里，乌鸦则躲进池塘边的茅屋。过了一会儿，乌龟见周围没什么动静，探出头来一看，才发现刚才乌鸦看见的既不是巫婆，也不是巫师，而是乌云。

这时天空乌云密布，眼看就要下雨了。好心的乌龟把乌鸦请到屋里避雨，可是乌鸦看到乌龟家满地污泥，乌漆麻黑的，就喋喋不休地数落乌龟。乌龟听了很生气，就骂乌鸦无理取闹。后来，乌鸦把乌龟家里弄得乌烟瘴气，乌龟不得不把乌鸦赶到屋外，把乌鸦搞得哇哇大哭。

3. 交流总结

（1）活动中，你抓住别人的大拇指多少次？是怎么做到的？产生了哪些情绪？你被别人抓住多少次？是什么原因？产生了哪些情绪？

（2）你有没有出现以下情况，为什么？

A．专注于"出击"，抓住别人很多次，但也被抓住很多次。

B．专注于"逃跑"，一次没被抓住，但也一次没抓住别人。

C．在听到混淆词时，就快速"出击"或"逃跑"了。

总结：在这个简单的游戏中，既能反映出同学们的注意力、反应力、思考力、情绪等，又能折射出每个人的行事风格和性格特征，这些都是我们生活中的心理现象。这就让我们一起走进"心理健康教育"这门课,一起学习心理学知识,一起探索自我、了解自我、提升自我,拥抱美好的大学生活吧!

第一节　正解心理健康

一、何为心理健康

什么是心理健康?心理不健康就是"变态"吗?

在回答这个问题之前,我们先来了解一下健康的内涵。早在1948年,世界卫生组织就指出:"健康是一种在身体上、精神上的完美状态,以及良好的适应力,而不仅仅是没有疾病或衰弱的状态。"1989年,世界卫生组织又一次深化了健康的概念:"健康包括躯体健康、心理健康、社会适应良好和道德健康。"这种新的健康观念从单一的医学模式演变为生物-心理-社会医学模式,摆脱了人们对健康的片面认识。

心理健康是健康的重要组成部分。在生活中,我们会遇到这样一些人,他们衣食无忧,身体也没什么疾病,但常出现焦虑、紧张、疑虑、沮丧等消极情绪。长此以往,这种不健康的心理就成了"隐形杀手",对人们的健康造成了极大威胁。因此,心理健康不该被忽视,它和身体健康同样重要。

世界卫生组织(2001)提出:"心理健康不仅仅是指没有患上心理疾病,更可视为一种幸福状态(Well-being),在这种状态中,每个人认识到自己的潜力,可以应付正常的生活压力、有效地从事工作,并能够对社会做出贡献。"由原国家卫生和计划生育委员会、中国共产党中央委员会宣传部等22部委联合发布的《关于加强心理健康服务的指导意见》(国卫疾控发〔2016〕77号)中将心理健康定义为:"人在成长和发展过程中,认知合理、情绪稳定、行为适当、人际和谐、适应变化的一种完好状态。"正如"管却自家身与心,胸中日月常新美",当代大学生只有不断提升身心素养,方能成大才、担大任,为实现中华民族伟大复兴的中华梦贡献青春力量。

七古·送纵宇一郎东行(节选)

毛泽东

无端散出一天愁,幸被东风吹万里。

丈夫何事足萦怀,要将宇宙看稊米。

沧海横流安足虑,世事纷纭从君理。

管却自家身与心,胸中日月常新美。

二、心理健康的标准

需要注意的是,心理健康并不是一种静态的平衡,并不是永久性的无压力、无冲突、无痛苦,而是要在平衡和不平衡的交替中,进行有效的自我调整,与现实环境保持动态的协调,进而追求成长与发展。通过综合国内外研究成果,我们归纳出大学生心理健康的七条标准。

(一)心理特点符合年龄特征

人的一生要经历各个不同的年龄阶段,每个年龄阶段都有该年龄阶段的特点,一个人的认识、情感和行为应基本符合其年龄特征。

(二)情绪适当

情绪适当的标志是情绪稳定和心境良好。其具体包括愉快情绪多于负性情绪,乐观开朗、富有朝气,对生活充满希望;情绪较稳定,善于控制与调节自己的情绪,既能克制又能合理宣泄;情绪反应与环境相适应,当有喜事时感到愉快,当遇到不幸的事时产生悲哀情绪。

(三)意志健全

一个人的意志是否健全主要表现在意志品质上,意志品质健全是衡量心理健康的重要标志,主要体现在意志行为的自觉性、果断性、自制性和坚持性上。

(四)社会适应良好

心理健康的人能与社会保持良好的关系,认识社会、了解社会,使自己的思想、信念、目标和行动跟上时代发展的步伐,与社会的进步和发展协调一致。同时,心理健康的人能借助有效的方法克服环境中的各种困难,根据环境的特点和自身情况努力进行协调,或者改造环境使其适应个体需要,或者改造自我以适应环境。

(五)自我意识正确

自我意识正确是心理健康的核心标准。它提倡一种积极的自我观念,包括了解自我、接纳自我和完善自我。心理健康的人不仅了解自我,对自己无法弥补的缺陷也能坦然面对。

(六)人际关系和谐

良好而深厚的人际关系是事业成功与生活幸福的前提。人际关系和谐表现为乐于与人交往,既有广泛而深厚的人际关系,又有知心朋友;在交往中保持独立而完整的人格,有自知之明,不卑不亢;能客观评价别人和自己,善取人之长补己之短,宽以待人,乐于助人,积极的交往态度多于消极的交往态度,交往动机端正。

(七)人格完善

心理健康的最终目标是保持人格的完整性。人格完善就是指有健全、统一的人格,即个人的所想、所说、所做都是协调一致的。人格结构的各要素完整、统一,具有正确的自我意识,不产生自我同一性混乱,以积极进取的人生观作为人格的核心,并以此为中心把自己的需要、目标和行动统一起来。

> **知识窗**
>
> **心理正常和心理异常之间有界限吗**
>
> 　　人的心理状态可以分为心理正常状态和心理异常状态（讨论的是"没病"或"有病"的问题），心理正常状态又包括心理健康和心理不健康（讨论的是"正常水平高"或"正常水平低"的问题）。不要惊讶，确实心理不健康（如心境低落、抑郁等）也属于心理正常。心理异常通常指具有人格障碍、被确诊精神障碍等。
>
> 　　你可能很好奇，心理正常和心理异常之间有没有界限呢？
>
> 　　我国学者张小乔提出心理健康"灰色区"理论（见图1-1），指出心理正常和心理异常之间没有明显的界限，它是一个连续变化的过程。具体来说，如果将心理正常比作白色，心理异常比作黑色，那么在白色和黑色之间还存在一个很大的中间区域——灰色区域。研究显示，80%的人都散落在这一灰色区域内，这其中包括由于各种原因而产生的心理冲突，这些问题不同程度地干扰了自己或他人的正常学习、工作和生活。如果人们能及时觉察，积极调节，就能从灰色走向白色，反之则会走向黑色。
>
>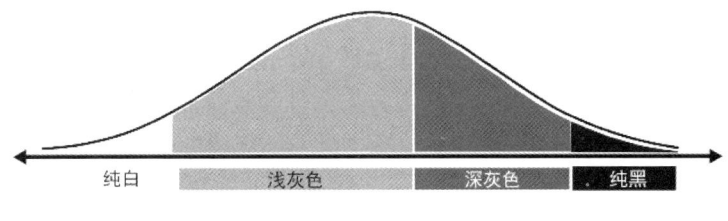
>
> 图1-1　心理健康"灰色区"理论
>
> 　　换句话说，心理健康状态是相对的、动态的，不是固定不变的。今天心理健康不等于明天也健康，今天心理不健康不等于明天也不健康。

三、全面理解心理健康

我们生活在社会大家庭中，要准确、全面地理解心理健康还应充分考虑人的社会性。

（一）理解心理健康要内外兼顾

从内部状况来说，心理健康的人各项心理机能健全，人格结构完整，能用正当手段满足自己的基本需要，因而主观上痛苦少，具有幸福感。从对外关系来说，心理健康的人的行为符合规范，人际关系和谐，社会适应良好。"个人基本需要的满足"这一点是我们经常忽略的。事实上，大多数心理障碍与疾病都是由于人的基本需要，特别是人的交往需要、尊重需要未得到合理满足（缺少爱、不被认可、师生关系紧张、亲子关系疏离、无价值感、自尊心受到伤害等），从而损害了个人的积极自我意识而产生的。因此，有人说"心理问题"的实质是需要问题，这话是有一定道理的。

（二）心理健康不等于心理平衡

通常，人们把平衡、适应作为心理健康者的特征。但是，如果把适应理解成对周围环境的顺应，把平衡理解为内心无冲突，也是不合适的。例如，一个人满足于现状，没有追求，不思进取，因而无挫折、无冲突，这也许可称作"平衡"；或者一个人"逢人说人话，逢鬼说鬼话"，上下讨好，这也许可称作"适应"。但这并不是真正的心理健康，这里前一种人只是一个"没有目标的躯壳"，后一种人或许可叫作"有教养的市侩"（许又新语）。因此，心理健康不等于心理平衡。

（三）心理健康应有高低层次

心理健康至少应包括两层含义：一是无心理疾病；二是有积极发展的心理状态。无心理疾病是"消极的"或"低层次"的心理健康，有积极发展的心理状态则是"积极的"或"高层次"的心理健康。后者是我们更提倡的。

（四）心理健康是一个动态过程

心理健康不仅指平衡、适应状态，它还是一个动态过程。心理健康不是说人生没有冲突、痛苦、失败，而是在遇到心理矛盾与冲突时能有效地进行调整，并在这种状态下保持良好的效率。它的实质就是不断有新的追求，始终是一个平衡—不平衡—平衡的过程。换言之，一个人若具有能力在矛盾重重的日常生活中求得暂时或长期的内心和谐，并进而追求新知和自我实现，则他必定拥有心理健康的重要条件。

（五）心理健康是一种人生态度

心理健康说到底是一种人生态度。心理健康的人会以积极的眼光看待世界和周围的事物。这种人富有利他精神，能在尝试付出、发展自己的过程中提升自我价值感。这种人追求高尚的生活目标，但他没有做"完人""超人"的念头。一个人如果目标非常崇高，可是很难达到，就必然会有失败感。因此，一个心理健康的人，有目标，但目标不会太高，既积极进取，又正视客观现实，道德准则具有一定的弹性。而缺乏道德观念或坚持"超道德"观念正是人格异常者与神经症患者常见的特征。

喜欢，所以快乐

《杨绛传》中有这样一则记载。

2015年7月17日，杨绛104岁生日这天，中国社会科学院外国文学研究所所长陈众议前去探望杨绛，祝贺她生日快乐，还给她带了生日礼物，装在一个精美的盒子里。陈众议卖关子问杨绛："这是我送给您老的生日礼物，不知您老是否喜欢？"

杨绛兴奋地说："喜欢，我喜欢！"

陈众议一早打听好，知道老人喜欢国宝，便买了电动仿真的玩具熊猫当作生日礼物。但见到杨绛问也不问是什么就兴奋不已的样子，倒也好笑地问她："您老还没打开看是什么呢，

怎么知道一定喜欢？"

杨绛精神矍铄，表情就像少女得到漂亮发卡一样，温柔而满足。她说："这和看没看没有多大关系，快乐是可以事先决定的。我喜不喜欢，并不取决于你送的是什么，而在于我怎样安排我的想法。不管你送的是什么，我已经决定喜欢它。这么多年来，我每天早晨起床后，都要做这样的决定——喜欢。

"我喜欢我就快乐，我快乐我就喜欢！我一直坚持五条简单易行的快乐法则。一是心中不要存在憎恨，二是脑中不要存在担忧，三是生活简单一点，四是对他人多点给予，五是对自己少点期盼。"

杨绛长寿的原因很多。我想，"喜欢，所以快乐"的原则，定是其中起了很大作用的"长寿药方"。

第二节　心理问题去污名化

心理健康如此重要，却一直被污名化。人们身体生病时都知道要去看医生，人们也会对生病的人产生同情并且给予帮助。但唯独心理"生病"时，很多人的第一反应是避而远之，心理疾病患者内心的痛苦、焦虑，在有些人眼里仅仅是矫情、多虑、没事找事。世界卫生组织早在2001年就提出："心理和行为障碍患者康复的最大阻碍就是社会对他们的污名和与之相连的歧视"。

面对陌生的人和事，人们一般会感到害怕，为了保护自己，想要远离，这可以理解。然而，强烈的恐惧汇聚到一起就造成了对他人的歧视和压迫，结果就造成了讳疾忌医——有了心理问题不寻求专业帮助，不仅饱受心理疾病的折磨，还受到自己内心的耻辱感与他人歧视的折磨。"生活本已经逼得我无路可走，可是别人的调侃才让我体会到真正的深渊。"一名强迫症患者这样说。

一、大众对心理问题的污名化

（一）歧视："有心理疾病的人很可怕"

导致我们对心理疾病患者产生歧视，并引发他们病耻感的一个重要且常见的误解是：所有的心理疾病患者都会伤人，都很可怕。我们对这部分群体片面的认识大多来自新闻媒体和影视剧中对极端个例的描绘。在犯罪电影中，和普通人相比，心理疾病患者更可能犯罪，这些故事植入了我们的生活之中，让我们认为心理疾病患者就像电影中描绘的那样暴力、不可控、具有攻击性。

但这并不是事实的全部，目前关于心理疾病与暴力行为的关系尚无定论。根据以往研究，心理疾病和暴力行为有关系，但也仅限于精神分裂症、间歇性精神病和双相障碍等特定类型的精神疾病。这些只是心理疾病的一部分，并且在这些疾病的患者当中出现暴力行为的比例并不高。因此，仅仅因为一些个例的表现就对这一整个群体产生歧视，并让他们因此对自身的疾病感到羞耻是非常不公平且有害的。

（二）夸大后果："得了心理疾病，生活就完了"

在很多人眼中，好像心理疾病是一种不治之症，似乎与心理疾病产生联系之后这辈子就完了。虽然关于心理疾病，科学上还存在很多难解的问题，但有大量的案例表明，通过药物、心理咨询、家人和朋友的支持，心理疾病是可治可控的，并且现在也有很多人勇敢地站出来说自己曾经患过抑郁症或其他心理疾病，但是这并不妨碍他们继续干自己的事业。

让"药盒"站起来

2021年，中国首部大体量、全方位抑郁解读纪录片《我们如何对抗抑郁》登录CCTV-9频道。该纪录片聚焦抑郁高危群体，走近真实的抑郁疾病患者，记录了医学和科学实践，讲述了极具感染力的抗郁故事！其中，第四集记录了一个抑郁症康复者的故事。

乙辰是一名媒体工作者，在走出重度抑郁症三年后，他故地重访，来到曾经住院的北京安定医院，这里有中国第一个专业的抑郁症治疗中心。医院内的垃圾桶被丢弃的空药盒塞满，扔掉药盒，是很多抑郁症患者拿到药后的第一个动作，因为服用精神类药物，让很多人感到"羞耻"。乙辰想捡拾那些被丢弃的空药盒，搭建一个"药盒人"。

为了面向更多的公众宣传，乙辰将"药盒人"搭建在一家商场的公共空间里。很多人对精神类药物有偏见，他希望用这种方式让公众正确认识精神疾病的药物和治疗手段。乙辰的朋友刘荣也曾患有心理疾病，在他的推荐下，刘荣在北京安定医院住院23天后就出院了，而现在的刘荣已经停药近一年，正常睡觉和工作，恢复到了常态。

乙辰谈到"人最严重的负面情绪，不是愤怒，也不是痛苦，是羞耻"，病耻感是阻碍抑郁症患者康复的一个重要因素。他呼吁公众对抑郁症摘下有色眼镜，更呼吁抑郁症患者摆脱病耻感，积极求助，配合治疗，同时增加与他人的情感交流。他说："我觉得我们需要依靠药，但是不能完全依赖药，要寻求药之外的真正疗愈的方法。"

乙辰现在已经开始继续从事记者的工作。他还热情地邀请拍摄人员去参加朋友们的聚会，音乐声、笑声……房间被轻松、快乐的氛围包围着。乙辰说："大家好像有个错觉，这个抑郁、焦虑的群体应该永远处于抑制的状态，但是你们看到了，其实我们是完全可以释放快乐的，我们也想给大家传递一个信息，我们不想贩卖焦虑，我们想传递快乐，因为生命是有颜色的，是彩色的，我们的生活和心灵也是彩色的。"

（三）指责："什么心理疾病，就是矫情"

"抑郁症？就是懒。""别人考试失败就没事，就你这么矫情！"……

在不了解的情况下，有些人会站在道德的角度去指责患有心理疾病的人，认为他们懦弱、矫情，是在无病呻吟，甚至觉得家人辛辛苦苦养育他们，他们竟然还抑郁、悲观，真是不负责任。有这种态度的人，一旦自己或周围人的患上心理疾病，他们就会产生严重的病耻感，进而导致病情更加严重。

患上心理疾病的原因十分复杂，如果仅简单地认为心理疾病患者对心理疾病负有主观责任，从科学上来说并不准确，从结果来看，也可能加重心理疾病患者的心理负担，从而加重其病情。

（四）乱贴标签："我自闭了"

"我觉得我有精神分裂症，因为我内心有两个我，一个安静，一个狂放。"

"这个东西就得这么摆！""你有强迫症啊！"

"我自闭了，不要理我……"

随着心理学知识的流行及互联网的发展，很多心理疾病为大众所认知并且融入日常用语中。除了以上玩笑性质的话语，有的人在产生心理困扰时会查阅相关资料，然后很快给自己贴上标签——抑郁症、焦虑症、强迫症……但这其实是不了解一段时间里正常的心理波动与心理疾病之间的差别。虽然也有一些权威的心理自评问卷可以帮助我们了解自己的心理健康状况，但大多数心理疾病并不是通过简单自评就可以确定的。如果怀疑自己心理异常，那么建议去正规医院的心理科或精神科评估、诊断，并寻求进一步的专业帮助。

（五）简单化："有什么好难过的，开心点"

当我们向身边的人说"我好难过""我好像抑郁了"时，得到的回应并不总是让我们觉得很暖心、很被理解的"你怎么了？别担心，我会陪你的"。有时候得到的回应是："你有什么好抑郁的，你既聪明家庭条件又好"；"整天想这么多干啥，你就是自己想太多了"；"晚上跑跑步，看看电影放松一下就好了"。听到这些话，本来就状态不好的人状态变得更差了。

这些让人感受不到支持的回应其实背后反映的是对心理健康问题的轻视，与前面提到的过分夸大心理健康问题相反，有的人会把一些心理健康问题甚至心理疾病简单地看作一个人的情绪问题，认为吃吃喝喝就过去了。如果问题发生在自己身上可能觉得自己可以调整好，不需要别人的帮助。而往往在这样的轻视下，很多原本可以通过给予心理支持解决的轻度问题最后会演变成严重问题。

当然，对心理疾病的误解不止以上几种，产生这些误解的原因多种多样，想要彻底扭转这些认识上的误区需要时间和多方努力。作为普通公众的我们能做的就是积极地去了解，并且将自己所了解到的分享给身边的人。我们在态度上的一些微小的改变，在未来某个不经意的瞬间就会帮助到处于心理痛苦中的他人或自己。

知 识 窗

公众污名与自我污名的影响过程

心理学者李强等用社会认知模型揭示了污名的影响过程。模型的三个组成成分分别是刻板印象、偏见和歧视。公众污名与自我污名在这三个成分的内容上有所区分。

公众污名由刻板印象、偏见和歧视三要素组成。人们对心理疾病的刻板印象包括危险、没有能力、个性软弱。了解刻板印象的人不一定认同它们，但有偏见的人会同意（"对！所有有心理疾病的人都很暴力"），并由此产生消极的情绪反应（"他们都让我害怕"）。偏见进一步导致歧视的行为反应，如远离或拒绝帮助心理疾病患者。

自我污名同样由刻板印象、偏见和歧视三要素组成。首先，内化了污名的人会将偏见转向自己，认同有关其群体的刻板印象："对！我很弱，不能照顾自己。"其次，自我偏见会导致负面的情绪反应，特别是低自尊和低自我效能感。最后，自我偏见还会导致自我歧视行为，让心理疾病患者放弃学习（工作）和独立生活的机会。事实上，很多心理疾病患者的休学/退学（失业）和不独立，并不是由他们的心理疾病本身造成的，而是由他们的自我歧视行为造成的。

二、心理问题去污名化

(一) 如果你正面临心理困扰,请这样做

1. 认知调节

研究指出,自我污名会通过引发患者的消极认知来危及心理康复过程。因此,改变对心理问题的认知至关重要。心理疾病患者要认识到,心理问题并不可怕,它就像感冒一样,只是普通疾病中的一种,即便症状有些严重,但也是像肺炎一样常见的病。心理疾病,不仅你会遇到,别人也会遇到,这不是你的错,更不是什么见不得人的事,请相信医生,相信专业的技术,相信自己只要积极调节、配合治疗,一定会朝着好的方向发展。

2. 勇于求助

"及时求助是勇者的行为",尽管病耻感让人们羞于开口求助,但如果你自己感觉不舒服,请一定要及时寻求专业的帮助和心理服务。在实际生活中,有些人只有当出现抑郁症、焦虑症、进食障碍等严重心理困扰时才愿意求助,这是不对的。正确的做法是,一旦怀疑自己有心理问题,就及时进行心理咨询或心理治疗,这样才能将心理问题的影响最小化。

(二) 如果你身边有人正面临心理困扰,请这样做

1. 了解并理解

我们应积极了解关于心理问题的知识,当你了解心理疾病的症状和病因,就会理解身边人的行为和表现。以抑郁症为例,抑郁患者显得有些懒和"丧",或许你很难理解原本勤快、积极向上的人,怎么现在变得不想做事、不想上学。其实,这不是因为他们变懒了,而是他们患上了抑郁症,而且他们难以自控。

不要对他们说"开心一点""想开一点"这种话,导致他们出现这种症状的原因并非心情不好,开心一点、想开一点并不会减轻他们的病痛,更何况大多数人"开心"的神经调节机制已经受到影响。多一些理解,就会减轻一些他们的痛苦;多一些了解,就多一些疗愈的力量。

2. 接纳和包容

"你怎么会得抑郁症呢?你平时那么优秀……"你对抑郁的朋友或家人说过这样的话吗?心理疾病的起因比较复杂,面对"突如其来"(但其实已有苗头)的病情,朋友或家人难以接受的心情可以理解,但是我们不要戴着有色眼镜、以拒绝的态度去对待他们。国内外已经有众多研究证明,社会接纳、家庭包容、温暖的环境是心理疾病患者能够良好康复的重要因素。遭受心理疾病困扰的人们,往往会感到自己在与来自全世界的偏见作对,如果家庭成员再不和患者站在同一边,那么他们便真正变得孤立无援。

3. 陪伴和支持

面对饱受心理疾病困扰的人,我们要做的无须太多,能做到陪伴和支持就好。当你身边的人觉得自己可能有心理疾病时,你可以耐心地询问"发生什么事了""你现在有什么感觉",并且坚定地告诉他"你不是孤身一人,我会陪着你";当你身边的人因心理疾病变得思维迟缓、

意志行为减退，出现认知、情感、交流方面的障碍时，请不要着急，不要给他们压力，不要逼他们去做他们现在不想做的事，他人的支持对他们的康复非常重要。曾经患有抑郁症的学生说："当我感觉不好时，请不要用'比较'和'规则'告诉我应该快点好起来。我更希望你陪伴我，倾听我到底发生了什么，让我感到我不是一个人。"

（三）在日常生活中，你可以这样做

1. 关注心理健康

在日常生活中，我们应积极关注自身心理状态，学习心理健康知识，掌握心理调适方法，通过运动、阅读、人际交往等方式提升自身心理健康素养；关注他人心理健康状态，当发现身边的同学、朋友、家人心理状况不佳时，给予关心和支持。

2. 打破刻板印象

心理疾病并不意味着暴力、没有能力、脆弱、矫情，如果你愿意放下偏见与有心理疾病的人接触，你就会发现，他们之中有的人学习成绩优异，有的人热忱真诚，有的人才华横溢，有的人忠厚善良，有的人单纯朴实……他们和芸芸众生中的普通人没有两样。他们只是"生病了"，不应该被大家歧视和排斥。

3. 拒绝语言暴力

如果你对心理健康知识不感兴趣，或者有其他原因一时难以打破刻板印象，但至少请你对自己说出的每一句话负责，不做"键盘侠"，拒绝语言暴力。在新闻报道中，我们不止一次看到不负责任的网友在抑郁症患者的社交平台下方留言："就是矫情""就你事儿多""别给社会添麻烦了"……这些话像一把把刀子伤害着那些无辜的人，甚至会造成悲剧。在此呼吁大家，请不要忽视语言的杀伤力，更不要吝啬你的善良，一句鼓励的话、一个平和的眼神，足矣。

三、常见的心理问题

（一）抑郁这条黑狗

丘吉尔曾说："心中的抑郁就像一条黑狗，一有机会就咬住我不放。"这便是将抑郁症比作"黑狗"的滥觞。常感疲劳、情绪低落、沉默寡言、不愿出门、嗜睡或失眠多梦、食欲变差或变得贪食……深受抑郁症困扰的患者们被"黑狗"紧紧咬住，情绪找不到发泄的出口，只能默默忍受它的肆虐。

抑郁症是一种常见的心境障碍，具有"三低"的特征：第一，心境低落，表现为心情不好、经常暗自哭泣、心情晨重夜轻、经常失眠等；第二，思维迟缓，表现为少话或语速变慢、健忘或反应迟钝、抱怨脑子转不动；第三，意志行为减退，表现为兴趣减少、生活懒散或少动、情感迟钝或淡漠等。通常，这些症状持续2周或2周以上，正常的学习和生活也会受到影响，还伴有学习困难、逃避社交等情况。

需要注意的是，大家要学会区分抑郁症和抑郁情绪。假如你仅仅在周一具有"生无可恋""心情低落""什么都不想干"等负面情绪，而到了周二就减轻了一些，周三持续减轻，直到周五晚上你整个人处于亢奋状态，周六和周日则完全朝气蓬勃，那么你并没有患上抑郁症，而

是出现了常见的抑郁情绪。抑郁情绪在我们的生活中经常出现,多数人通过自我调节、寻求亲友的帮助等方式能很快得到调整,因此当偶尔心情低落时,不要急着给自己或他人扣上患有抑郁症的帽子。

我有一条黑狗,它名叫抑郁

——丘吉尔

我有一条黑狗,它名叫抑郁。每当这条黑狗出现,我就感到空虚,生活也会慢下来,它总是悄然出现在我面前。

黑狗让我变得像个老人,整个世界好像都在享受生活。我却只能与黑狗相伴,那些曾带给我快乐的事情,忽然消失了。

它让我失去食欲,它吞食掉我的记忆力和集中精力的能力。拖着这条黑狗,无论去哪里或者做什么,都需要超人的力量。在社交场合,它总会找出我的自信,将其赶走。我最害怕的是被人知道,我担心别人会议论我,黑狗带来的羞愧和耻辱,我总是担心被人知道。于是,我很用力地把它藏起来,掩藏情绪的生活让人精疲力竭。

黑狗让我消极地思考和言谈。它让我烦躁不安,变得难以相处,它夺走了我的爱,埋葬了温情,它最爱在半夜把我唤醒,使我心中只有消极的念头,让我知道自己将会面对多么让人心力交瘁的一天。我心情十分低落、悲伤或者忧郁。最糟糕的时候,所有的感觉都会失去。

我一天天变老,黑狗一天天长大,它开始不离我的左右。我用尽一切办法,想把它赶走,但获胜的总是它。和重新站起来相比,躺倒变得更容易。我成了给自己开药的专家,但从未真正有效过。最后,我感到自己和整个世界失去了联系,黑狗终于绑架了我的生活。

当生活不再有丝毫快乐,你就开始质疑生活的意义。

幸运的是,那个时候我寻求了专业的帮助。那是我迈向康复的第一步,也是我生命的一个转折点。我了解到,很多人都在被这条黑狗所侵扰,任何人都可能被它袭击。

我还了解到,不存在什么万能灵药或魔法药丸,药物对部分人有帮助,其他人还要辅以别的手段。我还了解到,向亲近的人表达自己的真实感情能起到关键的疗效。最重要的是,我学会不再害怕黑狗,甚至向它要了一些花招。你越疲劳和紧张,它就叫得越凶,所以学会让自己平静下来很重要。

临床证明,经常锻炼对缓解轻/中度抑郁的效果不比吃抗抑郁药差。去走走,去跑步吧!把这条笨狗甩在后面。写一篇情绪日记,把想法写在纸上是种有效的宣泄方式,有助于看清问题,也记录下了那些值得感恩的事情。最重要的是要记住,不管情况变得多么糟糕,只要你走向正确的方向,找适当的人交流,黑狗相伴的日子一定会过去。

我不会说我感谢这条黑狗,但它的确是位神奇的老师,它迫使我重新认识生活,让生活变得更简单。我认识到与其逃避自己的问题,不如拥抱它们。黑狗也许将永远是我生命中的一部分,但它再也不是以前的那只野兽了,我们加深了对相互的理解。通过学习知识、耐心、克制和幽默,再凶狠的黑狗也可以被驯服。假如你身处困境,一定不要害怕求助,这样做一点儿都不丢人,只有错过生活才让人感到遗憾。

（二）焦虑总是环绕着我

面对期末考试、比赛、走夜路等事件，你是否曾心跳加速、大汗淋漓，甚至惊慌失措？焦虑是生活中较为常见的一种情绪，在应激事件前（有诱因）适度的焦虑也具有积极的意义，它可以充分地调动身体各器官的机能，适度提高大脑的反应速度和警觉性。例如，因为对考试失败感到焦虑，所以你挑灯夜读、认真复习，最终顺利通过考试；因为对新型冠状病毒肺炎疫情的恐惧，促使你采取防护措施、减少聚集，从而确保身体健康。

焦虑症是以发作性或持续性情绪紧张、恐惧为主要临床症状的神经症。在没有明显诱因的情况下，患者经常出现与现实情境不符的过分担心、紧张、害怕，同时伴有心悸、胸闷、大汗淋漓、呼吸急促等症状，影响了正常的学习和生活。就像抑郁情绪不等于抑郁症一样，焦虑情绪也是一种正常的心理状态，我们要正确地去对待它，负面情绪大家都有，但要记住不要让负面情绪持续太长时间。

（三）我强迫了吗

在生活中，很多同学会问："我每天要洗好多遍手，是不是得了强迫症？"

"我总担心门没关好，是不是患有强迫症啊？"

"我做完题总是反复检查，明明会做还要看一遍才放心，这是不是强迫行为？"

首先，我们来看看以下这些症状，请同学们对照一下自身情况，看看自己"中招"了几条？

①过分疑虑或谨慎，常有不安全感，对实施的计划反复检查、核对，唯恐疏忽或有差错。

②对细节、规则、秩序等过分关注，常拘泥细节，犹豫不决。

③追求完美，对任何事物都要求过高，最终影响了工作的完成。

④道德感过强，谨小慎微，过分看重工作成效而不顾乐趣和人际关系。

⑤过分迂腐，拘泥于社会习俗，缺乏创新和冒险精神。

⑥刻板和固执，不合情理地坚持要求他人严格按自己的方式行事，或即使允许他人随意行事也极不情愿；对别人做事很不放心，虽担任领导职务，但往往事必躬亲。

怎么样，以上你有几条是符合的？如果我告诉你这是强迫性人格障碍的临床特征，你会不会立刻担心自己患有强迫性人格障碍？如果你符合几条，那么这只能说明你人格中存在一定的强迫倾向，但并不能说明你患有强迫性人格障碍。

每个人都有一种以上人格倾向，强迫倾向就是其中一种。人格中存在强迫倾向恰恰说明你做事比较认真、追求细节和完美，它能帮助你更好地完成工作、减少错误，所以是一种正常的人格状态。其实，很多人都有强迫行为，只要不觉得痛苦，也不影响正常的生活，就不算病态，也不需要治疗。因此，千万不要把正常的人格倾向和异常的人格障碍混为一谈，否则就自寻烦恼了。

在网络上，我们经常看到各类关于心理问题的测试表，在测试表的最后还会有一个类似的友情提醒：如果你符合上面5条或5条以上，要及时去看心理医生。这个时候，你一对照自己，可能就会立刻怀疑自己得了心理疾病。其实，在生活中，我们常会出现抑郁、焦虑、强迫等倾向，这是很正常的，如果你过分关注，对号入座，给自己贴上得了心理疾病的标签，反而会让自己的状态更加糟糕，甚至真的变得心理不健康，那就"悲催"了。

因此，当你觉察到自己最近的心理状态欠佳时，不妨先承认和接纳自己当前的状态。有些人总是习惯性地压抑情绪,这样长此以往有可能引发更大的心理问题。正如弗洛伊德所说:"未表达的情绪永远不会消亡,它将在未来以更加丑陋的方式涌现。"因此,我们要学会发现和理解情绪在诉说什么,从中探索自己的真实体验和需求。曾经一名男同学因为恋爱问题走进咨询室,他说最近总是和女朋友吵架,甚至想要分手,这是他的愤怒情绪,通过咨询,他了解到,愤怒背后是他想要得到女朋友认可和支持的需要没有得到满足,后来经过调整问题得以解决。

除此之外,你还可以寻找自己喜欢做的事情,如打球、跑步、阅读、唱歌等。研究表明,即使慢走或慢跑这样的低强度运动也会让你的情绪得到调节。

因此,你要学会对自己的情绪负责,积极应对,而不是陷入担心和恐惧之中。希望同学们能够关注自身心理健康,同时要摆脱对号入座、庸人自扰之式的担忧。

第三节 揭开心理咨询的神秘面纱

对很多人来说,心理咨询是一个既熟悉又陌生的概念。我们经常在影视作品中看到对心理咨询的各种描述,在生活中,也有越来越多的人接受心理咨询的帮助,但很多人仍对心理咨询有着各种各样的疑问。那么,心理咨询究竟是什么呢?

心理咨询指的是咨询师利用心理学的理论和方法,通过与来访者建立相互信任的人际关系,帮助来访者发现自身问题及其根源,挖掘自身潜能,改变原有的认知结构和行为方式,以更好地适应社会。简而言之,心理咨询是一种助人活动,旨在帮助处在困境当中的人们应对生活带来的挑战。

在学校中,心理咨询又称作心理辅导,心理咨询师又称作辅导老师,被咨询的对象通常被称为来访者、当事人或案主等。

一、心理咨询的特点

从对心理咨询的界定来看,心理咨询既不是"授人以鱼",又不是"授人以渔",而是更像心理咨询师和来访者一起去探索"捕鱼"的方式。心理咨询主要呈现以下特点。

(一)助人自助

心理咨询师会在咨询过程中运用心理咨询的原理和方法来帮助来访者解决心理困扰,这个过程并不是心理咨询师直接解决问题,而是"助人自助"的过程,目的是让来访者自己找到解决问题的方法。

很多人认为心理咨询和一般看病的过程一样,因此进了心理咨询室之后就会喋喋不休地给心理咨询师讲一堆问题和症状,讲完之后等着心理咨询师"开处方"。心理咨询师会提问,但这种提问不是为了"开处方",而是为了帮助来访者进行自身探索和思考。

(二)互动性

心理咨询是一种互动,是双向的信息交流而非单向交流。这一特点意味着不仅心理咨询

师在影响、改变来访者，来访者也在影响、改变心理咨询师。二者互动成功与否，关系着咨询的质量和效果。例如，在咨询中，有些来访者会急于让心理咨询师给自己建议或解决方法，但是面对咨询师的引导性提问不予回应，这样咨询就很难进行下去。

（三）"心理性"

心理咨询不同于其他咨询领域（如法律咨询、管理咨询）的地方在于它具有"心理性"。我国学者江光荣在《心理咨询的理论与实务》一书中对"心理性"进行了详细的描述。第一，来访者的困难或问题是心理、行为方面的困难或问题；第二，咨询互动的内容主要属于心理学范畴，如探讨消极情绪与认知评价的因果关系，帮助来访者领悟其内在动机冲突，指导来访者克服不良习惯等；第三，咨询目标是促成来访者在心理、行为方面的积极改变，如消除紧张情绪，获得客观的自我认识等；第四，咨询所依据的理论、使用的方法来自心理学的基础研究，如基础心理学的学习原理、需要-动机理论、情绪理论、心理测量学理论等，这些是许多心理咨询方法或技术的理论基础。

二、被误解的心理咨询

为了让大家更深入地了解心理咨询，接下来将从几个常见的心理咨询疑问出发，为大家揭开心理咨询的神秘面纱。

（一）去心理咨询是不是就代表我有病？——心理咨询的对象

很多人说他们走进心理咨询室需要很大的勇气，可能还有过思想斗争："去还是不去？人家会不会认为我患有精神病？朋友知道了会怎么看我？……"这在一定程度上反映了大家对心理咨询的认识：去心理咨询就是有病，有病就是"变态"。

其实，心理上的波动就像换季得了感冒，是很正常的事情。面对纷繁复杂的人际关系和各种压力事件，有些人的心情在某个阶段可能非常低落，久久难以走出低谷，这就让他们处于一种心理亚健康状态，此时，及时寻求家人、朋友或专业人员的帮助是非常明智的行为。而这部分人，也是心理咨询的主要对象。具体来说，心理咨询的主要对象可分为三类。

一是精神正常，但遇到了与心理有关的现实问题并请求帮助的人群，如面临学业压力、分手、人际关系冲突等问题。

二是精神正常，但心理健康水平较低，产生心理障碍导致无法正常学习、工作、生活并请求帮助的人群，如面临轻度抑郁、考试焦虑等。

三是特殊对象，即临床治愈或处于潜伏期的精神病患者，此时的心理咨询主要作为辅助手段，还需要配合药物治疗，方能达到良好的效果。

学校心理咨询的对象通常是前两种人，即心理正常的学生，开展的多是发展性咨询。很多学生因为考研、就业、恋爱、人际关系、原生家庭等问题走进咨询室，通过心理咨询逐渐走出阴霾，以更积极的状态面对未来的生活。当然，如果来访者存在较严重的心理问题，那么应该去医疗卫生机构寻求更专业的帮助。

> **知识窗**
>
> **心理健康素养十条**
>
> 2018年，国家卫健委疾控局结合中国科学院心理健康素养网络调查结果，针对社会对心理健康的主要关切，并经过多方专家论证，编制了"心理健康素养十条"，而且在全国范围内推广，内容如下。
>
> 第一条：心理健康是健康的重要组成部分，身心健康密切关联、相互影响。
> 第二条：适量运动有益于情绪健康，可预防、缓解焦虑抑郁。
> 第三条：出现心理问题积极求助，是负责任、有智慧的表现。
> 第四条：睡不好，别忽视，可能是心身健康问题。
> 第五条：抑郁焦虑可有效防治，需及早评估，积极治疗。
> 第六条：服用精神类药物需遵医嘱，不滥用，不自行减停。
> 第七条：儿童心理发展有规律，要多了解，多尊重，科学引导。
> 第八条：预防老年痴呆，要多运动，多用脑，多接触社会。
> 第九条：要理解和关怀精神心理疾病患者，不歧视，不排斥。
> 第十条：用科学的方法缓解压力，不逃避，不消极。

（二）心理咨询师会把我的事情告诉别人吗？——心理咨询的保密原则

心理咨询有一个非常重要的原则，那就是保密原则。心理咨询师有责任对自己与来访者的谈话内容和隐私予以保护，这既是对来访者人格和隐私的最大尊重，也是心理咨询师最基本的职业道德。一般来说，第一次咨询时，心理咨询师会为来访者介绍心理咨询的保密原则，并签订保密协议，从而为来访者营造一个安全的心理咨询氛围。

具体来说，心理咨询师应将咨询记录、心理测验结果等资料在严格保密的情况下进行保存，不得随意向他人透露来访者的信息，即便是来访者的家人、老师、朋友也不可以。在因专业需要进行案例讨论，或采用案例进行教学、科研等工作时，必须隐去那些可能辨认出来访者的有关信息。

当然，心理咨询中也存在保密例外，如果来访者有自我伤害或伤害他人的行为，或者涉及法律案件，心理咨询师将打破保密原则，采取相应的措施，但也会对信息暴露程度进行限制，也就是说跟当前紧急情况相关的信息会提供，其他的则依然保密。

（三）我很难受，心理咨询师可以多陪我聊会儿吗？——心理咨询的设置

心理咨询应遵守一定的时间限制，每次咨询一般为50分钟左右，原则上不能随意增减咨询时间，第一次咨询时，时间可适当延长。咨询的频率根据问题不同而有所不同，但一般一周一次比较普遍。之所以这样做，目的是让来访者能进行现实学习，因为在咨询中思考和发现的事情，只有运用到现实生活中才真正有效。此外，这样也能让来访者更好地处理分离情绪，对于那些有分离焦虑的来访者，这本身就能达到疗愈的效果。除时间设置外，心理咨询还有以下设置。

（1）地点设置。心理咨询作为一项专业的助人工作，不同于平时的聊天，应该进行地点设置，需要在专业的心理咨询室进行。心理咨询室一般会装饰得比较温馨、舒适，而且做了

隔音处理，这样会让来访者感到安全、放松。心理咨询师一般不出诊，除非有特殊情况（如危机干预）等。

（2）预约设置。心理咨询通常需要提前预约，一是为了避免时间冲突，确保来访者有心理咨询师接待；二是为了让心理咨询师提前了解来访者的信息，做好充分的咨询准备。心理咨询一般不接受临时来访者，除非属于危机情况。

（3）关系设置。心理咨询师与来访者应避免多重关系，简单来说，除咨询关系之外没有其他的关系（如双方是朋友、亲戚、师生等），而且心理咨询师不应将个人联系方式给来访者。因为如果有多重关系，来访者可能因为"被评价、担心关系的发展或对生活其他方面的影响"等原因无法在咨询中放松地探索自我，私下有联系也可能造成来访者对心理咨询师过度依赖。学校咨询具有特殊性，师生关系很难避免，一般要求如果咨询师是来访者的辅导员、班主任、论文指导老师或当前学期任课教师，应避免开展咨询，可转介给其他心理咨询师。

（4）转介设置。在遇到一些情况时，心理咨询师可以将来访者转介给其他的机构或心理咨询师。第一，不属于心理咨询解决的范畴，如属于精神疾病范畴的问题等；第二，心理咨询师个人的问题，如咨询方向不匹配、个人能力有限等；第三，其他原因，如涉及多重关系、来访者有特殊要求（如想要找年长一些的或者女心理咨询师）等。转介的原则是维护来访者的利益，转介并不一定是因为问题有多严重，或心理咨询师不喜欢你，而是因为心理咨询帮不到你，或者某个心理咨询师帮不到你。

（四）心理咨询师会不会像别人一样觉得我想太多了？——心理咨询的技术

心理咨询师应接受专业和系统的培训，只有掌握了心理学相关理论知识和专业技能，才能开展心理咨询工作。学校心理中心的心理咨询师都是持证上岗，取得了国家二级或三级心理咨询师证书，并长期接受相关心理学培训和心理咨询督导。因此，心理咨询师并不是在和你简单聊天，而是在通过积极关注、倾听、共情等技术，借助不同的咨询方法帮助来访者探索自己的困扰，促使来访者产生新的行为或思维模式。一位来访者这样说过："和我想象的咨询过程不太一样，老师并没有急着帮我解决问题，而是一直很耐心、认真地倾听。不像朋友那样和我一起吐槽，也不像长辈那样跟我讲大道理，而是通过疏导的方式让我自己思考要怎么办。"

有时候，来访者可能觉得自己的问题有些难以启齿，那些秘密压在自己心里很久了，非常痛苦，但是又怕说出来不被别人理解。其实，在心理咨询中，大家不必有这样的顾虑。心理咨询师能够充分理解来访者的语言、行动和情绪等，因为这是心理咨询中最基础的共情技术，共情就是我们平时所说的同理心，心理咨询师能站在来访者的角度去思考和分析问题，而不是站在道德制高点评价来访者。此外，心理咨询应遵循中立原则，心理咨询师在心理咨询中会保持客观、公正的立场，不把自己的情感掺杂进去，不把自己的价值观强加于对方。

三、心理咨询的作用机制

许多人不愿意走进心理咨询室，有些人是因为害怕被其他人看作有"精神疾病"的异类，而有些人是因为怀疑心理咨询的效果。那么，心理咨询到底是如何发挥作用的？

（一）积极的情绪体验

心理咨询师宽容、接纳、非评价和理解的态度有助于来访者自由地表达和探索自身情绪。我们知道，无论什么情绪，表达出来都有一种疏泄作用，使人感到如释重负。而在来访者的实际生活中，他的情绪往往是受抑制的，周围的人要么不理会，要么不接受，要么不理解，这种情况会加重他的挫折感。在心理咨询中常见到这样的情况，来访者在尽情地倾诉之后，尽管心理咨询师什么指导都还没有给予，他已经觉得好受多了，并产生一种对心理咨询师的感激、信赖之情。此外，针对紧张、害怕等负面情绪，心理咨询师还可以通过放松训练和"安全岛"技术，帮助我们变得稳定、踏实。

（二）增强自尊心

在良好的咨询环境中，来访者对自己的看法变得更积极了。心理咨询师坦然接受来访者的"毛病"，使来访者感到自己并非一无是处，从而在增强自尊心的基础上又进一步增强了"我能变好"的自信心。这二者又可能促进更多的积极情绪产生。

（三）提高自我效能

心理咨询师对来访者的信任和鼓励，以及相信来访者一定能改变的态度会感染来访者，从而提高他的自我效能。经验表明，生活中重要人物的评价性态度会深深地影响一个人的自我效能。作为来访者生活中的重要人物，心理咨询师所表现出的对来访者的信任和鼓励，在来访者失败后的安慰并协助来访者对失败进行合理归因，都是恢复或提高来访者自我效能的重要保障。

（四）整理思路、加深理解

来访者在讲述的过程中，能够逐渐厘清思路，心理咨询师也会通过更深入、聚焦的提问，引导来访者发现问题的核心，让来访者更清楚自己的内在感受、想法和需要。例如，来访者可能会看清自己内心的一些矛盾，理解自己一些问题行为背后的深层次原因，如为什么会拖延；还可能梳理出自己在一段纠结的人际关系中的模式，如理解恋情为什么会分分合合。

（五）培养更健康的行为

针对一些现实的困惑，例如怎样改善失眠，如何让学习更有效率，怎样更好地适应大学生活，来访者可以在心理咨询师的引导下进行全面分析，和心理咨询师一起总结出更多的应对方法并应用到现实生活中，从而有效地改善问题行为，解决现实困难，更好地适应生活。

（六）获得专业知识

在极少数情况下，心理咨询师也会给我们一些专业帮助。例如，向我们介绍抑郁症的主要特点和治疗方法；介绍一些经典的心理学理论，以帮助我们更好地理解自己的问题——如情绪 ABC 理论告诉我们，我们的很多情绪困扰并不是由客观事件导致的，而是由我们对事件的不合理看法导致的，所以我们可以通过调整自己对事件的看法来改善情绪。

除此之外，不同受训背景的咨询师还可能在咨询中使用一些特别的咨询技术，如行为训练、音乐治疗、正念减压、自由联想、绘画分析等。

四、何时需要心理咨询

人的一生，在呱呱坠地到年老逝去的整个历程中，偶发头疼脑热、流鼻涕、咳嗽等大小疾病是正常的。人们一生都在追求快乐、渴望健康、祈求长寿。人们都清楚自己的身体会生病，但是很多人忽视了我们的心理也一样会生病。因此，如果你的心灵"感冒"了，一定要及时寻求家人、朋友、老师的帮助，或者预约专业的心理咨询。

心理咨询的对象涵盖精神正常的人，因此无论是谁，只要自己感到痛苦或很烦恼，都可以去进行心理咨询。具体来说，什么时候需要进行心理咨询呢？

- 因某件事引发了强烈的心理冲突，自己难以应对时；
- 出现学习困难、就业压力时；
- 睡眠不好时，如失眠、嗜睡或常做噩梦等；
- 人际关系出现了较大问题时；
- 在恋爱或家庭关系中遇到了难以解决的问题时；
- 情绪极差、难以自控时，如长期心情低落、焦虑等；
- 没有生理上的疾病，但仍感到身体不适时；
- 有不同于往常的感觉或行为时，如总不停地想一些小事、不停地洗手、总听到有一个声音在指挥或控制自己等。

总之，当你在生活或者学习中遇到阻碍、受到打击时，不妨试试心理咨询，看看其能不能帮你克服困难、战胜逆境。用更简单的方式来说，当你感觉自己被"困住了"，既不能面对也无法逃脱的时候，也许就可以考虑一下"心理咨询能不能帮到我？"。

香港中文大学林孟平教授说："如果你有一天开始学习心理学，那是你的福祉。"在这里，笔者想对每一位走进或想要走进心理咨询室的同学说："我欣赏你，有如此自我探索、自我改变的勇气。"

知 识 窗

大学生心理咨询的常见问题

大学生在心理咨询中常见的问题如下：

（1）人际关系问题；

（2）情绪困扰；

（3）情感问题；

（4）学习问题；

（5）家庭问题；

（6）生涯规划与就业问题；

（7）环境适应问题（大一学生常见）；

（8）自我成长问题；

（9）其他问题。

1．每年 10 月 10 日是世界精神卫生日，为加强同学们对心理健康的关注，请你制订一个科普活动方案。

2．影响心理健康的因素有哪些？我们应该如何提升自身心理素质？

3．如果有同学被诊断为抑郁症，我们可以如何帮助他？

心理训练

一、体验分享

发现独特的我

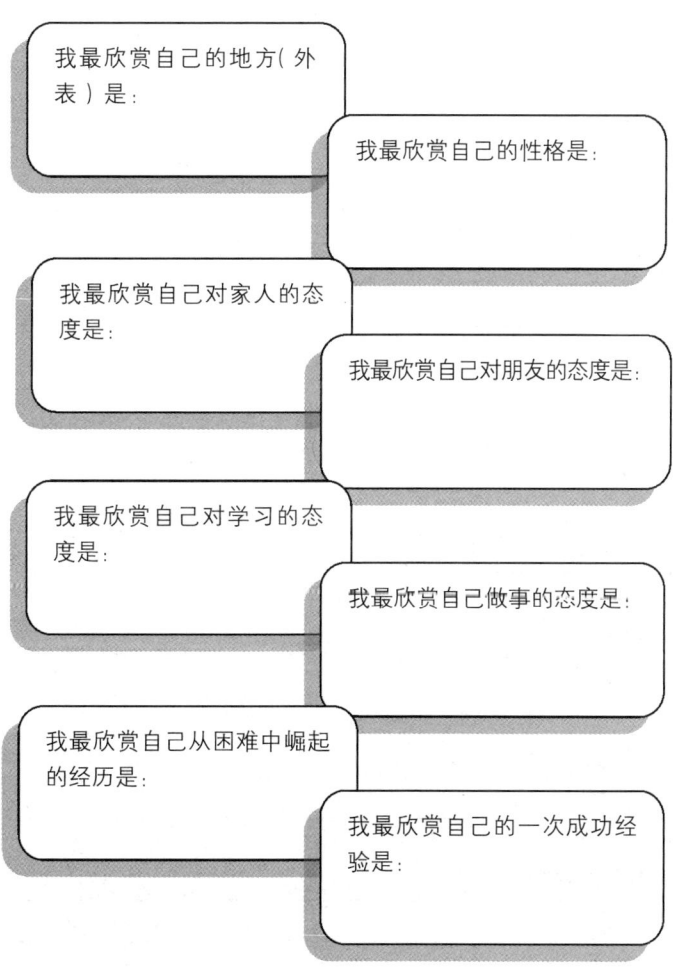

- 我最欣赏自己的地方（外表）是：
- 我最欣赏自己的性格是：
- 我最欣赏自己对家人的态度是：
- 我最欣赏自己对朋友的态度是：
- 我最欣赏自己对学习的态度是：
- 我最欣赏自己做事的态度是：
- 我最欣赏自己从困难中崛起的经历是：
- 我最欣赏自己的一次成功经验是：

二、心理测试

请根据个人的实际情况在表 1-1 中合适的选项下打"√"。

表1-1 自信心测试表

问题描述	是	否
1. 一旦你下了决心，即使没有人赞同，你仍会坚持到底吗		
2. 参加晚宴时，即使很想上洗手间你也会忍到宴会结束吗		
3. 如果你想买内衣，你会尽量选择网购，而不亲自到店里去购买吗		
4. 你认为自己是个较完美的人吗		
5. 如果店员的服务态度不好，你会告诉他们的经理吗		
6. 你不常欣赏自己的照片吗		
7. 别人批评你，你会觉得难过吗		
8. 你很少对他人说出你真实的意见吗		
9. 对别人的赞美，你持怀疑的态度吗		
10. 你总是觉得自己比别人差吗		
11. 你对自己的外表满意吗		
12. 你认为自己的能力比别人差吗		
13. 在聚会上，只有你一个人穿得不正式，你会感到不自在吗		
14. 你是个受欢迎的人吗		
15. 你认为自己很有魅力吗		
16. 你有幽默感吗		
17. 目前的工作是你擅长的吗		
18. 你懂得搭配衣服吗		
19. 危急时，你很冷静吗		
20. 你与别人合作愉快吗		
21. 你认为自己只是个寻常人吗		
22. 你经常希望自己长得像某人吗		
23. 你经常羡慕别人的成就吗		
24. 你会为了不使他人难过，而放弃自己喜欢做的事吗		
25. 你会为了讨好别人而打扮自己吗		
26. 你勉强自己做许多不愿意做的事吗		
27. 你任由他人来支配你的生活吗		
28. 你认为你的优点比缺点多吗		
29. 即使在不是你犯错的情况下，你也经常跟人说抱歉吗		
30. 如果在非故意的情况下伤了别人的心，你会难过吗		
31. 你希望自己具备更多的才能吗		
32. 你经常听取别人的意见吗		
33. 在聚会上，你经常等别人先跟你打招呼吗		
34. 你每天照镜子超过三次吗		
35. 你的个性很强吗		
36. 你是个优秀的领导者吗		
37. 你的记性很好吗		
38. 你对异性有吸引力吗		

第一章 心理健康知多少

续表

问题描述	是	否
39. 你懂得理财吗		
40. 买衣服前,你通常先听取别人的意见吗		

1. 计分方法

表中第1、4、5、11、14~20、28、35~39题为正向计分,"是"为1分,"否"为0分;第2、3、6~10、12、13、21~27、29~34、40题为反向计分,"是"为0分,"否"为1分。

2. 结果解释

如果你的分数是25~40分,那么说明你十分自信,了解自己的优点,同时清楚自己的缺点。不过,需要注意的是,如果你的分数接近40分,那么别人可能认为你狂妄自大,甚至气焰万丈。你不妨在别人面前谦虚一些,这样人缘会更好。

如果你的分数是12~24分,那么说明你对自己颇有信心,但是你仍或多或少缺乏安全感,有时会对自己产生怀疑。你不妨提醒自己,在各方面自己并不输于别人,特别强调自己的才能和成就。

如果你的分数在11分以下,那么说明你对自己不太有信心。你过于谦虚和自我压抑,因此经常受人支配。从现在起,你要尽量不去想自己的弱点,多往好的方面衡量自己;先学会看重自己,别人才会真正看重你。

3. 温馨提示

此为趣味心理测试,结果仅供参考。

学习资源

推荐书籍:《蛤蟆先生去看心理医生》,罗伯特·戴博德著,天津人民出版社。

推荐理由:如果你想了解心理咨询到底是如何进行的,建议读读《蛤蟆先生去看心理医生》。为了向大众普及心理学知识,说明心理咨询究竟是怎么一回事,英国知名心理学家罗伯特·戴博德撰写了本书。作者借用英国经典文学作品《柳林风声》的故事主角,让蛤蟆先生及其朋友们演绎了一个关于心理咨询的故事。本书没有枯燥的理论,通过蛤蟆先生的成长故事呈现心理咨询的过程,轻松、有趣且干货满满。

第二章

最美青年的创业故事

走好大学第一步

导语：大学时光是人生中一段美好的时光，从高中到大学，学习、生活方式均发生了较大的变化，如何顺利度过大学适应期是大学一年级学生面临的一个重要挑战。在这一章里，我们将了解大学一年级学生在学习、生活及学生工作等方面可能遇到的适应不良问题，运用心理学知识分析背后的原因，深刻了解心理学在日常生活中的作用和意义，掌握心理调节方法，激发心理能量。青年大学生要树立积极向上、拼搏奋进的价值观，学会用联系的观点全面分析问题、应对挑战，以求真务实、积极乐观的态度，锐意进取、奋发有为的精气神，走好大学第一步。

既然不能驾驭外界，我就驾驭自己；如果外界不适应我，那么我就去适应外界。

——蒙田

开学的"烦恼"

小吴（化名）是一位广东籍大一新生，来到山东济南上大学。在入学报到时，他就显露了各种问题：父母帮他提行李、办理入学手续，不想上学的情绪写在他的脸上；军训时着装不正确，时常用头疼脑热等借口躲避军训；军训结束后，小吴的爸爸联系辅导员，说小吴自从来到济南后，天天晚上失眠，不适应济南的气候，多次谈到想要回家复读。据小吴的辅导员反馈，小吴和舍友关系也不融洽，除语言上与他人存在沟通障碍之外，小吴的个人生活习惯与其他宿舍成员也大不相同，矛盾时有发生。

思考：小吴进入大学后为什么会有这些表现呢？

专家点拨：案例中的小吴表现出的主要是大学新生入学适应问题，主要表现为大学环境适应不良。大学新生入学适应问题较为普遍，主要发生在入学后的 3 个月内，他们面临着从青少年向成人转变的一系列重要发展任务,也经历着学习、生活等适应问题。对小吴来说,目前最重要的任务是积极调整状态,主动适应大学生活,平稳度过入学适应期。

姓名滚雪球

1. 活动规则

根据班级学生的临时座位,纵向组成7个人左右的小组,各个小组的学生围成圆圈而坐。以身高最高的学生为第一位,向大家介绍自己(姓名和家乡),然后按照顺时针方向,每个学生依次介绍自己。需要注意的是,第二位学生在介绍自己之前,要先说出第一位学生的信息,第三位学生要说出第一位和第二位学生的信息。以此类推,最后一位学生在说出前面所有学生的信息之后,再介绍自己。每个学生在听他人重复自己的姓名时,要以目光注视,报以微笑,在他感到困难时,及时提醒,形成温馨、相互支持的氛围。

若想更具挑战性,在介绍时还可以增加性格、爱好等个人信息。

2. 交流总结

(1) 你是如何记住小组中每个学生的名字的?
(2) 在活动中,当你不记得某个学生的名字时,是如何解决的?

总结:在参与活动的过程中,同学们从最初的陌生,到最后不仅能够记得彼此的名字,还获得了彼此更多的信息,如家乡、性格、爱好等。其实,这是大学生逐渐适应新环境、结识新同学的一个缩影。从高中步入大学校园,面对新环境、新同学、新的学习方式和生活方式,大一新生会产生种种不适应。不适应是正常的现象,关键是大学生能否积极调整状态,主动迎接变化,只有积极调整状态,主动迎接变化,才能更好地实现平稳过渡,开启大学生活新征程。

第一节　大学生活知多少

当一年一度的高考结束后,一大批朝气蓬勃的新同学满载着对大学生活的向往来到大学校园,开始人生新的阶段。面对全新的生活、学习方式,如何顺利度过适应期,是所有大学新生面临的重要问题之一。

一、心理适应

心理适应是指当人们所处的外部环境发生变化时,个人通过自我调节系统对环境做出能

动的反应，使心理状态和行为方式符合环境变化和自身发展的要求。大学新生由高中进入大学，生活和学习环境均发生了较大的变化，社会关系也与之前有很大不同，由于生活经验和自我调适能力不足，大学新生既要面临生活中的各种冲突、挑战和挫折，又要建立新的人际关系、适应新的文化环境，由此产生各种心理困惑，表现出不同的适应问题。

二、入学适应的常见问题

从中学到大学的转变，不仅是从一种生活环境进入另一种生活环境的变化，更要面对全新的学习方式、生活方式、人际关系等多方面的挑战。在这个过程中，大学新生容易表现出各种适应问题，主要表现为以下五个方面。

（一）落差心理

完美的大学生活设想与现实的差距，所学专业与理想不符的现实，会让大学新生产生抑郁、失落等负面情绪。这种实际需求和心理期待的差距，在一定程度上会影响大学新生的自尊心和自信心，如果不及时疏导，则可能造成大学新生学习没动力、不积极，甚至出现厌学心理，影响其以后的发展和成长。

（二）自负心理

产生自负心理的主要原因有两点：一是有些大学新生在高中阶段学习成绩优异，长期受到老师和亲朋的重点关注，习惯于被表扬和宠爱，而进入大学后发现身边皆是佼佼者，自己似乎变成了"小透明"；二是部分大学新生不能正确地认识自己，对自己做出不符合实际的评价，存在盲目自信的现象。

（三）自卑心理

自卑心理是当自己与别人比较时产生己不如人的一种心理状态，是自我评价偏低的一种表现。大学新生在家庭背景、经济条件、个人能力、外表等方面存在一定的差异，有些学生在相互比较后可能产生自卑心理。若长时间沉浸在悲观、失望、苦闷、后悔、自卑的情绪体验之中，就容易丧失学习动力，缺少生活情趣，交往没有热情，奋斗目标缺失，个别学生甚至沉迷网络，产生"混日子"的想法。

（四）担忧心理

当前，严峻的就业形势给刚刚跨进大学校园的新生造成了很大的压力：临行前父母再三叮嘱，好好学习才能顺利就业；新生入学开会时，老师纷纷强调就业准备应该从大一做起；毕业年级的师兄、师姐们为了争取一个面试的机会而来回奔波……这些情形无形中给了大学新生很大的压力，让他们不禁开始对自己的就业前景担忧起来。

（五）从众心理

刚刚进入大学校园，有的新生对一切都感到新鲜和好奇，也具备足够的时间和精力去感受和体验多姿多彩的大学时光。开学之初，各级学生组织的迎新活动使得很多大学新生不能很好地结合自身实际情况，有针对性地进行选择，容易盲目跟风，随波逐流。还有的学生看到周围的同学热衷和沉迷恋爱、上网、吃喝玩乐，产生了跟风和盲从的心理，严重的甚至逐渐迷失了自己。

习近平：我是黄土地的儿子

1969年1月我作为"黑帮子弟"，来到陕西延川县文安驿镇的梁家河插队落户。

离开京城，投入一个陌生的环境中，周围遭遇的又是不信任的目光，年仅15岁的我，最初感到十分的孤独。

但我想，黄土高坡曾养育了我的父辈，她也一定会以自己宽大的胸襟接纳我这个不谙世事的孩子。

于是，我真诚地去和乡亲们打成一片，自觉地接受艰苦生活的磨炼。几年中，我过了四大关：

一是跳蚤关。在城里，从未见过跳蚤，而梁家河的夏天，几乎是躺在跳蚤堆里睡觉，一咬一挠，浑身发肿。但两年后就习惯了，无论如何叮咬，照样睡得香甜。

二是饮食关。过去吃的都是精米细面，现在是粗粝的杂粮，可不久我便咽得下，吃得香了，直到今日，我对陕北乡村的饭菜还很有感情，就拿酸菜来说，多时不吃还真想它。

三是劳动关。刚开始干活时，我挣6个工分，没有妇女高。两年后，我就拿到壮劳力的10个工分，成了种地的好把式。

四是思想关。这是最重要的，我学到了农民实事求是，吃苦耐劳的精神。同时，乡亲们也逐渐把我看作他们中的一分子。

我生活在他们中间，劳作在他们中间，已经不分彼此，他们对我坦诚相待，让我做赤脚医生，做记工员、农技员。

20岁那年，又选我做大队党支部书记。我和社员一道打井、打坝、修公路，发展生产，改变家乡的面貌。我已认定，这里就是我的第二故乡。

1993年，我再回梁家河时，有的乡亲提到，当年我在村里创建铁业社，为村民增加了收入；我带领大家开挖出陕西省第一口沼气池，让村民用沼气照明、做饭。可是，我所记得的，是他们曾经无私地帮助过我，保护过我，特别是以他们淳厚朴实的品质影响着我，熏陶着我的心灵。

15岁来到黄土地时，我迷惘、彷徨；22岁离开黄土地时，我已经有着坚定的人生目标，充满自信。

作为一个人民公仆，陕北高原是我的根，因为这里培养出了我不变的信念：要为人民做实事！

无论我走到哪里，永远是黄土地的儿子。

（引文来源：人民网）

三、入学适应的途径

个体的适应能力是在解决各种适应问题的实践中逐渐培养起来的。大学新生要想尽快适应全新的生活环境，应该积极培养自己的适应能力，认识自我、认识环境，主动调节自身状态。

1. 正确认识和评价自我

大学新生要正确认识和评价自己，做好成为一名"普通人"的心理准备。在正确认识自己的过程中，要抛开之前的赞美、鼓励、支持及批评、嘲讽，重新给自己定位，发现自己的优势和缺点，客观分析哪些缺点是自己想改正且可以改正的，哪些优势是自己要继续发扬的。当我们进入全新的大学校园，不可避免地会与身边的同学进行比较，如果发现自己不如别人，不要采取生气、嫉妒、发脾气等方式逃避问题，而要静下心来好好想一想：我们之间的差距到底是什么？这方面的差距是否重要？我该如何在这方面取得进步？

知 识 窗

聚光灯效应

聚光灯效应又称焦点效应（Spotlight Effect），是1999年季洛维奇和萨维斯基提出的心理学名词。有时候，我们总是不经意地把自己的问题放大，当我们出丑时总以为别人会注意到，其实并不是这样的，别人或许当时会注意到，可是事后马上就忘了，没有人会像你自己那样关注你。聚光灯效应的表现是，我们会普遍高估别人对我们的关注程度，换句话说，我们很在意自己给别人留下了什么印象，以至于我们倾向于认为别人对我们的关注程度，比别人实际给予的关注程度要高得多。

初入大学，一些大学新生会因为"聚光灯效应"而过分在意别人对自己的看法和评价，高估了别人对自己的关注，但其实别人并没有你想象中的那么关注你。此外，大学里人才济济，通过对比会让自己产生失落感和迷茫感。此时，大学新生要学会调节对自我的认知，正确认识当下的自己，正确定位目前的角色，给自己一个客观、公正的评价，这样有利于大学新生平稳度过入学适应期，更好地适应大学生活。

---

2. 认识环境和适应环境要求

一方面，大学新生要正确认识和评价大学环境，不仅要了解校园环境，同时要了解大学的组织管理和规章制度等，做到遵守校规校纪，在学校允许和支持的范围内成长成才。另一方面，大学新生要主动适应大学环境的要求，在生活环境、学习环境、成长目标等方面做好心理调适。例如，在成长目标方面，除学好专业知识和专业技能之外，还可以根据个人的兴趣爱好发展一些才艺和特长，并完善自己的人格，培养健康、良好的生活习惯，培养人际交往能力、组织管理能力等，做到综合提升、全面发展。

3. 培养独立能力

独立生活是一个人成长和成熟的必经之路。大学生活是每个学生离开父母、独立生活的开始。大学生要不断学习和培养自己独立面对生活的能力，如照顾自己的饮食起居，完成专业知识学习、专业技能培养，建立新的人际关系及规划自己的未来职业发展等。经过独自面

对各种生活问题，大学生会更深刻地理解生活的意义，确定未来的人生规划，进而增强自己对大学生活和未来人生的自信心。

第二节　大学学习与心理健康

学习是大学生的主要任务，也是大学生活的重要组成部分。部分大学新生进入大学后陷入一种"茫然"的状态，出现多门课程挂科、重修甚至被学业预警的现象，在学习方面出现适应不良的问题。大学新生需要及时分析自身学习适应不良问题，并采取适当的应对措施。

一、提升学习动力

部分大学新生学习缺乏内在的驱动力量，学习"没劲头"，对学习持厌倦、逃避甚至抵触情绪。这种学习动力缺乏主要表现在四个方面。

第一，目标不明确。进入大学后，部分大学新生对自己所学的专业了解不深，对自己在大学期间及每个学期究竟要达到什么要求不清楚，即心中没有明确的目标。第二，学习无计划。部分大学新生对每天的时间怎么安排、学习什么、学习多少内容及如何在多门课程中合理分配时间和精力等问题不做打算，缺乏适合自己的职业生涯规划方案和系统的学习体系。第三，学习动机弱。部分大学新生缺乏求知欲和上进心，没有压力和紧迫感。有的学生既不羡慕那些学习成绩好的同学，也不为自己虚度年华而惭愧，对学习成绩不佳不以为然。第四，学习无兴趣。部分大学新生不明白专业知识和技能学习的意义，未能将自己的学习与个人成长、社会发展、民族振兴相联系，对专业学习缺乏兴趣。

针对学习动力缺乏的学习适应不良，建议使用以下三种方法。

（一）明确学习目标

大学新生要了解学习在人生发展中的作用和意义，认识到掌握知识对适应知识经济时代的重要性。在全面客观了解自我的基础上，大学新生可以制定合理的短期目标和长远目标，调动学习的积极性、主动性和自觉性，珍惜学习机会，掌握扎实、过硬的本领，通过学习更好地实现个人理想和价值。

（二）变乐为志

孔子说"知之者不如好之者"，爱因斯坦说"热爱是最好的老师"，可见，培养对某专业稳定的学习兴趣，对学习动机的激发和心理健康都十分有利。大学新生可以通过听讲座、阅读相关书籍、参加专业研讨会等方式，了解自身专业的发展前景，并通过参观自身专业对口的工厂、企业、研究所等，真切体会专业学习的重要性。

新时代巾帼楷模·樊锦诗：择一事终一生

"此生命定，我就是个莫高窟的守护人"，这行字印在樊锦诗的自传《我心归处是敦煌》的封面上。

樊锦诗说自己和敦煌的关系始于年少时的一种美丽幻想。小时候，她曾在中学课本上读到过一篇关于莫高窟的课文，说莫高窟是祖国西北的一颗明珠。"我对这篇课文的印象很深，后来就比较留意和敦煌有关的信息。特别是念了大学以后，凡是和敦煌有关的展览，包括出版的画册和明信片，我都格外关注。敦煌是我少年时代的一个梦。"

1958年，樊锦诗考入北京大学攻读考古专业，她做出要去敦煌工作的决定，父亲很是担心从小身体不好的女儿受不了西北的黄沙凛冽，他写信给学校希望能考虑照顾一下。结果，这封信被樊锦诗偷偷扣下，她服从国家分配去了敦煌。1963年，樊锦诗北京大学毕业后选择在敦煌文物研究所（敦煌研究院前身）工作整整60年，被誉为"敦煌的女儿"。她长期从事石窟考古、石窟保护与管理等方面的研究，为敦煌石窟的保护、研究、弘扬事业奉献了一生的心血和精力，极大地提高了敦煌石窟科学保护和管理的现代化水平。

（引文来源："学习强国"学习平台）

（三）提升成就感

大学新生在学习过程中可以根据专业课程和自身学习实际，创设可以阶段性成功的机会，如章节测验得高分、认真完成作业获得老师的表扬、课堂上积极回答问题等，帮助自己在学习的进步中体验成功的喜悦，并从自身变化中认识自己的能力。另外，大学新生可以通过观察并学习与自己能力相近者获得成功的行为，来增强自信心、提升成就感。

二、优化学习动机

学习动机对学习活动起着发动、维护和推进的作用，但并不意味着学习动机强度越大，学习效果就越好。部分大学新生学习动机过强主要表现在三个方面。

第一，内部期望过高。有的大学新生所树立的抱负和期望远远超过自己的实际能力和潜力，只盼成功，担心失败，给心理上造成很大压力。第二，外部奖惩动机过强。部分大学新生对奖惩考虑过多，想获得奖励，避免受到惩罚。他们大多是被动学习，以考试为中心，紧紧围着老师转，上课小心翼翼记笔记，下课认认真真对笔记，考前辛辛苦苦背笔记。第三，学习强度过大。有的大学新生不会合理安排学习时间，每天用于学习的时间过长，没有按时休息，常常处于过度疲劳状态。研究表明，大学生学习投入水平越高，心理健康状况越好，但学习投入过多，大学生的心理健康也会出现问题，这值得大家关注和重视。

针对学习动机过强的学习适应不良，建议使用以下三种方法。

（一）确定适当的抱负水平

大学新生在进入大学后，应根据学习任务的难度和自己的学习基础、学习能力等因素为自己确定适当的学习目标和抱负水平，既要具有一定的挑战性又不要高不可攀。心理学研究表明，学习目标和抱负水平太高，容易因经常达不到目标而焦虑和丧失自信；学习目标和抱负水平太低，则很难对学习活动起到激励作用，不利于学习水平的提高。只有既适合自己又稍高一些的学习目标和抱负水平，才既能对学习活动起到真正的推动作用，又不会给学习能力和学习基础有限的大学生造成心理压力和心理障碍。

知 识 窗

耶克斯-多德森定律

不同人的动机有强弱之分，如对于英语学习，小张的动机强一些，他能主动背英语单词，小刘的动机弱一些，他容易分心、被打扰。同一个人的动机也有强弱之分，如中文系的小刘在学习中很愿意思考和阅读，甚至在戏剧社里也主动运用所学为台词添彩，而对看似简单的背英语单词则能拖则拖。这其中蕴含着什么样的规律呢？

研究发现，人类的动机强度与活动效率之间呈倒"U"形曲线，动机过强或过弱都会使活动效率下降，中等强度的动机才有利于问题的解决。任务的难易程度不同，动机的最佳水平也会变化。对于一个简单的任务（如打字），需要一个较高的动机水平；对于一个较复杂的任务（如期末考试），可能较低的动机水平更为有利。耶克斯-多德森定律（Yerkes-Dodson Law）如图2-1所示。

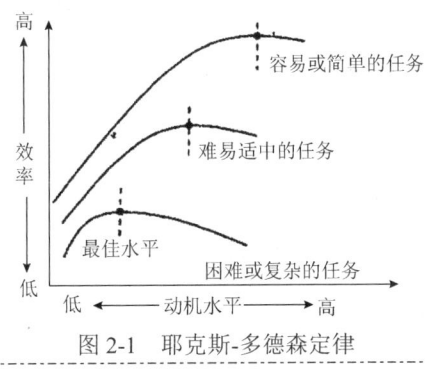

图2-1 耶克斯-多德森定律

（二）提高灵活性和自主性

在大学里，对于不同的专业、课程，学习方法有所不同，甚至没有绝对正确的学习方法。我们既不能盲目地保持以往的学习习惯，也不能一味地学习他人的成功经验，而是需要在不断试错的过程中，找到适合自己的学习方法。提高学习的灵活性，找到合适的学习方法，往往可以让我们在学习的过程中事半功倍。

（三）调整情绪和心理预期

在学习前后，我们要调整自己的情绪，保持适当的心理预期。在此基础上，我们要合理、科学地安排自己的学习节奏，让学习过程本身像一首歌、一首诗，学会挖掘学习本身蕴含的乐趣和美。在进入学习活动之前和学习过程中，积极调整自己的学习心态，以一种愉快的心境投入学习，是保证积极健康的学习心态和良好的学习状态的重要条件。例如，我们可以给自己一些积极美好的心理暗示，可以通过一段美妙的音乐来放松自己的大脑和神经等。

三、掌握学习技巧

大学新生学习适应的另一个突出问题是学习方法不当。大学的学习特点与中学有很大的不同，大学学习具有自主性、专业性、广泛性和探索性等特点，课程的数量和难度都增加了，记忆性的知识减少，理解性的知识增多，这需要大学新生具有较强的独立思考问题、解决问题的能力。而部分大学新生还使用中学期间的学习方法，难以适应需要自主学习意识和创新精神的大学学习。许佩卿等的调查显示，55.1%的学生"有时预习"，17.9%的学生"极少预习"，5.6%的学生"从不预习"；51.0%的学生"有时做课堂笔记"，5.8%的学生"等复习时再抄笔记"，4.1%的学生"从不做课堂笔记"。

科学有效的学习策略是帮助大学新生提高学习效率、减轻学习压力的重要措施。大学新生在整个学习过程中，应意识到自身思维认识与整个学习活动的心理状态，学会对认知流程实时监控，不断总结自己的学习经验和策略，学会学习，让自己进入健康高效的学习状态。下面介绍三种常见的学习策略。

（一）组织策略

组织策略是指整合所学新知识和旧知识之间的内在联系，对学习材料进行系统、有序的分类和整理，形成清晰的知识网络和新的知识结构的策略。适用于大学生的常用组织策略有归类和列图表，图表具体包括以下四类。

1．系统结构图

我们可以在学习知识后将所学材料进行归类，将主要信息归纳为不同水平或不同类别，然后形成一个系统结构图。

2．一览表

我们可以将所学材料进行综合分析，然后从某一角度出发，抽取主要信息并加以罗列。例如，在学习矿物的时候，按照金属和非金属对其进行分类，然后写出各种矿物的特点。

3．流程图

当学习的材料可以按照时间、步骤或阶段归类时，我们就可以采用绘制流程图的方法帮助自己复习所学的内容。

4．网络模式图

与流程图不同的是，网络模式图可以把每个章节中的概念、观点用构建概念地图的方式联系起来。在网络模式图中，主要概念或核心观点位于正中，支持性概念和观点位于主要概念或核心观点周围。

（二）精加工策略

在一期电视节目中，一位73岁的老人成功地背诵了圆周率小数点后的5000位数字。老人说，他采用的方法是4个数字对应一个人名，先记住名字的顺序，然后按照名字的顺序编故事，编故事时先把数字转成谐音。实际上，这位老人在记忆的时候采用的就是精加工策略。

精加工策略是指通过对学习材料进行深入、细致的分析和加工，理解其深层意义并促进记忆的一种策略。简单地说，就是采用依靠谐音、编故事、编儿歌的方式，使需要记忆的新材料与已有的知识产生联系，进而进行识记的方法。有时，人们也会采用位置记忆法，在头脑中创建一个熟悉的场景，在这个场景中确定一条明确的路线，然后将要记的材料全部视觉化。

这些方法在需要记忆的新材料和大脑中已有的知识间建立起了网状结构，不仅有利于对新材料进行深入加工，还有利于对新材料的记忆和提取。

（三）元认知策略

元认知策略是指学习者对自己学习过程的有效监督和调控。在大学阶段，教师不会整天督促学生学习，教学生如何改进自己的学习方法，大学生需要经常对自己的学习情况进行监督和调控。元认知策略包括以下三类。

1. 计划策略

计划策略是指在学习前对学习目标、过程等进行规划与安排，包括设置合理的学习目标、安排时间、预测重点和难点，以及分析如何完成学习任务等。

2. 监控策略

监控策略主要是指对学习过程中使用的方法、策略及学习计划的执行等进行有意识的监控，如考察自己是否完成了学习目标、目前使用的学习策略是否有效及自己的注意力是否集中等。

3. 调节策略

根据监控策略，如果发现自己在学习过程中有些问题或者有些策略不适用，就需要根据学习进程对计划、策略等进行调整，包括调整预先设定的目标或计划、改变使用的策略、有意识地矫正学习行为、采取一些补救措施等。

第三节　大学生活与心理健康

大学新生在步入大学校园后，脱离了父母的照顾，面临的主要适应问题是生活适应问题。例如，有些大学新生自理能力较差、熬夜打游戏、不懂得合理支配生活费等，导致生活质量下降，影响了人际关系、学习成绩等，生活陷入一种"盲目"的状态。接下来介绍大学新生常见的三种生活适应方面的问题，并给出了解决策略。

一、分离性焦虑你中招了吗

部分大学新生在进入大学后会出现一系列问题，如水土不服、不适应大学的管理模式、独立生活能力较弱、思念家乡和父母等。其实，这是分离性焦虑的表现。分离性焦虑指的是当与其依附的对象分离时，出现与其年龄不符或程度上过度焦虑的现象。

分离性焦虑是不良分离个体化的表现。分离个体化是一个内在、主观的过程，是个人在心理上与父母分离，并建立自己作为独立的个人形象的过程。心理学家皮特·布拉斯（Peter

Blos）认为青少年时期是第二次心理分离个体化期。分离个体化水平较低的个体容易出现分离性焦虑，主要表现为在现实生活中焦虑不安，社会支持较少，会影响其对新环境中问题的处理，并在情绪、学习、交往等方面出现问题。

而良好分离个体化的人会表现出如下特征：第一，他们能与他人合作，考虑他人的利益，在具有压力时能保持冷静；第二，他们对各种各样的观点持开放的态度，尊重他人，对自己负责，能意识到自己对他人的依赖，能平静、理智地面对冲突、批评和拒绝，他们的思维不受情感的影响，他们的行为是出于慎重选择的结果，是建立在对事实认真评估的基础上的；第三，在一个分离个体化程度高的家庭中，家庭成员不需要不断地从他人身上寻求爱、赞许和感激，他们不会因为别人没有满足自己的需要而要求别人对自己负责。良好分离的家庭成员能够在表达他们的个体化的同时彼此保持密切的联系。

大学生活亮起了"红灯"

小林是一名大一新生，自入学一个月以来持续情绪低落，而且经常伤心落泪，舍友担心她，陪同她前来进行心理咨询。

小林自述，9月8日父母陪同她入校，刚入校的时候还挺开心的，可是新鲜劲儿过了之后就开始想家了，越想越难过。本来以为习惯几天就好了，可是一个月过去了还是如此。大学校园是一个全新的环境，周围是陌生的面孔，而且大大小小的事情都需要自己处理，这让她感到无所适从。因为之前从未做过洗衣服、换床单等事情，所以一旦遇到一点小问题，就有些不知所措。小林说，前几天舍友错用了她的热水，导致她晚上没有热水洗脚，为此她对舍友大发脾气，她觉得自己根本无法适应宿舍生活……现在，她只想快点回家。

小林遇到的问题是大学新生入学后的常见问题，这是由于离开了父母的臂膀，难以适应独立的生活、新的学习方式、人际交往等而过度焦虑。分离性焦虑一般伴随心理上的无助感和挫折感，这些情绪若长期存在会诱发自我评价低、人际关系不良，甚至厌学等。

对大学新生而言，要想做到"分离莫焦虑"，可以从以下四个方面做出尝试。

（一）积极主动适应环境

大学新生要尽快了解大学校园及周围的环境，如了解学校不同功能的教室、图书馆、心理咨询室的位置及开放时间等，熟悉学校周边的书店、银行等服务场所，帮助自己做出更好的生活安排，以积极的心态去主动适应环境。此外，大学新生要学会调整自己的心态，适应当下的生活，在适应的过程中锻炼并提升自己的应激能力和承受能力等。

（二）提高生活自理能力

大学新生要具备必要的生活自理能力，逐渐从依赖别人生活转变为独立方式。大学新生要培养相对规律的作息和良好的饮食习惯，不经常熬夜，不暴饮暴食，每天坚持体育锻炼，以保证自己有一个健康的身体。此外，大学新生要学着处理一些基本的生活问题，学会照顾自己，学会理财，保管好自己的钱物，以避免不必要的损失等。

（三）充实课余生活

大学生活是丰富多彩的，大学新生可以通过各种方式让自己的生活变得充实，如参加喜欢的社团活动、阅读喜欢的书籍、欣赏美丽的校园等。充实的生活会让人充满能量，这种能量会帮助大家抵挡负面情绪的侵蚀。此外，大学新生可以慢慢学着享受生活，感受大学生活给自己带来的愉悦和快乐。

（四）设定合理的目标

大学新生入学后可以在老师的帮助下，做好个人的职业生涯规划，并结合个人实际制订每年、每学期、每月甚至每周的计划，让自己有事可做，有目标可循，有规律地生活，不断获得内心的充实感和价值感。

二、为什么打游戏会上瘾

在日常生活中，打游戏的同学会有这种感觉：明明只想玩一局，结果玩完之后发现一个小时过去了；明明想着玩完游戏去学习、去运动，结果抬头一看天已经黑了；明明自己下决心要好好学习、认真听课，结果上课时又忍不住玩了起来……为什么打游戏会上瘾？让我们一起来探究背后的心理学秘密。

（一）操作性条件反射理论

美国行为主义心理学家斯金纳指出，人的行为大多决定于先前行为的后果，而先前行为的后果起到激励作用，这就是强化的作用，后果不同，强化的性质也不同。强化即对一种行为的肯定或否定、奖励或惩罚，在一定程度上会决定人的这种行为在今后是否会重复发生。"正强化"是呈现能提高行为发生概率的刺激的过程。一个人玩游戏面临的就是处处是激励和爽点的"正强化"设置，这也就解释了为什么同学们打游戏会上瘾。

（二）色彩心理学

联系日常生活中比较流行的游戏不难发现，大多游戏界面以黑、红、蓝为主色调。长时间在这些色调下，人的心理会产生不同的反应，自然而然也会引起情绪上的变化。这其中的秘密又是什么呢？

色彩心理学指出，色彩的直接性心理效应来自色彩的物理光刺激对人的生理发生的直接影响。心理学家曾做过许多实验，他们发现在红色环境中，人的脉搏会加快，血压会有所升高，情绪容易兴奋、冲动；而在蓝色环境中，人的脉搏会减慢，情绪也较镇静。有的科学家发现，颜色能影响脑电波，脑电波对红色的反应是警觉，对蓝色的反应是放松，这些实验都明确地指出了色彩对人心理的影响。此外，视觉上的颜色冲击会让我们产生不同的心理联想和反应。如此看来，我们就不难理解，为什么很多游戏界面以黑、红、蓝为主色调了，也就不难理解为什么打游戏会上瘾了。

（三）需要层次理论

著名的马斯洛需要层次理论指出，人的需要有五个层次，从低到高依次是生理需要、安全需要、爱和归属需要、尊重需要、自我实现需要。游戏设计者深谙此理，因此在设计游戏时

会根据玩家的心理需要，设定规则和奖励机制，设立一个一个吸引点，让玩家在吸引点的刺激下一步步"沉沦"。

打游戏满足了玩家很多"需要"：游戏从不同维度对玩家的能力、成果进行排名，生成排行榜。玩家在自己本能的驱使下想要跻身排行榜前列，以证明自己的能力，获得大家的敬佩，满足自己的尊重需要；一群有共同爱好的人团结在一起为目标奋斗，会让玩家感觉被满足了"爱和归属"需要……因为游戏能满足玩家的需要，所以打游戏会上瘾也就很好理解了。

如何让自己打游戏不上瘾呢？我们可以从以下几个方面做出改变。

1. 设定上网目标

大学新生在每次上网前，应明确上网目标，并将任务按重要性和紧迫性排序。大学新生可以尝试列出任务清单，粗略估计自己上网所需时间，有效地控制任务进度。下面介绍三种提醒自己的方法。（1）设置时间警示框。例如，在上网30分钟后，电脑上自动弹出"您已上网30分钟，请及时调整您的任务进度"等样式的对话框，以此来提醒自己。（2）设置手机闹铃。在上网时间达到估计时间的一半时，用闹铃提醒自己，看任务进展到哪儿了，如果任务完成不到一半，就得加快速度，相应调整任务进度。（3）电脑设置上网时间。自己预先设置的时间一到，电脑就自动关机，避免养成在网上随意浏览的习惯，提高操作效率。

2. 培养兴趣爱好

大学新生应积极寻找有意义、有兴趣的事情，用它们来取代网络虚拟刺激，挖掘自身优势，找准自身亮点，用现实的成功感驱除网络的诱惑感。例如，大学新生可以多参加户外运动，闲暇时和同学或好友一起外出郊游、爬山等，远离网络诱惑，开阔视野，磨炼意志，联络感情；还可以寻找自己感兴趣的书籍来阅读，增加知识储备，转移对网络的依赖。

3. 科学规划人生目标

大学新生要客观、全面地认识和评价自己，弄清楚自己的优势和劣势是什么，知道"我可以做什么"和"我应该怎样做"。此外，大学新生应结合自己的个性特点、专业背景、综合能力等认真思考，重新定位自己的理想与人生追求，将社会需要和个人实际结合起来，制定切实可行的人生规划，明确自己大学期间每个阶段的具体任务，并在执行过程中根据实际情况适当地进行调整。

三、"躺平族"缘何而起

在日常生活中，我们会发现有这样一群人：他们对生活提不起兴趣，面对各种荣誉、竞争表现得"波澜不惊"，仿佛成了积极上进的"对立面"……这样的人我们称为"躺平族"。"躺平"简单来说就是无论对方做出什么反应，你的内心都毫无波澜，对此不会有任何回应，表达的是一种顺从心理。"躺平"的心理学解释可以从以下两个方面找到答案。

（一）习得性无助

大学新生在适应大学生活的过程中可能出现这样的情况：因为水土不服，想努力适应当地的气候、饮食等，却发现对自己而言确实太难了；上大学之前没有集体生活经历，进入大学后宿舍生活中的种种"不便"（如当着宿舍成员的面儿换衣服、不同生活作息导致的矛盾等）

让自己手足无措……在种种情况下，部分大学新生逐渐放弃了自己对美好生活的追求和向往，选择加入"躺平"族。这背后的原因可以从美国心理学家塞利格曼提出的习得性无助理论中找到答案。

习得性无助是指个体经历某种学习后，形成无论怎样努力也无法改变事情结果的不可控认知，继而导致放弃努力的一种心理状态。当我们在一件事情上反复失败时，就会对这件事情产生习得性无助。如果一个人总是在一项工作上失败，他就会对这项工作放弃努力，甚至还会因此对自己产生怀疑，觉得自己"这也不行，那也不行"。而事实上，此时此刻的我们并不是"真的不行"，而是陷入了"习得性无助"的心理状态。这种心理让人们自设樊篱，把失败的原因归结为自身不可改变的因素，也会失去继续尝试的勇气和信心。

（二）心理补偿现象

部分大学新生在步入大学之后，出现了旷课、通宵打游戏等问题，极力"挥霍"大学的时间。其实，这是大学新生对高中阶段无暇放松的补偿。"心理补偿"是指人们因主观或客观原因引起不安而失去心理平衡时，企图采取新的方式缓解或抵消不安，从而达到心理平衡的一种内在要求。当把别人的东西弄丢时，我们需要进行一些补偿；当我们把自己内心某部分忽视时，我们也会有一种补偿需要。在高考压力之下，很多学生缺乏轻松、快乐的生活，于是进入大学后开始"疯狂"补偿自己。

拒绝做"躺平族"，我们可以从以下几个方面做出改变。

1. 正确归因

归因是指个体根据有关信息、线索对自己和他人的行为原因进行推测与判断的过程。美国认知心理学家韦纳的归因理论告诉我们：有成就需要的人会把成就归因于自己的努力，把失败归因于努力不够。针对在入学适应中习得性无助状态下产生的"躺平"，我们不妨去调整一下自己的认知，正确看待大学生活，客观、理性地找到真正的原因。在此基础上，尽己所能做出一些改变，努力奋斗，成就不一样的自己。

2. 丰富自身技能

大学新生可以在大学期间根据个人的兴趣和优势，挖掘个人的潜能，培养个人的综合素质和核心竞争力。例如，有的同学喜欢社交，则可以在大学中锻炼自己的人际交往能力；有的同学计算机水平很高，则可以通过参加各类竞赛提升自己的技能价值；有的同学非常喜欢自己的专业，则可以通过刻苦学习和钻研提升学历及实践能力，争取在专业道路上的进一步提升。大学新生应基于自身实际情况，有针对性地丰富自身技能，这有助于缓解"躺平"带来的负面影响。

3. 提升自我效能感

美国心理学家班杜拉指出，自我效能感是指人们对自身能否利用所拥有的技能完成某项工作的自信程度。拒绝躺平、提升自我效能感可以这样做：（1）主动为自己设立一个较高的目标，或者选择有一定难度的工作；（2）迎接挑战，并因战胜自己而变得更强大；（3）进行自我激励，而非依赖外界的肯定；（4）为实现目标愿意投入精力；（5）面对困难，坚持不懈，努力想办法解决。

第四节　大学学生工作与心理健康

大学内的学生组织是大学生为了共同的目标、任务、爱好、兴趣或共同的责任组织起来的群众性组织。小到担任班干部、宿舍长，大到担任学校、学院学生会主席等，都为大学新生适应大学生活、接触社会提供了帮助。然而，在看似美好的学生工作背后，每年都会有大学新生陷入"忙碌"的状态，在学生工作上亮起"红灯"。这其中的缘由是什么？如何解决这一难题呢？让我们一起走进本节的学习，了解学生工作适应中常见的心理问题，并掌握解决的策略。

一、合理规划

大学新生在参与学生组织纳新的过程中，普遍存在报名参加多个学生组织的现象。报太多、活儿太多，容易挤占学习时间，导致大学新生在期末备考时出现焦虑等情况，进而影响学习成绩。其实，"报太多"的行为是从众心理在作祟。

> **知识窗**
>
> **羊群效应**
>
> 羊群是一种散乱的组织，平时在一起也是盲目地左冲右撞，一旦有一只羊动起来，其他的羊也会不假思索地一哄而上，全然不顾前面可能有狼或者不远处有更好的草。因此，"羊群效应"就是比喻人都有这样一种从众心理。通俗地讲，从众是指个体在社会群体的无形压力下，不知不觉或不由自主地与多数人保持一致，也就是我们说的"随大溜"。所谓羊群效应也就是从众效应。
>
> 从众心理是一把双刃剑。一方面，其有助于学习他人的智慧、经验，拓宽视野，避免走入固执己见、盲目自信的误区。另一方面，其可能抹杀人的个性和创造性，放弃独立思考，变得无主见。因此，大学新生在报名参加学生组织时，不要盲目从众。

这里送给大家三个小贴士。

（一）重"质"不图"量"

大学新生在报名参加学生组织时，要全面了解学生组织的相关信息，并对自己有一个全面客观的评价和定位，结合个人的兴趣爱好，选择自己喜欢且可以长期坚持的学生组织，切忌盲目跟风，不要在不了解学生组织的具体情况时就盲目报名。从数量上来说，不要贪多，这样比较靠谱。

（二）做好时间管理

一项关于人们在社区活动中主观体验的研究发现，当参与者被组织期望他们完成的工作总量所压倒时，他们具有疲劳的感觉。因此，大学新生在发展个人特长、锻炼个人能力的同时，要做好时间管理，合理分配自己的时间和精力，按照轻重缓急处理工作，并提高工作效率，这样有助于持续、长久地做好学生工作，并获得个人能力的提升。

（三）学习、"工作"两不误

大学新生要想成为品学兼优的学生，除在学生工作方面表现突出之外，在学习方面同样需要表现优异。大学新生要有较好的专业理论水平，具备合理的知识结构，并且能系统地学习专业文化知识、科学技术知识和人文素质知识，广泛涉猎相关学科知识，形成比较完善的知识体系，做到学习、"工作"两不误。

二、良性竞争

在进入学生组织后，多数大学新生最初都怀揣着"大干一场、大有作为"的抱负和劲头。然而，在学生组织考核评价和淘汰机制的影响下，大学新生会感受到竞争的压力。由社会促进的结伴效应可知，在结伴活动中，个体会感受到社会比较的压力，从而提高工作或活动效率。通俗来讲，就是"你做，别人也做"，进而导致个人的竞争意识被唤醒，进入"内卷"之中。面对"内卷"，建议从以下三个方面进行调整。

（一）拥抱竞争，共舞挑战

于个人而言，大学新生要摆正自己的心态，拥抱竞争。大学新生要敢于直面挑战，积极乐观地面对各种困难和挫折，同时不断培养自律的习惯、坚忍的意志品质和控制情绪的能力，使得自己的心理素质在不断处理和完成学生工作的过程中不断提升。

（二）审时度势，敞开胸怀

大学新生要理性地看待与学生组织中其他同学之间的关系。良好的工作状态应该是个人在工作中不断掌握新本领、提升新能力，而不是在与同学的竞争中过度内耗，逐渐变得浮躁、狭隘，产生嫉妒、愤怒等负面情绪。大学新生不妨学会审时度势，在分析自身优势和劣势的基础上，学会看到其他同学身上的闪光点，努力学习他人的长处，弥补自己的短处，以一种宽大的胸怀平衡好工作的心态，以取得更大进步。

（三）跳出"内卷"，弯道超车

要想在学生组织中立足，大学新生不妨跳出"内卷"，通过多方面努力实现弯道超车。一方面，掌握丰富的知识，除学好自己的专业知识外，还需要掌握政治理论知识、管理学知识、计算机知识等；另一方面，夯实业务基础，培养文字编辑、数据分析、视频剪辑等能力，并不断提升自己的语言表达能力、管理沟通能力、协调能力和应急能力等。

三、做"大写的我"

很多大学新生在报名参加学生组织时，都是抱着提升个人能力、服务同学的想法。但不可否认的是，部分大学新生在学生工作中存在功利心理。比如，有的学生为了评奖评优、推优入党，或追求"好名声"和"高地位"，优先选择参加对自己有帮助、令人眼热的学生组织；有的学生认为学生组织交给自己琐碎、单调的工作无法在短时间内得到成长，索性直接选择退出……

这种"精致利己"的功利心理可以用心理学家埃里克森的人格发展理论来解释。埃里克森提出，自我同一性的确立和防止社会角色的混乱是青年时期的发展任务。自我同一性是关于"我是谁、我的价值和我的理想是什么"的一种稳定的意识。每个人在青年时期都在探索并尝试建立稳定的自我同一性，大学新生渴望得到认可、尊重，获得成功和实现自我价值，因此部分功利心理突出的大学新生会追求"短平快"，"量身打造"出"性价比高"的选择。但是，这种"精致利己"的想法不利于大学生的全面发展，实在要不得。如何在学生工作中"去精致利己主义"？具体来说，大学新生可以从以下三个方面入手。

（一）树立正确的价值观

作为新时代的青年，需要在青年时期树立正确的世界观、人生观、价值观，保持初生牛犊不怕虎、越是艰险越向前的刚健勇毅，勇立时代潮头，争做时代先锋。在大学的学生组织中，发挥新时代大学生敢于拼搏、勇于奋斗、勇挑重担、勤于奉献的精神，在提升个人综合素养的同时，热忱地为同学们服务。

（二）摆正自己的位置

在参与学生组织工作的过程中，大学新生要做到既重视自己也不贬抑他人，自觉地把自己和他人、集体结合起来，走出自我的小天地；要实事求是、恰如其分地评估自己，既不狂妄自大，也不妄自菲薄；要学会共情，设身处地地从他人的角度思考问题，尊重他人的感受、关心他人；要学会在处理系列矛盾中提高辩证思维能力，能够正确认识个人追求与社会理想的关系、眼下学习和未来就业的关系、个人利益与他人利益的关系等，这样能更好地帮助大学新生在学生组织中建立良好的人际关系，在提升个人工作能力的同时，提升个人的获得感和价值感。

（三）做"大写的我"

参加学生组织其实就是加入一个小"团体"、小"社会"的过程。通过学生组织的锻炼和磨砺，大学新生要认识到自己的责任，对父母、身边的同学，以及学校、社会、国家心存感激。在家庭中，大学新生要认识到父母养育子女的艰辛，珍惜父母的爱，常回家看看，尽自己所能为父母分担家庭责任；在学校中，大学新生要认识到老师的辛苦，尊敬师长，感恩母校；在集体中，大学新生要认识到他人对自己的关爱，善待他人，主动融入集体并为集体奉献自己的力量。除学习专业知识之外，大学生还应对社会问题予以更多的关注，自觉承担社会责任，力争做"大写的我"。

不负韶华 强国有我——记2021年"最美大学生"

2021年7月24日，东京奥运会女子10米气步枪比赛，伴随一声枪响，清华大学2018级本科生杨倩射落首金。

赛场上的奋力拼搏、面对压力时的镇定自若、颁奖仪式上的落落大方……杨倩在全世界观众面前展现了中国青年的激情与活力。

杨倩的风采，恰是2021年"最美大学生"的生动缩影。

青春，在强国之路上闪耀光芒——

北京理工大学2019级博士生宋哲扎根卫星通信测量领域，用科研攻关助力相关领域解决多项痛点难点问题。在宋哲看来，科研的道路虽遍布荆棘，但能通过自己的研究为国家的科技发展作贡献，一切付出都是值得的。

面向世界科技前沿，面向国家重大需求，兰州大学2020级硕士生周锦宇同样在创新创造中深耕细作。通过在稀土光功能材料的基础研究中攻坚克难，周锦宇让创新成为青春远航的动力，让青春年华在为国家、为人民的奉献中焕发出绚丽光彩。

青春，在科技赋能中铸就责任——

华东师范大学2016级博士生周杰在人工智能领域潜心钻研，开发情感赋能机器人，助力老龄化社会助老服务、关爱留守儿童。

温州医科大学2017级本科生黄君婷在扎实学习打好专业基础的同时，首创并促成"器官捐献志愿与电子医保卡智慧互联"试点，致力宣传推广人体器官捐献事业，行走在生命接力的道路上。

作为一名新时代的工科学子，武汉工程大学2018级本科生刘耀东不断思考如何将科研成果转化落地。他参与碳化硅陶瓷膜应用领域相关研究，共拥有国家专利11项，成果转化率达到90%。

贵州大学2019级博士生张建在乡村振兴中发挥科技创新作用，创制出具有自主知识产权的绿色农药，用行动践行把论文写在祖国大地上的誓言。

青春，在默默奉献中迸发活力——

早在2017年，刚在西南石油大学读满一年的刘宸，响应国家号召，积极应征入伍，并主动请缨到艰苦边远的新疆服役，实现自己卫国戍边、历练人生的从军梦想。2020年9月退役后，刘宸返校复学。他将部队的优良作风带回校园，继续发挥模范作用，担任学校武装部教导队教员、公安局联合高校反电信诈骗宣传形象大使等，不断弘扬传播正能量。

东北师范大学2018级本科生阿卜拉江·伊马木同样响应时代号召，在2018年9月怀揣一腔热血，以"到祖国最需要的地方去"的信念参军入伍。参加上百次的边防巡逻、几十次边防斗争、两次重大军事行动……战斗中火线入党的他，在喀喇昆仑高原留下自己的青春印记。

事实证明，青年一代是勇于担当、甘于奉献的。在青春和汗水中，他们正谱写一首又一首壮丽的青春之歌，在实现中华民族伟大复兴的道路上奋勇向前。

（引文来源：新华网，有删减）

课堂研讨

1. 进入大学后，你遇到了哪些适应性问题？是怎样解决的？
2. 你参加了哪些学生组织？在学生工作中有何挑战和收获？

一、大学生活拼图

说明：本训练的目的是帮助你了解大学生活所要规划的内容。请将你要规划的内容逐一填在表2-1中。

表2-1 大学生活规划

类目	具体内容
课程学习	
专业发展	
人际关系	
个人情感	
身心健康	
休闲生活	
自我成长	
社会工作	
兼职工作	

二、进入大学后的"五个最"

进入大学后，我最满意的是：＿＿＿＿＿＿＿＿＿＿＿＿＿＿＿＿＿＿

进入大学后，我最高兴的是：＿＿＿＿＿＿＿＿＿＿＿＿＿＿＿＿＿＿

进入大学后，我最关心的是：＿＿＿＿＿＿＿＿＿＿＿＿＿＿＿＿＿＿

进入大学后，我最担心的是：＿＿＿＿＿＿＿＿＿＿＿＿＿＿＿＿＿＿

进入大学后，我最想做的是：＿＿＿＿＿＿＿＿＿＿＿＿＿＿＿＿＿＿

推荐书籍：《心理学与生活》，理查德·格里格、菲利普·津巴多著，王垒、王甦等译，人民邮电出版社。

推荐理由：如果你对心理学比较感兴趣，那么请看看这本书吧！本书把心理学知识与人们的日常生活和工作相联系，语句流畅，通俗易懂，是一般大众了解心理学与自己极好的读物。

正如作者所言："心理学是一门与人类幸福密切相关的科学。"本书贴近生活、深入实践，可以帮助一般大众了解心理学、更好地理解人性和提高自身素质。作者形象地将使用本书学习心理学比喻成一次"智慧的旅行"，若认真阅读本书，相信你一定"不虚此行"。

第三章

别让情绪左右你

奋斗的青春最美丽

导语：我们每天都被各种情绪围绕着，认识情绪、理解情绪、有效地管理情绪至关重要。在这一章里，我们将了解情绪的含义和分类，学会深入觉察情绪、合理表达情绪、有效管理情绪、塑造积极情绪，从而保持良好的情绪状态。良好的情绪管理能力对大学生的学习和生活具有重要作用，是大学生健康生活和成长成才的必要保障。大学生要学会运用辩证的眼光看待自我和他人情绪，正确看待群和己、成和败、得和失，培养自尊自信、理性平和、积极向上的健康心态，形成积极的世界观、人生观和价值观。

能控制好自己情绪的人，比能拿下一座城池的将军更伟大。

——拿破仑

情绪过山车

晓宇高中时品学兼优，进入大学后一直担任班级学生干部，由于她表现出色，深得老师器重，同学们有困难也都习惯求助于她，这使她的人气很高。大三时，她想竞选学生会主席，经过现场答辩和综合考察等环节，她认为最终确定的人选非她莫属。

因此，自从竞选的"小道消息"传出来之后，她就感觉周围的同学都在羡慕她，为此她自己也有些得意。后来，老师找她谈话，她心想："看来马上就要宣布任职通知了。"想到这里，她不禁心花怒放。

出乎意料的是，当选学生会主席的是另一个人，志在必得的晓宇落选了。得知这个消息后，她有一种整颗心被掏空的感觉，似乎两年多来自己一切的努力都白费了，她的情绪急转直下，个人变得萎靡不振，强烈的挫败感让她觉得在学校待不下去了。虽然大家安慰、开导了她很久，但效果甚微。

思考：晓宇为什么会如此挫败？她该如何调整自己的情绪呢？

专家点拨：大家想想，生活中这样的事情不是很常见吗？很多事情看上去是理所当然的，于是人们就理直气壮地去主观判断、下结论，然后按照主观的想法行事。然而，现实中可能出现出乎意料的情形，事情没有按照自己的认识、意愿和判断发展，甚至是朝着完全相反的方向发展的。这时候，大多数人无法坦然接受这样的事实甚至是打击，最后就影响了自己原本积极的心态。

其实，现实生活中从来没有"理所当然"的事情，每个人的人生都有很多条路可以走，但不管你走的是哪条路，困难、艰苦与其他意想不到的局面都有可能出现，这些都不会以我们的意志为转移。生活中类似的情况很多，因此对情绪进行正确的认知与疏导，对我们来说是非常重要的。

我演你猜

1. 活动物资

情绪卡片——每张卡片上写着不同的情绪。

2. 活动规则

教师准备好"情绪卡片"，让自愿上台的学生随机抽出一张卡片，限时 30 秒用表情、动作等非语言表达卡片上所写的内容。让台下的同学猜测台上的同学表达的是什么情绪。

3. 活动素材

愤怒：生气、不平、烦躁、敌意、恨意等。
悲伤：忧伤、寂寞、忧郁、沮丧、绝望等。
恐惧：焦虑、紧张、忧心、疑虑、慌乱、警觉等。
惊讶：震惊、讶异、惊喜、叹为观止等。
厌恶：轻视、轻蔑、讥讽、排斥等。
羞耻：愧疚、尴尬、懊悔、耻辱等。
快乐：满足、幸福、愉悦、骄傲、兴奋、狂喜等。
爱：友善、和善、亲密、信赖、宠爱、痴恋等。

4. 交流总结

（1）情绪有好坏之分吗？为什么？
（2）情绪可以传染吗？
（3）在努力做或者模仿各种表情时，你的情绪有变化吗？

总结：在这个简单的游戏中，我们了解了情绪的类别，同时明确了情绪没有好坏之分，关键是要表达恰当，同时促使我们在交往中善于观察、学习、体验。

第一节 喜怒哀惧大杂烩——认识情绪

有些人焦虑，有些人愤怒，有些人恐惧，有些人抱怨……情绪是人的本能，产生的结果好坏取决于情绪表达恰当与否。同时，情绪是一种力量，我们无法用压抑或遮掩的方式将它消除，情绪积压久了终究会爆发。

你可能早已知道，负面情绪蔓延会导致什么样的后果，可还是会因为生活中的一些小事勃然大怒，或者陷入抑郁状态中久久不能自拔。在诱惑与压力并存的时代，控制好情绪，不轻易变成它的"奴隶"，并不是一件容易的事。只有学会正视情绪，透过情绪的表象看到真实的心理需求，摒弃消极、狭隘的思维方式，从不同的视角看待问题，才能够让情绪流动起来，把负面的"毒素"排出去，重建积极的人生。

一、情绪是什么

（一）情绪的含义

原本胜券在握的考试，却因为自己焦虑而失败了；因为一件小事，被老师、父母批评后自暴自弃；和朋友争吵后，上街乱逛，最后买了一堆多余的东西泄愤；一些花了很长时间才做出的决定，因为突然出现的负面情绪而被全盘否定……有时，突如其来的困难就是因为思维容易被情绪左右。那情绪究竟是什么呢？

情绪是人对客观事物是否符合自身需要而产生的相应的态度和体验，它是基本的感情现象。需要是人的情绪产生的根源和基础。当客观事物满足人们的需要时，就会使人产生积极的情绪体验，如找到志同道合的情侣、他乡遇故知、久旱逢甘霖等，会产生满意、愉快等内心体验；相反，当客观事物不能满足人们的需要时，就会使人产生消极的情绪体验，如失恋、遭受误会、考试不及格等，会产生苦恼、不满、愤怒等内心体验。

（二）情绪≠情感

情感和情绪是两个不同的概念。人的情绪与需要相关，由于需要可分为生理需要和社会需要两大类，与此相对，情绪也可分为情绪（狭义的）和情感（又称情操）两大类。人的生理需要是否得到满足而产生的体验称为情绪；人的社会需要是否得到满足而产生的体验称为情感。

情绪一般不稳定，具有较大的波动性；而情感较稳定，持续时间较长，甚至会影响人的一生。情感是在情绪的基础上产生的，进而发展成为情绪的深层核心，它通过情绪得以实现。情绪包含情感，受情感的制约，是情感的外在表现。二者相互依存、相互制约、共同发展。

> **知识窗**
>
> 祁发宝是中国人民解放军某边防团团长，2021年2月，一段中印加勒万河谷冲突的现场视频受到民众的广泛关注。视频中，我国边防官兵在面对手持钢管、棍棒蓄意挑衅的外军士兵时身体紧绷，这是人在面对威胁时，基本的生理反应。
>
> 在这一时刻，祁发宝团长在忍无可忍的情况下，对他们的暴力行径予以坚决的回击，这时他是愤怒的，这是他的主观体验，是他情绪的体现。
>
> 祁发宝团长张开双臂站着最前面，大声呵斥："你们破坏共识，要承担一切后果！"他以无畏的勇气挡住来犯之敌，我们虽然看不到他的面部表情，但是我们从他的言语和行为过程这些情绪的外在表现中感受得到他誓死捍卫祖国领土的赤胆忠诚。

二、情绪家庭的成员们

通常，情绪采取以下几种分类法。

（一）喜怒哀惧皆是情绪

1. 基本情绪

就人类的情绪表现而言，在我国，人们通常将情绪分为"喜、怒、哀、惧、爱、恶、欲"，并称之为"七情"，达尔文在观察不同文化、不同种族的人之后，认为喜、怒、哀、惧等基本情绪的面部表情，各种族间具有一致性。现代心理学一般认为快乐、愤怒、悲哀、恐惧四种情绪是人类的基本情绪。

快乐是指一种目标达到和需要得到满足时产生的情绪体验；愤怒是指愿望无法实现或所追求的目标一再受到阻碍时产生的情绪体验；悲哀是指失去所追求的事物或理想破灭时产生的情绪体验；恐惧是指企图回避某种危险情景而又无力应付时产生的情绪体验。

2. 复合情绪

复合情绪是由基本情绪的不同组合派生出来的，它包括情绪的各种变化及混合情绪。复合情绪随着个体认知的成熟而逐渐发展，并随着文化的变化而不断变化。比如，人们会产生悲喜交加的混合情绪。由愤怒、厌恶和轻蔑组合起来的复合情绪称为敌意；由恐惧、内疚、痛苦组合起来的复合情绪称为焦虑。

草帽与雨伞

从前，有一个老太太，她有两个儿子，大儿子卖草帽，小儿子卖雨伞。两个儿子都很孝顺，照理说老太太应该很开心。可是，她每天愁眉苦脸，为什么呢？

原来，雨天的时候，她愁大儿子的草帽卖不出去；晴天的时候，她愁小儿子的雨伞卖不出去。于是，她晴天也愁，雨天也愁。

后来，有一个人对她说："你真有福气啊！晴天的时候，大儿子的草帽有人买；雨天的时候，你小儿子的生意一定不错。"

老太太一想，也对！从此，老太太过着快乐的生活。

（二）情绪状态的不同分类

情绪状态是指情绪发生的强度、速度、持续时间和紧张度的综合表现。情绪状态可以分为三种：心境、激情、应激。

1. 心境

心境是一种微弱、平静而持久的情绪状态，又称心情。心境不是对某一事物的特定体验，而是用同样的态度对待所有事物。心境具有弥散性，弥散性是指当人处于某种心境时，会以同样的情绪体验去看待周围的事物。比如，"朱门酒肉臭，路有冻死骨"是一种因民间疾苦深受煎熬的心境；"国破山河在，城春草木深"是一种忧国忧民的心境。当人心情愉快时，看什么都是美好积极的，即"绿水青山带笑颜"；当人心情不佳时，看什么都是伤感、不愉快的，"感时花溅泪，恨别鸟惊心"就是此时的心境写照。

例如，一个大学生刚获得了国家奖学金，他心情愉快，走在路上会觉得天高气爽，路边的小草都在对他微笑，见到同学微笑问好，回到寝室谈笑风生。这就是"人逢喜事精神爽"的真实写照，充分地展现了喜事所表达的心境。心境持续的时间很长，可以是几小时，也可以是数周、数月，有时甚至贯穿人一生。例如，有的人一生历尽坎坷，却总是豁达、开朗，以乐观的心境面对生活的不如意；有的人觉得命运不公，或者别人对自己不友好，总是保持抑郁、愁闷的心境。心境和缓微弱，似微波荡漾的人生理反应和行为表现往往不明显，不易被他人发现，甚至当事人也容易忽略。

心境对人们的工作、学习、健康都有很大的影响。积极向上、乐观的心境可以提高人们的活动效率，帮助人们克服困难，增强人们对未来的信心，有益于身心健康；消极、悲观的心境则会降低活动效率，使人丧失信心和希望，妨碍工作和学习，有损健康。

2. 激情

激情是一种强烈的、爆发性的、短暂的情绪状态，是由对人具有重大意义的强烈刺激所引起的，如狂喜、暴怒、绝望等。激情具有三个特点。第一，激情具有爆发性和冲动性。当激情到来的时候，大量的心理能量在短时间内爆发出来，使人认识活动的范围缩小，失去了对自己行为的控制力，如《范进中举》中的范进听到自己中了举人之后，喜极而疯。第二，激情发生的速度很快，持续的时间短暂。冲动过后，激情也就弱化或消失了。第三，当激情爆发时，人的生理反应和行为表现十分明显，且不受当事人的理智控制。例如，大怒时暴跳如雷、双目怒视；极度恐怖时身体颤抖、面色苍白等。

激情对人活动的影响有积极和消极两个方面。凡是能促使人积极向上、符合社会要求的激情都是积极的。激情的积极表现能激发人的心理能量，成为激励人行为的强大动力，促使人提高工作效率并有所创造。比如，英雄见义勇为、运动员在运动场上勇于拼搏、士兵在战场上冲锋陷阵等，都属于激情积极的一面。而消极的激情会使人出现"意识狭窄"现象，做出一些鲁莽的行为，任性而为，不计后果，对人对己都造成伤害。青少年的激情犯罪更是具有较大的破坏性和危害性。激情有时还会引起强烈的生理变化，使人言语混乱，动作失调，甚至休克。因此，在激情状态下，要注意调控自己的情绪和冲动行为。任何人对在激情状态下的失控行为所造成的不良后果都是要负责任的。

3. 应激

应激是在出乎意料的紧急状况下所引起的极度紧张的情绪状态，是人对意外的环境刺激做出的适应性反应。例如，突然遇到地震、火灾、歹徒袭击等，都有可能使人处于应激状态。无论是天灾还是人祸，这些突发事件常常使人们在心理上高度紧张，并产生相应的反应，这都是应激的表现。

人们在应激状态下，会把自身各种资源（首先是内分泌资源）都动员起来，以应付紧张的局面，这时会引起机体的一系列生理反应，如肌肉紧张、血压升高、心率和呼吸加快，这些变化有助于个体应对急剧变化的环境刺激。例如，当遭遇歹徒袭击时，人们就可能会产生上述生理反应，从而积聚力量与歹徒搏斗。由于应激所造成的高度紧张会阻碍认知功能的正常发挥，同时会削弱个体自身的免疫功能，如果长时间处于应激状态，容易导致疾病的产生。

在应激状态下，人可能有两种表现：积极的应激反应表现为冷静沉着、急中生智、思路清晰、反应迅速、判断准确、动作有力，能够化险为夷，完成平时完不成的事情；消极的应激反应表现为情绪高度紧张，惊慌失措、一筹莫展、思维混乱，分析和判断能力减弱，注意力的分配和转移发生困难，个体行为失调，或者采取错误的行为，加剧事态的严重性，甚至会使身体各部分的机能失调，出现暂时休克的现象。这两种截然不同的行为表现既同个人的能力和素质有关，也与平时的训练和经验积累有关。

知 识 窗

关于猴子的心理学实验

预备实验：把一只猴子放在铜条上，将它的双脚绑在铜条上，然后给铜条通电。猴子挣扎乱抓，旁边有一个弹簧把手，它是电源开关，一拉就不痛苦了，这样猴子一被通电就拉开关，建立了一级条件反射。后来，每次在通电前，猴子前方的一个红灯就会亮起来，多次以后，猴子认为只要红灯一亮，它就要受苦了，所以每次还没有通电，只要红灯一亮，它就会去拉开关。这就建立了二级条件反射，预备实验完成。

正式实验：在这只猴子的旁边，再放一只猴子，与第一只猴子串联在铜条上，隔一段时间就亮红灯，通电，每天持续 6 小时。第一只猴子注意力高度集中，一看到红灯亮就赶紧拉开关，第二只猴子不明白红灯亮是什么意思，没有任何反应。过了二十几天，第一只猴子死了。

第一只猴子为什么死了呢？科学家发现，它死于严重的消化道溃疡，胃出现了问题，而实验之前体检它没有任何胃病，可见这是它最近得的病。

第一只猴子压力大，精神紧张，焦虑不安，担惊受怕，他的内分泌系统紊乱了，所以就会生病。这说明不良的情绪会产生过高的应激值，从而严重损害身体健康。

三、情绪的作用

在我们的生活中，情绪不是一种毫无目的、没有任何意义的伴随体验，它们是在适应外界变化的过程中产生的，具有非常重要的作用。

（一）动机功能

情绪的一个重要功能是促使人们向重要的目标迈进，如果某件事能够给我们带来愉快的情绪，那么我们更愿意去做这件事。

情绪的力量是巨大的。这种力量可以从两个方面发挥作用：快乐、热爱、自信等积极的情绪会提高人们的生活积极性；而恐惧、痛苦、自卑等消极的情绪会降低人们的生活积极性。有些情绪兼具增力和减力两种动力性质，如悲痛可以使人消沉，也可以使人化悲痛为力量。适宜的情绪活动还能够提高人们的免疫力，增强人们对疾病的抵抗能力，保持身体的健康水平。积极的情绪能够激发人们的活力，提高人们的工作效率，能够使人们的情绪维持在最佳状态，推动人们实现工作目标。

（二）自我防御功能

不管是正面的还是负面的情绪都有一定的功能，都是不可替代的。情绪能够帮助我们迅速做出反应。当我们遇到危险状况时，马上会有紧张、害怕的感觉；当发生利益或权利上的冲突时，我们会产生愤怒以应对；当吃到不适的食物时，我们会产生厌恶感。这些情绪反应表现出非常明显的自我保护倾向。

（三）社会适应功能

情绪能够使个体针对不同的刺激事件产生灵活自如的适应性反应，并调节或保持个体与环境间的关系。情绪是进化的产物，也是我们适应生存的心理工具。婴儿刚出生时，发育不成熟，不具有独立行走和觅食等维持生存的基本能力，他们靠情绪来传递基本需求，同样成人也是靠观察婴儿的情绪反应来满足他们的需求的。情绪之所以具有灵活性特征，是因为情绪的机能不仅来源于个体全部的先天机能，还来源于学习及认知活动。许多情绪都具有调控群体间互动的功能。例如，羞怯感可以提高个体与社会习俗的一致性；当个体对他人造成伤害时，内疚感可激发社会公平重建。其他的情绪，如同情、喜欢、友爱等，也能起到构建和保持社会关系的作用。它们可以增强群体的凝聚力，提高个体的社会适应能力。

（四）信息传递功能

人与人之间的情感交流十分重要。情绪的信息传递功能是指在人际关系中，人们除借助言语进行交流之外，还通过情绪的流露来传递自己的思想和意图。表情具有信息传递功能，人们可以借助表情来传递情绪信息和思想愿望。例如，成人与婴儿相互交流信息主要是通过表情来实现的。再如，微笑表示赞赏，点头表示默认，摇头表示反对，上课时老师的一个眼神就会让同学们有所警觉等。我国有"出门看天色，进门看脸色"的俗语，也就是说，通过别人的情绪传递的信息，领悟到别人对自己的态度。

（五）组织功能

情绪是独立的心理过程，有自己的发挥机制和操作规律。情绪对其他心理活动具有组织作用，其组织作用包括对活动的促进和瓦解两个方面：正性情绪起协调、组织作用，负性情绪起破坏、瓦解或阻断作用。

研究表明，情绪能影响认知操作的效果。积极的情绪能使一个人的感觉和感知变得敏锐，积极获得增强，容易回忆带有愉快情绪色彩的材料。如果识记材料在某种情绪状态下被记忆，那么在同样的情绪状态下，这些材料更容易被回忆起来。当出现紧急情况时，情绪能够唤起大脑的警觉水平，思维更加灵活，有助于一个人充分发挥自己的内在潜能。而消极情绪会使人产生悲观意识，失去希望和渴求，更易引发攻击性行为。

"最美奋斗者"张海迪

张海迪出生于一个知识分子家庭。她从小性格开朗，热爱一切新鲜的事物。张海迪5岁那年突然跌倒，经医生反复检查，被诊断为脊髓血管瘤。张海迪10岁前动过3次大手术，摘除了6块椎板，严重高位截瘫，自第二胸椎以下全部失去知觉。父母带着张海迪遍访名医，为她的病痛四处奔波，只为了她的身体有一天能够康复起来。

她说："刚开始那几个月我的情绪极度不稳定，稍微有不顺心的地方就会对着我的父母大喊大叫，好像全世界都欠我一样。"原来天真活泼的张海迪，只能整天卧在床上。当年，医生们一致认为，像这种高位截瘫病人，一般很难活过27岁。

可是她没有沮丧，她以顽强的毅力和恒心，经受住了病魔的考验，向她原本灰暗的人生发起了挑战；她克服种种困难，自学英语达到大学程度，翻译了十六万多字的英文作品和资料；她不顾自身的病痛，用自学的医学知识和中医针灸技术，为群众治病一万人次以上。

她满腔热情地帮助周围的青年学习、工作和进步。她没有被消极的情绪所控制，而是选择去战胜它，用顽强的意志粉碎了医生对她生命长度的预言，她用积极的态度努力过好每一天，不断拓展了生命的宽度。

（六）健康功能

情绪的健康功能是指情绪对一个人身心健康的维护作用。随着生活节奏的加快，社会竞争的加剧，人类进入了"情绪负重年代"，人们的观念意识和情感态度复杂善变，有时会出现心理上的失衡，有的甚至产生心理障碍，影响身体健康。在关于健康的"生理—心理—社会"模式中，我们认为人的健康应该是生理健康、心理健康和社会适应良好几方面相互影响、相互作用的综合良性状态。作为心理因素的一个重要方面，情绪同身体健康的关系早已受到人们的关注。

积极的情绪有助于身心健康，消极的情绪会引起人的各种疾病。我国古代医书《黄帝内经》中就有这样的记载："怒伤肝，喜伤心，思伤脾，忧伤肺，恐伤肾。"许多疾病与人的情绪失调有关，如溃疡、偏头痛、高血压、哮喘等。

一项长达30年的关于情绪与健康关系的追踪研究发现，年轻时情绪压抑、焦虑和愤怒的人患结核病、心脏病和癌症的比例是性情稳定的人的4倍。因此，对不良情绪进行控制、改善，以积极乐观的情绪代之，不但能提高生活质量，而且能有效地防治身体疾病。

知识窗

艾尔玛的实验

美国生理学家艾尔玛做了一个简单的实验，研究情绪对健康的影响。艾尔玛把人们在悲痛、悔恨、生气、心平气和四种情绪状态下呼出的气体收集在玻璃试管中，让气体冷却变成水。结果发现，心平气和时呼出的气体冷凝成水后，水是澄清透明、无杂质的，而悲痛时呼出的气体冷凝后得到的水有白色沉淀，悔恨时呼出的气体冷凝后得到的是乳白色的沉淀物，生气时呼出的气体冷凝后得到的是紫色的沉淀物。他把人生气时呼出的"生气水"注射到大白鼠身上，几十分钟后，大白鼠死了。可见，人在生气时会产生一系列生理变化和反应，同时会分泌出许多有害物质，致使身体各部分受损，甚至危及生命。

（七）传染功能

大家都知道，病毒、细菌会传播疾病，消极的情绪与病毒、细菌一样具有传染性。美国心理学家加利·斯梅尔经过长期研究发现，原本心情舒畅、开朗的人，若长时间与一个整天愁眉苦脸、抑郁难解的人相处，不久也会变得情绪沮丧。一个人敏感性和同情心越强，越容易感染上坏情绪，这种传染过程是在不知不觉中完成的。如果一个情绪并不低落的学生和另一个情绪低落的学生同住一间宿舍，这个情绪并不低落的学生的情绪往往也会经常低落起来。美国一位心理学教授的研究证明，只要20分钟，一个人就可以受到他人低落情绪的传染。

踢猫效应

一位父亲在公司受到了老板的批评，回到家就把在沙发上跳来跳去的孩子臭骂了一顿。孩子心里窝火，狠狠去踹身边打滚的猫。猫逃到街上，正好一辆卡车开过来，司机赶紧避让，却把路边的孩子撞伤了。这就是心理学上著名的"踢猫效应"。

因此，我们要让自己学会快乐，变消极情绪的污染源为积极情绪的传播源，并且要多为积极情绪寻找理由，不为消极情绪寻找借口。

四、情绪的认知误区

生活不是一场轰轰烈烈的战役，而是琐碎的片段拼接而成的版图。每一天，每一刻，我们都在跟这些片段打交道，虽然它们看起来微不足道，却散发着惊人的力量，影响着无数人的喜怒哀乐，特别是遇到一些不顺心的事情时，情绪就可能不受控制了。

很多人不禁抱怨："人生的烦恼真是太多了！"言外之意，所有的悲伤和不幸都是外界的麻烦带来的，如果没有它们的搅扰，生活将是一片坦途。

事实上，不如意从来都是人生的一部分，没有任何人能够避开。不如意和幸福不是完全对立的关系。有些人会因为不如意的事而郁郁寡欢、情绪失控，也有一些人能够平和、乐观地面对。后者并非生来豁达，也不是没有情绪，而是懂得调节，不被小事牵着鼻子走，不让负面情绪主宰自己的内心和理智。

（一）情绪有好坏之分吗

在日常生活中，我们经常出现负面情绪。许多先入为主的观点告诉我们，"悲伤是不好的""恐惧是不好的"。因此，当我们遇到害怕的事或难以处理的事时，会先判定为自己无力解决的就是不好的。对大多数人来说，这些负面情绪好比魔鬼，破坏了我们的好心情。于是，我们难免对负面情绪采取逃离甚至对抗的态度。

其实，情绪无所谓正确与否，情绪是人的自然反应，你的情绪恰恰反映了你的感受。我们不难发现，不被情绪支配的人往往都有一套"成熟"的情绪应对模式：在与人有争执时，愤怒会激起他们表达立场的欲望，为自己争取机会；在有紧急事件时，焦虑会迫使他们行动，避免拖延；在陌生的场景时，恐惧能让他们躲开危险源；在他们前进时，从来不会被愤怒、焦虑、恐惧等带乱节奏，而是被引领到更好的目的地。但反观那些被情绪支配的人：愤怒时口不择言，甚至大打出手；焦虑时只会胡思乱想，心慌意乱；恐惧时逃避，从而丢失机会。

因此，从客观的角度而言，情绪没有好坏之分，任何一种情绪都有其价值，情绪只是一种心理体验，但由情绪引发的行为则有好坏之分，行为的后果也有好坏之分。

（二）我们生来就有情绪吗

传统的研究观点认为，情绪是人类天生就有且深深植根在基因中的。因为当发生某件事时，我们的情绪会自动出现。如果事实是这样的，情绪是一种天生的属性，那么我们岂不是无法控制它了？

心理学家巴瑞特教授在情绪方面已进行了数十年深入研究，他认为情绪并不是与生俱来的，它也不具有普遍性。情绪不是被激发的，而是由个体创造出来的。也就是说，当有事件发生时，大脑便会预测出身体会做出何种反应。当身体感觉和外界事件产生共鸣时，情绪就发生了。如果预测不同，那么身体反应也会不同。

（三）从表情分析情绪可靠吗

当我们出行坐车时，有时会遇到拉着脸的司机，司机看起来很严肃，好像一直在生气。其实，那只是司机专注开车的样子，专注时会抿嘴巴，眉毛在自然的状态下，稍微往上翘，看起来就像在生气。有时候，我们看到一个人"好像不开心"，其实这只是他的中性表情，他并没有想表达什么，本身就长这个样子。

巴瑞特教授认为，实际上，人们的情绪就像曲奇饼干一样。曲奇饼干可以是大的小的、干的湿的、薄的厚的，有各种各样的形态，情绪也一样。你见这个人笑着以为他很开心，但他实际上可能在生气；你见这个人在哭以为他很伤心，但他可能只是喜极而泣。同样是生气的情绪，我们可以有很多种不同的面部表情。

第二节　倾听心灵的声音——走进你的情绪

为什么我们总觉得小时候快乐？我们可以看喜欢的动画片，很快乐；得到零花钱，很快乐；妈妈买回来各种各样的零食，很快乐；期末回家，拿着奖状，趾高气扬地对妈妈说"今天我要看一天电视，给我买冰激凌去"，然后被妈妈追着"打"，很快乐。长大后却不一样了，我们的情绪变得多种多样，也常常对于某种情况感到苦恼。

一、寻找情绪的根源——情绪的觉察

（一）觉察的力量

如果情绪是因为一些无关痛痒的小事引起的，那么只要把情绪表达出来，它通常很快就会消失。但如果某种情绪反复出现，或者持续时间很长，比如我们总是感觉很焦虑，这个时候我们就得明白，这意味着我们内心有某种重要的需要没有得到满足，我们需要透过情绪去思考和理解它背后的需要信号。相信很多人都有这样的感受，这是因为我们没有弄清楚自己到底想要什么。

为什么会这样呢？原因很简单，因为我们的内在需要都是以情绪的形式出现的，当客观事物满足人们的需要时，就会使人产生积极的情绪体验；当客观事物不能满足人们的需要时，就会使人产生消极的情绪体验。

（二）情绪背后的需要

下面以马斯洛的需要层次理论为框架，简单分析人的需要和情绪之间的关系。马斯洛最早将人类的需要从低到高分为五个层次，分别是生理需要、安全需要、爱和归属需要、尊重需要、自我实现需要。

一般来说，需要层次越低，与之相关的情绪越容易理解。随着需要层次的提高，与之相关的情绪越来越复杂，解读也变得越来越困难。比如，每个人都有爱和归属需要，但情绪表达的方式可能千差万别。有一种恨叫作因爱生恨，这从表面上看是一种仇恨，但背后是对爱的渴望；当另一半对自己变得很冷漠时，我们会感到伤心、愤怒，甚至还会有些焦虑，这背后体现的同样是对爱的需要。再比如，当我们拿自己和他人比较，发现自己什么都不如他人，既没有什么一技之长，也没有什么值得骄傲的成就时，就会产生自卑和焦虑的情绪；当我们想要进行自我改变却一直原地踏步时，就会变得失望、焦虑、消极，甚至还会开始自我憎恨，这些情绪无一例外都是因为自尊的需要没有得到满足。

> **知 识 窗**
>
> **需要层次理论**
>
> 亚伯拉罕·马斯洛是美国著名的人本主义心理学家，他最早将人类的需要从低到高分为五个层次，分别是生理需要、安全需要、爱和归属需要、尊重需要、自我实现需要。后来，他根据需要出现的先后和强弱，又把需要分为七个层次，即生理需要、安全需要、爱和归属需要、尊重需要、认识和理解需要、审美需要、自我实现需要。
>
> 在人的需要层次中，最基本的是生理需要。这些需要从低级到高级排列，较低级的需要基本得到满足之后才会出现对较高级需要的追求。马斯洛将前四种需要定义为缺失需要，后三种需要定义为成长需要。当高级需要出现后，低级需要仍然存在，但其对行为的影响减弱了。例如，在一个非常饥饿的孩子面前同时摆上一堆书和一堆食物，让其选择其一，孩子肯定先选食物，吃饱以后再去选书读。与缺失需要相反，成长需要是得不到完全满足的需要，因为无论是求知还是审美，都是永无止境的。

(三)用"第三只眼"看世界

我们在生活中都有过这样的体验,当我们刚刚经历失败,极度不自信的时候,感觉周围的人看我们的眼光都充满了鄙夷和嘲笑,但是等我们恢复自信再回过头来想想这些人的眼光时,又感觉并不都是恶意,甚至其中还有关心的成分。"回过头来想"的这一部分,属于觉察的部分。

很多人只知道开心、愤怒、伤心、难过等常见情绪,其实情绪有一百多种。我们常说的"神经大条"的人,往往不能觉知到其中的细微差别,只能看到喜怒哀乐。其实,很多人在情绪方面都是非常粗线条的,或者常常陷入自己的情绪中,却"不识庐山真面目"。每一天你的情绪可能都是高低起伏的,情绪就像一座冰山,我们很多时候只看到了表面浅显的部分。根据萨提亚的冰山理论,露在海平面上的能够看到的冰山是行为,隐藏在海平面下的冰山是感受(喜怒哀乐等),而水面的部分是感受的情绪、自己的观点、内心的期待、渴望、隐藏的自己(生命力、能量)、内心的缺失等。我们不妨用冰山这个"第三只眼",看一看自己的情绪。

比如,生活中只要别人说我一点点不好,我就会立刻还击,找出对方做得不好的事情顶回去。这是我在海平面上的行为。往下深究,我的感受是别人对我不认可,我的隐含心态是我的价值需要得到别人的认可,我的期待是被爱、被认可、被接纳、有价值。理解了冰山理论,我们倒着推回去,难道别人不认可我就没有价值和优点吗?难道批评就是不认可吗?也有可能是因为对方认可你所以希望你做得更好呀。换个角度,这些批评是客观的吗?我需要在意吗?和情绪友好相处的第一步就是觉察情绪。只有当你意识到这个问题时,才有可能真正做出改变。

> **知 识 窗**
>
> **萨提亚的冰山理论**
>
> 世界上有一座很难逾越的冰山,那就是我们内心的冰山,它需要用心琢磨。
>
> 维琴尼亚·萨提亚(Virginia Satir)是美国十分具有影响力的首席心理治疗大师,根据萨提亚的理论,一个人和他的原生家庭有着千丝万缕的联系,这种联系有可能影响他的一生。一个人和他的经历有着难以割断的联系。
>
> 为什么我们常常心口不一,明明是出于关心但开口总是指责;明明十分不情愿,却很难开口拒绝,结果总是把自己搞得身心疲惫;明明非常在意,却常常装作无所谓,导致失去了很多宝贵的机会。这些心口不一的反应方式,好像被施了魔法,我们总是一次又一次掉进去,无法摆脱。
>
> 萨提亚使用了一个非常形象的比喻:这就像一座漂浮在水面上的巨大冰山,能够被外界看到的行为表现或应对方式,只是露在水面上很小的一部分,大约只有八分之一露出水面,另外的八分之七藏在水面下。而暗涌在水面之下更大的山体,则是长期压抑并被我们忽略的"内在"。揭开冰山的秘密,我们会看到内心的渴望、期待、观点和感受,看到真正的自我。
>
> 萨提亚模式如图 3-1 所示。

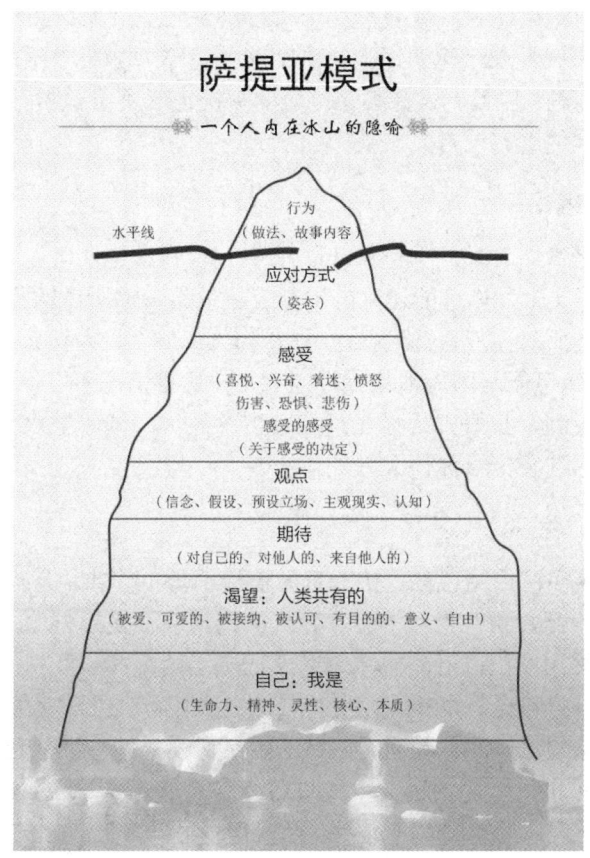

图 3-1 萨提亚模式

二、为情绪做减法——情绪的表达

（一）进行适当的表达

很多人认为，有情绪就表达出来是一种不稳重的行为，他们希望自己看起来很成熟，于是把任何事情都藏在自己心里。其实，我们都应该学会表达自己的情绪，原因包括以下几点。第一，情绪不表达出来，你就无法对周围的人传递内心的信息。信息被困在心中会慢慢发酵，最终表达出来时，你可能会失去控制。第二，情绪没有表达出来，被剥夺了自己看到希望的结果和行为的机会。比如，你十分喜欢某人，如果不表达出来，可能就会失去相互欣赏的机会。第三，长时间的积累会产生身体上的压力，最后会以疾病的方式表现出来。第四，若不表达自己的情绪，别人就无法了解你，你关闭了情绪表达的大门，同时也失去了与家人、朋友、同事心灵接近的机会。

我们应学会进行适当的表达。比如，当我们生气时不再第一时间摔门而去，让整个场面变得难看，而是通过其他方式表达不满，如单独向那个人说明自己的不满，向要好的朋友吐槽，生气时这种表达方式比假装自己很大度或毫不在乎更加健康。

（二）纾解情绪水位

弗洛伊德用"水库理论"比喻情绪的处理过程。他认为每个人的身体里面仿佛都有一座

情绪水库，当负面情绪出现时，就会被存于情绪水库之中，如果情绪水位达到了"警戒线"，个体就会开始出现脾气暴躁，无法适当控制情绪的情形。如果一直恶化下去，情绪水库崩溃就会引发其他心理问题。因此，维持心理健康的关键在于不要让自己的情绪水库存太多的水，要想办法纾解情绪水位。

1. 学会表达情绪

学会表达情绪是情绪管理的关键一步。很多人看到这句话可能觉得没有什么难度，认为谁都会表达情绪。事实上，你可能还真的不会表达情绪，你所做的只是在用情绪表达。比如，你因为朋友约会迟到而对他冷言冷语，这时应问问自己："我为什么这么做？我现在有什么感觉？" 你之所以生气可能是因为他让你很担心，在这种情况下，你可以真诚地告诉他："你过了约定的时间还没到，我好担心你在路上发生意外。"试着把"我好担心"的情绪传达给他，让他了解他的迟到会带给你什么感受。

2. 不要谈"负"色变

我们有时候会谈负面情绪色变，认为负面情绪都是不好的，是需要努力去避免的。那么，我们必须每天都保持开心吗？当然不是。合理的情绪表达是指情绪与所遇到的事件呈现出一致性，即遇到喜事感到愉快，遇到不幸感到悲哀。当情绪和自我认知不一致时，我们会觉得痛苦，然后倾向于否定自己的情绪，这种做法会使我们产生更多的压力。

比如，你很爱你的父母，看着他们不良的生活习惯（如爱乱吃药），你又气愤又担心。有一天，你终于忍不住和父母吵了起来，明明知道自己是为他们好，却总是没办法好好说，一说就吵架，又不能不说。一方面，你觉得自己没错；另一方面，你觉得自己不该用那种口气，惹得所有人不开心。这时候，你也许会生着闷气想："都是我的急性子和坏脾气惹的祸。"当我们觉察到负面情绪时，往往会产生一种抵触心理，不愿意正视和承认它的存在，选择忽视或压制这些情绪。这样做会导致两个结果：第一，太多负面情绪被积压在心中使我们的身心健康受到损害；第二，我们无法利用这种情绪信号来更深入地了解自己或者解决某些潜在的问题，并获得相应的成长，这样的话，以后遇到相似的问题，我们依然会以同样的方式去处理。

因此，从这个角度来说，所有情绪都具有积极的意义。当负面情绪产生时，不要忽视、逃避或者压抑，更不要恐惧，而应该理解它，思考该如何去消化、发泄这些负面情绪。学习情绪管理，不是忽视负面情绪的存在，而是学习如何合理发泄情绪。我们还要以此为基础来弄清楚自己内心的需求到底是什么，只有明白了自己想要什么，我们才会清楚如何去行动，然后通过行动让自己的内心得到满足，否则我们就会一直生活在焦虑和不满中。

第三节 迷雾中前行——管理情绪

每个人在面对不同的人和环境时，都有自己的情绪。有人能把情绪收放自如，有人却掌控不住情绪。大学生正值青春年少，正因为年轻，难免容易冲动，情绪容易受环境的影响。如果希望自己早日有所担当、变得成熟稳重，首先要学会的就是管理好自己的情绪。

一、你也会感到"丧"吗

"丧"是指以颓废的心态表达对现实生活的不满和自身感觉无助的社会现象,它迎合了一些同学面对压力而愤懑、困惑但又缺乏行动力改变现状的复杂心理,在新媒体的推动下,其逐渐发展成了一种在青年群体中流行的网络亚文化。

比如,社交平台出现的"丧"小组、网络聊天中出现的"丧"表情,甚至大街上应运而生的"丧茶",让"丧"逐渐成为一个表达情绪的词语。其实,每个人都偶尔会有"丧"的情绪,但"丧"并不意味着绝望,有时是一种自嘲和排解压力的方式,有时是表达在面临新问题时感受到的孤独、渺小和无力。而管理"丧"情绪的方法,不是逃避与对抗,而是接纳,接纳自己的不足,通过接纳看清自己"丧"的原因,然后有针对性地做出承诺并开始行动。

第一,树立正确的价值观。"丧"或许可以短暂缓解压力、释放情绪,但终究不能解决生活中的本质问题,要丰富自己的精神生活,避免在错误舆论的误导下迷失自我,提高网络社交素养和明辨是非的能力,正确把握对网络文化的需求,树立正确的网络观,培养自己"丧而不弃"的优秀品质。

第二,正确认识自身价值。作为新时代的青年,应有目的性地主动化解负面情绪,使"丧"成为生活中的偶然而不是常态,确立合理的阶段性目标,明确肩负的责任,改变好高骛远、虚华浮躁的心态,客观地看待自己所处的社会环境,理性地认识自我,从而勇于投身社会实践,正视自我的存在价值及意义。

第三,学会排解压力。当遇到问题时,理性地表达诉求,在适当程度和适当范围内疏导负面情绪,及时、有效地化解现实冲突和内心冲突。

二、"今天你 EMO 了吗?"

EMO 是英文"Emotional"的缩写,意思是情感的、情绪激动的。一段时间内,"EMO"的趣味谐音梗爆火,"EMO"不同于"丧",它是"丧"的情绪化表现,"EMO"就像一个奇妙的后缀,表达着迷茫、失落、焦虑、抑郁等多重情绪,人生中一个重大的岔路口,他人一句不经意的话,或者学业、工作上不顺利的事,都可能成为一个人"EMO"的触发器,有时候甚至不需要任何理由,在某些特定时刻,就让人愁肠百转,"EMO"不已。

"EMO"的出现给了渴望发声、渴望被关怀的人一个通道,一个合乎情理并十分流行的通道。但是,长期"EMO"会使人的身心受到损害,无法有效地学习、工作和生活。我们可以根据心理学中的"情绪 ABC 理论",破解间歇性"EMO"或持续性"EMO"。

情绪 ABC 理论是由美国心理学家埃利斯创建的,该理论认为激发事件 A(Activating Event)只是引发情绪和行为后果 C(Consequence)的间接原因,而引发 C 的直接原因是个体对激发事件 A 的认知和评价而产生的信念 B(Belief),即人的消极情绪和行为障碍结果(C)不是由某一激发事件(A)直接引发的,而是由经受这一事件的个体对它不正确的认知和评价所产生的错误信念(B)直接引发的。因此,面对"EMO",我们需要静下心来分析:你对引发"EMO"的事件持有怎样的信念?这个信念是否合理?如果信念有不合理之处,就要有针对性地调整和改变。有时虽"EMO",但我们相信,你在抱怨生活之后,仍会热爱生活。

> **知识窗**
>
> **不合理信念的特征**
>
> 人有很多不合理的信念，这些信念主要具有以下三个特征。
>
> 一是绝对化的要求。它是指人们常常以自己的意愿为出发点，认为某事物必定发生或不发生。它常常表现为将"希望""想要"等绝对化为"必须""应该"或"一定要"等。例如，"我必须成功""别人必须对我好"等。这种绝对化的要求之所以不合理，是因为每一客观事物都有其自身的发展规律，不可能依个人的意志为转移。对某个人来说，他不可能在每一件事上都获得成功，他周围的人或事物的表现及发展也不会依他的意愿来改变。因此，当某些事物的发展与其对事物的绝对化要求相悖时，他就会感到难以接受和适应，从而极易陷入情绪困扰之中。
>
> 二是过分概括化。这是一种以偏概全的不合理思维方式的表现，它常常把"有时""某些"过分概括化为"总是""所有"等。用埃利斯的话来说，这就好像凭一本书的封面来判定它的好坏一样。它具体体现在人们对自己或他人的不合理评价上，典型特征是以某一件或某几件事来评价自身或他人的整体价值。例如，有些人遭受一些失败后，就会认为自己"一无是处，毫无价值"，这种片面的自我否定往往会导致自卑自弃、自罪自责等不良情绪。而这种评价一旦指向他人，就会一味地指责别人，产生怨恨、敌意等消极情绪。我们应该认识到，"金无足赤，人无完人"，每个人都有犯错误的可能。
>
> 三是糟糕至极。这种观念认为如果一件不好的事情发生，那将是非常可怕、糟糕的。例如，"我没考上大学，一切都完了"。这种想法是非理性的，因为对任何一件事情来说，都有比之更坏的情况，所以没有一件事情可被定义为糟糕至极。但如果一个人坚持这种"糟糕至极"的观点，那么当他遇到更糟糕的事情时，他就会陷入不良的情绪体验之中，并且可能一蹶不振。
>
> 埃利斯对人的本性的看法可归纳为以下几点。
>
> （1）人既可以是有理性的、合理的，也可以是无理性的、不合理的。当人们按照理性去思考、去行动时，他们就会很愉快、富有竞争精神及行动有成效。
>
> （2）情绪是伴随人们的思维而产生的，情绪上或心理上的困扰是由不合理、不合逻辑的思维所造成的。
>
> （3）人具有一种生物学和社会学的倾向性，倾向于其在有理性的合理思维和无理性的不合理思维。也就是说，任何人都不可避免地具有或多或少的不合理思维与信念。
>
> （4）人是有语言的动物，思维借助于语言而进行，不断地用内化语言重复某种不合理的信念，这将导致无法排解的情绪困扰。

三、万物皆会"焦虑"吗

时代焦虑、容貌焦虑、考试焦虑、节日包裹焦虑……焦虑已成为大学生常见的一种情绪状态，是一种担忧的反应倾向，是个体主观预料将会有某种不良后果产生的不安感。焦虑对大学生的发展具有两面性，它既可以成为大学生成才的内驱力，发挥促进作用，也可能起到阻碍作用。一般来讲，中等焦虑能使大学生维持适度的紧张状态，注意力高度集中，促进学习。但若过于焦虑，使人处于高度紧张状态，就会束缚人的认知能力。一般不良情绪状态的焦虑是指高焦虑。

首先，我们要明确自己为什么焦虑。比如，即将到来的面试让我们焦虑，因需要在公共场所演讲而焦虑，担心会出丑而焦虑等。常见的引起大学生焦虑的原因主要有适应困难、学习困难、考试焦虑、过度关注躯体不适等。

其次，我们应主动出击应对焦虑。

第一，音乐疗法。我们可以根据自己的情绪状况，选择适合的音乐来调节自己的情绪。除了听歌，自己唱歌也能起同样的作用，高声歌唱是缓解紧张、激动情绪的有效手段。当不满情绪积压在心中时，不妨选择适合自己的歌曲来唱，歌的旋律、词的激励、唱歌时有节律的呼吸等，都可以缓解紧张情绪。

第二，自我放松训练。通过深度呼吸训练、静坐与冥想、自我暗示、意象训练、肌肉放松训练使身心放松，使生理与心理活动趋于平衡，从而达到内心的平静与安宁。

四、"Hold"住怒火

愤怒是当客观事物与人的主观愿望相违背，或者愿望无法实现时，人们内心产生的一种激烈的情绪反应。愤怒是一种很常见也很正常的情绪，它本身不是问题，但是如何表达愤怒是一个问题。

从小我们就被教导不要让怒火酿成苦果，害人害己。我们知道，愤怒会破坏正常的思维能力，有的大学生因一句刺耳的话、一件不顺心的事，就激动得暴跳如雷，或出口伤人，或挥拳相向，最终铸成大错。合理地表达愤怒、释放愤怒，不再一味地压抑愤怒，会让我们的人际关系、身心都越来越健康。那么，怎样才能"Hold"住怒火呢？

第一，分散注意力。当突如其来的愤怒袭上心头，歇斯底里地言辞冲撞只能让局面变得更糟。此时，我们应该保持冷静。这不太容易，但你可以试试：默念数字；去一个无人的地方大声喊叫；通过摔打枕头、撕纸片等来转移注意力；给好朋友打电话倾诉一番。

第二，厘清思绪。有时候，一件无足轻重的小事就能让你变得气急败坏、怒不可遏。到底是什么点燃了你心中的怒火？不妨问问自己这些问题：你感到受伤害了吗？别人是有意的还是无心的？你确定自己没有弄错吗？是不是自己太敏感了呢？情况真的严重到你要暴跳如雷的程度了吗？有没有不发怒就能解决问题的方式？你大吼大叫到底想达到什么目的？让对方望而生畏，还是希望和他沟通？

第三，真诚、负责地表达愤怒。这里推荐一种方法：说出自己的感受，而不是直接指责对方。具体是指，向对方说出哪些行为让你感到不舒服，如"当你……，我觉得……""我希望……，因为……"等。只有合理地表达自己的愤怒，才能找到一种合适的解决方法。

> **知 识 窗**
>
> **爱地巴跑圈**
>
> 在很久以前，有一个叫爱地巴的人，当他每次和别人起争执的时候，他就以很快的速度跑回家去，绕着自己的房子和土地跑 3 圈，然后坐在田地边喘气。爱地巴工作非常努力，他的房子和土地越来越大，但不管房子和土地多大，只要与人起争执，他还是会绕着房子和土地跑 3 圈，爱地巴为何每次生气都绕着房子和土地跑 3 圈？所有认识他的人心中都很

疑惑，但是不管怎么问他，爱地巴都不愿意说明原因。

直到有一天，爱地巴很老了，他的房子和土地已经很大了，他生气，拄着拐杖艰难地绕着房子和土地走，等他好不容易走了3圈，太阳都下山了，爱地巴独自坐在田边喘气。他的孙子在身边恳求他："阿公，您年纪已经大了，这附近也没有别人的房子和土地比您的更大，您不能再像从前一样一生气就绕着房子和土地跑啊！您可不可以告诉我这个秘密，为什么您一生气就要绕着房子和土地跑上3圈？"

爱地巴禁不起孙子恳求，终于说出埋藏在心中多年的秘密。他说："年轻时，我若和人吵架、争论、生气，就绕着房子和土地跑3圈，边跑边想，我的房子和土地这么小，我哪有时间，哪有资格去跟人家生气，一想到这里，气就消了，于是就把大部分时间用来努力工作。"孙子问道："阿公，您年纪大了，又变成了十分富有的人，为什么还要绕着房子和土地跑？"爱地巴笑着说："我现在还是会生气，生气时绕着房子和土地走3圈，边走边想，我的房子和土地这么大，我又何必跟人计较？一想到这，我气就消了。"

第四节　阳光照进生活——塑造积极情绪

一、情绪智力的培养

当代社会，情商越来越受到人们的重视。一提到那些被大家公认为情商高的人，我们就很容易联想到他们会说话、能办事、善交际、人缘好的样子，好像无论场合多么尴尬，无论事情多么难办，他们总能"化险为夷，转危为安"。在招聘过程中，也有不少用人单位把情商测试作为考察求职者的项目之一。其实，情商高的人能游刃有余地解决棘手问题，关键在于他们在事发时可以有效地调控自己的情绪。在现实生活中，大学生需要不断提高自我修养，形成良好的人格品质，这有助于情绪智力的发展。

情绪智力主要包括自制力、理解力、领导力、表达力等内容。

（一）自制力的培养

没有铁的纪律，军队不可能取得胜利；没有坚强的意志，一个人不可能获得成功。自制力是人类在自我完善、自我发展过程中形成的一种自我约束和自我控制能力，它制约着一个人的欲望和行为，能反映一个人的成熟程度和文明水平。自制力强的人能在诱惑和困难面前保持冷静，不动摇，不屈服，努力掌握自己的命运；自制力弱的人容易感情用事，任性放纵，往往会做出伤害自己、他人和社会的事情。

在生活中，有的同学上课时容易分心，常被教室外面的声音所吸引；有的同学明知沉迷电子游戏是有害的，但仍然偷偷去玩；有的同学想法丰富，思维活跃，但是只顾"仰望星空"，没有"脚踏实地"，往往停留在想的层面；有的同学渴望有一番作为，但是不愿吃苦和付出；有的同学想毕业后找到一份待遇比较好的工作，但是不愿意在上学期间辛勤付出，无法拒绝各种娱乐活动的诱惑。然而，在通往梦想的路上没有捷径，只能一步一步向前走。

我们该怎样培养自己的自制力呢？

第一，加强自我管理。我们要养成自律的习惯，可以收集警句格言，并选择喜欢的当作座右铭,以自我勉励。林则徐用"制怒"条幅自控,苏轼以"忍小忿而就大谋"的词句自勉,以使自己在遇到不良刺激时,保持良好的心境。因此,早上赖床逃课的学生不妨在醒目的位置贴上珍惜时间的名言来警醒自己;当发现网络游戏已经严重影响自己学习时,可以掐断网线;当发现自己上课总忍不住玩手机时,可以把手机关机放进包里或干脆放在宿舍里。

第二,建立目标体系。制订切实可行、具体的计划,每天都知道根据计划要干什么,而不是边做边想,同时不要把目标定得太高。需要注意的是,计划要合理,比如改变学习习惯,这一改变不要和现在的学习习惯差太多,而应该是努努力就可以完成的。

知识窗

软糖实验

1960年,美国斯坦福大学心理学家瓦特·米伽尔做了一个著名的实验。他把一些4岁左右的孩子带到一个陈设简单的房间,然后给他们每人一颗非常好吃的软糖,同时告诉他们,如果马上吃软糖只能吃1颗,如果20分钟后再吃,将再获得1颗软糖,也就是说,总共可以吃到2颗软糖。

有些孩子急不可待,马上把软糖吃掉;有些孩子则能耐心等待,暂时不吃软糖。他们为了使自己耐住性子,或闭上眼睛不看软糖,或头枕双臂自言自语……结果,这些孩子吃到2颗软糖。

实验之后,研究者进行了长达14年的追踪研究。追踪研究的结果显示:那些能等待并最后吃到2颗软糖的孩子,在青少年时期,仍能等待机遇而不急于求成,他们具有一种为了更大更远的目标而暂时牺牲眼前利益的能力,即自控能力;而那些急不可待只吃1颗软糖的孩子,在青少年时期则表现得比较固执、虚荣或优柔寡断,当欲望产生的时候,无法控制自己,一定要马上满足欲望,否则无法静下心来继续做其他事情。换句话说,能等待的孩子的成功率远远高于那些不能等待的孩子。这个实验很好地说明了自制力对一个人具有重要的影响。

(二)理解力的培养

理解力是什么?"理解力"源自拉丁文,意指"抓住总体",指的是认识事物的能力。从字面的意义上来解释:"理"就是整理,使条理清晰;"解"是解构,又称"分析",就是通过分解研究,找出事物中存在的规则或道理。

理解力的内涵比较宽泛,包括洞察力、想象力、类比力、直觉力、解释力等。理解力在人际交往中表现为理解、认知他人情绪的能力,即一个人是否能恰当、准确地理解他人所传达的意图的能力。理解力又称共情能力,指一个人站在对方的立场,从对方的需要出发关注对方的一种能力。任何人无论地位高低,个性如何,内心都有被尊重、被关注、被理解的需要。当一个人传达出对他人的体谅、欣赏与兴趣时,他人不仅会感激,还会把他当成可信任的人。

我们该如何培养理解力呢?

第一,学会倾听。倾听不仅能展现出一个人的修养,还能展现出一个人对他人的接纳能力,促使他人也产生积极的态度,从而有利于良好人际关系的形成。倾听并非只用耳朵而更需要用心,任何一个表情、动作都会传达出一个人内心的想法,倾听者只有善于用心观察对方,才能更好地理解对方的感情和情绪。

第二，学会彼此尊重和互相体谅。学会彼此尊重和互相体谅才能站在对方的立场去思考和理解各自的境况，双方在理解中进行沟通，才能更好地为共同的目标而努力。

（三）领导力的培养

领导力是一种能够激发团队成员热情与想象力的能力，也是一种能够统率团队成员全力以赴去完成目标的能力。领导力可以被形容为一系列行为的组合，而这些行为将激励人们自发地跟随领导去要去的地方，而不只是简单地服从。

同学们在毕业之后，会面临各种各样的社会适应问题，有些同学在解决问题时束手无策，集中表现在人际沟通能力、合作能力、协调能力不足等方面。例如，作为一名团队成员，不知道如何处理和领导及同事之间的关系，也不了解在成为领导者之后，如何调动团队成员的积极性和提升团队的凝聚力。出现这些问题的主要原因是自己的领导力不足。领导力是一个人有效地影响他人及开展团队合作所必需的能力，大学生可以在学习、学生工作中有意识地培养自己的组织管理能力，为今后做好准备。

我们该如何培养领导力呢？

第一，全面认识自我，提高沟通能力。首先，在日常生活中，我们要经常"内省"，通过观察自己的言行和活动的成效来认识自己，了解自身优势，同时懂得回避自己的弱势。其次，尊重他人，保持言行上的一致性。这既是让他人信赖的前提，也是我们施展自身领导能力的前提。最后，要注重群体沟通，我们要带着共情心去倾听，积极参加校内开展的各项活动，建立良好的人际关系网络和养成理性思考的习惯。

第二，保持自信，提高决策能力。我们在生活中要保持自信，进而把自己的人格魅力展现在公众面前。人格魅力是领导者的重要软实力，能够起到教育、示范和引导的作用，同时人格魅力也是一种力量，它能给人以鼓舞和鞭策。因此，我们要保持自信，通过自身的人格魅力在他人面前展示自身的影响力，在赢得声誉的同时，提升自身威望和领导力。需要注意的是，自信不是自负，自信的同时要善于观察、捕捉信息，避免情绪干扰而产生误判，进而提高决策能力。

第三，勤于思考，增强创新意识。思考力的深度决定了创新力的高度，因此要勤于思考、善于观察，不断创新与尝试，把失败视为一种学习或改变的机会。创新不是闭关苦思，需要对生活、对事物不断观察，还需要丰富的想象力。我们在生活中要敢于突破思维定式，从多角度考虑问题，从而提升领导力。

（四）表达力的培养

古人云："一言之辩，重于九鼎之宝；三寸之舌，强于百万之师。"语言的力量是强大的，在只言片语之间，能颠覆一个王朝，也能平息一场战争，而表达力就是一个人语言能力的直接体现。

语言是人类分布最广泛、最平均的一种能力。在人的各种智力中，语言智力被列为第一种智力。事实表明，语言在人的一生中占据着重要地位，是人们发展智力和社交能力的核心因素。长期以来，人们一直认为语言只是一种交流工具，应熟练掌握和使用。事实上，这种理解只涉及语言的交际功能。对大学生来说，强大的表达力能增强大学生的自信心，对促进大学生综合素质的提高也有着非常重要的作用。在当今社会，出色的语言表达能力是优秀人才必备的基本素质，各行各业都需要具有扎实的专业知识、较强的实践能力及较高的思想素质的人才,而这些都要从他们的表达力来了解,由此可见,表达力对大学生来说是很重要的。

我们该如何培养表达力呢?

第一,增加词汇积累。我们可以通过阅读文章、书籍,积累丰富的知识,提升知识水平,同时坚持记忆、积累大量的词汇,这样可以直接提升语言表达的准确性和流畅性。妙语连珠、出口成章并非一日之功,需要长期努力。

第二,提升语言逻辑性。没有人天生伶牙俐齿,我们可以多留心身边表达力强的人的说话方式,学习他们的说话技巧;或者多听演讲、新闻联播等,从而提高自己的表达力。

第三,加强实践锻炼。我们可以积极参加学校组织的各种社团活动、演讲比赛、辩论赛等,在正式场合多发言,积累经验,从"低调内敛"转变成"敢于秀出自己"。

二、积极情绪的培养

情绪是一种强大的心理能量,一个人如果经常处于积极的情绪状态下,思维会更灵活,可以创造性地找到解决问题的方法,拓展心灵视野,避免陷入极端化的思维和悲观情绪,极大地扩展认知领域范围。你是否能觉察到,每次情绪"上头"时,身体会迸发出一股前所未有的能量。当我们学会了成熟地应对情绪,就能把如此强大的能量转化为可供我们使用的力量,去做那些我们希望达成的事情。这一股你从没"内化"过的能量,有可能带你挖掘到一个潜力无穷的自己。

(一)培养积极思维

积极心理学研究表明,积极情绪的产生不在于你的口号,而在于你的思维。当你识别到自己的消极思维后,要学会对其进行驳斥。驳斥一个消极、悲观想法十分有效的方法便是拿出证据,用证据证明这个想法是不对的。因此,培养积极情绪的一个关键途径是在日常生活中找出消极的想法,反驳消极的思维,建立积极的想法。当你以积极的方式重新定义不愉快或悲惨的情况时,就能获得积极情绪。比如,一个考研失利的大学生,是应该怨天尤人还是应该重整旗鼓、寻找新的方向呢?生活的意义是我们赋予的,幸福与苦难、挑战与机遇总是相伴相生。

永不言败

雨后,一只蜘蛛艰难地向墙上已经支离破碎的网爬去,由于墙壁潮湿,它爬到一定的高度就会掉下来,它一次次向上爬,又一次次掉下来。

甲看到后叹了口气,自言自语:"我的一生正如这只蜘蛛,忙忙碌碌而无所得。"于是,他日渐消沉。乙看到后想:"这只蜘蛛真愚蠢,为什么不绕到干燥的地方再往上爬?我以后可不能像它那样愚蠢。"于是,他变得聪明起来。丙看到后,立刻被蜘蛛屡败屡战的精神所感动,决定向蜘蛛学习,于是,丙变得更加乐观和坚强。

(二)真诚地生活

许多人在这车如流水马如龙的世界急驰而过,无暇欣赏风景,而要真正地感受到积极情绪，需要先慢下来，真诚地生活。现代人的生活节奏越来越快，一些人不断地关注外界，远离了自己的内心。要想提升积极情绪，我们需要让自己慢下来，带着真诚的态度用心去看、去听、去感受，而不仅仅依靠眼睛、耳朵和思维，慢下来有助于培养我们的积极情绪。

（三）发挥自身优势

凭借优势行事，每天都做自己擅长的事情，更容易欣欣向荣。积极心理学最大的早期贡献之一是进行了一项基于 24 种个性优势将人们进行分类的调查——由塞利格曼本人带头，包括好奇、正直、善良、公正、谦逊、乐观等。研究表明，了解并积极发挥自身优势，寻找并践行发挥自身优势的方法，能够有效地提升积极情绪。

（四）构建支持系统

调查发现，大多数乐观向上的人都有着较好的社会支持系统，他们每天会花很多时间与其亲近的人待在一起。大学生应积极构建自身的社会支持系统，与家人、朋友、同学等加强日常互动和交流，哪怕仅仅是分享日常的小事，也能让我们的心情变好。当然，你并非必须生而外向或表现得外向，懂得关爱他人就足够了。

（五）享受自然美景

实验证明，在阳光明媚的日子里，沉浸在大自然中 20 分钟以上，会让我们产生积极情绪，将具有更广阔、更开放的思维。很多大学的校园就是一个天然的"公园"，所以同学们不妨利用课余时间多在校园里走走，欣赏美景，沐浴阳光，享受大自然的馈赠。

其实，培养积极情绪的方法还有很多，如感恩、宽恕、正念等。我们每个人都具有培养积极情绪的力量，只要乐于尝试、主动练习，我们就会拥有更多积极情绪，拥抱更多幸福。

课堂研讨

1. 大学生的情绪有什么特点？如何控制消极情绪？如何进行合理宣泄？
2. 你的大学生活快乐吗？你从本章中学到了哪些培养积极情绪的方法？

心理训练

一、给情绪计时

你有没有给自己的情绪计过时呢？你有没有试过停下来算一算自己的情绪会持续多久？如果没有，下面的方法建议你试一试。

- 下一次你感到不爽的时候，注意一下你主要的情绪；
- 给这一主要的情绪评分，从 1 分到 10 分打分，写下来；
- 手机计时 3 分钟，同时去做你之前在做的事情，不要关注你的情绪；
- 3 分钟计时结束后，重新评估你的情绪，从 1 分到 10 分打分；

- 手机再次计时 3 分钟，同时去做你之前在做的事情，不要关注你的情绪；
- 3 分钟计时结束后，重新评估你的情绪，从 1 分到 10 分打分；
- 手机继续计时 3 分钟，同时去做你之前在做的事情，不要关注你的情绪；
- 3 分钟计时结束后，重新评估你的情绪，从 1 分到 10 分打分。

这样做是为了让你获取一些情绪强度与时间之间的关系数据。它能帮助我们认清一个有用但常常被忽略的事实，即情绪并不会持续很长时间。情绪本身并不持久，但想太多会让它恶化并且持续很久。情绪本质上是强烈且短暂的。上面的方法就证明了这一点。这个方法很实用，因为我们承受情绪而继续生活的能力对完成许多事项和目标来说都是极其重要的。

二、快乐大转盘

目的：让学生了解情绪表达在人际交往中的重要作用。

时间：20 分钟。

操作：由 14～28 名学生轮流上前抽签，抽签的内容是以下 7 条的任意一条，并按照抽到的要求走动。

（1）面朝天花板，面无表情地随意走动，遇人转开。

（2）面朝脚尖，面无表情地随意走动，遇人转开。

（3）面朝前方，面无表情地随意走动，遇人转开。

（4）面朝前方，面带微笑地随意走动，遇人转开。

（5）面朝前方，面带微笑地随意走动，遇人轻轻点头。

（6）面朝前方，面带微笑地随意走动，遇人轻轻点头，心中默念"你好"。

（7）面朝前方，面带微笑地随意走动，遇人轻轻点头，口中说："你好，很高兴见到你。"

当基本上每两个人相互遇到过一次之后游戏结束，老师随机选择 2～3 名学生分享对游戏的体会。

推荐书籍：《不抱怨的世界》，威尔·鲍温著，湖南文艺出版社。

推荐理由：作者威尔·鲍温从多个维度出发，用诸多平易近人的生活故事及恳切的心灵建议，一步步揭开抱怨的神秘面纱，探索抱怨产生的原因，向我们传递"抱怨不如改变"的生活理念。本书告诉我们，抱怨给我们的生活带来种种危害，并总结了消除抱怨的有效方法，用切实可行的方法帮助我们培养不抱怨的习惯。本书提醒我们，抱怨并无好处，只有摆脱抱怨的思维，才能获得心灵的成长。

第四章

在关系中成长

老兵与作家的革命友情

导语：人际交往是每个大学生不可或缺的"必修课"。人际关系的好坏是一个人社会适应能力的综合体现，良好的人际交往能力是大学生发展的必备技能，更是帮助大学生顺利走向社会的推动力。心理学相关知识的学习，有助于大学生形成对人际关系的正确认识，了解人际关系的不同类型，掌握维持人际关系的技巧，有利于大学生全面发展，提升自身心理健康水平。在中国特色社会主义新时代，青年大学生要培育正确的人际交往观，增强人际交往意识，用发展的眼光看待自己和他人的关系，在理论和实践中培育和践行社会主义友善价值观，促进社会和谐发展。

一个人的成功只有15%取决于他的专业技术，而85%则靠人际关系和他的处世能力。

——戴尔·卡耐基

宿舍里的"N+1"

小岩是一名大二的学生，自从进入大学后，她积极参加各种社团活动和学生组织，但是她最近有一些烦心事，小岩找到辅导员，想让辅导员帮助她调换宿舍。

刚进入大学时，小岩宿舍的氛围十分融洽，不管是吃饭还是上课都是六人同行。但是渐渐地，小岩发现自己与宿舍里其他人之间的关系发生了变化：学院学生会纳新时，小岩很想加入学生会，以锻炼自己的能力，但是其他舍友说上了大学就应该放松，课余时间应该用来娱乐；舍友都喜欢追星，但小岩不喜欢关注明星的新闻，当舍友之间谈起某个明星的八卦时，小岩便无法融入相关的话题，看到舍友们聊得热火朝天，小岩便越来越觉得自己不合群……

后来,小岩认为其他五个舍友是一伙的,做什么都有意在针对她。例如,某舍友性格大大咧咧,往地上放置脸盆的声音大了,小岩认为这个舍友在对着她故意摔盆;一个舍友在不知情的情况下把小岩关在了宿舍门外,小岩立即情绪激动,感觉舍友对她不重视。随后,舍友小张因为感冒咳嗽声音大了些,小岩直接让其"滚出去"。久而久之,小岩的五个舍友渐渐地疏远她了,后来她与舍友之间几乎没有交流,成了宿舍的"边缘人"。每每在宿舍,她都感觉要"窒息"了,迫不得已寻求辅导员的帮助,想调换宿舍。

思考:请帮小岩分析一下,自己的宿舍为什么由"6"变成了"5+1"?

专家点拨:每个同学都有自己的想法,在人生观、世界观、价值观等方面也存在很大的差异,对某件事情也会有不同的态度和不同的处理方式,久而久之,不一致的地方多了,自然容易产生矛盾。有的同学认为在集体生活中要互相理解、互相包容;有的同学却以自我为中心,觉得自己想怎样,其他舍友就得怎样做。大学生的心理还不太成熟,有些性格特征和情绪会影响大学生的行为,如果这样的情况出现的次数多了,日积月累,矛盾就会更加复杂,甚至升级为不可调和的矛盾。案例中的小岩和舍友因为个体之间的差异,相处出现问题,小岩想调换宿舍,选择用逃避的方式解决问题,而不是积极自我觉察、主动沟通,在正确认识和处理人际关系问题上其需要进一步学习。

我的"人际关系图"

1. 活动物资

一张纸、一支笔。

2. 活动规则

请同学们准备一张纸,在方形、圆形和三角形中随意选择一个图形画出来,然后用线条等随意绘制,来表达同学们现在人际关系的状态。

4~6位同学为 组,在小组中依次传递同学们的图画,每个人拿到别人的图画后,通过观察和思考,在上面任意增添一些内容。每幅图画在小组内轮流画3次。

3. 交流总结

(1)当拿到自己的图画时,它是否变成了自己意想不到的样子?
(2)观察自己的人际关系图,被他人增添了什么?你的感受是什么?

总结:一幅简单的图画代表着我们日常生活中的人际关系,图画在由其他同学增添内容时,代表着我们开始与他人进行互动。经过几次互动之后,我们的人际关系图出现了意想不到的内容,可能变得更加美好了,也可能变成了自己不太喜欢的样子,这都是人际交往和互动的结果。人际关系究竟是什么呢?下面让我们一起去探究人际关系的奥秘吧!

第一节　探究人际关系的奥秘

正所谓"人生的美好是交际的美好，人生的丰富是人际关系的丰富"。"交际"和"人际关系"对我们来说并不陌生，但是二者的概念到底是什么呢？交际最早见于《孟子·万章下》："敢问交际，何心也？"后来，交际泛指人与人之间往来的表现形式。人际关系指人们在社会生活中，通过相互认知、情感互动和交往而发展起来的人与人之间的相互关系，反映出人与人之间的心理距离。

认知、情感和行为是建立人际关系不可或缺的三种成分。在人际交往的过程中，认知成分起到先行作用，我们通过对自己、他人、环境的认知来了解自己的人际关系状况；情感成分会带给我们不同的情绪体验——分享的快乐、陪伴的温暖、背叛的痛苦、分离的焦虑等；行为成分在人际关系中会随着交往对象、环境不同而变化。认知、情感和行为三种成分是交互作用和互相影响的。

> **知识窗**
>
> **人际隔绝实验**
>
> 美国心理学家沙赫特·斯坦利曾经做过这样一个实验：他以每小时 15 元的酬金聘请被试，让他们待在一个小房间里，小房间里有一张桌子、一把椅子、一张床、一把凳子、一个马桶，除此之外没有其他物品。这个小房间与世隔绝，没有报纸，没有电话，不准写信，也不让其他人进入。一共有五名大学生参加了实验，结果有一个人在小房间里待了不到两小时就出来了，出来以后他直说在里面太无聊了。有一个人坚持的时间最长，他在里面待了八天，这个待了八天的人出来以后说："如果让我在里面再多待一分钟，我就要发疯了。"
>
> 人是社会性动物，其自我意识和各种智能都是社会性的产物。人只有置身于社会环境中，通过社会获得支持性信息，才能不断修正和发展。如果剥夺一个人与他人交往的机会，这个人的身心就会受到极大的伤害。

一、什么是健康的人际关系

一段健康的人际关系，是能促进人积极成长的关系。它具有互惠、真诚、尊重边界、独立、适度依赖、共同进步等特点。

（一）互惠

互惠指的是双方都会积极地回馈彼此，考虑双方的利益。当对方帮助你、带给你利益时，你会积极地回馈对方，你们会努力地将关系带向"双赢"的局面，而不是试图通过伤害对方来使自己获利。

（二）真诚

真诚意味着双方带着善意、坦诚地面对彼此。你们愿意向对方自我暴露，愿意真诚地与对方分享自己的感受、想法或价值观，并在彼此分享的过程中，不会带着任何恶意去倾听或倾诉（如恶意地嘲笑对方）。在一段真诚的人际关系中，双方都会感到自我暴露很安全。

（三）尊重边界

尊重边界指的是双方尊重彼此的原则和底线。你敢于告诉对方你的底线是什么，并且在对方可能侵犯你的原则时，敢于向对方说"不"，你相信对方会尊重你的原则。比如，当你告诉对方你不想谈论自己的家庭后，你相信对方不会逼迫你谈论自己的家庭。同样，你也会尊重对方的原则和底线，不会故意侵犯和试图控制对方。

（四）独立

独立意味着双方会对自己的情绪和行为负责，而不会将责任推卸给对方，或者替代对方承担责任。你会承担自己情绪和行为导致的后果，而不指望对方替你承担你的责任。但是，如果对方需要帮助，我们会适度地帮忙，但不会主动或被动地去承担对方应承担的责任。比如，你不会把让对方快乐当作自己的责任，认为对方一旦不快乐，你就要尽一切努力让对方快乐起来，你会允许对方去处理自己的情绪。

（五）适度依赖

适度依赖指的是当双方有需要时，敢于向对方求助，而不怕失去自己人格的独立性。对自己负责，不代表所有事情只能自己解决。适度依赖的双方，敢于暴露自己的脆弱，在有需要时向对方求助，并且不会因为求助而万分自责、觉得自己没用，或者担心对方在帮助自己时会要求控制自己等。

（六）共同进步

共同进步指的是双方都在良好的关系中成长。你们可能在不断沟通中学习对方的长处，或者鼓励和支持彼此去寻求更多发展。你们都会有一种感觉："认识你以后，我成了一个更好的人。"

二、内向者一定不如外向者吗

在人际交往中，内向和外向是两种截然不同的性格。心理学家发现，在人际交往中，外向者会花更多时间注视人的面孔，而内向者不太关注人的面孔及其他美丽的事物。对人感兴趣促使外向者拥有很多朋友。很多偏内向的人都希望自己能够变得活泼、开朗，在人际交往中可能会出现"为什么刚才不主动一点呢？""好想跟他打声招呼，可是他已经走远了"等想法，内向者往往被认为社交不主动、冷漠、孤僻，但是内向者一定不如外向者吗？答案是否定的。

(一)内向者与外向者各有所长

内向者与外向者的不同主要体现在以下几个方面:

(1) 充电方式不同。外向者的能量较多来源于与他人的沟通交流,心情不好时会选择向他人倾诉、聚会等;内向者的能量多数来源于自己的内心,心情不好时可能会选择自己思考,享受自己独处的时光。

(2) 思维方式不同。在内向者的大脑中,与回忆往事、做计划和思考解决问题的方案相关的区域,更容易受到激活;而在外向者的大脑中,与理解、描述个人的感受和经历相关的区域,则表现得更加活跃。

(3) 不同性格之间不是一成不变的,可能随着年龄、外在环境的变化而相互转化。

(二)选择适合自己的交往方式

外向者与内向者都有自己的优势。我们应该找到适合自己的生活方式,接受真实的自己,把自己的特点变成别人眼中的优势。正因为大家不同,才有了相遇相知的意义。如果我们能够了解并且接纳彼此的不同,也许能在相处和交往中更加愉快。

三、人际交往的心理学奥秘

(一)社会交换理论

小朋友之间经常会出现一种情景:"我昨天给了你一颗糖,你今天就应该给我一颗糖。"这种模式体现的就是社会交换理论。

社会交换理论主要有以下三个观点:

(1) 人际交往活动具有社会性;

(2) 各种交往关系都会涉及回报和代价;

(3) 交往中存在着一种公平的分配原则。

该理论认为,人与人之间是绝对平等的,而且在人与人交往的过程中都只重视物质利益和交往效果。该理论把人与人之间复杂的关系简单化、经济化,用单一的理论解释复杂的人际交往现象,这是不准确的。

(二)人际关系三维理论

人们在交往中有三种基本的人际需要,即包容需要、支配需要和情感需要。包容需要是指与他人接触、交往、相容的需要;支配需要是指控制他人或被他人控制的需要;情感需要是指爱人或被爱的需要。对于以上三种人际需要,我们有主动表现和被动表现两种满足方式,因此构成了六种基本的人际关系取向:

(1) 主动包容式,是指主动与他人交往,积极参与社会生活;

(2) 被动包容式,是指期待他人接纳自己,往往会产生退缩、孤独等心理;

(3) 主动支配式,是指喜欢控制他人,能运用权力;

(4) 被动支配式,是指期待被他人引导,愿意追随他人;

（5）主动情感式，是指表现出对他人的喜爱、友善、同情、亲密；

（6）被动情感式，是指对他人冷淡，负性情绪较重，但期待他人对自己亲密。

不同类型的人在人际交往中的表现不同，在人际交往中期待的回应也不同，对应前文的介绍，大家可以对自己的人际交往风格有一个清晰的认知，从而在人际交往中找到更好的应对方法。

（三）人际沟通分析学理论

人际沟通分析学认为，每个人在人际交往中都存在三种自我状态：父母状态、成人状态和儿童状态。沟通就是一个人以某种自我状态与另一个人的某种自我状态交换信息。

1. 父母状态

当处于父母状态时，人们就会像父母对孩子那样感受、思考、行动、表达和回应他人。父母状态是人格的一部分，它包括从自己父母身上习得的，以及从童年时期接触的重要人物身上学习到的部分。父母状态可以分为控制型父母状态和养育型父母状态。

（1）控制型父母状态：用一种严厉的、咄咄逼人的方式表达不赞成。

（2）养育型父母状态：试图去安抚他人，表达关爱，提供食物和滋养。

2. 成人状态

成人状态是一种在此时此地与人和环境相互作用的方式，而不是来自过去的条件反射，这种状态更加开放和理性，可以调动资源来解决当下的问题。当处于成人状态时，人们更有可能彼此尊重，充分倾听，进行建设性的沟通。

3. 儿童状态

当处于儿童状态时，一个人的表现就像某个年龄段的孩子。每个人内心都有一个小男孩或者小女孩，人们有时会用小时候的方式去感受、思考、行动和回应他人。儿童状态可以分为自然型儿童状态、顺从型儿童状态和反叛型儿童状态。

（1）自然型儿童状态：基本每个孩子来到这个世界之初都是自由的，他们具有好奇心，富有创造力，有情绪就会顺畅地表达，不会让情绪停留太久。他们充满了快乐和热情，喜欢去欣赏大自然及其他美好的事物。

（2）顺从型儿童状态：在孩子逐渐长大的过程中，他们需要学习很多东西，为了融入群体，他们试图去取悦他人。他们开始恐惧自己如果不顺从，可能就无法生存。他们不希望自己是不被欢迎的，在恐惧的驱使之下，他们开始去模仿他人。

（3）反叛型儿童状态：处于反叛型儿童状态的人对他人的要求十分愤怒和反感，他们将叛逆作为战斗武器，去抵抗想要夺走他们自由的人。

从该理论中我们可以看出，这些状态是人们在人际交往中的一种真实状态，每一种自我状态都包含认知、行为和感受，自我状态间的差异就如同两个真正的人之间的差异。因此，在互动的过程中，我们有必要弄清楚双方哪个自我状态被激活了，从而觉察自己的想法和行为，与他人进行更有建设性的交流。

第二节 人际交往正当时

一、人际关系的发展阶段

人际关系遵循一定的规律而建立，并沿着预计的轨道发展。通常，人际关系的发展分为五个阶段：定向阶段、探索阶段、加强阶段、融合阶段和契约阶段。

（一）定向阶段

在这个阶段，我们会产生对交往对象的注意、抉择和初步沟通等多方面的心理活动。比如，在有很多人的聚会中，我们会选择跟部分人进行交往，而不是跟所有人进行交往。一般来说，我们只跟那些能够引起情感共鸣的接触者进行进一步的交往，对交往对象的选择也反映出交往者自身的需求、情绪、个性特质和兴趣特征。在定向阶段，我们对对方仅产生初步印象，我们究竟选择谁作为交往对象，并与之保持良好的人际关系，往往要经过自觉的选择过程。只有那些在我们的价值观念上具有重要意义的人，我们才会选作交往和建立人际关系的对象。

（二）探索阶段

在确定交往对象后，我们会进行进一步分析，我到底应不应该与他进行深入的交往呢？于是，就进入了探索阶段，人们有意识地寻找共同的兴趣和经历，表达自己的观点、态度等，并且随时观察对方的回应。这个阶段的认识主要为是否进行下一阶段的深度交往提供依据。在这个阶段，人们一般不会表达太多的批判性观点，谈论的内容比较浅显，但谈论的范围可以很广，一般情况下都是表达自己积极、正向的态度。很多人际关系都停留在这个阶段，原因是此阶段的交往常常使人感到相对轻松、愉快、自在。这个阶段往往不触及私密领域。

（三）加强阶段

在这个阶段，人们开始展开情感交流与探索，交往的领域也会进一步扩大，会涉及双方的私密领域，谈话也会涉及许多自我方面的内容，人们愿意在交往中投入更多的精力，喜欢相互陪伴，开始相互信任，并且会相互坦白，人们会为彼此提供真实的评价和反馈，进行真诚的赞美或批评，同时开始有共同的愿景和期待。由于在这个阶段双方有很多自我暴露的交流，一旦关系在此阶段瓦解，将会对彼此造成较大的心理压力。

（四）融合阶段

在这个阶段，人们的情感联系不断加强，心理卷入程度不断加深，双方进入稳定交往阶段。人们心理上的相容性会进一步提高，自我暴露也更广泛、深刻，开始允许对方进入更加私密的个人领域。人们在心理上有了依恋和融合，情感上产生了高度的共鸣，一旦双方分离或产生冲突，就会出现牵挂、焦虑和烦躁的情绪，"一日不见，如隔三秋"是此阶段真实写照。一般的人际交往很难达到此阶段，许多人际关系都在加强阶段维持。恋人关系和亲子关系便处于这个阶段，交往双方心心相印、唇齿相依。

（五）契约阶段

双方在交往中做出某种正式的承诺，如订立婚约。这个阶段属于人际交往的最深层次。处于这个阶段的人们不仅相互卷入程度极高，还通过外在法律层面的约束建立长期的关系和承诺。处于这个阶段的人们想要脱离该段关系比较困难，因为这不但会造成物质上的损失，而且会对身心造成极大的伤害。

二、生活中的人际关系清单

（一）与老师的交往

在中学阶段，我们对老师的印象往往是"趴在教室后窗上的人"，而大学中与老师的交往相对轻松。具体来说，与老师的交往主要有以下两种类型。

（1）与辅导员的交往。大学生与辅导员接触很多，有的辅导员会像朋友一样与学生交流思想，促膝谈心，并参与班级组织的各项活动。辅导员是与同学们最亲近的老师，是大学中最牵挂学生的人，有的同学可能觉得辅导员很严厉，甚至有些"害怕"辅导员，但其实辅导员有时的严厉是为了帮助同学们树立规矩意识、养成良好的生活和学习习惯。

（2）与任课教师的交往。任课老师面对不同班级的学生，与学生接触的时间相对较短，主要集中在切磋学问、探讨问题等方面。

在与老师交往时应注意以下几点。

（1）创造与老师交流的机会，通过积极参加班委竞选、学生会、志愿服务等，增加与老师交流的机会。

（2）当自己产生焦虑、担忧等负面情绪时，可以主动找老师沟通，分享自己内心的想法，老师会根据自己的经验，为同学们提出建议。

（3）如果在学习中出现了不适应老师的教学方法等问题，可以积极与任课老师交流、探讨，让老师知道自己的想法。

（二）与同学的交往

1. 普通同学之间的交往

大学班集体由来自天南地北的大学生组成，同学之间的交往与中学时代相比发生了重大变化。一方面，大学生社会阅历浅，思想单纯，相互之间能够自然地产生纯朴的"同窗"情谊，形成友好的同学关系；另一方面，随着相互交往和了解的深入，不同的地域、家庭背景、个性特点、生活习惯、方言等，都有可能成为继续交往的障碍。此外，大学生在学习、学生活动等的竞争中，可能产生一些冲突和误解，有些人因此开始逃避与同学交往。但是，同学之间的交往是必要且重要的，可以通过以下方式维护良好的人际关系。

（1）每个人都有自己的想法和价值观，在交流的过程中要学会彼此尊重、宽容、忍让。

（2）学会与性格、生活习惯不同的人友好共处，对待不同性格的同学，可能需要采用不同的交往方式。

（3）当同学之间产生矛盾或误会时，应调整好情绪，冷静地分析事情发生的原因，主动与对方交流，通过适当的方式化解冲突。

2. 舍友之间的交往

在大学中，我们在宿舍里待的时间很长，舍友是与我们相处时间很长的人，跟舍友关系的好坏会直接影响我们的情绪和心态。在一个宿舍里，首先我们要与舍友和谐共处，其次是满足精神上的交友需求。与舍友和谐共处的要点如下。

（1）有自己的交往底线，并且在舍友越线的时候及时说明。有自己的交往底线不是刻薄，而是对自己的尊重。如果你不好意思开口，一味地包容对方，强颜欢笑很长时间，终有一日忍无可忍，一下子爆发，对方还觉得你莫名其妙，进而引发矛盾。

（2）己所不欲，勿施于人；己之所欲，慎施于人。自己不想他人对自己做的事情也别对他人做，自己想要的或喜欢做的事情也不能理所当然地认为他人也可以接受。不想他人对自己做的事情可以委婉地提出，通过沟通使双方对彼此更加了解。

（3）互相尊重和包容，允许差异的存在。每个人的成长环境、教育背景及过往的经历都不相同，对待同一件事情的看法也会有所不同。因此，当自己与他人的价值观不一致时，可以适当允许差异的存在。随着年龄和阅历的增长，我们的价值观可能会变得多元，可能会渐渐理解并接受当下差异的存在。

3. 学生干部与其他同学的交往

随着高校学生自主管理程度的日益提高，学生干部在学生自我教育、自我管理、自我服务的过程中起的作用越来越重要；与此同时，学生干部与其他同学之间的矛盾也日益增多。由于学生干部经常与老师打交道，强化了"干部意识"，有时会被认为产生"高高在上"的感觉，与其他同学产生了距离。同时，也有一些学生干部急于完成工作，不太注意工作的方式，从而导致矛盾产生。当学生干部与其他同学发生冲突时，应当注意以下几个方面。

（1）巧妙地化解冲突。学生干部要学会正视事实，冷静地分析问题，寻找原因，并最终找出解决问题的办法。产生矛盾并不可怕，关键是处理矛盾的态度和方法，积极主动的态度有助于矛盾的解决。

（2）进行正确的人际归因。学生干部要学会将批评与自我批评相结合，既从自身寻找原因，也从他人身上寻找原因。进行正确的人际归因是协调人际关系的关键，学生干部应尽量公平、公正地找出原因，这样能更好地达到人际关系协调的目的。

（3）提高业务素质，注意工作的方式。学生干部要认识到自己的责任与义务，不断提高自身的业务能力和工作水平，以便更好地为同学们服务。同时，工作方式的改进也非常重要，学生干部要注意在工作中多吸取他人的经验，总结教训，讲究工作艺术。

（4）增进理解和沟通，从学生中来，到学生中去。学生干部应当以服务广大同学为宗旨，真正地想其所想，真心实意为大家做些事情，通过沟通与互相理解增进双方的人际关系。

（三）与父母的交往

很多大学生觉得自己长大了，会有意识地积极调整心态去适应新的环境。他们能体谅父母对自己的思念之情，因此他们会通过电话或视频及时、主动地向父母汇报自己的学习、生活等情况，和父母加强思想感情的交流。一些平时对父母依赖性很强的大学生则会非常想家、想父母，也有少数大学生则完全相反，随着知识的增加，和父母越来越没有共同语言，因而不再经常与父母联系，只有缺钱了才想起父母。大学生在与父母交往的过程中，应注意以下几点。

（1）与父母保持感情的沟通。大学生可以通过一个电话、一则短信，表达自己对父母的思念。

（2）不要过分依赖父母。大学生多数都是成年人，在大学期间要培养自己的独立意识，在心理上实现"断乳"。

（3）把握家人生日、父亲节、母亲节等重要时间节点，向父母表达自己的爱意，拉近与家人之间的感情。

（4）掌握亲子沟通技巧。大学生与父母可能存在一定的"代沟"，当对某一件事出现不同意见时，应及时沟通，减少误会的产生。

（四）社会中的交往

大学是从"埋头学习"到成为"社会人"的重要转折点，在大学阶段，对人际沟通能力提出了更高的要求。面对日益增大的就业压力，大学生要想在激烈的竞争中脱颖而出，找到理想的工作，较强的社会交往能力是必不可少的。扩大社交圈的方式多种多样，如加入学生社团、参加社会公益活动、勤工助学等。通过各种社会实践活动，大学生们既可以增加对社会的了解，也可以扩大社会交往的范围，还可以获得独立谋生的本领。社会中的交往应注意以下几点。

（1）避免社会交往活动太多、对象太杂、频率太高。有些同学认为"多一个朋友多一条路""关系也是生产力"，如果抱着这种心态盲目参加社交活动，会严重影响学习，甚至使自己染上不良嗜好。

（2）避免社会交往过少。有些同学"两耳不闻窗外事，一心只读圣贤书"，其注重书本知识的积累，却忽视了实践能力的培养。

（3）提升交往能力。大学生要善于在各种社会交往中培养自己的亲和力，掌握与不同类型、不同层次的人交往的技巧和方法，为自己营造一个和谐的人际环境。

（4）提高自我保护意识。社会是复杂的，阅历较浅的大学生们要有自我保护意识，谨慎交往，以防上当受骗。

（五）网络中的交往

网络拓展了我们交往的空间，尤其对大学生来说，网络交往已经成为一种重要的人际交往方式。大学生普遍习惯于通过微信、QQ、微博等在网络虚拟社区中聊天、交友等。一般来说，网络人际交往对大学生来说具有双重影响：一方面是积极影响，有的大学生通过网络结交了许多朋友，获取了很多有价值的信息，开拓了思路，使自己受益匪浅；另一方面是消极影响，有的大学生将虚拟当作了现实，过度热衷于网络交往，过分迷恋在网络上产生的友谊或爱情，并幻想用这些虚拟的人际关系取代现实的人际关系。他们缺乏现实生活中的社会沟通和人际交流，出现孤独、不安、情绪低落、思维迟缓、自我评价降低等情况。此外，还有部分大学生在进行网络交往时受到不良影响，在网络空间里肆无忌惮地放纵自己，不注意言语和行为，责任意识淡薄。要想消除网络交往的消极影响，大学生要做到以下几点。

（1）充分利用网络为自己的学习、工作和生活服务，不在网络上无谓地消磨时光。

（2）遵循适度原则。只有"进得去，出得来"，使虚拟社会与真实社会相互补充、相得益彰，才能在虚拟社会与真实社会中健康成长。

（3）正确把握网络人际交往。网络中的人际交往具有一定的匿名性和间接性，通过网络与他人交流时应正确认识交往对象的复杂性，保持头脑清醒。

（4）具备必要的网络伦理知识，在网络人际交往中培养道德自律意识。

电信诈骗案例——你在网恋他在骗

你以为对方是妙龄美女，并且对你一见倾心，殊不知屏幕里对你眉目传情的可能是一个"抠脚大汉"。随着信息技术的发展，一些诈骗分子愈发猖狂，其中一部分以婚恋交友为名进行电信诈骗。嫌疑人以未婚男青年为目标，在各大婚恋平台上假扮未婚女青年与目标网恋，获取对方信任后以见面、做生意等理由骗取钱财。此种诈骗方式不仅骗取了受害人的钱财，还让受害人心理受到了伤害。

可谓"隔屏如隔山，安知对面是虎狼？"，恋爱是美好的、幸福的，大学生在开始一段恋情（尤其是网恋）之前，一定要擦亮双眼，以防人财两空。

三、人际交往困境

（一）"别人都比我好"

部分大学生在与他人交往的过程中，可能会产生自己不如他人的想法，进而在交往中变得缩手缩脚，这多是由于自卑在作祟。自卑是指由于一些条件的限制和认识上的偏差，认为自己在某个方面或某些方面不如别人，而产生的轻视自己、失去自信、畏缩的一种情绪体验。

自卑不仅体现在交往退缩方面，过分地争强好胜也是自卑的一种表现方式，即掩盖于"自傲""清高"等表面现象之下的自卑。有这种自卑心理的大学生十分渴望与他人交往，渴望得到他人的关心和帮助，但是由于其内心的不自信或感觉自己在某个方面具有优势不肯放下"架子"主动与他人交往，从而给他人一种拒人于千里之外的错觉。

（二）"别人不能比我好"

心理学家巴尔扎克曾说过："嫉妒者比任何不幸的人更为痛苦，因为别人的幸福和他自己的不幸都将使他痛苦万分。"嫉妒他人，也是影响人际交往的一个重要因素。比如，"我可以允许陌生人好，但我不能允许身边的人比我好"。当身边的同学在学习成绩、运动能力、生活条件、外貌等方面优于自己时，就可能产生嫉妒心理。他们有时无力或不敢与强者竞争，或者因为怕吃苦而不想与别人竞争，但又害怕别人超过自己，心理上产生矛盾，失去平衡，便自觉或不自觉地贬损别人以求得心理上的平衡，经常处于"高度戒备"状态。

（三）"怀疑别人不够好"

有的大学生在人际交往中信奉"逢人只说三分话，不可全抛一片心"，总怀疑他人、挑剔他人。猜疑心过重的大学生在人际交往中常表现为性情孤僻、敏感多疑、小心谨慎、戒备心强、对人冷淡，完全处在一个自我封闭的心理防御小圈子中。部分大学生一旦遇到一些意外或不顺心的事，不是先从自身找原因，而是怀疑别人在背后做了手脚。疑心者给人的感觉是心胸狭窄、气度狭小、过分注重自己的得失，他们希望别人相信自己，又怀疑别人看不起自

己、不相信自己。疑心者自身也常常体验到巨大的心理压力，在这种心理状态下，他们很难进行正常的人际交往，既会影响个人潜能的发挥，又会影响人际关系的建立和发展。

第三节 人际交往的黄金法则

一、人际交往中的心理学效应

很多心理学效应都藏在日常的人际交往中，无形之中我们的人际交往正被一系列心理学效应影响着。

（一）首因效应

当与一个人初次见面时，在 45 秒内就能形成第一印象。我们常说的"给人留下一个好印象"实际上指的就是第一印象。这其实就是首因效应的作用。

首因效应指的是最初获得的信息比后来获得的信息影响更大的现象。心理学研究发现，首因效应对人际交往的影响主要表现在两个方面：第一，使人际认知具有表面性，第一印象常常是对一个人表面特征的认知，根据对方的外貌、表情、姿态、谈吐等做出初步的判断与评价，从而容易以貌取人，使认知表面化；第二，使人际认知具有片面性，由于先入为主，第一印象鲜明而强烈，对后来获得的信息的理解具有很强的定向作用，造成对他人认知的主观片面性，从而影响以后的交往。因此，首因效应在人际交往中具有决定性的作用。当然，第一印象也并非完全不能改变，通过长期的交往能够让对方更加了解你。

（二）近因效应

当与陌生人交往时，人们往往关注首因效应，而当与熟人交往时，近因效应起的作用更大。在总体印象的形成上，近期获得的信息比以前获得的信息影响更大的现象称为近因效应。熟人在行为上表现出某种新异性，这会影响或改变我们对他的原有看法。例如，你对某位同学一向有好感，但最近他做了一件不好的事，你就彻底改变了对他的看法，产生了"我过去真是看走眼了"的想法。又如，你一向不喜欢的人最近做了一件让你感动的事，你可能会说"我以前都错怪他了"。其实，人都在不断成长与发展。认识一个人，凭借他的某个表现就对他做出定性的评价是不合理的。因此，我们在与他人交往时，不仅要注意给对方留下良好的第一印象，还要注意在平时给对方留下值得信赖的印象，更要给对方留下诚笃的印象。

（三）晕轮效应

自己喜欢的明星，不管做什么都是好的，这就是晕轮效应。晕轮效应又称光环效应，是指在人际交往中我们往往会将他人的某个突出品质泛化到其他特性上，从而忽视这个人其他真正的特点和品质。在多数情况下，晕轮效应常使人犯"以偏概全""爱屋及乌"的错误。"晕轮"虽然美丽，但在人际交往中我们更需要透过现象看到本质，冷静、客观地面对和选择交往对象。

> **知识窗**
>
> ### "晕轮效应"实验
>
> 社会心理学家戴恩（Dion）等人做过一个实验。他们给人们展示了相貌出众、相貌一般、相貌丑陋三类人的照片，然后让人们评价这些人的婚姻状况、职业状况、社会和职业幸福感等。结果发现，相貌出众的人在各个方面都得到了较高的评价。仅仅因为长得出众就被认为具有"积极"的品质，这就是晕轮效应。

（四）刻板印象

刻板印象是我们在交往中对某类人形成的比较固定、概括、笼统的看法，主要表现为在人际交往中主观、机械地将交往对象归于某一类，不管他是否呈现出这类人的特征，都认为他是这类人的代表，从而把对这类人的评价强加于他。例如，有人认为某地来的同学都比较精明，因此他可能就会经常戴着"精明"的有色眼镜去看待来自某地的同学。这种先入为主的看法，有时有利于我们快速地对陌生人做出判断，但是也常使人以点带面、固定化地看人，忽视了人与人之间的差异性，容易使我们产生偏见与歧视，阻碍了我们与他人进行深入、细致的交流。

（五）定势效应

定势效应是指人在认识特定对象时存在着心理上的准备状态。这种定势作用使我们对主观刺激的知觉反应更迅速、更有方向性，但也会使人从主观出发来歪曲客观信息。我们在对人认知和评价时，往往离不开定势效应，所以总是顺着一定的倾向性去解释所得到的信息，因而使客观知觉带上了主观色彩。

在实际生活中，我们的各种需要、愿望和期待都会影响我们的知觉。例如，在候诊室心急火燎地等待就诊的病人，会容易误听到医护人员呼唤自己的名字；正等待恋人赴约的人，会把远处一个陌生人误认为是自己等待已久的恋人。"拂墙花影动，疑是玉人来"说的就是这种情况。

心理定势可以使我们在从事某些活动时相当熟练，甚至达到自动化，可以节省很多时间和精力；但同时，心理定势也会束缚我们的思维，使我们只用常规方式去解决问题而不求用其他方式突破，因而也会给解决问题带来一些消极影响。

> **知识窗**
>
> ### "心理定势"实验
>
> 苏联心理学家曾做过一个经典"心理定势"实验。研究者向参与实验的两组大学生出示同一张照片。他们在出示照片前对第一组大学生说，这个人是一个怙恶不悛的罪犯；对第二组大学生说，这个人是科学家。接着，他们让两组大学生各自用文字描述照片上这个人的相貌。第一组大学生的描述是，深陷的双眼表明他内心充满仇恨，突出的下巴表明他沿着犯罪的道路走到底的决心；第二组大学生的描述是，深陷的双眼表明此人的思想十分具有深度，突出的下巴表明此人克服困难的决心。这表明，人们对罪犯和科学家的形象已经有一个心理定势。

（六）投射效应

"以小人之心，度君子之腹"就是一种典型的投射效应。投射效应是指在人际交往中，把自己具有的某些不讨人喜欢或不为人接受的观念、性格、态度、欲望转移到他人身上，认为他人也是这样的。大学生群体也有很多类似的表现。例如，疑心比较重的同学因为自己不相信他人，所以会经常怀疑他人不相信自己。如果我们经常用自己的态度、价值观和想法推测他人，甚至将这些强加于他人，就很容易引发人际交往问题。

（七）登门槛效应

在人际交往中，你有没有发现一些人是"得寸进尺"型的。为什么这些人的要求总能不断得到满足呢？其实，他们在人际交往中就运用了登门槛效应。登门槛原意是指，推销员只要能把脚踏进别人家的大门，最后就能成功地让别人买他的东西。这种效应指的是，在提出一个较大的要求之前先提出一个小要求，从而提高了他人接受较大要求的可能性的现象。为什么会这样呢？

社会心理学家通过实验发现，当我们直接向他人提出一个较大的要求时，对方一般无法接受，而当这些要求是逐步被提出的时候，对方往往比较容易接受。这是因为人们都喜欢在他人面前保持良好的形象，不喜欢被看作喜怒无常的人，因此在接受他人的一个个逐渐升级的小要求时，也就在无形中接受了他人的大要求。

（八）增减效应

在人际交往中，我们总是喜欢那些喜欢我们的人，总是不喜欢那些不喜欢我们的人。然而，人是复杂的，其态度不是一成不变的，当对方对我们的态度在喜欢与不喜欢之间转变时，我们会有什么样的反应呢？

人际交往中的增减效应，即我们十分喜欢那些对我们的喜欢不断增加的人，十分不喜欢那些对我们的喜欢不断减少的人；一个对我们的喜欢逐渐增加的人，比一贯喜欢我们的人更令我们喜欢。比如，你的室友A一直非常喜欢你，对你特别好，而你的室友B本来没有那么喜欢你，但是后来你发现，这个室友对你的喜欢正在逐渐增加，这可能会使你对室友B的喜欢程度超过对室友A的喜欢程度。当然，我们在人际交往中面对的因素很多，倘若我们评价他人时不根据具体对象、内容、时机和环境，而一概凭借增减效应，则往往会弄巧成拙。

二、距离产生美

（一）人际交往中的界限

1. 物理界限

在人际交往中，情侣之间的距离一般在15厘米以内，这样的距离使双方可以做一些亲昵动作，增进彼此间的感情；亲友之间的距离为40厘米至80厘米，这样的距离方便双方交谈，也不会感到不适；陌生人之间的舒适距离为1米至2米，这样的距离不会让双方感到拘束。物理界限会随着我们身处的环境、关系的亲疏与舒适感的变化而变化，我们应该及时向对方说明自己对个人空间的要求和对身体接触的限制。比如，你可以明确告知对方以什么样的距离相处自己是舒服的。

2. 情感界限

我们之所以和他人分享自己的感受，往往是因为希望获得对方的支持和认可。然而，这个"合理合情"的要求对有些人来说来之不易。这些人的情绪不被重视，感受也常常被忽略，甚至此后很难再对别人吐露心声。

一个拥有健康情感界限的人在表达自身感受和分享个人信息时是讲究分寸的，不会毫无保留地一吐为快。也就是说，讲究分寸的倾诉者只在适当的时候进行分享，并且会谨慎地选择分享对象。但是，倾听者有时也会越界，对对方表达的问题和感受草率地定义，甚至横加干涉，殊不知有时对方只是需要一个听众和一些支持。

3. 时间界限

时间界限涉及的不仅是一个人如何管理自己的时间，还包括允许别人如何占用自己的时间，如何处理别人的请求，以及如何安排自己的空闲时间等问题。牺牲自己的时间为别人做事是违反时间界限的突出表现。一个人如果没时间做自己想做的事情，就表明他缺少健康的时间界限。

改变这一点可以从十分简单的一步开始——在答应别人的请求之前，先确认自己的日程是否已经有其他安排。

知 识 窗

刺猬法则

生物学家在研究刺猬的习性时做了一个有趣的实验。在寒冷的冬天，研究人员将十几只刺猬放到户外的空地上。这些刺猬冻得瑟瑟发抖，为了取暖，它们只好紧紧地靠在一起。相互靠拢后，刺猬身上的长刺又会让彼此难以忍受，很快它们就会各自分开。挨得太近，身体会被刺痛；离得太远，又冻得难受。没过多久，刺猬又逐渐靠拢，经过多次摸索，它们逐渐找到了一个适中的距离，既可以相互取暖，又不至于被刺痛。这就是"刺猬法则"。

其实，人与人在交往中也需要保持恰当的距离。我们每个人都需要建立一个界限，不容许任何人"侵犯"，包括我们的伴侣、朋友和父母。当这个界限受到他人"侵犯"时，我们就会变得惶恐不安。

（二）谈谈"越界"那些事儿

生活中有哪些行为是"越界"的？比如，"有一种冷，叫你妈觉得你冷"。母亲可能会因为对孩子过分关爱，而忽略了孩子自身的感受，将自己的想法强加在孩子身上，这就是"越界"的一种表现。

"越界"有大小之分。轻微越界的情况通常发生在两个不熟悉的人之间或者仅仅在生活中偶发。

举个恋爱关系里严重越界的例子：恋爱初期，双方恨不得全天24小时在一起。渐渐地，对方的爱好也成了你的爱好，过去的朋友和生活都被如今的"你侬我侬"所取代。一段过度亲密的关系里没有"个体"这个概念，这种关系无论在情感上还是身体上都极度缺乏个人空间，久而久之变得不舒服。

其实，无论是多么亲密的关系，都需要一定的个人空间，给对方和自己留出在这段关系中放松的时间。当"我"完全变成"我们"时，只会让彼此无法"呼吸"。无论是以爱的名义，还是本着"对你好"的意愿，都不能随意越界。

（三）坚定且自信地设定界限

坚定且自信地表达自己的界限是一种健康的交往模式。坚定自信就是既大胆公开自己的想法又不伤及对方的感受。它不是毫无道理的苛求，而是希望对方听懂并接受你的想法。要成功表达自己的界限，首先态度上要坚定自信，然后轻松地分三步走。

（1）尽可能直截了当地告知对方你的需求。措辞尽量简单、直白，以防对方错失重点。

（2）直言不讳。不能只是委婉地说明自己不喜欢什么，务必说明自己需要什么或想要什么。一定要明确地说出自己的期望，或者坚决拒绝对方的条件。比如，当朋友邀请你去参加聚会，但你疲于社交并不想去时，与其用"身体不舒服"这样的理由搪塞，不如坦率地表达自己"需要一些独处的时间"。

（3）消除内心的不安。当我们拒绝他人时，内心可能会产生愧疚、不安等不良情绪，这些都属于正常反应。你可以试着告诉自己，清晰地表达自己的诉求也有利于对方更理解自己，使这段关系能够朝更健康的方向发展，利己利人。

三、社交达人手册

我们在人际交往中不仅需要了解相关的心理效应，掌握一些基本的人际交往原则，也要学习和掌握一些技巧。

（一）学会积极倾听

人有一张嘴，却有两只耳朵，仿佛也在提示我们在人际交往中要多听少说。倾听并不是被动地听别人说。所谓积极倾听，是指要听到、听懂，更要真正理解对方所表达的情感和感受，这样才能够把握对方要表达的、有意义的信息。我们要对对方的话有所回应，但不要随意打断对方的话。如果不想继续对方所谈论的话题，可以巧妙地转移话题。

（二）善于运用非语言艺术

根据沟通专家梅拉宾（Mehrabian）的研究，人际沟通只有约7%是借助语言来进行的，另外93%是通过非语言信息来进行的，其中38%取决于声调等，55%依赖肢体动作。非语言沟通比语言沟通更能反映一个人的真实情况。由此可见，人与人之间的沟通是否成功不仅取决于语言的表达，更取决于彼此能否准确接收、回应非语言信息的意义。在日常生活中，我们不仅要留心观察和总结别人的声音、面部表情和身体语言等非言语信息的意义，还要了解非言语信息的特点。在人际交往中如此"明察秋毫"，我们的沟通会更顺畅、有效。

（三）提高共情能力

共情能力是指能够理解别人的想法、感受，并将这种理解和体会反馈给对方的能力。共情能力高的人的人际关系质量也高，在人际关系中更能体验到亲密感、信任感和幸福感。共情能力的提高应主要注意以下几个方面。

（1）主观愿意。发自内心地想要理解对方，关注对方所说的内容，体会对方的情感。

（2）倾听。当你的朋友在向你诉说一件最近遇到的烦心事时，你只需要静静地倾听，不要发表自己的意见，只需要用"嗯""哦""这样"等简单的话语回应你的朋友，表明你在听。等你的朋友诉说完毕后，你可以向他反馈你所听到的内容，看看他的反应如何，如果他愿意听你说，你再分享自己的观点。

（3）关注情绪。通过准确识别对方的情绪，以更好地理解对方，快速抓住对方想表达的重点。

（4）换位思考。你要尽可能站在别人的角度考虑问题，设想如果自己处于对方的情境，会怎么想，有什么样的感觉，用对方的思维来考虑问题。

（5）及时反馈。你在理解别人的想法和感受后，还应该学会反馈。你要将积极、正面的情绪带给别人，这样不仅可以使自己的人际关系质量更高，还可以使自己的主观幸福感更高。

（四）多加赞美

心理学家威廉·詹姆斯说："人性中最深刻的禀赋是被人赏识的渴望。"我们每个人都希望得到他人的关注和肯定，而在人际交往中学会欣赏别人，刚好可以满足人们的这种心理需要。"良言一句三冬暖"，一句真诚的赞美会给他人带来一整天的好心情。在人际交往中，我们要善于发掘他人的闪光点，让对方感受到你对他的真正欣赏。赞美他人时要真诚，具体到事情，切忌夸大其词。

帮助别人，也是帮助自己

有这样一个故事。在一个风雪交加的夜晚，一位年轻人因为汽车抛锚被困在郊外。此时，一位骑马的男子正巧经过这里，便用马帮助这个年轻人把汽车拉到了小镇上。事后，年轻人拿出不菲的金钱对这位男子表示感激，这位男子却说："这不需要回报，但我要你给我一个承诺，当别人有困难的时候，你也要尽力帮助别人。"

多年后的一天，这位年轻人被洪水困在了一个孤岛上，一位少年冒着被洪水吞噬的危险救了他。他对少年表示感谢的时候，少年竟然说出了那句年轻人曾说过无数次的话："这不需要回报，但我要你给我一个承诺，当别人有困难的时候，你也要尽力帮助别人！"年轻人心中顿时涌起一股暖流：

"原来，我串起的这根关于爱的链条周转了无数的人，最后少年又还给了我。我一生做的这些好事，全都是为我自己做的！"

善良会传染，我们在帮助别人的同时，也帮助了自己。

（五）不做"老好人"

"老好人"总是在取悦别人，把别人的需求摆在第一位，并致力于满足别人。他们似乎始终在争取周围每个人的认可和喜爱，努力让每个人都高兴。他们缺乏健康的个人边界，极不擅长做决定，更不怎么说"不"。如果你发现自己正处于讨好他人的边界，可以尝试以下方法。

（1）打破下意识说"行"的习惯，学习说"不"。其中，你可以通过延长反馈时间，过段时间再答复的技巧，帮助自己拒绝他人。

（2）重视照顾自己。只有先照顾好自己，你才能去照顾你生命中重要的人。例如，你可以列举自己喜欢的活动，像从前对他人那般照顾自己、取悦自己。

（3）学会认可自己。要让每个人都喜欢自己、认可自己是不可能的，但对你来说十分重要甚至不可或缺的是你对自己的认可。当你做了一件与"取悦"相反的事情时，就更应该褒奖自己的进步。

知 识 窗

"八拜之交"

你知道大家常说的"八拜之交"是哪八拜吗？

第一拜 管鲍之交——管仲和鲍叔牙

管鲍之交是关于管仲和鲍叔牙之间深厚友谊的故事，最初见于《列子·力命》："生我者父母，知我者鲍子也。此世称管鲍善交也。"人们常常用"管鲍之交"形容自己与好朋友之间彼此信任的关系。

第二拜 知音之交——俞伯牙与钟子期

相传俞伯牙善弹琴，钟子期善听琴。俞伯牙弹到志在高山的曲调时，钟子期就说"峨峨兮若泰山"；弹到志在流水的曲调时，钟子期又说"洋洋兮若江河"。钟子期死后，俞伯牙不再弹琴，因为他认为没有人能像钟子期那样懂得自己的音志。

第三拜 刎颈之交——廉颇与蔺相如

蔺相如是战国时期赵国的大臣，赵惠文王时，秦向赵强要"和氏璧"，他奉命携璧入秦，当廷力争，最后完璧归赵。赵惠文王20年，蔺相如随赵王到渑池使赵王不受屈辱，因功任为上卿。他对赵国大将廉颇容忍谦让，廉颇背着荆条向蔺相如请罪，他们后来成了共患难的好朋友，齐心为国效力。

第四拜 舍命之交——角哀与伯桃

战国时期，左伯桃与羊角哀两人结伴去楚国求见楚庄王，途中遇到了大雪天气，而当时他们穿的衣服都很单薄，带的粮食也不够吃。左伯桃为了成全朋友，把衣服和粮食全部交给了羊角哀，自己则躲进空树中自杀。后世于是将情谊深厚的知心朋友叫作"羊左"。

第五拜 胶漆之交——陈重与雷义

陈重和雷义是东汉年间豫章郡两位品德高尚、舍己为人的君子。两人为至交密友，当时人们称颂："胶漆自谓坚，不如雷与陈。"陈重年轻时与同郡雷义结为好友，二人都是饱学之士。太守张云闻陈重之名，嘉许他的德才品行，举荐他为孝廉，陈重要把功名让给雷义，先后十余次向太守申请，太守不批准。第二年，雷义也被选拔为孝廉，二人一起到郡府就职。

陈重与雷义两人同时官拜尚书郎，后来雷义代人受罪被免职。陈重则以身体有病为由，辞职一同还乡。雷义回乡后又被举荐为秀才，雷义要把这功名让给陈重，刺史不批准。雷义就假装发狂，披头散发地在街上替陈重奔走呼吁，而不去应命就职。因此，遍乡里传颂他们二人的事迹。

第六拜 鸡黍之交——元伯与巨卿

范式字巨卿，山阳金乡人，少年时在太学读书，与汝南人张劭为友，劭字元伯。二人读书后，同归乡里。范式对张劭说："我两年后回来，那时我会去府上拜见尊亲，再看看令郎令爱。"与此同时，二人还约定了拜见的日期。光阴似箭，日月如梭，不觉间约定的日期将至。张劭把这件事禀告了母亲，请母亲准备饭食以迎接挚友的到来。母亲说："分别了这么长时间，你与他又相隔千里，你怎么那么相信他能在约定的时间来呀？"张劭说："巨卿是守信的人，必定不会违背。"母亲说："要是果真如此，我要为你们酿酒。"到了约定的这一天，范式真的如期而至。

第七拜 生死之交——刘备、张飞和关羽

不求同生，但求同死，有福同享，有难同当，一起打天下，义字为先——这就是著名的"桃园结义"。刘备、张飞和关羽三人在桃园结为生死之交。

第八拜 忘年之交——孔融和祢衡

忘年之交指年辈不相当而结交为友。《后汉书·祢衡传》中"衡始弱冠，而融年四十，遂与为交友"，说的就是孔融和祢衡结为忘年之交。

课堂研讨

1. 试析你所在宿舍的人际关系状况，根据实际情况制订进一步提升宿舍人际关系的计划。
2. 结合自身经历，谈谈人际关系对心理健康的影响。
3. 结合自己和朋友相处的经历，谈谈建立良好的人际关系的方法。

心理训练

一、体验分享

共情能力训练

你可以与几个同学或朋友一起来进行这个训练。

（1）提前准备若干张写有情绪名称的卡片，可以写有喜悦、愤怒、哀伤、抑郁、愧疚、委屈、伤心、害怕、担心、焦虑等。

（2）大家围坐一圈，每人抽一张卡片，只能看自己抽到的卡片上的词语，注意不要让其他人看到。

（3）每个人围绕自己抽到的卡片上的情绪词语，讲一个发生在自己身上的故事，在这个故事中，自己清晰地体验到了这种情绪。

（4）当一个人讲完故事后，其他人可以反馈以下 3 个问题：①当我听到他讲的故事时，我有哪些感受？②我猜他抽到的词语是什么？③我说些什么才能够让对方感受到被理解？

（5）反馈者对故事表达的情绪，与讲故事者进行核实，讲故事者也可以就哪种反馈最能打动自己进行再反馈，在互动中检验彼此的共情能力。

二、心理测试

（一）测试你在人际交往中是内向者还是外向者

请根据个人的实际情况在表 4-1 中合适的选项下面打"√"。

表 4-1 内向者和外向者测试表

情况描述	是	否
1. 我的兴趣爱好很多		
2. 我能说会道		
3. 我不是很活泼		
4. 我比较独立，凡事靠自己		
5. 无论做什么事情我都会先思考再做决定		
6. 我喜欢安静的环境		
7. 我的情绪总是跌宕起伏		
8. 我不是很信任朋友、伴侣，会经常测试他们		
9. 我突然就会觉得很委屈		
10. 在遇到困难时，我不会寻求他人帮助，让他人知道		
11. 我能轻易察觉到别人的情绪		
12. 我时常做事犹豫不决		
13. 我习惯付出大于回报		
14. 我经常能提出别人想不到的好办法		
15. 我做事循规蹈矩，不喜欢改变		
16. 别人指责我，我也不会反驳		
17. 我会为了避免争执而顺从他人		
18. 我喜欢充满戏剧性的人生		
19. 我不喜欢回答别人含糊不清的问题		
20. 我喜欢当众展示自己的才能		
21. 我会有条不紊地回答别人向我请教的问题		
22. 我习惯小组共同完成工作		
23. 我能够轻易说服别人		
24. 我不喜欢主动接近别人，都是等别人主动接近我		

1．评分标准

第 2、18、20、22、23 题为反向计分，其他题目均为正向计分，正向计分的题目选"是"计 1 分，选"否"计 0 分，反向计分的题目与之相反。

2．结果解释

总分越高代表越内向，总分越低代表越外向。

3．温馨提示

此为趣味心理测试，结果仅供参考。

（二）人际信任测试

表4-2用于测查被试者对他人的行为、承诺（口头和书面）或陈述可靠性的估计。请根据个人的实际情况在合适的选项下打"√"。

表4-2 人际信任测试表

情况描述	完全不同意	部分不同意	不确定	部分同意	完全同意
1. 我们这个社会里虚伪的现象越来越多了					
2. 当与陌生人打交道时，要十分小心，除非他们拿出可以证明其值得信任的依据					
3. 阻止多数人做坏事（触犯法律）的是恐惧、社会廉耻或惩罚，而不是良心					
4. 考试时老师不到场监考可能会导致更多的人作弊					
5. 不管人们怎样说，还是认为多数人主要关心其自身幸福					
6. 如果真正了解到国际上正在发生的重大事件的原委，那么公众将比现在更加关注					
7. 多数领导（官员）在上任前的许诺是诚恳的					
8. 多数人如果说出自己的打算就一定会去实现					
9. 多数推销人员在描述其产品时是诚实的					
10. 多数维修人员即使认为你不了解相关专业知识也不会多收费					

1. 评分标准

（1）表中7~10题为正向记分，即选择"完全不同意"计1分，选择"完全同意"计5分。

（2）1~6题为反向记分，即选择"完全不同意"计5分，选择"完全同意"计1分。

2. 结果解释

所有项目得分相加为总分，得分高者人际信任度高。

3. 温馨提示

此为趣味心理测试，结果仅供参考。

推荐书籍：《非暴力沟通》，马歇尔·卢森堡著，阮胤华译，华夏出版社。

推荐理由：暴力往往会使人联想到打架、造成身体伤害，而这样的一个名词与"沟通"相联系，往往让人好奇而又觉得有些牵强。本书中介绍了与人沟通的四个要素：观察、感受、需要、请求。本书很好的地方在于不只教我们如何表达感受及与人沟通，还从其他方面提醒我们如何倾听内心不同的声音，以及懂得它们所反映的需要，学会观察内在的情绪和突破那些引发愤怒、沮丧、焦虑等负面情绪的思维方式——学会懂得自己，就会懂得别人，获得爱、和谐和幸福！

第五章

爱情修炼手册

最美奋斗者的爱情故事

导语：爱情是一种美好而神秘的情感，这使得大学生心向往之。然而，爱是什么？如何去爱？怎样应对爱情中的挫折？这些问题让很多大学生陷入迷茫。在这一章里，我们将系统梳理和总结爱情的发展阶段，从爱的准备、爱的经营、爱的冲突到爱的边界，我们将了解爱情的特征、明确恋爱的动机，提升表达爱、发展爱、经营爱的能力。爱是一生的课题，我们要树立正确的恋爱观，以积极的态度和科学的方式对待恋爱和性问题，拥有良好的恋爱心理状态，实现个人成长，为今后和谐、稳定的婚姻和家庭关系打下良好的基础，从而促进家庭及社会的和谐、美好、稳定。

爱，不仅仅是一种强烈的感情，爱更是一种勇气，一种抉择，一种责任。

——弗洛姆

爱要怎么"谈"

大二学生小美是一个性格开朗、独立上进、身材高挑的女生，在一次社团活动中，她认识了同学院的晓刚。晓刚清秀帅气、内敛善良、不善言辞，他被小美的活力和上进心深深吸引了，小美也被这个帅气、安静的男生打动了，一个月后，两个人就确立了恋爱关系。刚在一起时，他们经常一起学习、一起吃饭，周末一起出去郊游，两个人都觉得爱情太美好了！但渐渐地，晓刚开始对小美"不满"，觉得小美有时太要强了……小美感到自己被否定了，想要与他进一步沟通，他却表示自己只是说说而已，其实还是很爱小美的。小美又生气又着急，面对"语言伤人"的男朋友，她希望晓刚能够学会积极、正面沟通，但晓刚不以为然，觉得自己只是把偶尔的想法说出来而已，并不是多大的问题。小美现在很困惑，纵然自己很喜欢晓刚，但是面对被否定和消极沟通，她不知道该怎么办了。

思考：哪些因素造就了小美和晓刚现在遇到的问题？

专家点拨：很多大学生都渴望拥有一段浪漫的爱情，在遇到让自己心动的人时很快陷入爱情的"甜蜜"之中。但是，正如邓颖超所说，"真挚持久的爱情，不是'一见倾心'，因为相互全面的了解、思想观点的协和，不是短时间能达到的，必须经过相当的时期才能真正了解，才能实际地衡量对方的感情"。小美和晓刚的性格差异较大，他们因互补而相互吸引，但随着交往的深入，他们之间存在的差异开始影响彼此的生活，发生矛盾在所难免。当不善言辞的晓刚发现自己难以跟上女朋友的步伐时，挫败感随之而来，为了保护自己的自尊心他只好启动自我防御机制选择否定小美，从而达到内心的平衡。然而，持久的爱情需要彼此不断觉察，了解自己行为背后的深层次原因，通过主动沟通、积极改变，不断提高恋爱关系的质量。

5元钱"买"个男（女）朋友

1. 活动物资

心仪对象"菜单"。

如果你是女生，请从表5-1中选择。

表5-1 心仪对象"菜单"（一）

特质	价格	标注（想"买"请打"√"）
帅气	3元	
忠诚	3元	
富有	3元	
浪漫	2元	
幽默	1元	
聪明	1元	
长得高	1元	
身体健壮	1元	

如果你是男生，请从表5-2中选择。

表5-2 心仪对象菜单（二）

特质	价格	标注（想"买"请打"√"）
漂亮	3元	
贤惠	3元	
性格好	3元	
家庭富裕	2元	
专一	2元	
身材好	1元	
腿长	1元	
聪明	1元	

2. 活动规则

每人有且仅有5元钱，请从相应的表中选择自己想"买"的心仪对象的特质。

3. 交流分享

（1）你"买"的男（女）朋友包含哪些特质？为什么选择这些？

（2）有没有哪些特质你想选择，但是因为资金有限而不得不舍弃？对此你有何启发？

第一节　问世间情为何物

网络上有一个关于"大学时最想做的十件事"的调查，其中很多同学都提到"谈一场轰轰烈烈的恋爱"，由此可见爱情在大学生活中的分量。在工作中，笔者经常遇到因为恋爱问题前来求助的同学，有人问："到底什么才是真爱？怎样才能确定对方对我有感觉？"有人问："我又和女朋友吵架了，该怎么办？"有人在享受爱情的甜蜜，也有人在经历爱情的"折磨"。这正是爱情的神秘之处，接下来将和同学们聊聊爱情到底是什么。

一、认识爱情

爱情是什么？古往今来，中外圣贤先哲对爱情有不同的诠释。诗人卓文君说："愿得一人心，白头不相离。"教育家马卡连柯说："学会爱人，学会懂得爱情，学会做一个幸福的人。这就是要学会尊重自己、就是要学会人类的美德。"剧作家莎士比亚说："爱情不是花荫下的甜言，不是桃花源中的蜜语，不是轻绵的眼泪，更不是死硬的强迫，爱情是建立在共同语言的基础上的。"心理学家荣格说："当爱支配一切时，权力就不存在了；当权力主宰一切时，爱就消失了。"那么，爱情到底是什么呢？

尽管每个人对爱情的理解是不同的，但还是具有共性的。爱情是男女个体身心发展到相对成熟的阶段，基于一定的客观物质基础和共同生活理想，在各自内心形成的相互倾慕并渴望拥有对方的强烈、持久的真挚感情。爱情主要有如下特点。

（一）自主性与互爱性

爱情是由两颗心灵弹拨出来的和弦，彼此互相倾慕、情投意合。真正的爱情是不可强求的，只能以当事人的互爱为前提，当事人既是爱者又是被爱者。在爱情发展中，男女双方应始终处于平等互爱的地位。单恋虽然也是一种强烈的情感，但它不是互爱意义上的爱情，它只能从内部消耗一个人的精神力量，从而造成心灵创伤。

（二）排他性与专一性

双方一旦确定了恋爱关系，都希望自己是对方唯一的恋人，容不得对方与其他人有暧昧

关系,因为爱情只能对一人发生,是排他性的。伟大的教育家陶行知曾经说过:"爱情之酒,甜而苦。两人喝是甘露,三人喝是酸醋,随便喝喝要中毒。"

但是,恋爱中的双方也要避免过分限制恋人正常的人际交往,甚至监视恋人的行为。这看似出于"爱对方",实则是对恋人的不信任,也反映了自己内心的安全感不足。长此以往,不仅会影响对方正常的生活,也会伤害彼此的关系。

(三)持久性与阶段性

很多同学只追求轰轰烈烈的爱情,秉持"不在乎天长地久,只在乎曾经拥有"的态度。这是对爱情的误解,更是对关系不负责任的表现。真正的爱情是一棵苍松而不是一枝昙花,恰如莎士比亚所说:"真正的爱,非环境所能改变;真正的爱,非时间所能磨灭。"真正的爱情不会随着时间的流逝而减弱,但不同的时间,爱情的表现会有所不同,具有阶段性。

(四)社会性与道德性

爱情虽然是男女之间相互爱慕的私事,但其具有丰富的社会内容。一方面,爱情会受到各种社会关系及社会因素的影响,比如选择恋人时,我们需要考虑地域、学历、家庭等因素;另一方面,爱情要符合社会文化和社会环境,比如在公共场合双方不宜有过于亲昵的动作等。

爱情的道德性是指爱情中蕴涵着强烈的义务感和责任心。大学生在恋爱中应遵循的道德是:以爱为基础,以高尚情趣为恋爱发展的动力,相互尊重各自选择的自由和人格,同时信守责任、忠贞专一、真诚相待,注重双方的健康交往。

(五)平等性

恋爱中的双方在地位上是平等的,那些因感激而奉献自己、因崇拜金钱或权势而依附对方、因同情而施舍关心等都是不平等的,平等的爱情是"两个人势均力敌,你很好,我也不差"。此外,平等还体现在双方的感情付出相对平衡,如果恋爱中的一方总是付出过多,而另一方安然享受,可能会伤害感情,平等的爱情应是"同甘共苦"。

李大钊与赵纫兰的忠贞爱情

北京西城区文华胡同24号是座简朴的三合院,院子里有两株海棠树,这儿就是李大钊和家人生活了近4年的地方,也是他们在北京生活时间最长的一处住宅。

大家都知道,李大钊是中国共产党的主要创建者之一、北京大学教授、著名学者,他和夫人赵纫兰的爱情故事,恐怕了解的人就不多了。

1920年春天,担任北京大学图书馆主任的李大钊,租下了石驸马大街后宅,也就是今天的文华胡同这所小院,把全家从老家河北乐亭接了过来。来家里拜访的客人很多,他们看到一位衣着简单的农村妇女忙里忙外,以为是李教授家的保姆。没想到,她居然是李大钊的妻子赵纫兰。李大钊和赵纫兰是典型的旧式婚姻,结婚时,李大钊年龄不大。李大钊留日回国后不久,被聘为北京大学图书馆主任,后来又兼教授,社会地位很高,收入也非常可观。而赵纫兰呢,是个没有文化的小脚农村妇女。在外人眼中,这对夫妻"很不般配",甚至有人劝李

大钊,干脆让这位"糟糠之妻"下堂。没想到李大钊却说:一夫一妻制,自古以来最好,百年偕老最属难得!

李大钊很珍惜这桩婚姻,对妻子为家庭的付出和对他革命事业的支持充满了感激。他对妻子不仅不嫌弃,反而十分尊重、爱护。忙了一天回到家后,他帮着妻子做饭、照料孩子,想方设法减轻一点妻子的家务负担。家里有人来访,李大钊帮赵纫兰换上合适的衣服,帮她扣好扣子、拉平衣襟,大大方方把妻子介绍给客人!客人们见大名鼎鼎的李教授,对妻子如此尊重、细心,都很感动。

为了帮助妻子共同进步,李大钊耐心地教她识字。后来,赵纫兰不但能阅读报刊,还会写一些简单的信件,进步很大。空闲的时候,李大钊还常给妻子讲一些革命道理,向她介绍分析巴黎和会、五四游行等社会问题。在丈夫的感染下,赵纫兰的政治觉悟提高很快,更加支持李大钊的革命活动了。有时候家里秘密举行会议,她总是边干手中的活计边站岗放哨。李大钊把大部分收入都用于革命事业,她毫无怨言,带着一家老小节衣缩食,还不忘救济困难的进步青年;面对北洋政府的通缉,她临危不惧,勇敢地和敌人周旋,带着孩子四处躲避,掩护李大钊躲过抓捕。

1927年李大钊不幸牺牲后,这对恩爱夫妻天人两隔。赵纫兰强忍着哀痛,强撑着病弱的身体,历尽艰辛地把几个孩子抚养长大。1933年赵纫兰病逝。鉴于她对革命的贡献,1936年,中共河北省委追认她为中国共产党党员。

李大钊与赵纫兰夫妇互敬互爱、携手共进,缔造幸福家庭,为我们树立了榜样。

(引文来源:"学习强国"北京学习平台)

二、真爱是个三角形

在普通人看来,爱情是一种"只可意会,不可言传"的美妙情感,是无法言状的怦然心动。但在心理学家罗伯特·斯腾伯格看来,爱情是个三角形,这个三角形的三边(不等长)分别是:亲密、激情和承诺。

(一)亲密

亲密包括热情、理解、交流、支持及分享等特征。简单来说,是两人之间感觉亲近、温暖的一种体验,和对方在一起时感觉非常开心,总是有聊不完的话题。

说到这儿可能有同学会说:"这种感觉我和好朋友在一起的时候也会有,难道我爱上我的好朋友了?"没错,在友情、亲情中我们也会体验到亲密感,因此亲密是爱情的必要不充分条件,也就是亲密很重要,但只有亲密还不够。

(二)激情

激情是指强烈渴望和对方在一起的一种状态,对性的渴望是激情的主导形式。但这里的性是一个很宽泛的概念,包括两个人靠近、拉拉小手、持续的目光接触、拥抱等,而且从恋人那里得到满足的任何强烈的情感需要都属于这一类别。通俗地说,就是非常想见到对方,见面时有一种怦然心动的感觉,和对方相处时有一种兴奋的体验。激情让爱情充满了情绪的急转急变,忽而兴高采烈,忽而愁容满面,忽而心花怒放,忽而伤心绝望。弗洛伊德曾说过:"再没有比恋爱时更容易受伤的了。"

在这里,也想提醒同学们,很多时候可能你无法确定是否爱对方,这时候就问问你身体的感受,因为你们的身体知道答案,是否愿意和对方有身体接触是衡量爱情的一个重要标准。如果有人对你说"我爱你,但我们并不相恋",其实其是想表达"我喜欢你,我在乎你,你是个很棒的人,但是我觉得你对我不具有性吸引力"。

(三)承诺

承诺是将自己投身于一份感情的决定及维持感情的努力。短期来看,承诺是指做出爱一个人的决定,当你们决定在一起后,会把恋情公开,把对方介绍给自己的朋友、家人,换情侣头像、在朋友圈秀恩爱等都是把爱情"昭告天下"的常用做法。长期来看,承诺是为了维持爱情而做出的决定或担保,包括对爱情的忠诚、责任心等。

对大学生来说,这里更多指向的是短期的承诺。确定你们的情侣身份,官宣恋情,这一点非常重要。正如同学们所说,如果你的恋人从来不在朋友圈发你的照片,从未向身边的人说过你俩是一对儿,那么你们的感情可能存在隐患。

只有当亲密、激情和承诺三个元素同时具备时,爱情才足够稳定,这就是我们所说的"真爱的模样"。正如作家钱钟书概括他与杨绛的爱情:"绝无仅有的结合了各不相容的三者,妻子、情人、朋友。"这对文坛伉俪的爱情,不仅有碧桃花下、新月如钩的浪漫,更有心有灵犀的默契与坚守,恰是真爱的模样。

第二节 爱的准备

爱情是美好、神圣而又神秘的情感,这使得处于青春期的大学生心向往之。在开始一段感情之前,请同学们先思考以下问题:为什么谈恋爱?爱什么样的人?想要什么样的关系?如何开始恋爱?

一、为什么恋爱?——恋爱动机探索

恋爱动机是个体产生恋爱行为的一种内在动力,是激发、选择、维系、强化或停止恋爱行为的心理动因。大学生的爱情发生在校园中,相对来说美好而单纯,然而由于受到多元价值观的影响,大学生的恋爱动机呈现出复杂多样性,常见的有以下几种。

(一)爱情驱动

多数大学生对爱情的真谛有充分的认识,他们向往美好的爱情,对恋爱的态度也比较严肃,能认真对待和处理恋爱中的各种矛盾,能清醒地认识恋爱和个人发展之间的关系,使其统一起来并相互促进。

(二)情感慰藉

有些大学生面对复杂的人际关系、繁重的学习任务等产生了巨大的心理压力和孤独感,因此希望在恋爱中满足内心对陪伴、温暖、关怀和理解的需要;有些大学生不能妥善安排课余生活，自我学习意识不强，朋友也不多，导致精神上时常感到空虚、孤寂和惆怅，急于和异性交往，用恋爱填补精神的寂寞。然而，这样的爱情经不起时间的考验，反而浪费了美好的大学时光，就像有人说的那样："别因为寂寞而错爱，别因为错爱而寂寞一生。"

（三）好奇心理

未知的事物是神秘而充满诱惑力的，对没有恋爱经历的人来讲，恋爱可能具有很强的刺激性与诱惑力。大学生喜欢探究世界与自我，当机会出现时，即使不爱对方，有人也会去尝试，这是对自己和对方不负责任的表现。

（四）从众心理

面对校园中"潮水"般的恋爱大军，那些由于种种原因而未能涉足其中者也会有巨大的心理压力，可能滋生"落伍"的感觉，甚至产生强烈的自卑感，因此为了显示自己不比别人差而盲目效仿，以求内心平衡。

（五）轻率心理

青年大学生因性生理与性心理都已成熟，对异性的渴求度与敏感性特别强烈，有些人为满足生理需要而谈恋爱，更有人将在大学谈恋爱视为在经营"恋爱试验田"，当成一种感情的锻炼，恋爱即"练爱"，频频更换恋人，目的仅为积累恋爱经验。

在各种恋爱动机中，除爱情驱动之外，其他动机都违背了恋爱的真正目的。大学生活美好但短暂，恋爱的目的是寻求志同道合的终身伴侣，而不是摆脱空虚感，寻求性刺激。爱情是建立在真挚感情基础上的，不仅是一种权利，更是一种责任和义务，应以高度负责的态度对待它。当各方面条件不具备、心理上还没准备好时不要急于恋爱，否则只会伤己伤人。

二、爱什么样的人？——理想恋人探索

你理想中的恋人是什么样子的？有时我们似乎很难准确地描绘出理想恋人的模样，"感觉TA 就是那个对的人"，那么哪些因素影响着"感觉"呢？

（一）颜值即正义吗

从进化心理学的角度来看，"颜值即正义"具有一定的合理性，因为外貌具有吸引力、身体健康意味着对下一代有利，但是这一观点具有性别差异性。研究表明，对相貌出众的异性，男性与其成为情侣的意愿明显高于女性；而对相貌平平的异性，男性与其成为情侣的意愿明显低于女性。也就是说，男生比女生更看重颜值。

（二）人格特征

要想保持稳定、和谐的恋爱关系，人格特征是关键因素。研究表明，无论男女，真实、亲切、忠诚、健谈和可靠都是十分重要的人格特征。此外，女生往往偏好拥有可信赖、善良、成熟、刻苦、上进等品质的男生；而男生往往偏好聪慧、善良、善解人意、孝顺、宽容的女生。那么，你希望自己的恋人具有哪些人格特征呢？

（三）是相似还是互补

人这一生总是在寻找三观、性格、爱好、习惯等与自己相似的人，这种相似性会让我们感到自在和愉快，所谓"你中有我、我中有你"的美好大概如此。

不过，如果两个人太过相似，难免也会有一些"烦恼"。如果两个人都是急性子，那么可能经常发生冲突；如果两个人的自制力都较差，那么很难一起进步。因此，有时我们也需要一个与自己互补的人。你高数好，TA英语好，你们两个人可以互相帮助；你容易冲动，TA稳重冷静，这样就能避免很多冲突。

（四）原生家庭

精神分析学家弗洛伊德有一个"父母偶像理论"，该理论认为人们在选择配偶时，是一种潜意识过程，往往倾向于选择与自己异性父母比较相似的配偶（如男性选择类似母亲的配偶，女性选择类似父亲的配偶）。此外，有研究发现，处于非独生家庭的女性偏好具有"好爸爸"特质的男性，处于独生子女家庭的女性偏好具有"好资源"特质的男性。

正如"一千个读者就有一千个哈姆雷特"，理想恋人并没有一个统一的标准，但是在决定开始恋爱前，对对方进行充分的了解是必要的，关键是两个人在一起舒服、自在且有成长。

三、爱情是生活的全部吗

大学是人一生中的黄金阶段，也是积累知识、培养能力的关键时期。爱情是美好的，从生理、心理上，大学生都有"爱"与"被爱"的需要，但是如果不能恰当地处理恋爱关系，摆正恋爱的位置，则可能学业、爱情皆失利。

（一）学业第一，恋爱第二

鲁迅先生曾告诫年轻人"不能只为了爱——盲目的爱，而将别的人生的要义全盘疏忽了"。对大学生而言，学习知识、锻炼能力、修养品质、完善人格是大学生活的基本内容，与未来人生理想的实现密不可分，也是美满爱情的重要基础。

如何平衡恋爱和学习的关系，是想要开始恋爱的同学需要认真考虑的一个问题。因为对大多数同学来说，毕业后的工作、薪资水平与在校期间的学习是有关的，个人学业不佳，素质没有得到发展，未来的工作、生活质量自然不会高。相反，在校期间综合素质得到充分拓展的人，未来在社会、职场上的竞争力一般都比较强。一个素质优良、工作好、积极上进的人，会很难找到情投意合的另一半吗？因此，好的恋爱应该是两个人共同进步，学业、爱情双丰收。但是，如果你发现自己很难平衡恋爱和学习的关系，为了你和恋人以后的生活基础、为了你们的爱能走得更远，希望你们以学业为重，多将时间和精力放在个人成长上，成熟的恋人会支持你变得更好，并且和你一起努力变得更好。

（二）可以恋爱，不可寡友

我们有时会看到一对对情侣在操场、食堂甚至课堂上亲密私语、相依相偎，甚至影响了其他同学正常的学习和生活，他们沉浸在爱情中，将恋爱当作生活的全部，不仅荒废了学业，也错失了许多与其他同学交往的机会。还有些同学谈了恋爱之后，每天和恋人在一起，和其他同学的交往越来越少。这种"单一交往"模式,严重妨碍了人的正常社会交往,造成社交能力下降,不利于个人发展。

好的恋爱关系应该是有空间感的:一方面要注意双方相处的空间,恋爱中的言谈举止应文雅、大方,不宜在公众场合有过于亲昵的动作;另一方面要给对方足够的空间,不能因为恋爱舍弃了彼此的交际圈,从人的生理(视觉疲劳)和社会属性(群居特点)来看,情侣间既需要距离来保持新鲜感,也需要朋友、同学、家人来丰富我们的生活。

(三)不谈恋爱,同样精彩

人生有太多有意义的事情可做,爱情对大学生来说其实并没有那么重要。有些同学觉得身边的人都在谈恋爱,自己不谈恋爱显得有些"另类",但其实谈恋爱或者不谈恋爱都是非常正常的,关键是要顺应自己的内心、做好自己。大学时光匆匆易逝,应将精力放在学习上,好好学习专业知识、提升自己的能力,让自己变得更有实力和竞争力;参加社团活动、做兼职,丰富自己的社会阅历;通过旅游开阔视野。恋爱不是生活的全部,不谈恋爱,同样精彩。

四、怎样开始恋爱

当你遇到了自己喜欢的人,想要与对方成为恋人时,要怎样做呢?

(一)勇敢表达爱

1. 勇敢迈出第一步

表白真的很需要勇气,因为我们无法确定对方会不会接受自己的爱,但正因为这种不确定性,才让表白变得更为珍贵,也更加值得。有的同学担心,如果自己先表白,那么会不会因为过于主动而不被珍惜?其实,只要你懂得珍惜自己,守好自己的底线,就可以在充分体会爱一个人的幸福同时得到对方的尊重。如果你担心表白后会连朋友都做不成,可以想象一下,如果10年后的你看到当下的自己这样犹豫,会建议自己怎么办呢?研究发现,相较于后悔曾经做了某事,对曾经没能做某件事的后悔程度要更高一些。当然,人生总是充满遗憾,如果经过全面分析,你发现对方接受你的可能性较小,这时"放手"也是一种明智的选择。

2. 选择合适的表白方式

有些学生喜欢高调地表达爱慕之情,比如在心仪对象的宿舍楼下点燃求爱的蜡烛、挂示爱条幅或在楼前弹吉他、唱情歌等。这种情形让被追求者要么感动不已、接受表白,要么拒不露面、不予回应……这说明,在高调地表达爱慕之情之前一定要了解对方。如果双方早已两情相悦,对方又喜欢大胆、浪漫的表白方式,那么高调示爱会促进双方的感情。但是,如果不了解对方的心意就莽撞求爱,反而会给对方造成较大的心理压力,这是不尊重对方的表现。因此,表达爱慕之情要循序渐进,先了解对方的性格特点、行为风格、兴趣爱好等基本信息,然后运用试探性的口头语言或身体语言了解对方的心意,或者通过对方的好友去试探其想法,然后表白,这样成功率可能就会提高。毕竟,表白应是水到渠成的事情,相互喜欢自然而然就在一起了,表白就是捅破那层窗户纸而已。请谨记,表白是吹响胜利的号角,而不是发起进攻的冲锋号。

3. 理性面对表白的结果

如果表白失败，不要因此觉得很没有面子，能直面内心并勇于表白的你，本就是非常勇敢的；更不要因为被拒绝而否定自己，因为这并不意味着你不够好，只是双方不适合而已。

（二）巧用心理学效应

1. 曝光效应：近水楼台先得月

曝光效应指的是我们会偏好自己熟悉的事物，社会心理学又把这种效应叫作熟悉定律。对人际交往吸引力的研究发现，我们见到某个人的次数越多，就越觉得此人招人喜爱、令人愉快（当然，曝光效应发挥作用的前提是你给人的第一印象还不错）。如果你中意某人，可以多找机会与对方接触。比如，上课的时候选择离对方较近的位置，一起参加社团活动，或者经常在健身房、餐厅等地与TA"偶遇"，这些暴露都能帮助你提升在对方心中的好感度。TA第一次看到你的时候，或许只给你打50分，但在健身房多次看到你之后，或许会给你打80分或90分，而你几乎还没采取任何追求行动呢。

警惕网络诈骗

曝光效应在网络空间同样能发挥作用，很多大学生通过在网上与对方进行频繁、深入的交流，逐步取得对方的信任，最终发展为恋人关系。虽然网恋在某种程度上满足了我们的情感需求，但是网络充满了未知，很多时候我们难以确认对面的那个人在现实生活中到底是怎样的。

案例：河北男子张某在网上聊天遇到一位清纯女子"小婷"，只见照片未见本人，便瞬间对其倾心，送手机、送红包、送礼物，两个多月花了近5万元，等来的却是对方将其拉黑。警方介入后发现"小婷"是一位1.83米的壮汉。

网络交友有风险，大家一定要谨慎，"网络交友千万条，绝不掏钱第一条"。

第一，不要过度投入感情，尤其是对没见过面的网友，不要被诈骗分子的花言巧语与表面行为所迷惑；第二，不要轻信对方口中的"投资"，切莫被对方"日进斗金"的说法所迷惑，天上不会掉馅饼，眼见不一定为实，只要对方开始谈钱，就要提高警惕；第三，不要存在侥幸心理，发现疑似骗局，应立即止损，一旦被骗，则及时报警！

2. 印象管理：感情的润滑剂

印象管理指的是人们试图管理他人对自己所形成的印象的过程。恰当的印象管理是感情的润滑剂，可以使交往顺畅地继续下去。人们总是喜欢那些他们认为具有内在美和外在美的人。在内在方面，我们应积极培养高雅的兴趣爱好、塑造良好的性格、提升专业能力，从而提升自身魅力；在外在方面，如果你想开始恋爱，需要对自己的外貌做适当的管理，这不是说要让你成为一个万众瞩目的美女或者帅哥，而是要干净、整洁、得体，给对方留下一个好印象。

3. 吸引力法则：你是谁，你就会吸引谁

吸引力法则指出你生命中所发生的一切，都是由你自己吸引过来的，宇宙万物都有自己

的频率，同频的事物会互相吸引。吸引力法则在恋爱中体现为，你自己是什么样的人，你就会吸引什么样的人来到你身边，无论是积极的还是消极的。因此，你想吸引什么样的人，首先自己就要成为那样的人。你想吸引优质的异性，自己身上首先得有优秀的品质。任何时候，提升自己才是第一位的，"你若盛开，蝴蝶自来"。

4. 相互性原则：喜欢那些喜欢我们的人

一般来说，人们似乎知道他们将被别人喜欢或者接受的可能性，因此人们更愿意与接纳他们而非拒绝他们的人接近。一项针对某大学男生的调查显示：如果他们喜欢上一个女生，在无法确定对方的想法之前，只有3%的人会主动提出约会的请求，而其他男生会选择再了解一下对方对自己是否有兴趣，或者因为缺乏自信干脆选择放弃。因此，如果你喜欢一个人，要尽可能地让对方知道你喜欢TA，如果TA也喜欢你，会提高约会成功的可能性，同时你也可以根据对方的反应来判断对方是否喜欢自己。

> **知 识 窗**
>
> **吊桥效应**
>
> 在实验中，研究者找到一位漂亮的女性作为研究助手，由她到一些大学男生中做一项调查。调查的内容并不复杂。首先，让这些男生完成一个简单的问卷；然后，根据一张图片编一个小故事。实验的特别之处在于，参加实验的大学男生被分为三组，调查在三个不同的地点开展。第一组大学男生被安排在一个安静的公园；第二组大学男生被安排在一座坚固而低矮的石桥上；第三组大学男生被安排在一座危险的吊桥上。这位漂亮的女性在对所有的大学生进行完简单的调查之后，她把自己的名字和电话号码告诉了每一个参加实验的大学生。如果他们想进一步了解实验或者跟她联系，则可以给她打电话。研究者所要探讨的问题是：大学生们会编出什么样的故事，谁会在实验后给漂亮的女助手打电话？
>
> 参加实验的大学生编撰的故事千差万别，给女助手打电话的人不少。有趣的是，与其他两组相比，在危险的吊桥上参加实验的大学生给女助手打电话的人数最多，而他们所编撰的故事中，也更多含有情爱的色彩。
>
> 研究者由此提出吊桥效应。吊桥效应是指当一个人提心吊胆地过吊桥的时候，会不由自主地心跳加快，如果这个时候，碰巧遇见一个人，那么他会错把由这种情境引起的心跳加快理解为对方使自己心动才产生的生理反应，故而对对方滋生出爱情的情愫。

（三）搭建爱情三角形

若想开启恋爱关系，可以用亲密、激情、承诺这三个基石搭建爱情三角形。

亲密是"温暖的"，意味着要真诚沟通、相互支持，它提醒我们，要带给对方温暖的情感体验，共同的话题、耐心地聆听、真诚地理解，是走进对方心扉的金钥匙。网上流传"很多幸福的恋人最终都处成了'兄弟'"，这句话是有道理的。如果你真心爱一个人，不妨先和TA从朋友做起，基于稳定的友谊，相近的兴趣、习惯和价值观培养更长久的爱情。

激情是"热烈的"，是小鹿乱撞、心跳加速，所以不妨多和对方做一些可以提升兴奋度的事情，比如一起去游乐场、爬山、漂流，从而让我们更兴奋，肾上腺素的飙升让两颗心贴得更近。此外，我们要努力提升自身的性别魅力，如女孩子飘逸的长发、淡淡的妆容，男孩子的八

块腹肌、青春活力，都可以提升性别魅力。

承诺是"冷静的"，是携手同行的决心和相伴一生的勇气，所以如果你真心爱一个人，就要表明心意、做出承诺，一句承诺不仅能给对方安全感，还能提升自身的责任感。当然，承诺并不是一句空话，而是要体现在行动中，如官宣恋情、和其他异性保持距离等。

需要特别提醒的是，爱情三角形需要双方共同搭建。曾经有一个男生说："我和她无话不谈，我想每时每刻都跟她在一起，我计划七夕的时候向她表白。但是她总是和我保持距离，这是为什么呀？"从这个男生的角度，他觉得遇到了真爱，爱情的三个元素他都具备，但是反观这个女生，她可能只具备亲密这一个元素。爱情不是一场独角戏，需要两个人一起来演绎，爱情三角形的三条边需要两个人一起来连接。

第三节　爱的经营

爱情在我们的生命中占有重要的位置，爱情需要彼此真诚地沟通、心灵的碰撞和灵魂的融合。那么，我们应该如何提升爱的能力，拥有和谐、持久的爱情呢？

一、爱自己，才会真正爱别人

作家毕淑敏曾说过："爱自己，才有可能爱别人。"美国心理学家弗洛姆也曾经说过："自爱不是'自私'，自爱是爱他人的基础。如果一个人可以创造性地爱，那他必然也爱自己，但如果他只爱别人，那他就是没有能力爱。"因此，爱自己才会有爱的能力，这不是自私的表现，而是因为先爱自己，才能学会爱别人。

爱自己并不是以自己为中心、自私自利，而是欣赏、尊重与珍惜自己，这样我们才能在爱情中不卑不亢，拥有健康、浪漫、持久的亲密关系。有这样一个比喻：假如你是一株向日葵，但是你的恋人只喜欢玫瑰，于是你选择变成玫瑰来博得恋人的欢心，不过无论你变成一株什么样的玫瑰，你都失去了做向日葵的快乐，带着玫瑰的假象，无法以自己真实的样子和恋人相处。可见，如果我们不欣赏、不尊重自己，而将恋人的认可作为评价自己是否有价值的标准，我们就会活在别人的期待中，失去了真正的自己，而真正的爱情应是"你不一定非得长成玫瑰，你乐意的话，做茉莉，做雏菊，做无名小花，做千千万万"。那么，如何做到爱自己呢？

（一）相信自我价值

人无完人，每个人都有优点，也不可避免地有缺点。我们不应追求活得完美，而是要努力成为一个不仅欣赏自己的优点，也接纳自己的不足的人。正如心理学家弗洛姆所说："成熟的爱是在保持自己的尊严和个性条件下的结合。"

在成长的过程中，如果一个人被认可、被关爱的需要没有得到满足，这个人就会有较低的自我价值感，从而希望从他人那里满足自己的需要。例如，有的学生觉得自己不值得被爱，一旦遇到别人追求就很容易开始一段感情，用恋爱来满足自己内心被认可的需要；有的学生认为自己不够优秀，所以在交往中选择委曲求全，什么都顺着对方的心意，从而满足内心脆弱的安全感；有的学生小时候缺乏父母的关爱，所以遇到一个关心自己的人，就不可救药地

"爱"上对方，以满足内心对被爱、被照顾的需要。这些都是低自我价值感的表现。

大学生要客观地认识自己，学会欣赏和接纳自己，相信自己是值得被爱的，通过多种途径提升自我价值感，让自己成为一个成熟、自信的人，这样才能遇到"上上签"的爱情。

（二）爱惜自己

我们对自己的感觉，往往首先来自对自己身体的感觉。身体的状态不仅关系到我们如何看待自己，还会影响我们的自尊、自我形象。爱惜自己的身体，意味着我们对所有事情的优先级都应该是"身体第一"。

首先，照顾好自己的衣食起居。曾有学生为了恋人的一句"你太胖了"而过度节食导致肠胃疾病，也有学生因为失恋而长期熬夜导致身心俱疲，这都是不爱惜自己的表现。因此，不管发生了什么事情，都要按时吃饭、按时休息、保持锻炼的习惯。

其次，珍爱自己的身体。孔子说："身体发肤，受之父母，不敢毁伤，孝之始也。"有些学生在遇到感情问题时，没有找到良好的沟通方式，企图通过伤害自己身体的方式去获得对方的原谅；有的学生幻想用性去"拴"住恋人的心。这些都是对自己不负责任、在爱情中迷失自我的表现。身体的伤害是不可逆的，因此大学生要珍爱自己的身体，慎重对待性行为。

二、提升爱的能力

（一）爱的五种语言

为什么两个相爱的人，在交往中却总是冲突不断？为什么双方都付出了很多，而对方却没有感受到爱？其中一个关键问题是：你表达爱的方式是对方想要的吗？比如，你习惯用送礼物的方式表达爱，但对方想要的是你的陪伴，那么对方就无法感受到你的爱。

爱的语言（简称"爱语"）是指个体表达爱的方式。婚姻辅导专家查普曼博士指出，两性间许多误解、隔阂、争吵都是由于不了解或者忽略了对方的主要爱语造成的。当双方主动选择使用对方的主要爱语时，就能够很好地发展亲密关系，并积极地处理恋爱中的冲突。爱的语言主要有以下五种。

1. 肯定的言辞

马克·吐温曾说："仅靠一句赞扬的话，我就能很好地活两个月。"心理学家威廉·詹姆斯曾说过："人类最深处的需要，就是感觉被人欣赏。"尤其是对于那些安全感低、有自卑情绪的人，被欣赏与赞美胜过其他奖励。如果恋人需要的爱语是"肯定的言辞"，那么你可以采取以下行动。

- 寻找并真诚地赞美对方的优点，赞美的时候不宜泛泛而谈，结合具体的事例更能让对方感受到真诚。比如，"那次见你买猫粮去喂校园里的流浪猫，你心地真善良""那次棘手问题的讨论，你能条理清晰地迅速提出解决方案，真佩服你的聪慧与果敢"。
- 尊重并支持对方的选择。比如，当恋人想去学唱歌时，应该肯定其积极尝试的态度，而不是泼冷水似的说"你五音不全，就别去丢人了"。
- 在恋人不在场的时候，说一些夸奖对方的话或者当着别人的面肯定恋人。
- 面对你不喜欢的方面，不要抱怨，应学会理解和接纳，然后寻找合适的机会告诉对方，并帮助对方找到解决的方法。

2. 精心的时刻

什么是精心的时刻呢？答案是：给予对方全部的注意力。如果两个人虽然在一起，却各玩各的手机，或者各做各的事情，完全没有关注对方，那就不是精心的时刻。当两个人在一起时，要让对方感受到你关注的焦点就是 TA，专注倾听对方的话语，分享彼此的快乐、忧伤及生活中的点点滴滴。至于两个人在一起具体干什么，往往是次要的，可以在校园里散步、一起爬山或者吃一顿热腾腾的火锅，只要给予你的时间并且全情投入，就是属于你们两个人的甜蜜时刻。如果恋人需要的爱语是"精心的时刻"，那么你可以采取以下行动。

- 每天腾出时间与对方分享当天的经历。
- 和恋人一起写下想要与对方一起做的 10 件事，在接下来的 10 个月里，每个月完成一件事。
- 想一项对方非常喜欢而你却很少参与的活动，如看足球比赛、看画展等，并且告诉对方你希望下次和 TA 一起做这件事。
- 分享彼此成长的经历，聊聊对方最好的朋友、最喜欢的老师、最糟的事儿、最有趣的记忆或者最伤心的回忆等。

3. 接受礼物

礼物是人与人之间感情的承载物，赠送礼物可以表达对恋人的在意与呵护，是告诉对方"我在乎你"的一种途径。礼物可以花钱买，也可以动手做，礼物和金钱有关，但赠送的礼物用心与否和金钱不成正比。用心的礼物不管是否贵重都是好礼物，有时自己亲手制作或花费心思"淘"来的礼物更有意义，因为贵重的礼物只能满足人的物质欲望，而用心的礼物才能真正满足人被爱的需要。如果恋人需要的爱语是"接受礼物"，那么你可以采取以下行动。

- 留心记住一些属于你们两个人的特殊日子，如相恋日、彼此的生日等，并准备一些有意义的礼物，如爱情相册等。
- 平时注意观察对方的喜好，如果在自己的能力范围内，找机会将物品买来送给对方。
- 亲手制作礼物，发挥你的专业所长或兴趣爱好，为你的恋人制作一份专属礼物。

4. 服务的行动

服务的行动是指通过为对方做一些事情来表达爱。爱的本质是给予，你可以为你的恋人做一些事情，任何一件能让对方感受到被爱、被关心的事情。比如，在恋人忙于学习或社团活动时，你默默地去食堂为对方买饭；当恋人生病时，你陪伴左右、悉心照顾；当恋人外出求职、考试时，你贴心地为其查好路线、做好攻略等。

5. 身体接触

身体接触是人类沟通感情的一种微妙方式，也是表达爱的有力工具。和所爱的人有适当的身体接触，有时胜过千言万语。需要提醒的是，性只是身体接触的方式之一，牵手、拥抱、亲吻、抚摸都属于身体接触。比如，两个人手牵手在公园里散步，背靠背坐在操场上看书、聊天，或者在对方心情低落时给 TA 一个温暖的拥抱等。

在爱的五种语言中，你最喜欢哪一种？你的恋人最喜欢哪一种？要想找到双方的主要爱语，需要彼此不断磨合、深入沟通、积极探索，只有了解对方爱的语言，才能"投其所好"、事半功倍，拥有甜蜜的爱情。

> **知识窗**
>
> **找到你们的主要爱语**
>
> 《爱的五种语言》一书中给出了几种找到主要爱语的方法，你不妨和你的另一半一起试试看。
>
> 找到自己的主要爱语有三种方式：一是想一想你的另一半做过什么事伤害你最深，跟这件事相反的，就可能是你的爱语；二是回顾一下你最常请求你的另一半做什么，你最常请求的事可能就是最能使你感觉到爱的事；三是回忆一下你通常以什么方式向你的另一半示爱，你示爱的方式也许会使你感觉到爱。
>
> 在找到自己的主要爱语之后，该如何发现另一半的主要爱语呢？方法跟寻找自己的主要爱语的方法类似。一方面，想一想 TA 最常用的向别人表达爱的方式是什么，TA 最常提出的请求是什么，TA 最常抱怨的是什么。值得注意的是，另一半的抱怨最能表明 TA 的主要爱语。也许 TA 的抱怨会激怒你，但实际上能给你提供宝贵的信息。比如，你的另一半说："我们从来没有花任何时间待在一起。"你可能很想反驳："你这话是什么意思？我们星期四晚上不才一起出去吃过晚饭吗？"这种为自己辩护的话只会引起争吵。但如果你回答"亲爱的，那你想一起做什么呢？"，那么就有可能得到想要的答案。

（二）成为爱情"三好生"

爱情不是"两个孤独的人一起抱团取暖"，而是"两个成熟的人一起登高望远"。一段好的爱情是彼此滋养，双方能感受到幸福、快乐，能遇到更好的自己。那么，爱情"三好生"的标准是什么呢？

1. 自己足够好

这里的好，并不是非常优秀的意思，而是作为一个独立的个体，我们是人格成熟的、心理健康的，懂得接纳自己、爱自己，"先爱己而后爱人"，真正爱自己的人才能在一段关系中不卑不亢。

2. 对 TA 足够好

"爱情不是索取，而是给予。"在一段爱情中，两个人是相互呵护、相互关心的。注意，这里所说的是"相互"，付出是相互的，长期单方面付出是会出问题的。比如有些情侣，男生一直在付出，女生只是欣然接受，时间久了，男生累了，女生还埋怨他变了，其实不是男生变了，换位思考一下，如果你长期付出没有被看见，没有得到回应，你还会继续吗？心理学研究表明，对一段关系的投入越多说明越在乎这段关系，但是在付出的同时，也要学会接受对方的付出。

3. 对 TA 的好是 TA 想要的好

这一点是说，付出不是自我感动式的付出，为了避免"我喜欢吃香蕉，你却给了我一车苹果"，我们要深入了解对方，倾听对方真正的需求。很多学生分手后跟我说："老师，我都对她那么好了，怎么还是留不住她？"我反问："那这些好，多少是你以为的好，多少是她真正想要的好？"

以上我们说的是，如何让自己成为爱情"三好生"，这里再次提醒大家，"两个人都好才是真的好"。想一想，你的恋人足够好吗？TA 对你好吗？TA 对你的好是你想要的好吗？如果答案是肯定的，那么祝福你们；如果答案是否定的，那么希望你们能及时发现问题、解决问题。爱情需要激情，但绝不是一时冲动，希望你们具有爱自己、爱别人的能力，也具有等待好的爱情的耐心。

（三）接纳差异

世界著名的家庭治疗师萨提亚曾指出："人们因为相同而联结，因为不同而成长。"把这句话运用到爱情当中，"相同"可以理解为志同道合，"不同"可以理解为人与人之间的差异。每个人都有自己的特性，无论与谁相恋，我们都要学会承认并尊重彼此的差异，否则即使我们结束一段恋情，开始新的感情，旧有的相处模式依然会困扰着我们。

例如，一对恋人的习惯不同，男生习惯在户外跑步，女生习惯在健身房跑步。热恋的时候，男生总是陪女生在健身房跑步，但是时间长了，男生发现自己依然喜欢在户外跑步的感觉，因而想去户外跑步，女生认为男生不再爱自己，双方开始出现冲突。其实，人与人之间的差异不是隔离彼此的障碍，而是打开新世界的大门，重要的是，要带着好奇和尊重的眼光看待彼此的差异，接纳不同，从差异中获益。这对恋人在心理咨询师的辅导下，通过沟通，了解了对方形成当前运动习惯的原因，并积极寻找每种方式的优点，两人约定，在固定的时间一起去运动，运动结束后在健身房碰面。当天气不好时，女生会叫着男生一起在健身房跑步；当天气特别好时，男生会叫着女生一起去追逐落日、感受微风。就这样，他们重新恢复了以往的亲密关系，不仅有了自己的自由空间，也因尊重和陪伴而更爱对方。

（四）放下控制

你会以"为你好"的名义影响恋人的言行吗？这是爱，还是控制呢？事实上，关心和控制完全是两码事，二者最大的不同在于，"关心"聚焦对方的情绪，是对另一半状态的关注，也就是说，如果对方开心，你就会为其开心；而"控制"聚焦自我权力，如果对方不听从你的意见，你就会暴跳如雷，产生"你不听我的话，就代表你不尊重我"的想法。

打着关心的名义进行控制的做法其实非常不明智。因为这种爱情只会让对方难以呼吸，失去独立自主的能力，缺少幸福、轻松的感觉，有的只是沉重的压力，最后你的伴侣往往会选择逃之夭夭。

1. 停止控制：在爱中学会解离

首先，在给对方建议时，提醒自己"我只是个顾问，而不是领导；我只负责给建议，但不要求执行"。假如对方没有按照你的意思去做，也不要认为自己在对方心中没有分量，甚至说出"你不听我的话，就是不爱我"这种情绪勒索的话。

高情商的人会尊重对方的决定，将"我"和"我的建议" 区分开来："他拒绝的是我的建议，并不代表他拒绝我这个人。"如果能这样想，就不会因情绪受伤而暴跳如雷。

2. 远离控制：在爱中保持自我

如果你的另一半是"控制狂"，你该如何回应呢？事实上，控制欲强的人主要希望内心对权力的渴望能够得到满足，他们需要的是感受到自己是有力量的。也就是说，通过让对方言听计从,来证明自己在这段关系中是被尊重、被肯定的。明白了"控制狂"的情绪需求,你就可以既满足对方的需求,又不依照对方的要求做了。

比如,如果你的恋人说"你穿这件外套很难看,你应该穿上周买的那件",那么你可以这样回应:"我真的很在乎你的想法,谢谢你告诉我你觉得我怎样穿好看。然而,因为……所以今天我想这么穿,明后天我再穿你推荐的外套。"

如果对方的要求有些过分(如不准参加同学聚会),给你带来了一定的困扰,你可以这样说:"我希望我们能有各自的交际圈,我也很在乎你的感受。如果我不去参加聚会,那么我的朋友会生气,这会影响我的心情,也会影响我们的感情。因为我特别珍惜我们的感情,所以希望你支持我去做现在我该做的事。"

首先照顾对方的自尊,然后提出建议,就会避免对方因你的"不听命令"而启动自我防御机制,误认为"你不听我的话,就代表你不够重视我"。总之,当我们远离控制之后,就会相处得更愉快。

防范 PUA

PUA 的全称是 Pick-up-Artist,一开始是为了帮助害羞或者与异性交往有障碍的人,让他们可以正常与异性交往,建立正常的恋爱关系。但后来慢慢跑偏,变成了一些不怀好意的人操作别人的工具,PUA 的核心演变成了控制。PUA 的最终目的是让恋人变得百依百顺,任人摆布。

被 PUA 的五个特征如下。
(1)孤立:试图切断你与外界的一切联系。
(2)规则:如果你不顺从我,就是不爱我。
(3)跟踪:像一条看不见的锁链,牢牢锁住你。
(4)贬低:通过伤害你的自尊来建立自己优越感。
(5)虐待:摧毁你的身体和意志。

防范被 PUA 的方法如下。
(1)肯定自我价值,不要仅通过对方对自己的评价来看待自己。
(2)设置底线。
(3)学会自我暂停和反思。
(4)追求平等的地位。
(5)相信自己的直觉,正视自己的感受。

第四节 爱的冲突

爱情虽然甜美,却并不总是美好的,矛盾、争吵、冷漠、欺骗甚至分手都是在一段感情中十分常见的。那么,我们该如何理性地化解冲突、正确面对分手呢?

一、理性地化解冲突

爱情并不总是浪漫的，恋爱双方出现矛盾和摩擦是在所难免的，有的人被情绪控制，或通过大吵大闹的方式解决，或以冷漠、抗拒应对，这都是不成熟的表现，只会将爱情推向深渊。结合心理学博士张怡筠提出的高情商争吵艺术和笔者的工作经验，以下建议供大家参考。

（一）轮流发言，认真倾听

一有冲突，双方都会急于说出自己的想法，却往往不愿聆听对方的心声。这样一来，双方原本已受伤的心就会因为"你不在乎我，连我的话也听不进去"等感觉而越发激动。这时，要想和对方理性沟通难如登天。因此，聪明的你应先认真倾听，并且在诉说自己想法前重述另一半刚说过的话："你的意思是因为……而很生气（失望）吗？"如此一来，就能成功地安抚对方，并顺利找到矛盾症结。

（二）不乱道歉，但必定道歉

有些人一旦发生冲突，就立刻心不甘情不愿地向恋人道歉："好啦，好啦，算我对不起你，好不好？"事实上，这种缺乏诚意的做法不但无法解决问题，反而会让对方更加生气。高情商者会先思考一下自己是否有错，如果是自己不对，就优雅而诚恳地道歉："很抱歉，我做得不好……"即使不一定是自己的错，也可以向对方道歉："不管怎么样，很抱歉让你有不愉快的感觉……"

（三）不翻旧账，专注焦点

恋人之间争吵，最怕的就是"举一反三"——把"旧账"一并翻出来。这样做感觉很过瘾，对吧？然而，贪图一时之快，会让"新仇旧恨"一起涌上心头，争吵就会失去焦点。一直翻旧账可能会激怒对方："你到底是在谈今天我迟到的事，还是我看前女友微博的事？"

聪明的做法是一次只讨论一件事，万一有人不小心岔开了话题，你就看着 TA 的眼睛提议："我知道你很在意那件事，等我们解决了这件事，再一起讨论那个问题吧！"

（四）强调感觉，不进行攻击

"你真是一个不负责任的人！"这句话一说出，就在对方心上重重打了一拳，同时在两个人的关系上深深刻下一刀，原先甜蜜的爱情开始出现难以弥补的裂痕。该怎么办呢？心理学家发现，不论多不高兴，只要能在争吵时避免带有攻击性的字眼，你就学会了珍惜自己的爱情。请试试用"我觉得……"代替"你真是……"，如"当你和我约会迟到三十分钟时，我觉得很不受重视（生气、失望）"。

（五）强调解决，而非抱怨

吵着吵着，千万别吵上瘾，开始滔滔不绝地数落起来。只要双方都表达了立场，接下来就该为解决问题而努力了。教你一个超赞的说法："那你认为我们怎样做会更好？"要是你心中也有想法，不妨这样说："你看我们……行不行？"

（六）积极沟通，懂得妥协

平时积极沟通能够避免许多无谓的争吵。例如，你在社团活动中有些不顺利，可以向恋人倾诉；你发现恋人最近心情不好，也可以主动问问 TA 怎么了。在缺乏了解的情况下，我们很有可能将对方的负面情绪错误地归因于自己，并因此发生争吵。大学生要学会真诚、有效地沟通，从而避免无谓的争吵，这样能更好地为爱情保鲜，增加甜蜜感。

很多情侣在争吵时寸步不让，有的时候对方示好了，给出了修复关系的信号，也不肯罢休，结果导致新一轮争吵发生。有句话是"给个台阶你就下"，如果对方已经表现出想要和好或者修复、改善关系的迹象，我们要见好就收，不要再逞口舌之快。良好的关系需要彼此相互妥协，适度地让步。

（七）理性分析，定期复盘

定期复盘很重要。两个人在争吵之后，待双方情绪平复下来，应开诚布公地讨论冲突是如何发生的，各自真实的想法、需要、期待是什么，找出两个人发生冲突的关键原因，讨论下次如何避免类似的争吵。

二、一次成功的失恋

作家周国平说："未经失恋的人不懂爱情，未曾失意的人不懂人生。"有的人在失恋的时候会痛不欲生、肝肠寸断，会觉得自己不够好才没有被接受、被选择、被珍惜。其实，只有不合适的人离开，才有可能让合适的人走进你的生命，从这一层面来讲，分手并不是一件坏事。

（一）走向分手的危险信号

通过查阅相关资料，研究者梳理出以下 4 个走向分手的危险信号。

1. 你发现自己大部分快乐和幸福的来源，都不再是 TA

许多可以给你带来快乐的事物和体验，如果"和 TA 一起经历""TA 是这件事情会给我带来快乐的主要原因"不再是你快乐的前提条件，要么说明你一个人已经足够快乐了，要么说明你现在想要的快乐是 TA 给不了的。

2. 你对未来的规划里，没有 TA 的身影

爱情说到底，是责任，是动力，是手拉手走过一生的勇气。若在你对未来的设想里，没有 TA 的身影，或者当对方邀请你和 TA 一起做一项长期规划的时候，你感到恐惧和抗拒，心里明显焦躁，则说明可能 TA 并不是你想要陪伴一生的人。

3. 为了 TA，你牺牲了自己的人生规划和发展

为了一个人做出太多的牺牲，这不是在讴歌爱情的伟大，而是相爱相杀的开始。这种爱别人爱到可以牺牲自己、付出一切，就是失去自我的典型表现。好的爱情应该是两个人共同成长的养料，而这种盲目的付出是毒药。

4．关系中存在暴力和控制

这个信号是红线，如果对方在交往中频繁出现语言或行动暴力，否定你的自我价值，限制你的自主权和自由权，对你不够尊重，将你视为"私人所属"，那么要立刻提出分手，因为这是不可超越的底线。没有什么比你的生命权和自由权更重要，哪怕以"爱"的名义限制也不行！

面对失恋的朋友，你可以这样做

（1）倾听。听 TA 说，让 TA 讲，我们给予适当的反馈就行，不要给予这样或那样的建议，或者说些类似"天涯何处无芳草"的话。大道理谁都懂，TA 可能只需要一个可以陪伴 TA、聆听 TA 心声的人。

（2）陪伴。你可以一句话都不说，在 TA 身边就好。帮 TA 度过十分难熬的 48 小时，这就已经是很大的帮助了。同时，如果发现 TA 因为失恋有自伤或者报复他人的倾向，一定要向家长、老师反映情况并且稳住 TA 的情绪，以免造成不可挽回的后果。

（二）分手的注意事项

1．提出分手的一方

提出分手的一方要注意以下几点。

一是选择恰当的时机。分手的时间最好选择白天且天气晴朗的时候，因为晚上或阴雨天人的情绪往往比较低落。分手时要充分考虑对方当时的处境，不要选择对方面临重大事件（如考试）、压力过大或心情不佳的时候，应遵循基本的人际交往道德，要为对方考虑。

二是在顾及对方感受和尊严的前提下，真诚、理性地说明分手的原因。很多人因对方分手时一句简单的"性格不合"而无比气愤和想不通，不管因为什么分手，都要给对方一个真诚、明确的解释，这样对方会感受到被尊重，也更容易接受分手。

三是勇敢面对，不逃避责任。在提出分手时要多从自己的角度去讲，以"因为我……""是我想……"的句式沟通，而不是以"都是因为你……"的句式沟通，避免责备对方、否定对方。

四是分手的态度要温和而坚定。不要给对方留有余地，不要拖泥带水，比如"以兄妹相称""再相处一段试试看"等都是不负责任的做法。

2．被动分手的一方

如果是被动分手，那么你需要注意以下几点。

一是保持冷静、调节情绪。在对方提出分手后要保持冷静，先听听对方怎样说，不要陷入"我不好"的情绪旋涡。爱情是选择的结果，不是你的错。

二是不必在意由谁提出分手。很多人在被动分手时会从"我被甩了"的角度看事情，觉得自己很憋屈，这种情绪可以理解，但是一定要纠正这种想法，正如苏格拉底所说："去感谢那个抛弃你的人，因为他（她）给了你忠诚，给了你寻找幸福的新机会。"而面对一个不合适的人，及时止损对双方来说都是明智的选择。

三是切忌死缠烂打。面对分手，有些人会哀求对方不要离开自己，这样做不仅不能挽回感情，还会在对方面前失去尊严。有些人意气用事、寻求报复，花费宝贵的时间和精力去应对一个错的人，这是对生命的浪费、对自己的不珍惜。任何事情的发生，从来不是一个人的过错，不应该让另一方承担所有的责任。每个人都有情绪不稳定的时候，我们要学会控制它，不然一时冲动带来的可能是一辈子的悔恨。

四是切忌自暴自弃。有些人在失恋后会通过熬夜、打游戏、快速进入下一段恋情等方式麻痹自己，这样或许会获得一时的放松，但长久来看对身心健康无益。这样做无法让对方回心转意，更无法遇到一个更好的自己，否则失去的不仅是恋人，还有可能是你的整个人生。

五是合理宣泄。难过时要允许自己表达出来，痛痛快快哭一场吧，找朋友、家人谈谈心，或者来一场说走就走的旅行，总之要把压抑的情绪宣泄出来，千万不要自己硬撑着，更不能伤害自己。如果觉得没有合适的谈心对象或调节方法，你也可以寻求心理咨询师的帮助。

六是理解和接纳。当一个人失恋后，可能会有失落、伤心、难过、愤怒等情绪，可能会表现得消沉、食欲不佳，这些都是正常的现象。首先，我们要理解和接纳自己的这些表现，允许自己悲伤和低落。其次，多一些积极的自我暗示，比如"我知道我现在很伤心，但是我相信我能迈过这个坎儿""离开错的人才能和对的人相逢"等。

苏格拉底与失恋者的对话

苏格拉底：孩子，为什么悲伤？

失恋者：我失恋了。

苏格拉底：哦，这很正常。如果失恋了没有悲伤，恋爱大概也就没有什么味道。可是，年轻人，我怎么发现你对失恋的投入甚至比对恋爱的投入还要多呢？

失恋者：到手的葡萄给丢了，这份遗憾，这种失落，您非个中人，怎知其中的酸楚啊。

苏格拉底：丢了就是丢了，何不继续向前走，鲜美的葡萄还有很多。

失恋者：我只想等待，等到海枯石烂，直到她回心转意向我走来。

苏格拉底：但这一天也许永远不会到来。你最后会眼睁睁地看着她和另一个人走的。

失恋者：那我就用自杀来表示我的诚心。

苏格拉底：但如果这样，你不但失去了你的恋人，同时还失去了你自己，你会蒙受双倍的损失。

失恋者：您说我该怎么办，我可真的很爱她。

苏格拉底：真的很爱？

失恋者：是的。

苏格拉底：那你希望你所爱的人幸福？

失恋者：那是自然。

苏格拉底：如果她认为离开你是一种幸福呢？

失恋者：不会的！她曾经跟我说，只有跟我在一起的时候她才感到幸福！

苏格拉底：那是曾经，是过去，可她现在并不这么认为。

失恋者：这就是说，她一直在骗我？

苏格拉底：不，她一直对你很忠诚。当她爱你的时候，她和你在一起，现在她不爱你，她就离去了，世界上再没有比这更忠诚的了。如果她不再爱你，却还装作对你很有情意，甚至跟你结婚、生子，那才是真正的欺骗呢。

失恋者：可我对她所投入的感情不是白白浪费了吗？谁来补偿我？

苏格拉底：不，你的感情从来没有浪费，根本不存在补偿的问题，因为在你付出感情的同时，她也对你付出了感情，在你给她快乐的时候，她也给了你快乐。

失恋者：可是，她现在不爱我了，我却还苦苦地爱着她，这多不公平啊！

苏格拉底：的确不公平，我是说对你所爱的那个人不公平。本来，爱她是你的权利，但爱不爱你是她的权利，而你却想在自己行使权利的时候剥夺别人行使权利的自由。这是何等的不公平！

失恋者：可是您看得明明白白，现在痛苦的是我而不是她，是我在为她痛苦。

苏格拉底：为她而痛苦？她的日子可能过得很好，不如说是你为自己而痛苦吧。明明是为自己，却还打着为别人的旗号。年轻人，德行可不能丢啊。

失恋者：依您的说法，这一切倒成了我的错？

苏格拉底：是的，从一开始你就犯了错。如果你能给她带来幸福，她是不会从你的生活中离开的，要知道，没有人会逃避幸福。

失恋者：可她连机会都不给我，您说可恶不可恶？

苏格拉底：当然可恶。好在你现在已经摆脱了这个可恶的人，你应该感到高兴，孩子。

失恋者：高兴？怎么可能呢，不管怎么说，我是被人抛弃了，这总是叫人感到自卑的。

苏格拉底：不，年轻人的身上只能有自豪，不可自卑。要记住，被抛弃的并不是就是不好的。

失恋者：此话怎讲？

苏格拉底：有一次，我看中一套高贵的衣服，可谓爱不释手，商人问我要不要。你猜我怎么说？我说质地太差，不要！其实，我口袋里没有钱。年轻人，也许你就是那件被遗弃的衣服。

失恋者：您真会安慰人，可惜您还是不能把我从失恋的痛苦中拉出来。

苏格拉底：是的，我很遗憾自己没有这个能力。但，我可以向你推荐一位有能力的朋友。

失恋者：谁？

苏格拉底：时间，时间是人最伟大的导师，我见过无数被失恋折磨得死去活来的人，是时间帮助他们抚平了心灵的创伤，并重新为他们选择了梦中情人，最后他们都享受到了本该属于自己的那份人间之乐。

失恋者：但愿我也有这一天，可我的第一步该从哪里做起呢？

苏格拉底：去感谢那个抛弃你的人，为她祝福。

失恋者：为什么？

苏格拉底：因为她给了你忠诚，给了你寻找幸福的新机会。

（三）在失恋中成长

泰戈尔在《飞鸟集》中说："如果你因错过太阳而流泪，那么你也将错过群星。"失恋是正常现象，不要谈了一场稀里糊涂的恋爱然后又稀里糊涂分手，为了在下次遇到对的人时大胆地拥抱和爱，我们都需要在失恋后让自己变得更好。在失恋中成长，才是对自己最好的褒奖。

1. 正确看待失恋

第一，避免给自己贴标签。在失恋后，我们很可能会不自觉地给自己贴标签，比如"我很糟糕""我不值得被爱"，其实失恋后的痛苦并不源自失恋本身，而是源自自己给自己贴的糟糕的标签。这时我们的内心多半是绝望的，因此给自己撕掉不合理的标签是一件很重要的事情。

第二，被分手不等于被抛弃。一个人在小时候离开了家人无法生活，尤其是婴儿，但成年人在另一个人离开之后依旧可以很好地活着，不存在谁抛弃谁的问题，被分手后我们需要更好地照顾自己，只有爱自己的人，才能获得别人的爱。

第三，放下不甘心。当恋爱失败后，我们难免不甘心，或许你的不甘心源自无法承受的自恋损伤。自恋损伤是指"我"认为"我"理所应当被所有人爱，"我"喜欢的人一定要喜欢"我"，这样的"我"才有价值。假设对方选择离开，你不甘心，于是用各种方式挽回，尽管你做了很多，这都不代表你多爱对方，更多的是在维护虚假的自恋，对方的离开让你自恋损伤，让你感觉到失控，所以你要牢牢抓住对方，纠缠对方，不让对方轻易离开你。

2. 聚焦个人成长

第一，升华情感挫折。我们应将精力放在学业和对生活的热爱上，以补偿失恋后的空虚与痛苦。文学巨匠歌德失恋后将内心的痛苦升华，写就世界名著《少年维特之烦恼》；音乐家贝多芬在失恋的打击下，还遭受着耳疾的折磨，因抒发内心的郁闷创作出《月光奏鸣曲》。

第二，分析自己的恋爱模式。失恋后，除了接受不合适的恋情的结束，也不妨回顾且分析一下自己在这段关系中的状态。你是哪种依恋类型（详见知识窗《母婴关系书写着成人依恋的蓝图》）？为什么你在交往中总是患得患失？你是否表达了自己的真实需求？是否真正了解对方的需求？你是在按照对方想要的方式付出你的关心和爱吗？一首歌中唱"爱都是开始得很美丽，结束得没道理"，其实不然，一切都是有原因的，这需要你耐心地探索、理性地分析。

第三，享受独处。不能独处的人很难建立亲密的恋爱关系，我们谈恋爱是为了什么？是因为你无法忍受孤独，还是想让另一个人来满足你所有的需求呢？需要问一问自己，你是在寻找一个能够像父母那样陪伴和照顾你的人吗？如果你抱着这样的目的去谈恋爱，那么可能你谈的不是恋爱，实际上真正的恋爱只发生在两个成年人之间。

第四，扩大生活圈。虽然失去了爱情，但生活中还有很多美好的事情在等待着我们。去交朋友吧，关照老朋友，接触新朋友，与有趣的灵魂相遇；去学习一项技能吧，绘画、做饭、游泳等，或许爱情会消失，但是你掌握的技能不会消失；去关爱家人吧，他们很爱你，好好享受亲情带来的幸福感。

第五，树立自信心。失恋后，认为昔日恋人一切都好，自己一切都很糟，所以TA才抛弃自己，失去恋人都是自己的错，或者把失恋看作一件糟糕透顶的事，认为自己今生再也不能遇到美好的爱情了，这些源于非理性的信念。因此，针对失恋，大学生应在头脑中有意识地强化理性信念，认真分析自己失恋的原因，多想想昔日恋人的缺点，多罗列自己的优点，这样也有利于正确地评价自己，避免产生之所以被恋人抛弃是因为自己一无是处的错误想法，客观地分析自身的优势和劣势，为自己以后生活树立自信心，有道是"塞翁失马，焉知非福"。

知识窗

母婴关系书写着成人依恋的蓝图

1969年,心理学家玛丽·安斯沃斯通过陌生情景实验发现儿童有三种依恋类型,分别为安全型依恋、回避型依恋、焦虑-矛盾型依恋。实验的步骤如下:

(1)母亲带着孩子来到一个有许多玩具的陌生房间;
(2)母亲在旁边坐下,孩子在房间里自由地玩耍各种玩具;
(3)一个陌生人走进房间,和母亲与孩子打招呼;
(4)母亲离开房间,留下孩子与陌生人共处一室;
(5)母亲回来,和孩子打招呼并安慰孩子,陌生人离开;
(6)母亲再次离开,留下孩子一人在房间;
(7)陌生人回来。

在这个过程中,婴儿在一个陌生的环境里经历了与母亲的两次分离。研究者通过观察发现:

安全型依恋的婴儿约占70%,如果母亲在场,他们就会愉快地玩耍,自由地探索这个陌生的环境。母亲一旦离开,他们就会变得紧张起来;当母亲重新回来时,他们会跑向母亲,抱住她一会儿,然后才放开母亲继续刚才的探索和玩耍。安全型依恋的成人很容易和别人接近,并且不会由于对别人太过依赖或被抛弃而感到苦恼。这样的恋人也会在安全、忠诚的相互关系中享受爱情,而且他们的关系趋于令人满意和持久的状态。

回避型依恋的婴儿约占20%,这类婴儿在与母亲分别时很少表现出不安,在与母亲团聚时也很少表现出对母亲的依附。这种类型的成人很少投入亲密关系,而且更倾向于远离亲密关系。

焦虑-矛盾型依恋的婴儿约占10%,这类婴儿比较纠结,他们在新环境中玩耍时往往会紧紧地缠着母亲,一旦母亲离开,他们就会大哭;可当母亲回来时,他们又表现出疏离或者敌意。这种类型的成人缺乏信任感,因此表现出较强的占有欲和嫉妒心。他们可能会反复地与同一个人出现情感破裂的情况。如果在讨论某个问题时发生冲突,那么他们容易情绪激动或愤怒。

1991年,人际关系专家巴塞洛缪和霍洛维茨在前人研究的基础上,提出成人有四种依恋类型。

安全型:这种类型的成人在恋爱中表现较好,表现出包容、谅解、易相处、尊重爱人等特质。在感情上很容易接近他人,不管是依赖他人还是被人依赖都感觉心安,不会害怕独处和不被人接纳。

痴迷型:这种类型的成人内心极度害怕被拒绝,一旦遭到拒绝,就不能理智地看待自我,会产生强烈的自我否定。而一旦获得爱情,又期望能够牢牢地和伴侣绑在一起,这种强烈的占有欲有时会把伴侣吓跑。他们总觉得伴侣没有和自己一样强烈的感情,在心灵深处,总是担心伴侣不那么看重自己。

恐惧型:这种类型的成人和他人发生亲密接触时会感到不安。他们内心渴望亲密关系,但很难完全相信或依赖他人。他们担心自己和他人太亲密会受到伤害。

> 疏离型：这种类型的成人觉得即使没有亲密关系也很安心。对他们而言，独立和自给自足更加重要，他们不喜欢依赖别人或被人依赖。

第五节　爱的边界

作家钱锺书在《围城》中写道："爱情跟性欲一胞双生，类而不同，性欲并不是爱情的基本，爱情也不是性欲的升华。"恋爱中的大学生应该守好爱的边界，以正确的态度和科学的方式对待性问题，形成正确的性观念和性行为，促进身心健康。

一、当爱遇上性

（一）大学生的性行为现状

性虽然是一种与生俱来的本能，但不是维系个人生命延续的本能。性行为是指为了满足自己性需要的固定或不固定的性接触，包括拥抱、接吻、抚摸等边缘性性行为和性交等。

目前，大学生对情侣之间接吻、拥抱等行为越来越宽容。调查表明，男生对边缘性性行为的了解程度高于女生，且对边缘性性行为的接受力更强（李奋生等，2014）。需要提醒的是，大学生应避免在公共场合进行以满足性需求为目的的爱抚行为，比如较长时间的身体抚摸、接吻等，恋爱时应遵循道德规范和社会文明要求。

（二）男生和女生对待性行为的差异

在对异性感情流露上，男生表现得较为外显和热烈，女生往往表现得含蓄和深沉；在内心体验上，男生更多的是新奇、喜悦，而女生常常是惊慌、羞涩和不知所措；在表达方式上，一般男生较主动，女生较含蓄。此外，男生的性冲动易被视觉刺激唤起，而女生易在听觉、触觉的刺激下引起兴奋；男生的兴奋中心集中于性器官，而女生呈弥散性特点；男生的性欲旺盛期在 20 岁左右，而女性在 30 岁左右。如果对这些差异不了解，就会引起对两性交往和自我认知的不安与困惑。

在性行为面前，女生比男生更理性。男生到了青春期，心理上最先发育起来的是性意识、性要求和性感受。对男生来说，性是生命力的象征，是年轻和美好的标志，因此他们更渴望拥有性行为。但是女生更多的是对浪漫爱情的憧憬，她们渴望恋人的陪伴、照顾和关心，对性生活的要求则很少。研究发现，和恋爱中没有婚前性行为的人相比，有婚前性行为的人的主观幸福感较低，其中与伴侣分手的人较继续保持恋爱关系的人幸福感更低（丁洁洁，2015）。

在大学中，男生大多在强烈的性驱力、好奇心和占有欲的驱使下主动发起性行为，而女生主要出于牺牲或回报心理，被动地接受。研究表明，大学生回答发生性行为的原因，男生和女生的回答不同。女生认为首先是因为爱，其次才是满足生理需求；男生则首先是为了满足生理需求，其次才是因为爱。在性行为的安全方面，男生在性行为中的安全套使用率（48.5%）略低于女生（51.5%）（杨银梅等，2018）。这些特点表明大学生性行为的安全问题不可忽视，

大学生应了解和清楚性行为的风险与后果，不可因一时的激情，忽视可能或潜在的不良后果，进而出现伤害自己或他人的情况。

（三）树立健康的性观念

1. 婚前性行为的潜在危害

大学生在生理上已经达到性成熟，出现性行为的想法很正常，但是因为大学生尚没有能力处理性行为可能带来的后果，如果在这种情况下贸然发生性行为，通常会对行为双方造成很大的影响。

第一，承受心理压力。婚前性行为给当事人双方，特别是女生带来了巨大的压力。对大学生而言，男女双方对婚前性行为都有一定的非法感，他们均怕被别人发现，处于紧张、恐惧、害羞等负面情绪之中。

第二，危害身体健康。婚前性行为大多是在无准备的情况下发生的。此时，很少顾及卫生和避孕问题，可能带来生理疾病，尤其是意外怀孕，对女性造成的伤害十分大。人工流产对女性造成的伤害是生理和心理两方面的。在生理上，人工流产会对子宫内膜造成伤害，约12%的女性会发生人流综合征，出现心动过缓、血压下降、面色苍白、大汗淋漓等症状，严重可致昏厥和抽搐。即使手术成功，也可能出现子宫内膜炎、宫腔积血等并发症，或者慢性盆腔炎、子宫内膜异位症等后遗症，情况严重可能导致不孕。在心理上，大学阶段的女生没有经济来源，又担心自己怀孕的事情被家里知晓，所以背负着沉重的精神负担，一些人还有抑郁的倾向。

2. 慎重对待性行为

婚前性行为是指男女双方在恋爱期间发生的性行为，其特点是双方自愿进行，不存在暴力逼迫，没有法律保障，不存在夫妻之间应有的义务和责任，容易产生一些纠纷和严重后果。大学生处于性旺盛时期，但千万要避免"未经准备"而发生婚前性行为。"准备"是指具有良好的性知识，掌握如何避孕、如何预防性病等知识。否则，在初尝禁果之后必然会担忧和悔恨，甚至引起生理和心理的变化。

3. 科学释放性冲动

面对强烈的性冲动及其带来的压力，大学生可采用合理、安全和健康的方式释放自己的性冲动与性压力。

一是升华，是指用一种积极的、富有建设性的、能为社会所接受的方式来取代性欲或转移性欲，即将生理上的性冲动转化为较高级的精神活动的进取动力，转化为学习热情和创新创造的动力。一个心理健康、人格健全的人往往能适时、适度地升华性欲，而不是被性冲动所奴役。

二是转移，是指通过参加体育锻炼、发展兴趣爱好、做兼职和进行人际交往等多种合理的途径，使性生理能量得到正当释放和有效转移。这是大学生最常用的一种应对性压力的方法。大学生可以通过观看艺术表演、进行文学创作等自己感兴趣的活动来转移性能量，分散自己对性的关注。

三是代偿，是指通过性幻想、性自慰等途径释放性冲动带来的压力。对大学生而言，这些形式是可行且正当的。需要指出的是，虽然适度的性幻想、性自慰行为对身心无害且不伤害他人，但这并不意味着它们是必须的，更不能产生依赖，我们提倡通过更积极的性转移或性升华来释放性压力。

4. 提升性道德

随着社会和多元价值观的发展，我们不能无视大学生性态度和性行为的开放，但是性的社会属性决定了性从来不是个人私事，特别是发生在校园中的性行为。因此，大学生应按照社会的道德规范来适当约束自己的性行为。

第一，性行为应遵循相爱、自愿、平等、隐私、无伤的原则。"爱是克制，是忍耐，是责任，是担当。""爱是想触碰又伸回的手。"大学生应自尊、自爱，爱惜自己和恋人的健康、名誉，学会对自己和恋人负责。

第二，遵守法律是底线。大学生应远离猥亵、性骚扰、卖淫、嫖娼等非法性行为，在网络交友中更应注意防范网络诈骗等。

二、艾滋病的预防

艾滋病是一种严重的传染性疾病，其主要损害人体免疫系统，破坏人体抵抗力，因此人体易于感染各种疾病，并可发生恶性肿瘤，死亡率较高。

大学生应掌握相关医学知识，正确认识艾滋病，通过参加知识讲座、知识竞赛，学习宣传单、宣传图册等了解艾滋病，积极预防艾滋病。

（1）洁身自爱，不去非法采血站卖血，不涉足色情场所；任何场合都应保持强烈的预防艾滋病意识，不要存在任何侥幸心理；不要因好奇而尝试吸毒。

（2）生病时要到正规的诊所、医院医治，注意输血安全，不到医疗器械消毒不到位的医疗单位打针、拔牙、手术；不用未消毒的器具穿耳孔、文身、美容。

（3）不与他人共享剃须刀、牙刷等，尽量避免接触他人体液、血液，对被他人污染过的物品要及时消毒。

> **知识窗**
>
> **预防艾滋病的 ABC 原则**
>
> A 是指禁欲（Abstinence）。不发生性行为是避免经性途径感染艾滋病、性病的可靠方法，大学生应控制自己的性欲，不进行危险的性行为。大学生只有掌握了预防性病、艾滋病的知识，学会调节性冲动，遵守社会道德规范，才能避免卷入危险的性活动，给自己和他人造成危害。
>
> B 是指忠诚（Be Faithful）。遵守性道德、固定性伴侣是预防性接触感染艾滋病、性病的根本原则，但前提是这个性伴侣是健康的，没有艾滋病和性病。
>
> C 是指使用安全套（Condom）。坚持正确使用安全套是防止性行为双方感染艾滋病、性病和避免意外怀孕的一种有效方法。
>
> 艾滋病虽目前是不治之症，但可以预防，最重要的是要遵守法律法规，遵守性道德，特别要注意不到非法献血站献血，以免感染艾滋病病毒。若怀疑自己感染了艾滋病病毒，应到各地医学科研机构、大医院或省、市级防疫机构接受检查；一次抽血艾滋病病毒抗体阴性，不能完全排除没有感染上艾滋病病毒，应定期检查。

> 艾滋病是全人类面临的共同挑战,我们需要对艾滋病的传播保持警惕,但绝不应该放大对艾滋病的恐惧,更不应该歧视艾滋病患者,比艾滋病本身更可怕的是无知和偏见。在预防艾滋病的路上,世界需要做的还很多,我们能做的却十分简单:尊重与理解、保持善意与微笑。别放纵、别侥幸、别冷漠、别歧视、别伤害,让我们一起"防艾不防爱"。

课堂研讨

1. 喜欢和爱有何不同?如何得体地拒绝一个你不爱的人?
2. 如果你爱的人已经有 TA 爱的人了,这时你该怎么办?
3. 你的爱情观是两个人应各自保持独立,但你的恋人觉得两个人应该每时每刻在一起,这时你怎么办?

心理训练

一、体验分享

理想伴侣价值拍卖

1. 活动规则

请先将拍卖项目(你对理想伴侣的需求)按其重要程度在表 5-3 中进行排序(1~10,1 最重要)。排序后,可根据自己的情况对拍卖项目进行预估出价,之后参加拍卖。每个人有 100 万元,每种"物品"5 万元起拍,每次加价以 5000 元为单位,逐条拍卖,购买多少种"物品"不限。

注意:如果同时有几个人都出 100 万元买同一种"物品",则先说出的拍下;如果是同时说出的,则每个人说明理由,其他组员投票。

表 5-3 理想伴侣价值拍卖单

序号	项目 (F 指你的理想伴侣为女性,M 指你的理想伴侣为男性)	排序	出价(万元)	中标人	中标价
1	性情:温和、宽容、豁达、浪漫、善解人意、通情达理				
2	治家:孝顺长辈、关爱伴侣、追求生活品质、勤劳、料理家务能力强				
3	气质、外形:(F)身材匀称、美丽大方、气质高贵 (M)风度翩翩、帅气儒雅				
4	兴趣:与自己的兴趣相似、有共同语言				
5	家庭:门当户对、家庭和谐、家人无不良行为				
6	学历学识:学历与自己相配、学识渊博、博览群书				
7	财富:收入丰厚、无经济负担、生活无忧				
8	人际、口才:善于交际、人脉广、善于表达				
9	心灵沟通:能够进行心灵交流、陪伴、促进彼此成长				
10	才干:工作出色,精明能干				

2. 交流分享

（1）你想要的都"买"到了吗？多少钱买的？比预想中的价格低了还是高了？

（2）为什么一定要"买"这个？这是你缺失的还是现在拥有的？这与你的原生家庭有关系吗？

（3）做些什么能拥有你现在"买"的这些？

（4）你对整个活动的感悟是什么？

（5）拍卖过程中反映了你怎样的决策风格？

二、心理测试

亲密关系经历量表

表 5-4 中给出了许多句子，这些句子描述的是恋爱关系中每个人可能会有的感觉。在你的恋爱关系中，你自己的一般体验，与每个句子描述的情况有多大程度相似？请在每个句子右边的"评价值"一栏中，在最适合的数值上画"〇"。其中，1 表示非常不同意，2 表示比较不同意，3 表示有点不同意，4 表示不确定，5 表示有点同意，6 表示比较同意，7 表示非常同意。记住，这里并不仅仅是针对你现在恋爱经历，而是指在你所有的恋爱经历中常常体验到的感觉。

表 5-4　亲密关系经历量表

情况描述	评价值						
	1	2	3	4	5	6	7
1. 总体来说，我不喜欢让恋人知道自己内心深处的感觉							
2. 我担心自己会被抛弃							
3. 我觉得跟恋人亲近是一件惬意的事情（R）							
4. 我很担心我的恋爱关系							
5. 当恋人要跟我亲近时，我发现自己在退缩							
6. 我担心恋人不会像我关心 TA 那样关心我							
7. 当恋人希望跟我亲近时，我会觉得不自在							
8. 我有点担心失去恋人							
9. 我觉得对恋人开诚布公会让我感到不舒服							
10. 我常常希望恋人对我的感情和我对 TA 的感情一样强烈							
11. 我想与恋人亲近，但我又总是退缩不前							
12. 我常常想与恋人形影不离，但有时这样会把恋人吓跑							
13. 当恋人跟我过分亲密的时候，我内心会感到紧张							
14. 我担心一个人独处							
15. 我愿意把自己内心的想法和感觉告诉恋人，这会让我感到很舒服（R）							
16. 我想跟恋人非常亲密的愿望，有时会把恋人吓跑							
17. 我试图避免与恋人变得太亲近							
18. 我需要我的恋人一再地保证 TA 是爱我的							
19. 我觉得我比较容易与恋人亲近（R）							
20. 我觉得我有时会要求恋人对我表示出更多的情感和关心							

续表

情况描述	评价值						
	1	2	3	4	5	6	7
21. 我发现让我依赖恋人是一件困难的事情							
22. 我并不是常常担心被恋人抛弃（R）							
23. 我不喜欢和恋人过于亲密							
24. 如果我无法得到恋人的注意和关心，我会心烦意乱或者生气							
25. 我跟恋人无话不谈（R）							
26. 我发现恋人并不愿意像我所想的那样跟我亲近							
27. 我经常与恋人讨论我所遇到的问题及我关心的事情（R）							
28. 如果我还没有恋人，我就会感到焦虑和不安							
29. 我觉得依赖恋人是很自在的事情（R）							
30. 如果恋人不能像我所希望的那样在我身边，我就会感到灰心丧气							
31. 我并不在意从恋人那里寻找安慰或得到帮助（R）							
32. 如果在我需要的时候，恋人却不在我身边，我会感到沮丧							
33. 在我需要的时候，我向恋人求助，这是很有用的（R）							
34. 当恋人不赞同我时，我觉得确实是我不好							
35. 我会在很多事情上向恋人求助，包括寻求安慰和得到承诺（R）							
36. 当恋人不花时间和我在一起时，我会感到怨恨							

1. 计分方法

表中第 3、15、19、22、25、27、29、31、33、35 题（带 R 标识）反向计分。所有奇数项的平均分为依恋回避维度得分，所有偶数项的平均分为依恋焦虑维度得分。

随后，按下列公式计算：

安全型（低回避、低焦虑）＝回避维度得分×3.2893296+焦虑维度得分×5.4725318-11.5307833；

恐惧型（高回避、高焦虑）＝回避维度得分×7.2371075+焦虑维度得分×8.1776448-32.3553266；

痴迷型（低回避、高焦虑）＝回避维度得分×3.9246754+焦虑维度得分×9.7102446-28.4573220。

疏离型（高回避、低焦虑）＝回避维度得分×7.3654621+焦虑维度得分×4.9392039-22.2281088

哪种类型的得分高则为哪种依恋类型。

2. 结果解释

安全型：在恋爱中表现较好，表现出包容、谅解、易相处、尊重爱人等特质；很容易接近他人，不管是依赖他人还是被人依赖都感觉心安，不会担忧独处和不被人接纳。

痴迷型：内心极度害怕被拒绝，一旦遭到拒绝，就不能理智地看待自我；而一旦获得爱情，又表现出极强的占有欲，甚至有时会把对方吓跑。他们总觉得伴侣没有和自己一样强烈的感情，总是担心伴侣不太看重自己。

恐惧型：和他人亲密接触时会感到不安。内心渴望亲密关系，但很难完全相信或依赖他人，担心自己和他人太亲密会受到伤害。

疏离型：即使没有亲密关系也很安心。他们习惯独立和自给自足，不喜欢依赖别人或被人依赖。

3. 温馨提示

此测试仅用于初步分析个人的依恋类型，但是这仅代表某种倾向，具体是哪种依恋类型还需要结合个人的具体情况具体分析，而且人是在不断发展变化中的，此结果仅供参考。

推荐书籍：《爱的艺术》，艾里希·弗洛姆著，人民文学出版社。

推荐理由：在《爱的艺术》一书中，弗洛姆提出，爱情不是一种与人的成熟程度无关，只需要投入身心的感情。如果不努力发展自己的全部人格并以此达到一种创造的倾向性，那么每种爱的试图都会失败；如果没有爱他人的能力，不能真正谦恭地、勇敢地、真诚地和有纪律地爱他人，那么人们在自己的爱情生活中也永远得不到满足。

弗洛姆进而提出，爱是一门艺术，想要掌握这门艺术的人需要有这方面的知识并付出努力。在这里，爱不仅仅是狭隘的男女爱情，也并非通过磨炼增进技巧即可获得。爱是人格整体的展现，要发展爱的能力，就需要努力发展自己的人格，并朝着有益的目标迈进。

第六章

认识我 悦纳我 珍爱我

和倩如的青春实践

导语：正确地认识自我、接纳自我是大学生发展的基础，也是超越自我、珍爱自我的前提，更是建立自尊自信的必由之路。通过本章的学习，大学生可以了解自我意识发展的特点，掌握自我认知的途径，有利于大学生正确认知自我，建立自尊自信，不断完善自己，促进大学生身心健康发展。在中国特色社会主义新时代，青年大学生要正确认知自我，全方位开发自我潜能，提高自我效能感，培育积极的心理品质，敢于面对挫折，迎接挑战，勇做走在时代前列的奋进者，为实现中国梦贡献智慧和力量。

爱自己，接受自己，找到生命的价值。

——露易丝·海

谁的青春不迷茫

李铭是一个大一的男生，学习认真，成绩非常优秀，还经常参加与专业相关的社团活动，但是慢慢地对所学专业产生了抵触心理。

李铭从小到大的学习生活一直都顺风顺水，和大多数同学一样，从小学一直读到高中、再到大学，学习的专业也是公认的热门专业。但是，随着眼界的开阔、思想的独立，他开始对目前的状态进行思考：现在的生活真的是我想要的吗？这个专业真的是我喜欢的吗？我以后适合从事本专业的工作吗？在面对这些疑问的时候，他开始感到迷茫、不知所措，他突然发现自己并不知道什么才是自己真正喜欢的。他尝试着去喜欢这个专业，但是结果不理想。即将步入新学期，他也变得越来越焦虑。

思考：李铭为什么变得越来越焦虑？

专家点拨：进入大学之后，学习压力减轻，大学生有了更多的时间思考学习之外的问题。我是否喜欢所学专业？我究竟喜欢什么？什么才是最适合我的？李铭试图寻找答案但又不知道该如何做，于是陷入迷茫，主要是因为他还不了解真正的自己。正确认识自我是大学生成长和发展的重要环节，这一章我们将开启认识自我的旅程。

我的自画像

1．活动物资

白纸、彩笔、铅笔。

2．活动指导语

你是否在某个时刻思考自己究竟是谁？现在我们一起做一个小游戏——我的自画像，帮助同学们进一步认识自己，展示"内心的我"。

请同学们拿出一张白纸和喜欢的笔，在白纸上画一幅"自画像"，每个人有8～10分钟的时间来描绘自己。"自画像"既可以是形象的肖像画，也可以是抽象的比喻画；既可以是一种颜色的笔画成的，也可以是多种颜色的笔画成的。不管你画的是什么，只要你认为可以用来代表你就可以了。这不是绘画比赛，同学们不需要因为自己的绘画水平不高而感到害羞，只要画的内容能反映对自我的认识即可。完成后大家可以回想画"自画像"时的感受，也可以与同伴交流"自画像"的不同，如它的大小、位置、色彩等。

3．交流总结

（1）你画的是什么？

（2）为什么用这个形象代表自己？

（3）绘画时浮现在你脑海中的故事是什么样的？你的感受是什么？

总结：通过这个活动，同学们可以在画"自画像"的过程中静下心来思考自我形象及对自我的认识。画"自画像"时的感受是开心的、平静的还是纠结的，代表了对自我的体验；与他人交流"自画像"可以帮助我们了解他人眼中的自己。对"我"的探索贯穿整个大学时期，接下来我们将带领大家认识真正的自己。

第一节　我是谁——认识你自己

一、自我意识

自我意识是指个体对自己的身心状态与周围环境关系的觉察和认识，即人对自我及自己与周围世界关系的认识、体验和评价。

自我意识主要包括三个方面，分别是生理自我、社会自我、心理自我。

生理自我是指个体对自己身高、体重、容貌、身材、性别等的认识及对生理病痛、温饱饥饿、劳累疲乏的感受。大学生正处于青年期，是对生理自我高度关注的时期，在这个时期容易出现容貌焦虑与身材焦虑。大学生应积极通过多种途径不断完善生理自我，达到对生理自我的接纳。

心理自我是指个体对自己知识、能力、情绪、兴趣、性格、气质、需要、行为模式等方面的认识和体验。以某同学对心理自我的描述为例：我喜欢吹拉弹唱，兴趣广泛，性格活泼，智商中等。当大学生认为自己能力欠缺、性格内向时容易出现否定自我的现象。

社会自我是指个体对自己在群体中的地位、作用及自己和他人关系的认识、评价和体验。以某同学对社会自我的描述为例：人缘还不错，朋友有几个，在班上搞宣传，效果得到了认可。反之，如果没有知心朋友，个体就会感到孤独、寂寞，并认为周围的人不喜欢自己，也不愿意接纳自己。

值得注意的是，自我意识是在不断发展和完善的。影响自我意识的因素除自我成长经历、生活环境之外，他人的评价，特别是生命中重要他人，如父母、家人、老师、朋友、同学等对待大学生的态度，也会对大学生的自我意识起到重要的作用。因此，大学生需要得到周围人的肯定与鼓励。

二、自我意识的发生与发展

人刚出生时并不能区分出自己和非自己的东西。因此，自我意识是随着人的成长才出现的。"自我发展三阶段"理论提出了自我意识发展的三个阶段，这三个阶段具体如下。

（一）生理自我时期（0～3岁）

人刚出生时是没有自我意识的，到七八个月的时候才开始出现自我意识。这时，人既能意识到自己的身体，又能在听到自己的名字时做出反应。两岁左右的幼儿开始用"我"来指代自己，三岁左右的幼儿开始出现羞耻感、占有心，要求"我自己来"（具有自主性），这是自我意识的一大飞跃。这一时期的幼儿行为是一种以自我为中心的行为，以自己的身体为中心，以自己的想法和情感来认识和投射外部世界。因此，这一时期的自我意识被认为是生理自我时期，也有人称为自我中心期，它是自我意识的原始状态。

（二）社会自我时期（4～14岁）

这个时期，儿童开始离开妈妈的怀抱，离开家庭进入社会场所，接受社会教育。儿童在幼儿园、小学、中学接受教育，通过在玩耍、学习、生活中不断练习、模仿，逐渐掌握社会规范，形成各种角色观念，如性别角色、家庭角色、同伴角色、学生角色等，开始有意识地控制自己的行为，同时道德意识也在发展。尽管如此，他们的自我发展尚没有达到独立而稳定的状态，主要还是以别人的观点去评价事物或认识他人，对自己的认识也服从于他人的评价。因此，这一时期的自我意识发展被称为"社会自我"的发展阶段。

（三）心理自我时期（15岁以后）

这个时期是自我意识发展的第二个关键期，又称第二次自我意识的飞跃期。人们的自我意识经过分化、矛盾、统一，逐渐趋于成熟。此时，人们开始清晰地意识到自己的内心世界，关注自己的内在体验，开始有了自己相对稳定的想法，喜欢用自己的眼光和观点去认识和评价外部世界，开始有较为明确的价值探索和追求，有强烈的独立愿望，产生了自我塑造、自我教育的紧迫感和实现自我目标的驱动力。这一阶段也被称为自我意识"主观化"时期。人的世界观、人生观、价值观的形成是心理自我成熟的标志。大学生正处于心理自我时期，渴望认识自我、肯定自我、发展自我、完善自我。当然，如果发展得不好，就可能出现否定自我的现象。

> **知识窗**
>
> **点红实验**
>
> 当我们照镜子时，我们知道镜中的人是我们自己。你可能认为这是个简单的事实。但实际上除了少数灵长类动物，大部分动物都没有这一本领。观察一只猴子在镜子前的表现，人们会发现它在拼命地想要和镜中的"自己"交流、接触，样子滑稽而可笑。但相对而言，大猩猩面对镜子时则会很从容地整理毛发。显然，大猩猩知道镜子中的是自己。对于这些能够分辨出镜中是自己的动物，心理学上认为其拥有自我意识。阿姆斯特丹（1972）借用动物学家盖勒帕在黑猩猩研究中使用的点红实验（以测定黑猩猩是否知觉"自我"这个客体），从而使有关婴幼儿自我觉知的研究取得了突破性进展。实验的被试是 88 名 3～24 个月大的婴幼儿。实验开始，在婴幼儿毫无察觉的情况下，研究者在其鼻子上涂一个无刺激红点，然后观察婴幼儿照镜子时的反应。研究者假设，如果婴幼儿在镜子里能立即发现自己鼻子上的红点，并用手去摸它或试图抹掉，表明婴幼儿已能区分自己的形象和加在自己形象上的东西，这种行为可作为自我认识出现的标志。实验结论：自我意识出现于 20～24 个月。这时，幼儿能明确意识到自己鼻子上的红点并立刻用手去摸。

三、自我意识的结构

如果你是异性，你是否会喜欢自己？这个问题独辟蹊径地引出了我们是否接纳和喜爱自己的态度。对这个问题的回答，还需要引入自我意识的结构。

自我意识的结构主要表现在自我认知、自我体验和自我调控三个方面。

自我认知指的是个体对自己身心状况的认识，属于自我意识的认知成分，包含对自己的感觉、观念、观察、分析等。例如，你的相貌怎么样？你的身高和体重是多少？你的兴趣、爱好有哪些？你的性格是怎样的？你的人际关系怎么样？自我认知解决的是"你是一个什么样的人"的问题。个体在进行自我认知时，会受到个体本身的需要、愿望、动机等许多因素的影响，因此自我认知存在一定的偏差。当个体发现自我评价与社会对自己的评价一致时，个体就会有安全感，反之则易导致个体自卑或自负。

自我体验指的是个体在认识自己的过程中随之而来的情感体验，属于自我意识的情感成分，主要反映个体对自己是否接纳、喜爱、肯定的态度，以自尊、自爱、自信、自卑、具有优越感等形式表现出来。自我体验解决的是"你是否接纳自己""你对自己是否满意"的问题。自我体验受到自我认知的影响，又强化自我认知。

自我调控是个体对自己行为和心理活动的监督、调节和控制，以达到自我的目标。自我调控的作用具体表现在两个方面：一是激发、发动作用，如自主、自立、自强；二是制止作用，如自制、自律等。例如，在新学期开始时，你会默默地对自己说这学期我要认真准备科技竞赛、加强体育锻炼等，这样的描述就是在自我调控。因此，自我调控解决的是"你想成为什么样的人""如何成为理想的那种人"的问题。

自我认知、自我体验、自我调控是自我意识中三个不可分割的部分，健全的自我意识是它们相互影响、相互作用的结果。

四、自我意识的重要性

若积极、客观的自我认知伴随着接纳、肯定的自我体验，个体就会认为自己有能力向期许的目标迈进，这样就会产生积极的自我认同。对自我的接纳和认同是成熟的自我意识十分重要的标志。良好的自我意识是建立自信的基础，是保持良好情绪状态的重要因素，是建立良好人际关系的出发点，也是适应社会生活的重要保证。

（一）自我意识影响心理健康

心理健康的人必然拥有积极、客观的自我认识，能够接纳自己，有自尊心和自信心。消极的自我意识容易诱发自我否定的体验，产生抑郁等不良情绪，不认可自我价值继而出现人际关系敏感等问题。

（二）自我意识影响期望水平

个体对自己未来的期望是建立在自我意识的基础上的，其随后的行为也受到自我意识的影响。当我们认为自己有能力实现目标时，便会积极调动资源，激发行为，最终顺利实现目标。

期望效应

1968 年，罗森塔尔和雅各布森教授带着一个实验小组走进一所普通的小学，向校长和其他教师说明要对学生进行"发展潜力测验"。他们在 6 个年级的 18 个班里随机抽取了部分学生，然后把名单交给各个班的任课教师，并郑重地告诉他们，名单中的学生是学校中最具发展潜能的学生，并再三叮嘱教师在不告诉学生本人的情况下注意长期观察。8 个月后，当他们回到该小学时，惊喜地发现名单上的学生不但在学习成绩上具有明显的进步，而且在兴趣、品行、师生关系等方面也有很大的变化。这一现象被称为"期望效应"。罗森塔尔和雅各布森认为，他们提供的"假信息"最后出了"真效果"的主要原因是，"权威性的预测"引发了教师对这些学生的较高期望，就是这些老师的较高期望在 8 个月中发挥了神奇的暗示作用。这些学生在接受了教师渗透在教育教学过程中的积极信息之后，会按照教师所刻画的方向和水平来重新塑造自我形象，调整自我意识与行为，从而产生了神奇的"期望效应"。

（三）自我意识影响行为调控

自我控制是自我意识发挥能动作用的一个重要方面，不良的自我意识让我们不自信，认为自己没有能力完成任务，也就失去了对行为的调控。大学生中常见的拖延、"躺平"等都属于缺乏行为自控的表现。

> **知识窗**
>
> **克服拖延**
>
> "拖延"指的是不立即处理某项任务,最终导致目标任务不能按时完成。当拖延成为习惯,就上升为"拖延症"。据调查,大约75%的大学生存在拖延现象,50%的大学生认为自己一直在拖延。
>
> 那么,如何克服拖延呢?
>
> 一、任务分解法
>
> 目标任务难度大和具有不确定性是造成拖延的一个重要原因,即当个体面对一件自己感觉没有把握的事情时,容易产生拖延现象。因此,我们要把一个复杂的大工程分解成自己能够处理的小任务,从容易解决的小任务开始,这样完成目标就比较容易了。
>
> 二、克服完美主义
>
> 拖延产生的另一个重要原因是完美主义心理,越是自我要求高的人,越容易出现这个问题。如果我们总想要做得完美,就永远没办法开始。因此,我们要暗示自己目前的状态就很好,可以直接开始,更要在任务有一点进展时就及时鼓励自己。
>
> 三、成功具象化
>
> 有时候目标任务迫在眉睫,但还是觉得动力不足,我们可以想象这项任务已经成功完成,享受着大家的赞赏和内心的满足。
>
> 四、选择合适的环境
>
> 环境也会导致拖延。这意味着个体若想完成任务,需要远离电视、电子设备、朋友和喧闹的环境,在适合工作的环境中保持自律。
>
> 五、自主设定截止日期
>
> 研究发现,自主设定截止日期可以在一定程度上改善拖延的状况。

五、大学生自我意识的特点

在进入大学后,人们开始将关注点从外部世界转移到自己的内心世界,在"现实我"向"理想我"迈进的过程中,大学生自我意识的特点如下。

(一)理想自我与现实自我的分化与冲突

大学生在心理上把自我分成了"理想我"和"现实我"两个部分,当个体在认识和评价自我时,发现"现实我"和"理想我"之间有较大的差距,于是不可避免地出现自我意识的矛盾,表现出明显的内心冲突,伴随着痛苦和不安感。例如,刚上大学的你,志向高远,意气风发,想象着自己取得了较高的成就,走向人生巅峰;但现实往往是,平平无奇的长相,不好不坏的成绩,较高的成就遥不可及。这种落差一方面会给大学生带来挫败感,另一方面会促使大学生不断努力,以求自我完善。

(二)自我认识不断深化,更加关注内在素质

大学生不仅关注自己的外表、行为举止等外在因素,更关注自己的性格、智力、交际能

力、组织能力等内在素质。随着学习的深入，大学生的知识面不断得到拓展，他们会经常思考"我究竟是个什么样的人""我如何实现自己的价值"等问题。

（三）自我评价能力得到显著提高

随着知识的丰富和生活经验的积累，大学生对自己的评价逐渐趋于客观、全面。他们不但能分析自己一时的心理状态和思想矛盾，而且能认识到自己较稳定的个性心理品质；自我评价时虽然也关注他人的评价，但能在此基础上进行自我分析；自我评价逐渐趋向客观，高中阶段的学生特别容易贬低自己、高看他人，到了大学，这种趋势变缓，对自我的认识和评价基本与外界一致。

（四）自我体验日益深刻而丰富

大多数大学生的情绪情感基调是积极的、健康的。他们喜欢自己，对自己比较满意，表现出自尊自信。同时，大学生自我体验比较敏感，有一定的波动性。比如，当取得好成绩时，他们易产生积极的情绪体验；当遇到挫折时，他们易产生消极、否定的情绪体验。总之，大学生情绪的两极性表现较为明显。

（五）自我调控能力提高

离家上大学使大学生们能够安排自己的生活，促进了大学生自我调控能力的发展。大学生自觉性、坚持性、独立性和稳定性显著发展，有着强烈的自我设计和自我规划的愿望，希望根据自我规划的目标来自觉调控行为。

六、大学生常见的自我意识的误区

大学生处于自我认识形成的关键时期，又肩负着全面发展的重要任务，一些人会因此出现自我认识的混乱，产生一些不良反应。

（一）自卑

自卑在大学生中普遍存在，自卑是由于自我认识偏差等形成的自我否定的情绪体验，也是一种自我贬低、自我轻视的心理感受。有自卑心理的同学往往无视自己的优点，过分夸大自己的缺点，不喜欢自己，不能接纳自己的缺点，常常感到自己什么都不如他人，处处低人一等，常常处于沮丧、失落等心理状态。他们的人际交往模式是"我不好，你好""我不行，你行"。他们常常习惯于用否定的眼光看待自己和整个世界，终日闷闷不乐。个体心理学家阿德勒在《自卑与超越》中指出，每个人都有不同程度的自卑，因为没有一个人对其现时的地位感到满意，对优越感的追求是所有人的通性。因此，换个角度来看，自卑也促使我们产生改变现状的动力，去追求优秀的自己。

自负是自卑的另一种表现形式，具体表现为过高地评价自己或刻意地贬低他人。自负的人认为自己非常了不起，别人都不行；固执己见，听不进别人的意见和建议，不易处理好人际关系；有着很强的自尊心，易产生嫉妒心理；遇到挫折的时候不善于自我反省，反而抱怨其他。

在校园里有时能看到有的同学过度消费，购买昂贵的生活用品，进行不必要的攀比，他

们认为如果不这样，就没有面子，别人会看不起自己，其实这也是自卑的一种表现形式。

（二）自我中心

自我中心指的是过分关注自我，凡事从自我出发，不考虑他人的需要和感受，易引起人际冲突的行为表现。例如，有些大学生在宿舍生活中很少考虑宿舍其他成员的感受，熄灯了仍在打游戏，影响他人休息；洗刷时未经允许使用他人物品等。这些行为不易赢得他人的好感和信任，以自我为中心的人的人际关系多不和谐，易产生挫败感。

大学生也容易出现盲目从众的行为。从众是指在群体压力下，放弃个人意见而与大多数人保持一致的自我保护行为。在大学集体生活中，从众心理和行为更为明显和普遍。例如，在 BM 风兴起的时候，很多女生放弃原有穿衣风格，跟风穿短款上衣；在宿舍成员都玩游戏的时候，有些大学生为了融入宿舍生活，便放弃自主学习而选择跟风玩游戏；看到周围的同学都在为考研做准备，有些大学生放弃就业加入了考研大军。

（三）独立意向与依附心理的冲突

在进入大学后，大学生的独立意向迅速发展，他们希望能在经济、生活、学习、思想等方面独立，真正践行自己的主张，进行自我管理，希望摆脱大人的管束。可是同时，当面对过于有挑战性的困难或者过于复杂的社会生活时，比如遇到校园诈骗、学业不顺、毕业选择等问题时，又需要父母或老师的指导和帮助。

（四）空心病

通过下面这个案例，我们一起来了解什么是空心病。

孙帅同学高中时成绩优异，并且以较好的成绩考进了理想的大学。但是，进入大学的他突然松懈下来，没有了明确的发展目标，失去了方向。虽然已经选择了专业但并不清楚这个专业的前景如何，是否适合自己。孙帅上课的时候总会想起这些，学习和上课方式的变化也总让他打不起精神去上课。除了点名的课程，其他课他能逃就逃，明知道不该这样做但他就是控制不住自己。他感觉到焦虑和压抑，不知道自己上大学的意义是什么，还表示不知道自己是谁，不知道自己在哪儿，不知道自己要到哪里去，不知道自己为什么要学习，感到过去好像一直在为别人活着，从未活出自我，不知道这一切有什么意义和价值。

北京大学心理健康教育与咨询中心副主任徐凯文将案例中孙帅的症状称作"空心病"。空心病大概有如下表现：情绪低落、身心疲惫、孤独，感觉学习和生活没有什么意义，不知道为什么要学习，觉得自己现在做的事情都是别人要求的，从来没有哪件事是自己发自内心想做的。日复一日，对生活感到迷茫，对未来没有规划，感觉生活没有希望，存在感缺失。

高中生经过重重磨砺来到大学，支撑自己努力的目标（考大学）实现后没有了新的目标。专业不是自己选择的，认同度低；大学生活与想象的相差甚远，课程难度大，不想去上课的同时也不知道自己为什么要学习。很多大学生缺少支撑其意义感和存在感的价值观，不知道怎样做才可以让内心感到充实和有力量。这又回到一个终极的问题：我是谁？我想成为什么样的人？

第二节　我从哪里来——打开你的乔哈里窗

一、何为乔哈里窗

美国心理学家乔瑟夫·勒夫和哈里·英格拉姆从自我概念的角度对人际沟通进行了深入的研究，从"自己知道-自己不知"与"他人知道-他人不知"两个维度，将人际沟通划分成四个区域，即开放区、盲目区、隐秘区和封闭区，这个理论被称作"乔哈里窗"。乔哈里窗模型如图6-1所示。

	自己知道	自己不知
他人知道	开放区	盲目区
他人不知	隐秘区	封闭区

图6-1　乔哈里窗模型

（一）开放区

这部分是有关自己的信息，是自己知道、他人也知道的信息。例如，你的家庭情况、姓名、部分经历、爱好等。

（二）盲目区

这部分指的是自己不知道、他人却可能知道的盲点。例如，个人看不到自己的优势，但是他人一目了然；性格上的弱点或者不好的习惯，自己察觉不到，旁观者却一清二楚。

（三）隐秘区

这部分指的是自己知道、他人却可能不知道的秘密，是由个人掌控的私密地带。例如，你的某些经历、心愿、好恶等。

（四）封闭区

这部分指的是自己和他人都不知道的信息。封闭区是尚待挖掘的区域，也许通过某些偶然或必然的机会，随着对自我的认识不断深入，封闭区的潜能就会得到较好发挥。

自我意识的完善是一个长时间自我认识、自我调整的过程。不同的人各个区域所占的比例不同。越能够自我觉察、勇于向他人表露自我的人，其开放区越大，盲目区越小，自我认知越清晰、完善。

二、打开你的乔哈里窗

（一）自我观察

曾子曰："吾日三省吾身。"要想认识自己，我们应该做一个有心人，经常反省自己在日常生活中的点滴表现，总结自己是一个什么样的人，找出自己的优点和缺点。自我观察主要包括三个方面：（1）自身外表和体质状况的观察，包括外貌、风度和健康状况等；（2）自我形象的观察，包括自己在所生活的集体中的位置和作用、在公共生活中的表现及社会适应能力等；（3）自己精神世界的观察，包括自己的理想信念、道德水平、智力水平、能力、性格、兴趣、特长等。自我观察是我们教育自己、自我提升的重要途径。同学们可以在晚上睡觉之前静静地回想一天的收获与不足，肯定自己做得好的地方，并思考改进不足的方法。

（二）社会比较

"别人家的孩子"是大学生挥之不去的人，自我意识也是通过与他人比较形成的。在比较中难免会产生强弱之分，当在比较中发现自己比别人强时，就会获得较高的自我认同感，十分自信，产生积极的自我体验；当在比较中察觉自己比别人差时，容易产生自卑。很多大学生高中时非常优秀，老师重点栽培，可到了大学后周围的同学不但成绩比自己优异，而且多才多艺，这时可能会产生嫉妒情绪，也可能会"看不起"别人。因此，在与他人比较时，以下三点尤为重要：（1）比较结果而非比较条件，比较学到什么而不比较背景或家世等；（2）比较标准要合理，选择自己可以控制、能够改变的方面，而不是那些无法改变的，如身高、容貌等；（3）比较对象要合适，选择高不可及或远不如己的对象进行比较没有意义，只有选择合适的比较对象才有助于更好地认识自己。

在通过社会比较认识自我时，更加需要认真思考我们该如何接纳自己。

> **知 识 窗**
>
> **社会比较理论**
>
> 社会比较是一种普遍存在的现象。费斯廷格第一个系统地提出社会比较理论。其基本观点是人人都自觉或不自觉地想要了解自己的地位如何，自己的能力如何，自己的水平如何。而一个人只有在社会中，通过与他人进行比较，才能真正认识自己和他人；只有"在社会的脉络中进行比较"，才能认识到自己的价值和能力，对自己做出正确的评价。社会比较能够使人清楚地了解自己和他人，找出自己和他人之间的差距，发现自己的长处，找出自己的不足，激发人们的行为动机。

（三）他人反馈

大文豪苏轼在诗中写道："不识庐山真面目，只缘身在此山中。""当局者迷，旁观者清"，周围的人对我们的态度和评价能帮助我们认识自己、了解自己，其中重要他人对个体的自我意识有深刻而重大的影响。在我们的成长过程中，首先出现的重要他人是父母，因此父母对待我们的态度和评价会决定我们是否勇于探索周围世界；其次是我们的老师和朋友，老师对待我们的态度对我们是否自信具有影响，很多大学生自卑源于老师对他们学业的否定。大学生要尊重他人的态度与评价，冷静地分析，既不能盲从，也不能忽视，更不能对号入座。在大学期间，会出现许多重新认识自己的"第二次机会"。

> **知 识 窗**
>
> **镜像自我**
>
> 镜像自我的概念最早是由拉康·雅克提出的。他认为，我们时常通过观察他人对自己行为的反应形成对自己的评价。每个人对别人来说都犹如一面镜子，这面镜子不仅能够反映出经过它面前的人的服饰、容貌，还能在一定程度上反映出这个人的态度、性格。人与人可以互相作为镜子，照出彼此的形象。镜像自我具有三层含义：第一层含义是我以为别人看到我什么，这并不一定就是别人真的看到我这些，而是我以为他看到了；第二层含义是我以为别人看到我这些后会有什么想法，这也并不真的就是别人有的想法，而是我以为他有的想法，是我根据他的外在行为进行的猜测；第三层含义是我对我以为的别人的想法有什么想法，这是我对别人的想法做出的反应。

（四）过去的经验

失败真的是成功之母吗？过去失败或成功的经验又会对大学生的自我意识产生什么影响呢？一般来说，看起来非常自信的同学很喜欢和老师、同学分享自己成功的经验，这些成功的经验使他们认为自己是有能力完成学业、赢得竞赛等，从而全力以赴，在不断尝试中获得了更多的成功。而有的同学失败的经验多，可能竞选班委没有成功，高考失利没有进入理想的学校，很少有成功的经验与他人分享，总觉得自己和成功无缘，也不对大学生活抱有较高期待。可见，成功的经验会提高大学生的自尊水平，激发他们取得更大的成就。同时，自己对成功的定义、成功事件的大小也会影响成功经验的获得，从而进一步影响自我认识。因此，不妨当我们取得小小的成功时就给予自我肯定和鼓励，增加成功的经验，从而获得高水平自尊。

第三节　我要到哪里去——悦纳自我与超越自我

心理学家维列（Ruth C.Wylie）认为能力和自我接纳是自信的两个主要维度和构成要素，并指出能力是指掌握和控制自我及环境的感觉，自我接纳意味着"包含个人承认自身缺点的自我尊重"，即能欣然接受自己现实中的状况，不因自己的优点而骄傲，也不因自己的缺点而自卑。

一、悦纳自我

（一）建立自我支持系统

在日常生活中，我们可能有这样的经历：当好朋友因为面试失败而心情低落时，我们通常会想尽办法来安慰他，一边告诉他一次失败并不意味着他的能力不行，一边引导他看到自己的优势。在我们的倾听、安慰和劝导下，好朋友心情逐渐平静，甚至已经知道如何面对这次的失败。然而，当类似的事情降临到我们自己身上时，我们更多的是责备自己，把自己批评得体无完肤，一无是处。我们总是引导别人去接纳自己，却没有通过建立自我支持系统来保护自己。

自我支持系统是指个体在遇到难以处理的问题、挑战、压力时，内在产生的自我保护、自我帮助的思维和行为方式。建立自我支持系统可以这样做：

（1）寻找对自己有利的信息，保持积极的自我认知；

（2）将成功归因于内部因素（如能力、努力）等，将失败归因于外部因素（如环境、运气等）；

（3）与经常赞赏我们的人做朋友，因为我们的朋友会影响我们对自己的看法。

（二）接纳自己的缺点

家庭治疗师萨提亚提出：我们能在多大程度上接纳自己的价值，就能在多大程度上以一种友好的方式对待自己的行为，并在需要的时候改变它。我们不是要去攻击自己的行为，而是要去肯定自身的价值。这样做我们能够获得改变自身行为的机会和动力。

刚刚进入大学的吴雨看到校园里的其他女生不由自主地陷入了自卑，心里暗暗想着"我要是再高一点、再瘦一点、再白一点，那该多好"，直到有一天，舍友对她说想拥有一双像她这样漂亮的眼睛。吴雨很吃惊，因为这位舍友就是她眼中的完美女生，当吴雨表达了自己的想法后，舍友说"你羡慕我瘦你可以通过锻炼达到，羡慕我的身高改变不了，就像我羡慕你眼睛漂亮，但我无法获得一样"。而吴雨常常关注着自己的缺点，却忽略了自己的优点。

接纳自己的缺点可以这样做：

（1）人无完人，坦然接受自身的不完美；

（2）运用自我调控，正视自己的缺点，提高行动力；

（3）降低我们对缺点的赋值，避免将缺点放大到十分重要的程度。

我们周边有人可能没有出众的容貌但是仍然散发着个人魅力，有人可能没有出色的口才，却依然可以站在公众场合自信地发言，所以并不是缺点阻挡了我们接纳自己，而是我们对缺点的赋值过高。

（三）接纳自己的独特之处

卡耐基曾说过一段耐人寻味的话："发现你自己，你就是你。记住，地球上没有和你一样的人……在这个世界上，你是一种独特的存在。你只能以自己的方式歌唱，只能以自己的方式绘画。你是你的经验、你的环境、你的遗传造就的你。不论好坏，你只能耕耘自己的小园地；不论好坏，你只能在生命的乐章中奏出自己的发音符。"每个人都是独一无二的。我们的遗传基因是独一无二的，我们的成长之路是独一无二的，我们幼年、童年和现在所经历的一切都是独一无二的，世界上没有人具有和他人完全一样的思维和情感，思想、意见、才学及情感表达都是个人所独有的。正因为自己的独特性，所以不必苛求自己与他人一样，要学会接纳自己的独特之处。

（四）无条件接纳自己

无条件接纳自己是指接纳我们本来的样子，接纳我们的优点，接纳我们的缺点，接纳我们良好的或者不良的情绪状态等。由于受到价值观的影响，父母也会按照一定的标准来塑造我们，当我们满足标准时就会被夸赞和认可，反之则会受到批评，慢慢地这样的标准就渗透到我们心中。有时候，我们的行为是为了获取他人的赞赏，于是我们努力去寻求外界的认可。就如同现在大多数人"以瘦为美"一样，即使你的内心可能并不认同但是仍不自觉地持续减肥。

无条件接纳自己首先需要摒弃的错误观念是"我应该……"。"应该"的后面是社会和外界赋予我们的标准，但真正的接纳是不需要依靠外在标准的。此外，不针对人本身进行评价，当面临失败时，可以责备行为但不要责备自己。终有一天，我们会暂停思考什么才是真正的我，我真正喜欢什么，什么才是我真正想要的，并且发自内心地对自己说："我喜欢你，并接纳你原本的样子。"

完美的我

在女性独白剧《听见她说》第一集"魔镜"中，演员齐溪饰演了一位容貌焦虑的女孩，为了在同学会上成为焦点，她用了长达 2 小时 30 分钟的时间来化妆，将自己打扮成明星的样子。正如预料的那样，在同学会上她获得了所有人的称赞，一切都完美得无懈可击。可是，双眼皮贴的脱落让她从幸福的巅峰跌落到低谷，大家的称赞似乎也变成了讥笑。同学会结束后，这位女孩又一次坐在了化妆镜前，这次她卸掉了自己的妆容，露出了原本的模样。

美有没有统一的标准？如果有，那美的标准是什么？又是谁建立了统一的标准呢？

我们都知道，美没有统一的标准，所以我们也不应该用标准来评判美。

学会接纳自己的不完美，也许那抹不完美才是自己身上独特的美。

正如剧中女孩后来说的："我不完美，完美多苍白啊！我很完美，完美地成了我自己。"

二、自我同一性

（一）自我同一性的概念

前文我们提到了"空心病"，它指的是大学生对未来感到迷茫，不知道目标是什么。"空心病"与大学生自我同一性的建立有着密切的关系。

自我同一性是由著名心理学家埃里克森提出的，用来描述个体自我一致的心理感受，指的是对自我有一个恒定的认识，在过去、现在和将来的自己之间体验到自我的完整性，给予个体明确的价值观、目标和信念，以及生活的方向、目的和意义。

自我同一性的确立意味个体对自我有充分的了解，能够将自我的过去、现在和将来组合成一个有机的整体，确立自己的理想与价值观，并对未来自我的发展有自己的思考。它包括自我肯定（关于"自己是谁"）、找寻自己的人生目标（"将来准备成为什么样的人"及"怎样努力成为理想中的人"）等。

自我同一性至少包括三个方面的体验。

（1）独特：我感到自己是一个独特的个体，是和别人分离的。

（2）统一：自我本身是统一的——从童年的我到现在的、未来的我，但我还是我。

（3）一致：自己设想的"我"和自己感受到的别人眼中的"我"是一致的。

（二）自我同一性的分类

从青少年阶段开始，个体开始建立和发展自我同一性，大学生正处于自我同一性建立的关键时期，更需要主动了解自我和探索世界。心理学家玛西亚（Marcia）在埃里克森关于自我同一性概念的基础上提出了同一性状态理论。玛西亚认为，通过对多个生活领域进行探索及做出适合自己的选择，青少年就可以解决同一性危机。玛西亚在研究过程中重视个体的探索与投入，并根据探索与投入程度的高低划分出四种同一性状态。探索是指个体对与自身发展密切相关的重大问题（如职业、理想等）进行的思考与尝试；投入是指个体做出某些重要决定，并朝着目标努力。

1. 同一性早闭：低探索，高投入

同一性早闭的个体几乎没有对有关自我发展的重大问题进行新的探索，没有想过自己要成为谁、想要过什么样的生活，他们的信念、价值体系等基本同父母或其他权威人物一样。例如，"我想成为一名医生，是因为父母觉得医生救死扶伤，是一份崇高的职业"。同一性早闭的个体尊重权威，喜欢有组织、有秩序的生活，较少陷入迷茫。

2. 同一性弥散：低探索，低投入

同一性弥散的个体几乎没有对与自我发展有关的问题进行探索，也缺乏对目标的投入。他们不知道自己是谁，不知道想做什么，缺乏明确的发展方向，没有进取精神，常常处于一种散漫的无所依附的状态。例如，"我不知道自己未来要做什么，我对未来很迷茫"。同一性弥散的个体通常回避与他人交往，宁可塞着耳机听音乐或睡觉，也不愿意接触他人。

3. 同一性获得：高探索，高投入

同一性获得的个体进行了探索，做出了选择，并对目标和价值观进行了积极的投入。他们不过度关注别人的看法，专注自己的目标，很少彷徨、迷茫，按照自我方向努力。例如，"我喜欢治病救人，所以我想成为一名医生，我遵从自己的想法，并认真学习"。对个体而言，自我同一性达成并不意味着一成不变，在我们生命中的某个阶段，也许会达成稳固的自我同一性，也许会放弃前一种同一性，而形成新的同一性。

4. 同一性延缓：高探索，低投入

同一性探索的个体正处于探索过程中，尝试各种活动，试图从中做出选择，但还没有对特定的目标进行投入。不过，通常情况下很少有人长期处于这一状态。

同一性获得的大学生具有更高的自觉性，能设定并努力追求自己的目标，而不是当一个"佛系青年"，具有更强的学习动机，表现出良好的适应性。大学生的同一性状态不是一成不变的，而是随着个体的成长发展变化的。处于同一性延缓状态的大学生，如果给予正确的教育、引导便会向着同一性获得状态发展。

（三）自我同一性的建立

第一，树立正确的自我意识，拓宽自我认知的渠道和途径。大学生要准确地评价自我，对现在和未来有明确的认识，既不好高骛远也不妄自菲薄。

第二，提高人际交往的能力，丰富课余生活。大学生可以通过积极参加学生组织和社团

活动培养自己的组织和管理能力，善于听取别人的意见，培养团队协作能力，在人际关系中积极进行自我觉察和思考。

第三，提高自制能力，心动不如行动。大学生要树立正确的观念，磨炼坚毅的意志，积极探寻适合自己的学习和生活方式，整合自我、理想和现实的选择，把自身的发展与社会的需要联系起来，获得成长的动力。

第四，用发展的眼光看待自己。大学生处在不断成长的过程中，所以要用发展的眼光看待自己，要学会对过去、现在及未来的关系做出合适的理解。我们体验过的情感、欣赏过的风景，努力后的成绩是我们辛勤耕耘的结果。

> **知识窗**
>
> **延缓偿付期**
>
> 埃里克森将"延缓偿付期"这一概念引入发展心理学。延缓偿付期是指大学生在大学时代从心理上、社会上不尽义务的特权时期，在经济上有父母的资助，不直接接触生产活动和社会活动，一心一意埋头于技术训练和知识获得。
>
> 大学时期是自我发现、自我意识形成与发展、人格再构的关键时期，是帮助大学生成长成才的重要时期，是从不承担社会责任到以社会角色出现并承担社会责任的过渡时期，理应为步入社会做好准备和奠定基础。大学阶段作为"延缓偿付期"的本意是主张有效地利用这个人生发展的缓冲期，充分认识自我，挖掘潜力，这是社会对大学生的一种保护。然而，现实中有相当一部分大学生不能正确认识并有效利用这个时期，继续拒绝完成自我同一性，导致延缓偿付期延长的现象越来越普遍，他们以自我为中心，不受义务的束缚。
>
> 大学生在延缓偿付期应注重完善自我意识，培养良好的个性心理品质，不断开发自我潜能，积极进取，以便更好地应对瞬息万变的信息时代和学习型社会带来的挑战。

三、超越自我

大学阶段是一个更加独立的人生新阶段，在这一阶段，大学生除了要有更加清晰的自我认知，接纳自我，还需要在面临新的挑战和新的学习时完善自我，最终超越自我，积累迎接未来的资本。在2022年北京冬奥会上，一位有着高超技艺的天才少女在赛场上大放异彩，斩获2枚金牌和1枚银牌，惊艳了中国也惊艳了世界，成为举世瞩目的焦点，她就是谷爱凌。谷爱凌的成长故事和奋斗经历也在网络上被大家热议。她的家庭成员都是学霸，她自己被斯坦福大学录取。谷爱凌运动天赋极高，尤其擅长滑雪。她性格开朗，积极乐观，具有超强的自控力，不停歇地刻苦练习，学习和比赛两不误。这些都让谷爱凌散发着魅力，而她在赛场上的表现展示出了强大心理资本的重要性。

管理学家路桑斯教授将积极心理学的思想延展到人力资源管理与组织行为学领域，提出"心理资本"这一概念。他对心理资本的概括是个体在成长和发展过程中表现出来的一种积极心理状态，这种心理状态是可以改变和开发的。

这种心理状态具体表现为，在面对充满挑战的工作时，有信心（自我效能）并能付出必要的努力来获得成功；对现在与未来的成功有积极的归因（乐观）；锲而不舍地追求目标，为取得成功在必要时能调整实现目标的途径（希望）；当身处逆境和被问题困扰时，能够持之以恒，迅速复原并超越自我（韧性），以取得成功。培养大学生的心理资本是大学期间一个非常重要的任务。路桑斯教授认为,心理资本至少包括自我效能、希望、乐观和韧性四个方面。

1. 自我效能

自我效能(自我效能感)是指个体对自身能否利用所拥有的技能去完成某项工作行为的自信程度。在2022年北京冬奥会上,谷爱凌在自由式滑雪女子大跳台决赛第三跳时,超越自我极限做出了从未尝试的两周空翻转体1620度,夺得冠军。她说自己之所以这样做,是希望让世界看到她不害怕、不畏惧,一直在挑战自己,突破极限。谷爱凌这一跳也展示了强大的自我效能感带来的自信和超越。

自我效能感高的人有以下几个特点:①主动为自己设立一个较高的目标;②欢迎挑战,并因完成挑战而变得强大;③高度自我激励,不依赖外界的肯定;④为实现目标愿意投入必要的努力;⑤面对困难能够坚持不懈。

那么,大学生应如何提高自我效能感呢?班杜拉对自我效能感的影响因素进行了大量的研究,指出可以通过以下三种途径提高自我效能感。

①通过成功的经验提高自我效能感。班杜拉认为自我效能感是以个体多次亲身获得的直接经验为依据的,而多次成功的经验会顺利提高个体的自我效能感,所以在完成目标时我们要充分调动自己成功的经验,以增强自信心。

②通过替代学习和模仿提高自我效能感。成功的经验是有限的,我们可以通过替代学习提高自我效能感,但是学习者与榜样要有相似之处。在2022年北京冬奥会自由式滑雪男子空中技巧决赛中,齐广璞夺得金牌。2013年,他是世界上第一个成功完成难度系数高达5.0的动作的选手,直到此次冬奥会已经有很多运动员能够完成这一难度系数的动作,这就是通过吸取榜样成功的经验提高自我效能感的有效例证。

③积极的情绪状态可提高自我效能感,因此可以通过多种方式唤醒或保持积极的情绪状态。

2. 希望

在日常生活中,我们经常听到"希望"一词,其意思是"心中最真切的盼望、期望"。心理资本中的"希望"则有所不同,其代表的是"意志和途径"。"锲而不舍,金石可镂"诠释了意志的内涵;途径不单是个体主动确定实现目标的途径,更要提前考虑其他备选途径或替代方案。里克·斯奈德将希望定义为在成功的动因(指向目标的能量水平)与路径(实现目标的计划)交叉所产生体验的基础上,所形成的一种积极的动机状态。在2022年北京冬奥会短道速滑男子1000米决赛中,中国队为了赢得奖牌(成功的动因),由任子威和武大靖交替带队。后来,武大靖体力不支,但为了为国家赢得荣誉帮助任子威卡位,并鼓励任子威先走(实现目标的计划),最终中国短道速滑队获得了一金一银的荣誉。

希望是可以开发的心理资本,那么应如何开发和培育大学生的希望呢?

①目标设置:当我们把目标内化为自己的目标或对目标有合乎逻辑的解释时,能够产生更好的效果。

②弹性目标:一个好的目标应该是具体的、可测量的、有挑战性的(可以激发你的探索精神),但又是可以实现的。

③分步前进:将大目标分解成可操作的、具体的小目标。

④及时强化:一旦小目标完成及时给予奖励。

3. 乐观

在生活中，我们常常会遇到这样的现象。一场摄影比赛，两位同学争夺最后的奖牌，最终A同学获胜。A同学的获奖感言可能是自己非常喜欢摄影，所以在不断学习，以提高自己的摄影技术。但是，如果是B同学获胜，A同学则大概率会说可能B同学的摄影设备更好一些，而不认同技术差距。

在不同情境下，A同学的回答是不同的。当A同学获胜时，他认为获胜的原因是他的努力和学习到的技能，这是他自身可以控制的因素。但如果A同学失败了，他则倾向于将失败的原因指向设备，而这是外部的、是他难以控制的。当个体将失败归结于外部的、暂时的因素时，便不会感到悲观失望。

马丁·塞利格曼认为乐观就是把积极的事件归因于自身的、持久性的和普遍性的原因，而把消极的事件归因于外部的、暂时性的及与情境有关的原因。夸张地说，乐观者的认识是"千好万好都是自己的好，千错万错都不是自己的错"；悲观者的认识是"千好万好都是别人的好，千错万错都是自己的错"。因此，乐观者比较容易看到生活中积极的一面，而悲观者会认为不幸的境遇和消极的事情都是自身造成的。

我们应如何培养乐观呢？

（1）合理归因。

归因是指个体对自己行为结果的因果解释或推论。美国心理学家伯纳德·韦纳认为，个体对行为成败原因的分析可归纳为六个因素，分别是能力、努力、任务难度、运气、身心状况、其他因素。韦纳又按照各因素的性质，将这六个因素分为三个维度，分别是稳定性、内外性和可控性。

- 稳定性：个体认为影响其成败的因素是否稳定。
- 内外性：个体认为影响其成败的因素是个人（内在）还是外在环境。
- 可控性：个体认为影响其成败的因素能否由个人意愿决定。

韦纳归因理论如表6-1所示。

表6-1 韦纳归因理论

	稳定性		内外性		可控性	
	稳定	不稳定	内在	外在	可控	不可控
能力	+		+			+
努力		+	+		+	
任务难度	+			+		+
运气		+		+		+
身心状况		+	+			+
其他因素		+		+		+

韦纳等人认为，个体对成功和失败的解释会对以后的行为产生重大的影响。如果把成功归结为可控的、内在的因素，则更有自信迎接挑战，生活态度更加积极乐观；如果把失败归结为不可控的、内在且稳定的因素，则容易产生消极认知，失去努力的动力，从而产生无助、无奈的消极情绪。

（2）转移注意力。

转移注意力很好的一个方法是当我们情绪低落或消极想法出现时，把它写下来。一是因为写下来本身就是一种发泄；二是因为写的时候信息加工是不同的，之前剪不断理还乱的想法容易被厘清。当我们诉诸笔端再去厘清想法的时候，它们就不会萦绕在头脑中了。

（3）驳斥不合理的信念。

心理学家埃利斯提出情绪 ABC 理论，他认为当我们碰到不好的事件（A）时，我们就会出现对此事件的想法或信念（B），最终会产生行为及情绪的结果（C）。不良的行为及情绪并不是由事件 A 引起的，而是由信念 B 导致的，要想获得良好的行为及情绪结果，需要驳斥不合理的信念或消极想法，从而获得合理的信念或积极想法。下面以一个例子展开说明。

事件 A：你的好朋友没有回你的电话。

信念 B：她之前不管多忙都会接我的电话，现在到了大学她可能有了新朋友，我不再是她最好的朋友了。

结果 C：你闷闷不乐，情绪不佳。

驳斥 D：不会的，她前两天还给我打电话关心我，还说假期的时候来看我呢。我还是她最好的朋友。

激发 E：我没有那么伤心了，说不定她正在上课不允许接电话呢。

值得注意的是，乐观不是盲目的，要想清楚事情可能带来的后果。例如，学校强调当宿舍里无人时要断电，但是有的同学认为偶尔不断电也不会有什么危害，但若因为不断电而引发火灾，就会造成严重的后果。

4．韧性

心理韧性是指个体面对生活逆境、创伤、悲剧、威胁或其他生活重大压力时的良好适应过程，既是对抗逆境和创伤等应激的一种良好适应能力，又包含从逆境和创伤中恢复过来的一种成功应对结果。心理韧性有两个核心要素：个体面对应激时的良好适应（能力）和成功复原（结果）。

如何提高大学生的心理韧性呢？

（1）运用积极解释，保持乐观的心态。

（2）把握内部控制点，即我们应当先找到自己可以控制的事情，并采取行动。

（3）寻求社会支持。

（4）拥抱挑战与失败，提高自我效能感。

中国女排的心理韧性

中国女排在 2016 年里约热内卢奥运会中以坚忍不拔的意志及精湛的技术，战胜了一个又一个实力强劲的对手，最后勇夺金牌，时隔 12 年后重登奥运会冠军宝座。这场胜利既体现了中国女排顽强拼搏，永不言弃的精神，也体现了专业运动员强大的心理韧性。

在小组赛阶段，中国女排出师不利，2 胜 3 负，位列小组第四。但她们在淘汰赛中激发了心理韧性，势如破竹。1/4 决赛时，中国女排对阵巴西队，虽丢掉了第一局，但随着比赛的进行，中国女排紧咬比分，以高超的技术和迅速回弹的精神力量持续发力，最终以 3∶2 的成绩成功淘汰了巴西队，成功晋级四强。决赛时，面对曾经赢过自己的塞尔维亚队，中国女排

> 毫不畏惧，吸取经验，调整状态，最终以3：1成功复仇夺冠。
> 女排姑娘们强大的心理韧性和积极的心态促使她们愈战愈勇，杀出重围。

第四节　活出我的范儿——爱己达人

在这个世界上有那么一个人，感受着你的感受，悲伤着你的悲伤，幸福着你的幸福，忧愁着你的忧愁，可能会怨你但不舍得弃你而去，这个人就是你自己。我们通过认识自己、悦纳自己、超越自己最终实现爱自己。

一、如何爱自己

1. 珍爱生命、尊重生命

爱自己首先应珍爱生命、尊重生命。生命是珍贵的，每个生命都是唯一的，生命对任何人来说都只有一次。生命是持续发展的，发展过程具有方向性，是慢慢走向衰亡的过程，是不可逆转、不可再生的。生命是独特的，我们的遗传基因是独特的，生活经历是独特的，每个人的生命都是由自己创造的。生命又是脆弱的，疾病、意外都可能导致死亡，生命在突发事件面前是脆弱的。每个人的生命都不只属于自己，珍爱生命不只是对自己负责也是对家人、社会负责。当大学生遇到困难的时候，要懂得寻求帮助，除了向自己的家人、同学、朋友寻求帮助，还可以向专业心理咨询机构寻求帮助，以顺利度过危机。

2. 寻找价值、认可自我

爱自己就要认识到生命是有价值的，自身是有价值的。每个人的生命都具有无限的创造性。人类的生命价值体现在不断认识自我，开发个人潜能，追求自我发展与成长，同时为他人和社会创造价值上。正如梁启超曾在散文中写的："少年智则国智，少年富则国富，少年强则国强。"价值感是发自内心的一种参与，一种感受，是在亲身体验了生命的成长过程中催生出来的一种对自己、对家人、对社会、对国家有用的感觉。

3. 接纳自我、豁达人生

爱自己就要接纳自我。尺有所短，寸有所长。人无完人，每个人都有不完美的地方。所有人都希望万事顺遂，但是人不可能总是在顺境当中，也会遭遇失败和挫折，感受到失落和痛苦。因此，接纳自我指的是接纳自己的一切，包括优点与不足、成功与失败，承认自身的不完美，这样才能正确认知自我、评价自我，不必在意他人的眼光。当代大学生要敢于承认自身优势，勇于承认自身不足，在挫折中锤炼本领，在成功中收获自信，培养积极的心理品质，培养乐观的态度，笑看风起云涌，坐看云卷云舒，成就豁达人生。

4. 健康生活、强健体魄

爱自己就要培养健康的生活方式，强健体魄。健康是人全面发展的基础，健康的生活方式更是身心健康的保障。一是要坚持体育锻炼，体育锻炼不仅可以强身健体，还可以降低大学生的焦虑水平，并提高自我效能感；二是要坚持科学睡眠，科学睡眠不仅有助于消除疲劳，更能帮助大学生保持良好的心理状态；三是积极参加文体活动，这有利于增进人际交往，完善自我意识，保持积极心态；四是培养健康的饮食习惯，合理且规律膳食，保证身体健康。当代大学生要正确认识时代责任和历史使命，文明己精神，强健己体魄，成为合格的社会主义建设者和接班人。

二、关怀他人

1. 关怀他人需要

秋瑾曾说："芸芸众生，孰不爱生？爱生之极，进而爱群。"这句话的意思是：天下的人，谁不爱惜自己的生命、生活啊？当自己珍爱自己的生命、生活到一定的程度时，他就会得到升华进而热爱每一个人，真正热爱生命到极点的人，就会热爱整个社会、整个人类，从小爱升华到大爱。大学生是在周围的爱中得到滋养和成长的，也应对他人付出爱，从关爱自己的亲人、朋友开始，心中有他人，能够考虑到他人的感受和需要，并为他人做一些力所能及的事情。

2. 关爱他人生命

海明威说："每个人都不是一座孤岛，一个人必须是这世界上最坚固的岛屿，然后才能成为大陆的一部分。"每个人都生活在各种关系当中，如亲子关系、朋友关系、同事关系等，这些复杂的关系是我们认识自己的重要途径，既给了我们帮助，也给了我们认识和关爱他们的机会。关爱他人，既要尊重、珍爱他人的生命，也要肯定他人的生命价值。

3. 关注社会发展

孟子曰："穷则独善其身，达则兼济天下。"当代大学生要勇担时代责任和历史使命，用中国梦激扬青春梦，自觉把个人的理想追求融入国家和民族的事业中，勇做走在时代前列的奋进者、开拓者，不负韶华，不负"请党放心、强国有我"的铮铮誓言。

2020年全国最美大学生：余汉明

在2020年新型冠状病毒肺炎疫情防控阻击战中，很多大学生不畏艰险、冲锋在前。北京航空航天大学飞行学院2018级本科生余汉明也是其中之一。"00后"的他是土生土长的武汉人，疫情期间看到社区的空巢老人无法及时得到家人的照顾，便报名成为武汉中山社区防疫志愿者，为100多户家庭提供买菜、上门送药等服务。

每当电话响起，余汉明就拿起笔，一一记下居民的信息和需求。第二天，结束门岗值守，身穿红马甲的他提着辗转购买的生活用品来到居民楼下。44天，每天10小时的志愿服务，余汉明用自己的热情和力量为武汉疫情防控做出了贡献，同时也感受到了帮助他人的幸福感、光荣感。

"我们青年学生，就是要在党和国家最需要的时候，挺身而出！"疫情防控过程中涌现出了一大批"95后""00后"，他们有智慧、有毅力、能吃苦、爱奉献，他们将青春梦融入中国梦，彰显了大学生的风采，为祖国贡献青春力量。

课堂研讨

1. 空心病的症状是否出现在你身上了，如果是，你有应对它的策略吗？
2. 之前的你是否过度关注自己的缺点，通过本章的学习你有什么样的感受和启发？

心理训练

一、体验分享

1. 20个"我是谁"

请同学们尽可能快速完成20个以"我……"开头的句子，如表6-2所示。现在尝试将头脑中浮现的答案写下来，不要有顾虑。写完之后对照自我意识的内容，认真感受写下的句子。

表6-2　20个"我是谁"

句子	自我意识的内容
例：我喜欢唱歌和跳舞	心理自我
……	

2. 链接过去的你

闭上眼睛，回忆你六七岁的时光，主要尝试唤起那些早期"有形"的记忆，回忆真实发生在你身上的事情，而不是别人告诉你的事情。花点时间去回忆一些细节，试着去重新体验那些事情带给你的感受。

（1）写下你最早的记忆。

（2）你对爸爸妈妈和兄弟姐妹或者你的重要抚养人的最早记忆是什么？

（3）回忆你在六七岁时生活中的突出事件，尤其是你在家庭中的地位、家人对你的反应及你对家人的反应。在你看来，你儿时在家庭中的感受和你现在在学校中的感受有什么联系？

（4）对于你现在的个性，这些早期经历具有什么样的影响？

（5）在这些早期记忆中，你对自己的认识、评价和感受与你现在对自己的看法有何联系？这些新的觉察和发现可以怎样帮助你悦纳现在的自己？

_____

_____

3. 自我肯定活动

通过下列一个或多个活动，看看你对自我的感觉有什么变化。

- 列出五个优点。
- 列出你钦佩自己的五件事情。
- 到目前为止，你生命中最大的五个成就是什么？
- 列举五种可以使自己笑的方式。
- 你能够为别人做，并且让别人感觉良好的五件事情是什么？
- 列出你善待自己的五件事情。
- 你最近参加过的带给你快乐的五个活动是什么？

二、心理测试

自我同一性测试

埃里克森自我同一性测试采用四点记分，得分代表自己对每种情况的适用程度。A 代表完全不适用，B 代表基本不适用，C 代表基本适用，D 代表完全适用。请在表6-3中对应的选项下打"√"。

表6-3　自我同一性测试表

情况描述	适用程度			
	A	B	C	D
1. 我不知道自己是怎样的人				
2. 别人总是改变他们对我的看法				
3. 我知道自己应该怎样生活				
4. 我不能肯定某些东西在道义上是否正确				
5. 大多数人对我是哪类人的看法一致				
6. 我感到自己的生活方式适合我				
7. 我的价值为他人所承认				
8. 当周围没有熟人时我感到能更好地成为自己				
9. 我感到自己生活中所做的事并不真正值得				
10. 我感到我对集体生活适应良好				
11. 我为自己成为这样的人感到骄傲				
12. 人们对我的看法与我自己的看法差别很大				
13. 我感到被忽略				
14. 人们好像不接纳我				
15. 我改变了自己想要从生活中得到什么的想法				
16. 我不太清楚别人怎样看我				

续表

情况描述	适用程度			
	A	B	C	D
17. 我对自己的感觉改变了				
18. 我感到自己出于功利的考虑而行动或做事情				
19. 我为自己是生活于其中的社会的一份子而感到骄傲				

1. 记分方法

第3、5、6、7、10、11、19题正向计分，即A=1分、B=2分、C=3分、D=4分；第1、2、4、8、9、12、13、14、15、16、17、18题反向计分，即A=4分、B=3分、C=2分、D=1分。计分结束后，将所有题目的得分相加，计算出的总分就是自我同一性得分。

2. 结果解释

如果你的分数为19～49分，则说明你的自我同一性还没有完全建立起来。你在理想和职业选择的道路上还在探索，尚未形成固定的看法。你的自我同一性尚在建立之中，也是奋斗、再塑和目标再选择的时期。

如果你的分数为50～63分，则说明你的自我同一性发展正常。你已比较成功地解决了危机问题，在理想、职业和人际关系等方面都有比较确定的、积极的想法。

如果你的分数为64～76分，则说明你的自我同一性发展良好。你对自己的理想、奋斗目标和职业选择都很明确，对自我具有比较充分的认识，通常有良好的自我调节和社会适应能力。

推荐书籍1：《认识自己，接纳自己》，马丁·塞利格曼著，浙江教育出版社。

推荐理由：积极心理学之父马丁·塞利格曼从积极心理学的角度指出，人们之所以会被负面情绪困扰，是因为人们没有正确认识自己。我们身上的一些行为特质，有些是我们能够改变的，有些是我们不能改变的。这本书指出了怎样区分哪些是能够改变的，哪些是不能改变的，应怎样面对这些行为特质，以及如何科学地认识自己。

推荐书籍2：《自卑与超越》，阿德勒著，陕西师范大学出版总社。

推荐理由：《自卑与超越》是个体心理学的先驱阿德勒的代表作，是一部阐明了人生道路和人生意义的通俗读物。在本书中，阿德勒提到每个人都有不同程度的自卑感，因为没有一个人对其现时的地位感到满意。自卑并不可怕，关键在于怎样认识自己的自卑，从而克服困难，超越自我。

第二部分

心理素养提升篇

第七章

感动中国的失聪女孩

遇见更好的自己

导语：人格是一种多层次、多维度的复杂心理现象，了解人格的基本内涵和结构，探索总结自我的人格特征，掌握人格优化的方法，有助于大学生更好地完善自我，提升心理健康水平，实现个人价值和社会价值。大学阶段是人格发展、完善的重要时期，在新的时代背景下，党和国家对广大青年大学生提出了新的期许和要求，大学生要坚定爱国主义基本信仰，树立集体主义价值观，实学实干、追求卓越，在实现中华民族伟大复兴的中国梦中遇见更好的自我，让青春在奋斗中熠熠闪光。

认识你自己。

——苏格拉底

千里和万里

千里和万里是一对孪生兄弟，他们在不同的学校读大学三年级。别看他们外表相像，而且从小一起吃、一起住、一起上学，"内核"却千差万别。哥哥千里反应迅速，爱说爱闹，喜欢呼朋引伴，情绪来得快去得也快，弹吉他、唱歌等各类文体活动不在话下；弟弟万里则善于观察，心思细腻，安静沉稳，喜欢沉浸在自己的世界中，听听歌、看看书，不愿意给别人添麻烦，但同学遇到困难需要帮忙，他也很乐意效劳。

连他们的妈妈都说，别看他们是双胞胎兄弟，但打襁褓里就看出不一样，哥哥千里从出生后就精力充沛，手脚经常挥舞着；弟弟万里就安静地躺在小床上，很少哭，眼睛睁得大大的，环视四周。

很多小伙伴都羡慕千里和万里有既是亲人又是玩伴的双胞胎兄弟，可兄弟俩内心很复杂。哥哥千里羡慕弟弟万里听话懂事，很少惹父母生气，家里人仿佛更疼爱弟弟，千里从小就感觉到这一点，并对此心存芥蒂；弟弟万里对哥哥千里也充满了复杂的情感，一方面哥哥是自己的亲人，另一方面自己的内心总是蹦出一些"邪恶"的想法，就是希望哥哥不要那么优秀，因为哥哥优秀显得自己很"失败"。这些秘密一直埋藏在兄弟俩心里，不时困扰着兄弟俩，导致他们的兄弟情不那么"纯粹"。

思考：如何帮助千里和万里找到"纯粹"的兄弟情？

专家点拨：案例中的千里和万里所表现出的差异归根结底是人格差异。人格，简单来说就是我们为人处世的风格和惯性。心理学家李玫瑾曾说，个性（人格）是一个人的"心理名片"，是我们区别于他人的关键。就像世界上没有完全相同的两片树叶一样，世界上也没有完全相同的两个人。因此，认识到人格的独特性是化解二人"心结"的前提。另外，兄弟二人表现出来的"芥蒂"的实质是对完善人格的渴望和追求，对他们来说，目前最重要的任务也许就是学会悦纳自我，以及通过正确的途径取长补短，完善自身的人格修养。

找自己

1. 活动物资

纸、笔。

2. 活动规则

请拿出一张纸，写下尽可能多的形容词，来描述你究竟是什么样子的。

注意：不是你想要成为什么样子，或者你希望老师、父母或同学认为你是什么样子的，而是真实的你；尽量不使用"很好""还行""不错""差劲"这样的词语，即使这样的词语很适合描述你。

3. 交流总结

（1）认真审视你写下的词语，将它们进行归类，如按描述生理特征、性格特点、个人能力、人际关系等归类。

（2）选择最能代表你的1个词语和3个次级代表你的词语。

总结：在这个活动中，我们从不同的角度描述了自己，这些词语都属于我们的人格特征，在这些人格特征中，有主要的人格特征，也有次要的人格特征。当然，人格是一个非常复杂的系统，在这一章，我们将进行全面的学习，相信你会对自己的人格有更加清晰的认识。

第一节　探秘人格江湖——人格概述

我们平时常用到人格这个词，比如某个人人格高尚，法律要保护人的人格尊严，这分别是指人格的道德和法律含义。而在心理学中，人格到底是什么呢？性格和人格一样吗？人格

会改变吗？下面让我们一起走进人格江湖，探索人格的奥秘。

一、人格及其基本特征

人格（Personality）的原意为戏剧演员所戴的"面具"，用以表现剧中人物的角色和身份。类似于京剧中的脸谱，红脸代表忠心耿耿，白脸代表阴险狡猾，黑脸代表人物性格粗犷。后来心理学借用这个术语，用来说明每个人在人生舞台上扮演的角色及其不同于他人的精神面貌。

人格是个体在遗传素质的基础上，通过后天环境、教育和自身主观努力等因素的交互作用，在社会化过程中形成的相对稳定、独特的心理行为模式。这一简单的人格定义，内涵丰富，也反映了人格的多种本质特征。

1. 人格具有整体性

人格是由多种成分构成的一个有机整体，具有内在一致性，受自我意识的调控。当一个人人格结构的各方面彼此和谐一致时，就会呈现出健康的人格特征；否则，就会使人发生心理冲突，产生各种生活适应困难，甚至出现"分裂人格"。有的人身上存在多种人格，每种人格状态都有着不同的经历、自我形象、身份，各个身份之间也不能意识到其他身份的存在。

2. 人格具有稳定性

个体出生后，在社会化过程中，通过各种因素的交互作用，会逐渐形成一定的行为动机、理想、信念、世界观和价值观等，形成比较稳定的人格。"江山易改，本性难移"说的就是人格。现在，请你仔细回忆一下你的小学、初中同学聚会，虽然随着时间变迁，很多人的声音、长相都变了，但是一聊天，很快又能找回当初熟悉的感觉。比如，当时班上的"风云人物"，依旧谈笑风生，占据聚会C位，这是人格在时间维度的稳定性。当然，人格的稳定性不仅体现在时间上，还体现在空间层面，比如性格外向的你无论是在家里还是在学校里都喜欢与人交流。当然，稳定性并不意味着人格不可改变，个体的人格也会受到重要事件的影响，出现部分人格特征甚至整个人格结构的改变，具有一定的可变性。

3. 人格具有独特性

人格是在遗传、成熟、环境和教育等因素影响下发展起来的，每个人的人格都是独特的。"龙生九子，各有不同"体现的正是人格的独特性。在本章开头的案例中，即便是遗传素质相同、后天环境相似的孪生兄弟，也表现出不同的人格特征。人格的独特性不仅体现在各人格特质的数量、组合方式上，还体现在每种特质的表现方式上，比如即便都是外向的人，表达方式也会有很大差别。

人格的独特性并不排斥人与人之间在心理上的共同性。也就是说，人格中存在着共性。所谓心理上的共性是指某一个群体、某一个阶级或某个民族有共同的典型的人格特征。在许多研究中国人性格的文献中都表明，中国人在对自我的观念上，往往秉持在人前不炫己，不过分主张己见，力求谦虚的态度；行为上往往不愿意公开表露情感，力求克己。当然，随着社会的变迁，文化的革新，民族性格也在扬弃。

4. 人格具有社会性

人们出生之时只是一个生物学意义上的个体，与其他动物并无本质区别，这时人与人之间的差异纯粹是生物学的或遗传学的。但出生就意味着从一个简单的生理环境进入一个复杂的社会环境，要掌握所处社会的行为道德规范、价值观念、信念体系、社会风俗等。这种社会化过程在已有的生理基础上赋予了人格更丰富的内涵。

从野兽哺育大的孩子身上也可以看出，尽管他们具有特殊的人的身体组织，有双手，以及高度发达的脑，但由于他们生活于动物之中，没有人的社会生活条件，他们的机体组织虽然生长着、"成熟着"，可是他们并没有人的智力，也没有人所具有的道德品质，当然也无法形成人的个性。

知 识 窗

狼孩有人格吗

1920 年，辛格博士在狼穴的深处救出被狼哺育大的两个女孩，一个女孩看上去七八岁，另一个女孩大约两岁。随后，她们被送到米德纳坡尔孤儿院抚养，一个取名为卡玛那，另一个取名为阿玛那。年龄小的阿玛那一年后就死了，卡玛那一直活到 1929 年。

最初，她们爬行，半弯曲着腿，手掌和脚掌着地。她们害怕光亮，能辨别方向，适于夜间生活，白昼要么蜷缩在屋角睡觉，要么脸朝墙蹲着。她们全凭嗅觉追寻食物，常常撕破衣服、扔掉被子或毛毯，即使天气寒冷也不怕。她们只吃地板上的生肉，不吃任何手里的东西，啃骨头也不用手拿。

卡玛那和阿玛那彼此间有着深厚的感情。她们相互依偎着睡觉。阿玛那死时，卡玛那流了眼泪，两天两夜不吃不喝。她对其他的人却怀有敌意，其他的孩子引不起她的兴趣。她对小狗很感兴趣，同它们一起玩耍，同在一个钵里吃东西。刚入孤儿院时，每天晚上她像狼一样嚎叫许多次，并竭尽全力找寻出路，以便逃回丛林。

为了恢复卡玛那的"人性"，辛格博士下了许多功夫。2 年后，卡玛那虽然学会直立，但还得人扶着。直到 1926 年，在有人扶着的时候她能直立行走了。4 年后，她只能听懂几句简单的话，学会了 6 个词。7 年后，她只学会了 45 个词，会说几句不流利的话。她在 1929 年离开了人世，其智力仅相当于 4 岁小孩的水平。

二、人格的结构

人格是一个复杂的结构系统，包括各种成分。简单地说，人格主要包括个性倾向性和个性心理特征两个方面，如图 7-1 所示。前者是指人格的动力，后者是指个体之间的差异。

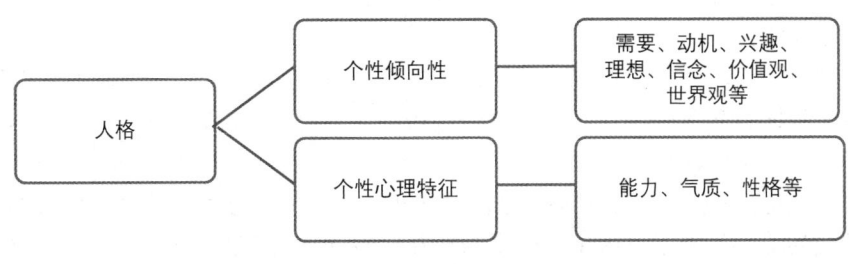

图 7-1 人格结构示意图

个性倾向性是指决定人对事物的态度和行为的动力系统，以积极性和选择性为特征，包括需要、动机、兴趣、理想、信念、价值观、世界观等。例如，在现实生活中，有的人安于现状、不思进取，而有的人乐于奉献、造福社会等。这些表现出个人所特有的人格倾向性的差异。

个性心理特征是指在心理活动中所表现出来的比较稳定的成分，包括能力、气质和性格等。人与人之间在个性心理特征方面是有差异的。例如，有的人善于观察事物细节，有的人却容易忽略细节；有的人思考问题细致，而有的人思考问题不全面等。

人格心理结构的各个方面是有机联系着的，它们构成了一个不断自我调节、自我控制、自我完善的活动系统。

三、人格的影响因素

人格有多大的改变空间？受何因素影响？目前，心理学上普遍认为人格是在先天的遗传因素和后天的环境因素交互作用下形成的。

1. 遗传因素

为了验证遗传对人格的影响，明尼苏达大学开展了两项研究：第一项是对共同抚养和分开抚养的同卵双生子的研究；第二项是对异卵双生子人格心理的研究。最后通过研究的对比得出了一个结论，即使同卵双生子被分开抚养，他们之间的相似性也大于异卵双生子，可见遗传在人格中发挥的作用显著。然而，另外一项对同卵双生子的研究表明，双胞胎被分开抚养的时间越长，两人之间的差异也就越大。每个人都是先天与后天相互影响的"合金"，我们的一些人格特质可能受遗传倾向的影响，如在妈妈焦虑的情况下，孩子出生就表现出敏感、焦虑的气质特点；父母外向开朗，孩子也普遍外向开朗。不过，人不是机器，并不是按照编写好的程序自动运行的，我们虽然不能忽视遗传因素的影响，但是每个人一生的发展其实是自己选择的结果，遗传并不能决定我们的命运。

2. 环境因素

（1）社会文化因素。

社会文化是影响人的人格的重要因素，具有塑造人格的功能。不同文化的民族有其固有的民族性格，不同的地域有不同的文化传统，不同的文化发展时期有不同的文化认同。比如，在性格取向方面，人们就会有着不同的认知情感，人们普遍认为美国人独立、法国人优雅、中国人谦卑等，这些民族印象已然成了一种定式。再比如，中国社会比较看重集体意识，提倡集体主义和爱国主义，而个人意识和个人价值在西方人眼中更重要，他们追求释放自身个性，自由发展。这些都是社会文化因素对人格的影响。

（2）家庭环境因素。

幼儿期是儿童人格发展的奠基时期，是人格基本特征逐渐形成的关键时期，儿童最初的人格发展与父母的教养方式、亲子关系等密切相关，家庭养育环境对幼儿人格的健康发展具有重要意义。相关研究表明，注重家庭情感"温暖"、氛围并注重儿童社会适应性、自理能力培养的家庭，其儿童人格在探索主动性、合群性及独立性三个方面均表现出较强的发展能力；家庭教养方式为信任鼓励型、情感温暖型的儿童，表现出更高的主观幸福感和积极情绪；专制型、溺爱型家庭教养方式下的儿童消极情绪更强烈。

表 7-1 所示为父母的教育方式对儿童人格发展的影响。

表 7-1　父母的教育方式对儿童人格发展的影响

父母的教育方式	儿童人格发展
支配的	消极、缺乏自主性、依存、顺从
干涉的	神经质、被动、幼稚
娇宠的	任性、放肆、幼稚、神经质、温和
拒绝的	自我显示、冷淡、狂暴
不关心的	攻击、情绪不安定、冷酷、自立
专横的	反抗、情绪不安定、依存、服从
民主的	协力、独立、坦率、社交

另外，有研究者对孤儿院里的儿童进行了研究，发现早期被剥夺母爱的孩子，长大以后在各方面的发展均受到影响。但是，这种早期的创伤经验并不会单独对人格产生影响，早期儿童经验是否对人格造成永久性影响因人而异，大多数人随着年龄的增长、心理的成熟，童年的影响会逐渐减弱。

最不受宠的似乎总是老二？——出生次序到底有什么影响

2015 年年末，一部充满时代记忆的电视剧《请回答 1988》成为韩国的"国民大剧"。剧中讲述了 1988 年在首尔市道峰区双门洞居住的五家人的故事，泪点与笑点并存。

其中有一位叫德善的女孩，是家中的老二，没有姐姐的优异成绩，没有弟弟老幺的地位，是家中"最不受宠"的一个孩子，总是懂事得让人心疼。

剧中几乎随处可见"证据"：

在姐姐、弟弟要吃鸡蛋的时候，妈妈发现冰箱里只剩下两个鸡蛋，那一瞬间她转头看向了德善，而德善连头都没有抬起来，假装轻松地告诉妈妈："我不喜欢吃鸡蛋"。

家里煤气泄漏，德善自己一个人从梦中醒来爬出去，可爸爸、妈妈只记得姐姐和弟弟，把德善给忘了……

可能很多家中的老二也有同样的体验，相比他们的哥哥、姐姐和弟弟、妹妹，中间出生的孩子觉得被排斥或被忽视，这种现象被称为"中童综合征"。

德国马克思·普朗克研究所的个性心理学家朱莉娅·罗勒认为："第一个孩子在第二个孩子出生之前，一直受到父母的悉心照料，最后一个出生的孩子，也会得到无微不至的照顾，而中间出生的孩子认为自己从来没有什么关注的焦点。"

而长期处于这种心理状况下的"中童"，更容易产生沮丧、自卑等消极特质。他们在压力下长大，有太多的事情影响发展和个性（Salmon，2016）。

这么说来，似乎中间的出生次序，对孩子的成长发育和人格形成是不利的。但其实，出生次序同家庭教养方式、经济水平、社会环境等共同影响着孩子的生活风格和人格特质，这是不能一概而论的（Adler，1911）。

心理学家阿德勒研究了长子、次子、幼子和独生子的人格特质，他认为出生次序与人格特质具有以下关系：与"中童综合征"的看法不同，阿德勒对中间儿童评价积极，认为次子最幸福。因为父母一般不会溺爱他们，他们本身也往往有强烈的追求优越的欲望，雄心勃勃，有远大的抱负。

长子、次子、幼子和独生子的人格特质如图 7-2 所示。

出生顺序	积极特质	消极特质
长子	养育和保护其他人，良好的组织者	高焦虑，易产生夸大的权力感，不合作，为追求认可而抗争
次子（中间排行）	动机强，合作性好，适度竞争	容易沮丧，担心被忽视，易产生讨好型人格
幼子	现实，单纯	被娇惯的，依赖他人，失败后的懦夫
独生子	社会，成熟	任性的，易具有夸张的优越感，过度关注自我

图 7-2　长子、次子、幼子和独生子的人格特质

总之，出生次序只能部分影响儿童的生活风格，但人格发展非常复杂，还受到许多变量的影响，仅仅用出生次序来解释是不全面的。

（3）自然环境因素。

生态环境、气候条件、空间拥挤程度等自然环境因素不仅会影响人的情绪，还会影响人的人格。例如，人在大热天里会表现出烦躁不安，对他人采取负面的反应。世界上炎热的地方，是人们发生攻击行为较多的地方。外部环境和情境同样影响人格的表现方式。

四、人格的形成与发展

心理学家一直试图解释人格产生的根源，不同的心理流派都对这个问题给出了自己的解释，在某种程度上给人们提供了一个理解人格的指导框架。

对人格的解释主要可以分为 5 大流派，分别是精神分析流派、特质流派、人本主义流派、认知行为流派、生物学流派。

1. 精神分析流派

精神分析流派认为潜意识是人类行为的主宰，研究人格应探索人格外在表现背后的东西，而且该流派强调个人的童年经历对人格形成的影响，同时这个流派最先提出人格发展的阶段理论。

精神分析的创始人弗洛伊德认为，一个人的人格内在结构包括 3 个部分，即本我、自我和超我，如图 7-3 所示。"本我"是人格中较为原始的部分，与满足生理需要相关，遵循"享乐原则"；"自我"在人格中扮演决策和协调的角色，既要满足本我需要，又要衡量社会可以接纳的方式，选择合适的时机，遵循"现实原则"；"超我"是人格中道德和理想的部分，关注行为是否合乎社会规范，当人们的行为偏离社会规范的时候，它会引发罪恶感。人格就是这 3 种"我"相互作用的结果，彼此通过冲突和妥协达到一种微妙的平衡。精神分析流派的解释

对各流派都有很大的影响,而且它创造性地提出了潜意识在人格中发挥的作用,人们通常使用的"真我""假我""人格面具"等说法都基于精神分析流派的理论。

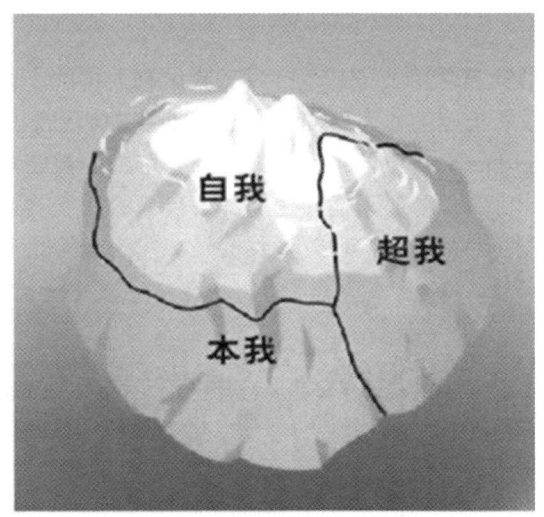

图 7-3 精神分析流派的人格结构示意图

2. 特质流派

一个人的人格到底包括哪些特质?特质流派一直致力于研究这个问题。他们直接从词典中挑选描写人格的形容词加以分析,从中挑选出一个人在大多数情境中表现出来的相对稳定和持久的品质,称之为特质。特质流派的心理学家还试图搞清楚不同特质在一个人的人格结构中的权重,确定不同特质的相互关系。他们认为不同的人格特质是一个连续体,如人格的内向、外向不是两种类型,而是一个连续的"内外向"特质,每个人都在这个连续体的某个位置上,偏向内向或者外向,或者比较平衡。这种从人格的词汇假设出发的研究方法,是实证性研究的典范,也是目前研究人格结构十分客观、可靠的方法之一。但特质流派并没有解释人格成因,也没有明确回答被测量出具有人格问题的人该怎么办等问题。

3. 人本主义流派

人本主义流派的心理学家认为人格责任感和自我认同感是造成人格差异的主要原因。他们不同意精神分析流派所强调的生物本能和无意识驱力作用,而是相信人的善良本性,强调自我调节、自我实现对人格完善的推动作用;同时他们反对机械的学习理论,强调人的主观意识,即人对这件事情的解释和建构塑造了自己的生活。因此,人本主义流派强调自我的选择性,主张人格的可塑性。

4. 认知行为流派

认知行为流派认为人格的核心就是各种习得行为模式的集合,而习惯是经过长时间的条件反射、强化、社会观察习得的。因此,认知行为流派的心理学家更注重行为习惯的形成过程,他们用已有学习经验来代替"特质"的说法。后来的社会认知行为流派则强调认知因素,认为个人的期望、对价值的强化及心理情境影响了人格的形成。认知行为流派也注重早期经验,但是更看重关键情境对人格产生的长期效应。例如,若婴儿一哭就马上喂奶,婴儿就学

会了用哭来"操纵"父母,若一直得不到奶,婴儿就学会了被动等待,从而形成了他们今后应对外部世界的基本模式和人格倾向,主动或被动。

5. 生物学流派

生物学流派的心理学家通常用遗传和生理过程来解释人格的个体差异。例如,心理学家发现大五人格结构中神经质维度的 4 个层面(焦虑、抑郁、自我意识和脆弱)与人体第 11 条染色体上的 BDNF(Brain-Derived Neurotrophic Factor,脑源性神经营养因子)有关。

这些理论流派都从各自的角度对人格问题提出了自己的观点,没有证据能证明谁对谁错,但是每个流派都在某种程度上帮助我们理解"我们是谁"这一问题。

第二节 破解人格密码——人格解析

在这一节,我们将继续走进人格,破解人格的深层密码。

一、个性倾向性

人格的心理倾向包括人的需要、兴趣、三观、信仰等,这些会影响人在生活中的关注点、追求、取向等。

1. 需要

需要是有机体内部的一种不平衡状态。人的需要分为生理需要和心理需要两大类,不同的人需要的东西不同。比如,有的人讲究吃喝,喜欢尝遍各地美食;有的则觉得吃喝只是为了生存。有的人喜欢群居,有的人则喜欢独处。有的人只求岁月静好,有的人则喜欢冒险和刺激。有的人热衷于功名利禄,有的人则更在乎尊严。有的人甘愿平凡,有的人则想名扬天下。

2. 兴趣

兴趣是指人为了体验快乐的感受而引发的活动倾向。人与人的兴趣不同。比如,有的人可以数小时坐在河边钓鱼,有的人则喜欢到篮球场或足球场上奔跑。听音乐时,有的人喜欢古典音乐,有的人则喜欢现代歌曲;有的人喜欢平缓的风格,有的人则喜欢刺激的风格。

3. 三观

三观是人们现在常用的一个词,包括世界观、人生观和价值观。例如,某女明星在国外找人代孕的传闻引爆互联网。这位屏幕前光鲜亮丽的女明星欲做母亲却不想怀孕,孩子出生后竟想弃养,其世界观有悖自然逻辑,其人生观是将生命视如草芥,其价值观是觉得有钱可以解决一切,其三观严重颠覆了社会已有的共识。她没有意识到,若世上没有生命的延续,没有对生命的基本敬畏,即使富甲一方也是毫无意义的。

4. 信仰

信仰是个性中最稳定的内容,指激励、支持人们行为的那些自己深信无疑的正确观点和

第七章 遇见更好的自己

准则。信仰不同于迷信，迷信是一种缺乏深思熟虑的想法，具有盲目性，是虚无缥缈的、不切实际的幻想，在现实生活中根本行不通；信仰则是经过深思熟虑的、理解了的观念，具有自觉性和独立性，是可以被证实和实现的。

一个人一旦有了信仰，就会拥有巨大的精神力量，始终如一地坚持某些信念和做某些事情。比如，"两弹一星"元勋邓稼先，用自己的一生诠释了信仰的力量。

邓稼先：如果有来生，我还选择中国

"5，4，3，2，1，起爆……"，1967年6月17日上午8时20分，由徐克江机组驾驶的轰六甲型战机在新疆罗布泊上空投下一个降落伞。伴随着一声巨响，中国第一颗氢弹空投爆炸试验成功，沉寂的戈壁大漠上空，宛若两颗太阳同时闪耀着万丈光芒。

"两弹一星"元勋邓稼先在说起这个试验时目光炯炯，慷慨激昂。为了打造出一批守护祖国和平安宁的国之利器，邓稼先隐姓埋名整整28年。

1924年，邓稼先出生于安徽怀宁一个书香门第家庭。生在"学霸"世家的他17岁便考取了西南联合大学物理系，1948年考入美国普渡大学物理系，26岁就获得了博士学位，被人们称为"娃娃博士"。

1948年夏，邓稼先考取了留美研究生，怀着"为今后国家建设服务"的目标进入美国普渡大学物理系研究生院学习。他还积极参加了中国进步留学生团体——"留美中国科学工作者协会"普渡大学分会的活动，热切关注着祖国的情况。

新中国成立后，邓稼先决定尽快回国。取得学位后的第九天，邓稼先登上了美国的威尔逊总统号轮船，在1950年国庆前夕重新回到了祖国的怀抱。

回国之后，邓稼先首先来到中国科学院近代物理研究所担任助理研究员，从事原子核理论研究。

1958年，邓稼先被秘密任命为中国研制原子弹的理论设计负责人。"我的生命从此就献给未来的工作了，做好了这件事，生命就有意义，就是为它死了也值得。"邓稼先得知自己将去执行秘密任务后，这样对妻子许鹿希说。然而，他这一走便是28年。

在远离城市的荒漠戈壁隐姓埋名28年间，邓稼先亲身经历核试验32次，亲自指挥15次。在一次空投核弹试验中，降落伞没有打开，核装置未被引爆，直接摔向地面。邓稼先并未多言，他不顾同事们的极力劝阻，只身奔向现场，弯下腰低着头认真查找，力求尽快确定核弹落点。

在找到核弹后，为在第一时间找出故障原因，邓稼先不顾生命安危和核辐射侵蚀，双手捧起含有剧毒的放射物的碎弹片仔细观察分析。正是由于这一举动，猛烈的放射物侵入他的身体。随后，邓稼先坚持自己装设置，并第一次以院长的权威命令助手们："你们还年轻！你们不能去！"

1985年，邓稼先被诊断为直肠癌。1986年7月29日，他临终前的遗言仍是如何在尖端武器方面努力："不要让人家把我们落得太远……"

隐姓埋名几十载，许身国威壮河山。邓稼先用生命诠释无悔的坚守，在中华民族几千年的文明创造史中留下了新的光彩夺目的篇章。

——《课本里的共产党员|邓稼先：一段爱国情 一颗爱国心》

（引文来源："学习强国"学习平台）

二、个性心理特征

1. 气质

我们常常说一个人"气质优雅",这里的气质和心理学上的气质并非同一概念,心理学中的气质是表现在心理活动的强度、速度、灵活性与指向性等方面的一种稳定的心理特征。人的气质差异是先天形成的,受神经系统活动过程的特性所制约。孩子刚出生时,最先表现出来的差异就是气质差异,有的孩子爱哭好动,有的孩子平稳安静。本章开头的孪生兄弟千里和万里,在襁褓中表现出来的差异就是气质类型的差异。

气质学说源于古希腊医生希波克里特的体液说。他认为人体内有四种体液:黏液、黄胆汁、黑胆汁、血液。这四种体液的配合比率不同,形成了四种不同类型的人。大约500年后,罗马医生盖伦进一步确定了气质类型,提出人的四种气质类型是胆汁质、多血质、黏液质、抑郁质。

(1)胆汁质。

在情绪方面,胆汁质的人无论是高兴还是忧愁,体验都非常强烈,也反应迅速,而在情绪爆发之后,很快又平息下来。智力活动具有极大的灵活性,但理解问题有不求甚解的倾向。在行动上生气勃勃,工作有韧劲。

概括地说,胆汁质的人以精力旺盛、表里如一、刚强、易感情用事为主要特征,整个心理活动笼罩着迅速而突发的色彩。

(2)多血质。

多血质的人情绪易表露,也易变化,很敏感,遇到不如意的事就会高声痛哭,只要稍加安慰,或者有什么使其高兴的事,就能破涕为笑。他们思维灵活,反应迅速,但往往不求甚解。他们行动迅速,对工作有热情,如果不是条件限制,他们想要参加一切活动,但工作劲头不足。他们对环境易适应,喜交往,但交情粗浅。

概括地说,多血质的人以反应迅速、有朝气、活泼好动、动作敏捷、情绪不稳定、粗枝大叶为主要特征。

(3)黏液质。

黏液质的人情绪兴奋性比较微弱,心情比较平稳,变化缓慢,通常心平气和,很难出现波动的情绪状态,不容易产生强烈的不安和激情。他们喜沉思,在进行任何工作之前都进行细致的思考。他们能坚定地执行已做出的决定,不慌不忙地去完成工作,并且对已习惯的工作表现出热情,而不易适应新工作。

概括地说,黏液质的人以稳重但灵活性不足、踏实但有些死板、沉着但缺乏生气为主要特征。

(4)抑郁质。

抑郁质的人情感生活并不丰富,很少表露自己的感情,但对生活中遇到的波折体验很强烈,如果没有完成任务,就会感到很痛苦,并且经久不息。他们对事物有较高的敏感度,能觉察到一般人觉察不到的事件。他们很少表现自己,尽量拒绝抛头露面的活动。他们动作缓慢、单调,并且不爱与人交往,有孤独感。

概括地说,抑郁质的人以敏锐、稳重、体验深刻、外表温柔、怯懦、孤独、行动缓慢为主要特征。

图7-4所示为不同气质类型对同一刺激的个体反应。

图 7-4　不同气质类型对同一刺激的个体反应

四种气质类型为许多学者所采纳并沿袭到现在。然而，人的气质特点千差万别，上述四种气质类型仅是一种典型划分。事实上，单纯属于这四种典型气质之一的人并不多，在生活中大多数人具有两种或两种以上气质。

气质本身无优劣之分，任何一种气质都有积极和消极的方面，气质也不能决定一个人活动的社会价值和成就的高低，因此要正确地看待自己的气质类型，有意识地进行调控。

2．性格

性格是一个人对现实稳定的态度和与之相适应的习惯化了的行为方式的总和。比如，一个人是否喜欢亲近他人，是否合群，是否善于理解和体贴他人，说话是否能够考虑他人的感受，这些都属于性格。性格是在社会生活实践中逐渐形成的，一经形成便比较稳定，会在不同的时间和情况下表现出来。与气质不同的是，性格具有可塑性，一个人生活环境的重大变化，会促使其性格特征发生显著变化。另外，性格受社会、历史、文化的影响，有明显的社会道德评价的意义，可以直接反映一个人的道德风貌。因此，气质主要体现人格的生物属性，性格主要体现人格的社会属性，个体之间人格差异的核心是性格的差异。

根据心理活动倾向性划分，性格可分为内倾型和外倾型。

性格内倾的大学生比较偏重自己的主观世界，珍视自己的内心体验，在情感方面经常自我满足，很少向别人显露自己的喜怒哀乐。他们一般较难适应外部环境的变化，在外人面前容易害羞，说话紧张，不愿抛头露面，做事深思熟虑，缺乏实际行动，常给人忧虑、闷闷不乐之感。

性格外倾的大学生心理活动倾向于外部，经常对外部事物表示关心，容易适应环境的变化。他们性情活泼开朗，善于交际，善于在集体活动与群体交往中表达自己的情绪和情感。他们不愿独自冥想苦思，而要依靠他人或集体活动来满足个人情绪的需要。他们行动快，不拘小节，自由奔放，当机立断，易做出轻率的举动。

性格的内倾与外倾也没有优劣之分，与智力水平的高低没有关系，不是个人事业和社会价值的决定因素，但它与领导能力及职业选择密切相关。一般来说，外倾性强的人比较适合创业或成为管理人才；内倾性强的人适合从事学术性或精细的工作。

3．能力

能力是指能够顺利完成某些活动所必须具备的个性心理特征。能力直接影响活动效率，是在活动中形成、发展，并在行为活动中表现出来的，如语言表达能力、数理逻辑能力、人际交往能力、认知能力、创造能力、空间能力、运动能力等。

人的能力发展与知识、技能的发展是不完全同步的，发展轨迹也是不同的。知识和技能在一生中可以随着年龄的增长而不断积累，而能力的发展随着年龄的增长有一个发展、停滞和衰退的过程。据研究，知觉能力发展最早，也最早下降，然后是记忆能力，接着是思维能力，比较和判断能力从 80 岁开始急剧下降。知识多了，能力不一定高，两个成绩同样优秀的大学生，一个可能能力超群，另一个可能"高分低能"。但是，能力又是在掌握知识和技能的过程中得到提高的，离开了学习和训练，任何能力都得不到发展。

上述心理倾向和心理特征的内容，在不同的人身上交叉组合，就形成不同的人格。比如，"聪明+急脾气"的人往往精明利索，而"聪明+慢脾气"的人显得大智若愚；"聪明+三观正确"的人可为他人和社会做出贡献，而"聪明+三观扭曲"的人可能给社会带来危害。

三、人格的测量

学习到这里，很多同学会产生这样的疑问，我的人格是什么样的？如何来测量人格呢？我们在网上或杂志上经常看到一些心理测验，比如从你最喜欢的季节来推测你的性格是什么样的，从星座分析来确定两个人是否适合在一起。这样的测验到底准不准，可不可信呢？

坊间"最准心理测试"，你中招了吗

"人生只需一道题，揭示你的人格""你的一个选择，测出你的心理年龄究竟多大"……有没有觉得这些标题很眼熟，作为资深的"朋友圈"爱好者，相信大家对这类心理测试并不陌生。

这类心理测试往往题干短小精干、言简意赅，选项一目了然、简单易懂，然而对选项的解析却是长篇大论，有时觉得很有道理，有时又觉得模棱两可、变幻莫测。

关键在于，无论分析得如何，有时我们觉得答案很准！仿佛只是几道简单的题，就把你的性格、喜恶、处事风格、现状甚至是未来看得一清二楚！

但问题是，真的有这么神奇的东西存在吗？

让我们先来看一个心理测试结果的描述：

"你非常期待他人喜欢和尊重你。你还有很大的潜力可以挖掘。你看起来安静自律，但内心充满了焦虑和不安全感。你有时怀疑自己所做的决定或所做的事是否正确。你有时外向、具有亲和力并善于交际，有时内向、警惕且喜欢独处。你的某些理想显得不太现实。安全感是你生活的主要追求。"

怎么样，是不是感觉上述描述越看越适合自己？但这其实是一顶戴在谁头上都合适的帽子。而在背后发挥效用的，是"巴纳姆效应"！

巴纳姆效应是1948年由心理学家伯特伦·福勒通过试验证明的一种心理学现象，以杂技师巴纳姆的名字命名，指人们常常认为一种笼统的、一般性的人格描述十分准确地揭示了自己的特点，而这些描述往往十分模糊、普遍，放诸四海而皆准，适用于很多人。

让我们再看一遍描述，就会发现其中隐藏了许多笼统的、一般性的说法，比如"你有时外向、具有亲和力并善于交际，有时内向、警惕且喜欢独处"，这种带着普遍性的心理特点不偏不倚，总能打中你的靶心，这便是"巴纳姆效应"。

许多"伪心理测试"正是利用这一心理效应，显得准确又神奇。怎么样，是不是有种"真相大白"的感觉？

科学的心理测验是根据一定的心理学理论，运用一定的操作程序，将人的认知、情感和行为等进行量化，是由有关领域的专家经过长期的编制、试用、修订、完善而逐渐形成的。人类复杂的心理世界并非几道题目就能揭示。因此，以后在面对这些形形色色的心理测试题时，要擦亮眼睛，千万别被巴纳姆效应"忽悠"了。

通过娱乐性心理测试来测量人格的方式并不可信，那么有没有值得信任的人格测量方法呢？目前，心理学上普遍采用人格测试量表进行测量。人格测试量表即心理学家通过科学的方法编制的测量人格的问卷，这些问卷前期通过大样本的调查，且每一道题目都经过严格筛选，具有较高的信效度。人格测试量表方便、易操作，且相对客观，因此使用较为普遍。16PF测验、明尼苏达多项人格测验、大五人格测验都属于这种测试类型。

第三节　实现人格飞跃——人格优化

在100多年前的五四运动爆发时，面对国破家亡、山河破碎的局面，无数爱国青年勇挑重担，敢于直面人生，冲在反帝反封建的前沿，这是五四青年。100多年后的今天，在我国已全面建成小康社会，开启建设社会主义现代化国家新征程的时代背景下，对大学生的人格发展提出了更高的要求。

2021年4月19日，习近平总书记在考察清华大学时指出："当代中国青年是与新时代同向同行、共同前进的一代，生逢盛世，肩负重任。广大青年要爱国爱民，从党史学习中激发信仰、获得启发、汲取力量，不断坚定'四个自信'，不断增强做中国人的志气、骨气、底气，树立为祖国为人民永久奋斗、赤诚奉献的坚定理想。要锤炼品德，自觉树立和践行社会主义核心价值观，自觉用中华优秀传统文化、革命文化、社会主义先进文化培根铸魂、启智润心，加强道德修养，明辨是非曲直，增强自我定力，矢志追求更有高度、更有境界、更有品位的人生。要勇于创新，深刻理解把握时代潮流和国家需要，敢为人先、敢于突破，以聪明才智贡献国家，以开拓进取服务社会。要实学实干，脚踏实地、埋头苦干，孜孜不倦、如饥似渴，在攀登知识高峰中追求卓越，在肩负时代重任时行胜于言，在'真刀真枪'的实干中成就一番事业。"（习近平2021年4月19日在考察清华大学时的讲话，引文来源：新华社）习近平总书记的殷殷嘱托，为我们的人格优化指明了方向，那就是一个可以担当民族大任的合格的社会主义接班人应当爱国奉献，勇于创新，在奋斗中书写青春篇章。

一、"清澈的爱，只为中国"：爱国主义背后的心理机制

"清澈的爱，只为中国。"这是 18 岁的边防官兵陈祥榕写下的战斗口号。2020 年 6 月，外军公然违背与我方达成的共识，非法越线、率先挑衅、暴力攻击中方前出交涉人员，蓄意制造了加勒万河谷冲突。宁洒热血，不失寸土！在忍无可忍的情况下，边防官兵对暴力行径予以坚决回击，陈祥榕作为盾牌手战斗在最前面，毫不畏惧、英勇战斗，直至壮烈牺牲。这是新时代青年陈祥榕用生命践行的爱国主义。

爱国主义是集认知、情感、行为于一体的、反映个人与国家关系的全面价值体系。爱国主义意味着一个人国家民族的同一性确立，即对自己所生存于其中的文化、制度等的认同和尊重。人们对所属国家的评价和情感与他们自身的幸福也息息相关。Reeskens 和 Wright 的研究表明，国家认同程度越高，个体的幸福感越高，并且通过国家自豪感的调节作用，可以进一步增进这二者的关系。

另外，从马斯洛的需要层次理论角度来讲，寻求归属感是人的天性。马斯洛的需要层次理论把人的需要分为生理需要、安全需要、爱和归属需要、尊重需要、认识和理解需要、审美需要、自我实现需要。他认为，人都害怕孤独、寂寞，希望归属于某一个或多个群体，从中获得帮助，消除或减少孤独感，获得安全感。从制度上讲，国家归属感以国籍为依托。国籍是公民获得国家帮助的法律保障，也是忠于国家的约束依据。相同的语言、风俗习惯、价值观等从心理上拉近了人与人之间、人与国家之间的距离。

综上，我们可以看出，爱国主义背后反映的是我们每一个人天然、朴素的心理需要，是每一个中国人的坚定信念和精神依靠。

二、"人不为己，天诛地灭？"：集体主义的有力一击

在一些影视和文学作品中，我们可以看到一些自私自利的人物为自己的行为辩解："人不为己，天诛地灭。"但是，这句话在多大程度上可信呢？如果这句话是真的，那么如果一个人不为自己谋取利益，他就会被进化淘汰，换句话说，真心帮助别人的人是不存在的。经验告诉我们，这显然是不对的，比如感动中国的"燃灯校长"张桂梅（见图 7-5）。

图 7-5 "燃灯校长"张桂梅

第七章　遇见更好的自己

"你是崖畔的桂，雪中的梅"

2002 年，中学教师张桂梅想要创办一所专门招收贫困女生的免费高中，解决当地贫困山区一些女孩上学困难问题，她认为一个受教育的女性，在很大程度上能阻断贫困的代际传递。她四处奔波筹集资金，因个人力量有限，张桂梅努力了五年才筹集到 1 万元。2007 年，张桂梅作为党的十七大代表到北京开会，她把办免费女子高中的想法告诉了一位记者，第二天一篇名为《我有一个梦想》的文章见报并引起轰动，之后云南省丽江市和华坪县各拿出 100 万元帮助张桂梅办校。2008 年 9 月，云南丽江华坪女子高级中学正式开学，张桂梅担任校长，并招来了 16 名教职员工。山区的女孩基础差，有的连小学都没上过，让她们考上大学困难重重。巨大的压力和长时间高负荷的工作让张桂梅的身体每况愈下。她患上了肺气肿、肾囊肿、颅骨骨瘤等 23 种疾病。张桂梅每天靠吃止疼药坚持工作，拒绝住院治疗，她要把时间留给女孩们。华坪女高建校 12 年，已经有 1804 名大山里的女孩从这里走进大学，本科上线率排名丽江市第一。12 年间，张桂梅走过 11 万公里的家访路，在崎岖的山路上，她摔断过肋骨，发过高烧，也曾昏倒在路上，她把别人捐给她个人的钱和大部分工资累计 100 万元全部捐给了山区的女孩们，只为了改变她们的命运。

——《张桂梅获评 2020 年度感动中国人物：她是崖畔的桂，雪中的梅》

（引文来源："学习强国"学习平台）

　　心理学将这些行为命名为亲社会行为。亲社会行为泛指一切有益于他人和社会的积极行为，包括利他、分享、助人、合作、捐助等。从个体层面来讲，亲社会行为可以提升个体的自尊，实现自我提升和满足；从人际关系层面来讲，亲社会行为对增进人际交往，促进人际适应及人际和谐有非常重要的作用；从社会层面来讲，亲社会行为是社会公益和社会责任的象征，是社会和谐发展与建构的基石。

　　利他主义和集体主义是亲社会行为产生的部分动机。例如，在近几年的疫情攻坚战中，无数医护人员逆行而上，不畏生死，他们的奉献行为就是出于高尚的集体主义的价值观念。那么，亲社会行为只属于不平凡的英雄吗？显然不是这样的，亲社会行为离我们并不遥远。在日常生活中，我们也会在无意识中做出一些亲社会行为，从帮助舍友取快递、打饭，和同学成立合作学习小组，到日常的校园志愿服务、寒暑假的社会实践都是亲社会行为的具体体现。因此，只要我们心怀集体、心怀他人，亲社会行为就会在我们身上时时发生。

三、"天马行空与脑洞大开"：创造性人格的共性和差异

　　科学史上许多事例说明，人类的进步是不可能离开创造力的。牛顿正是从苹果落地这种大家熟视无睹、司空见惯的现象中发现了新问题，并在新问题的推动下，去探求万有引力的奥秘。爱因斯坦也正是由于敢"标新立异"地去"追逐一束光线"，才创立了相对论。对智力超常儿童的研究发现，在他们身上都反映出高创造力。他们总想"标新立异，独树一帜"地去探求问题，他们对教科书中的结论和教师的讲述并不确信无疑，总是有自己的思考、论证，在讨论问题时，也常常发表别人不曾想到的独特见解。

　　在我们的印象中，高创造力的人好像总有那么一点怪怪的。更深入的研究发现，高创造

力的人并不都是怪怪的，但他们在人格上确实有一些共同特征。心理学家吉尔福特总结了高创造力个体的 7 项人格特征：①有高度的自觉性和独立性，喜欢独立解决问题，且不喜欢和别人雷同；②有旺盛的求知欲和强烈的好奇心，喜欢寻根究底，愿意接受新事物；③有广泛的兴趣、广博的知识和敏锐的观察力，并且善于将不同来源的信息整合在一起；④在工作中讲求条理性、准确性与严格性；⑤有丰富的想象力，喜欢抽象思维，对智力活动和冒险游戏十分感兴趣；⑥富有幽默感，有卓越的文艺天赋；⑦有坚定的意志，可以排除外界干扰而长时间专注于某个自己感兴趣的问题。

然而，研究也发现，不同类型的创造者具有不同的人格特质。科学家与发明家不同，哲学家与艺术家不同，社会科学家与自然科学家不同，因此用一种模式概括各类创造人格并不全面。巴伦从 1950 年起，以不同领域的科学家为对象，连续进行了 20 年的研究。他发现这些科学家共同的人格特质是：高度的自我力量和情绪的稳定性；独立自主的强烈需要；控制冲动的高水平；超常的智力；喜欢抽象的思维；在人际关系中喜爱独处；爱好次序精确；对矛盾和障碍表现出极大的兴趣等。

创造性人格的形成受遗传与环境的共同影响。尼克尔斯对母亲抚养态度的调查发现，母亲专断性抚养态度与儿童的独创性和创造力呈负相关。韦伯斯格等人的研究表明，父子关系与儿童的创造能力高低有较高的正相关，也就是说父子关系越和谐、亲密，儿童的创造力越高，而且父亲对儿童创造力发展的影响比母亲的影响大得多。国内多项研究也证实大学生创造性人格与个人的身心健康密切相关，心理健康和身体健康状况较好的大学生创造性人格发展也较好。

那么，我们如何让自己变得具有高创造力呢？平日里我们可以通过头脑风暴进行创造性思维训练。头脑风暴简单地说就是一群人坐在一起，就某一问题提出各自想到的解决方法，通过讨论、相互启发，以最终获得最佳解决方案的方法。在讨论过程中，每位成员都要减少对他人想法的否定性甚至是肯定性评价，以免影响团队的创造性。头脑风暴是一个先发散再集中的思维过程，对创造力的产生具有积极的作用。

四、"整合与发展"：实现人格优化

我们已详细了解了自己的人格特点及新时代大学生应具备的人格特征。塑造健全的人格是一项系统的自我改造、自我实现的工程，需要不断努力。

1. 认识自我，优化人格整合

为了有效地进行人格塑造，应该充分了解自己的人格状况，明确人格塑造的目标、内容、途径和方法，认识自我是改变自我的开始。人格塑造也就是为了实现优化人格整合，以达到人格的健全。人格整合是随着个体心理的成熟，人格的各个方面逐渐由最初的互不相关，发展到和谐一致状态的过程。

2. 具备心理知识和人文素养

知识是现代人格塑造的必备条件。学习知识、阅读书籍、增长智慧的过程是人格优化的过程。现实中，不少人格缺陷源于知识的匮乏，如无知的人易表现出粗鲁和自卑，而具有丰富的知识的人表现出自信、坚强、礼貌、谦和等。具备一定的心理知识和人文素养，就等于拥有了心理健康的钥匙，掌握了心理素质完善和人格健全的主动权。

3. 积极参加实践活动，从小事做起

实践是人格发展的必由之路。无论是知识的获取、能力的形成，还是意志的磨炼都离不开实践。一个人的勤奋、坚韧、乐观、细致等人格特征都是长期实践的结果，一言一行往往是其人格的外化，反过来，一个人日常言行积淀成为习惯就是人格。例如，一个人有早晚刷牙、勤洗澡、勤换衣服、常剪指甲等习惯，就反映了他具有"整洁"这一人格特质。因此，塑造健全的人格要从眼前的小事做起，无数良好的小事可以"积沙成塔"，最终构建成优良的人格大厦。

4. 发展良好的人际关系，积极融入集体

人格发展、塑造的过程是个体实现社会化的过程，是个体与他人、集体、社会相互作用的过程。人格是在行为中表现的，健全的人格也是在与人交往时才能体现出来。尊重社会习俗，关心他人的需要，真诚地赞美，不进行无建设性的批评，与他人积极沟通，保持自尊和独立等，都有助于发展良好的人际关系，塑造健全的人格。集体是人格塑造的土壤，通过与集体交往，自己的某些人格品质或受到赞扬、鼓励或受到压制、排斥，从而有助于做出有针对性的调整。

5. 凡事有度，防止"过犹不及"

人格发展和表现的"度"是十分重要的，人格塑造过程中应把握好"度"，具体应该是：自信而不自负，自谦而不自卑，勇敢而不鲁莽，果断而不冒失，稳重而不犹豫，谨慎而不怯懦，豪放而不粗俗，好强而不逞强，活泼而不轻浮，机敏而不多疑，忠厚而不愚昧，干练而不世故等。

人格优化的过程就是心理健康和心理成熟的过程。人格的各个部分都是我们自己的资源，在整合自己的资源的基础上，只有不断设定新的发展计划，才能实现自己人格的完善和发展。

1. 新时代的大学生还应具备哪些良好的人格特征，请谈谈你的看法。
2. 结合自身成长，谈一谈你最想改变的一个人格特征是什么，以及如何改变它。

心理训练

一、体验分享

我的盾牌

1. 目的

寻找例外事件，增强自信心，明确解决问题可利用的资源。

2．操作方法

（1）请大家回想一下小学、初中、高中、大学期间都发生了哪些让你感到有成就感的事，在每一阶段中选择一件你最引以为豪的事情，现在请大家将这四件事在纸上画出来。

（2）2～3人组成一组，与组内同学相互交流：四幅画分别代表的事件；绘画时的感受；是自己什么样的特质、优势或者资源促成了这件事的发生；这些资源对我们现在遇到的问题有何帮助；应该怎样利用这些资源，促进自身更好地发展。

（3）邀请3～4位成员在全班分享上述内容。

二、心理测试

10项目版大五人格测试

下面有一些人格特质描述，可能适合你，也可能不适合你。请根据你的赞同和反对程度，参照表7-2为每个描述打分。

表7-2 赞同和反对程度及其对应的分数

赞同和反对程度	分数
非常反对	1分
比较反对	2分
有一点反对	3分
既不赞同也不反对	4分
有一点赞同	5分
比较赞同	6分
非常赞同	7分

（1）外向，热情。（　　）

（2）爱挑剔，好争论。（　　）

（3）可信赖，自律。（　　）

（4）焦虑，容易心烦意乱。（　　）

（5）对新体验持开放的态度，多元化。（　　）

（6）保守，文静。（　　）

（7）具有同情心，热心。（　　）

（8）散漫，粗心。（　　）

（9）平静，情绪稳定。（　　）

（10）传统，缺乏创造力。（　　）

计分方法：

尽责性得分=[第3项得分+（8-第8项得分）]÷2；

宜人性得分=[第7项得分+（8-第2项得分）]÷2；

神经质得分=[第4项得分+（8-第9项得分）]÷2；

开放性得分=[第5项得分+（8-第10项得分）]÷2；

外倾性得分=[第1项得分+（8-第6项得分）]÷2。

测试分为5个维度，一般来说，每个维度的得分在6分以上属于高分，3分以下属于低分，其中在西方的样本中，开放性得分超过 6.6 分才算高分，低于 4.4 分属于低分。表 7-3 所示为大五人格特质解释表。

表 7-3　大五人格特质解释表

高分者人格特质	维度	低分者人格特质
认真、勤奋、井井有条、守时	尽责性	马虎、懒惰、杂乱无章、不守时
信任、宽容、心软、脾气好	宜人性	多疑、刻薄、无情、易怒
自寻烦恼、神经质、害羞、感情用事	神经质	冷静、不愠不火、自在、情感淡漠
富于想象、创造力强、标新立异、有好奇心	开放性	刻板、创造性低、遵守习俗、缺乏好奇心
喜欢参加集体活动、健谈、主动、热情	外倾性	不合群、安静、被动、沉默

1．尽责性

尽责性指的是人们控制、管理和调节自身冲动的方式，尽责性得分高的人在目标导向的行为上比得分低的人更有条理、认真，也更愿意坚持。此人格特质与个人学业、职业领域的成就密切相关，它是世俗意义上成功的预测指标之一。得分高的人更可能追求并坚持健康的行为，从而获得长寿。如果得分高的人生活在混乱、不确定和快节奏的环境中，就不一定能成功，反而容易适应不良环境。人格研究需要考虑人格特质与社会生态环境的适应性，看似积极的人格特质有可能只是在适宜的环境条件下起到很大的作用。

2．宜人性

宜人性考察的是一个人对其他人的态度，宜人性得分高的人爱亲近人、有同情心、信任他人、宽容，也容易心软，非常看重合作和人际和谐。它在人的第一印象上起的作用非常重要，但是与其他大五人格特质相比，宜人性对世俗意义上成功的预测作用很小，宜人性和工作效率的关系并不稳定，太讨人喜欢或太难相处的人工作效率都不高，宜人性得分中等的人工作效率较高。

3．神经质

神经质指的是情绪稳定性，反映了一个人的情感调节过程。神经质得分高意味着这个人的情绪稳定性比较差。高神经质个体倾向于有心理压力和不现实的想法，可能会有过多的要求，易冲动，更容易体验到诸如愤怒、焦虑、抑郁等消极情绪。和其他大五人格特质不同，神经质和个人幸福的关系相当简单，那就是神经质得分低的人更容易获得幸福。因为神经质是人格特质中与生物学因素联系紧密的因素，它反映的是人对环境中消极信号的敏感程度，所以神经质得分高的人也是敏感度高的人，他们会更容易发现危险的信号并反复思考这些信号，一直处于警惕之中，长期处于压力状态。另外，神经质还是其他人格特质的放大器，尽责性得分高的人如果情绪非常不稳定，就容易出现过度谨慎或者强迫行为。如果一个人的神经质测试结果为高分，是不是就糟糕了？并不能这样简单推论。每个人格特质都有重要的功能，神经质的人格特质在人类进化的历史上发挥了重要的适应作用，想想人类的祖先，在朝不保夕、危机四伏的恶劣生存环境中，只有具备高敏感性、高警惕性，才能存活下来。

4．开放性

开放性描述了一个人开放的认知风格，他愿意接受新的观点、新的人际关系和新的环境，这是与创造力高度相关的特质。开放性不仅是对新事物的接受更开放，对情绪也一样，所以开放性得分高的人比得分低的人更容易感受到焦虑、抑郁，同时更容易体验到快乐、喜悦等积极情绪。如果一个人开放性得分很高，那他就更容易对文化与艺术感兴趣，偏爱奇特的味道，具有更复杂的理解世界的方式。开放性得分高的人对幸福的体验更加细腻。

5. 外倾性

外倾性又称外向性，表示个人人际互动的数量和密度、对刺激的需要及获得愉悦的能力。人们可以从两个层面理解外倾性，即人际的卷入水平和活力水平。外倾性得分高的人（外向的人）更愿意与人互动、更主动，一直试图提高自己的活力水平；而外倾性得分低的人（内向的人）表现为沉默、严肃、腼腆、安静，总是寻求降低自己活力水平的环境。外倾性人格特质的差异是由人们生理基础的气质差异造成的，并不能由此判断人的人格特质的优劣，人们处理信息的方式、身体反应、记忆系统、行为方式、交流方式、注意力指向、能量恢复方式均有所不同。其实，内向和外向是连续体，纯粹内向或外向的人很少，大多数人是介于内向和外向之间的。美国的组织心理学家亚当·格兰特发现介于内向和外向之间的人比外向或内向的人更擅长销售。

推荐书籍：《幽微的人性》，李玫瑾著，北京联合出版公司。

推荐理由：《幽微的人性》取材自中国人民公安大学教授李玫瑾在电视谈话节目中的访谈内容。她在书中以通俗的语言介绍了犯罪心理画像理论，并通过国内外轰动一时的恶性犯罪案件，剖析了犯罪人的心理成因和人格特征，阐释了犯罪心理学在预防和惩治犯罪方面的重要性，呼吁全社会关爱青少年（尤其是留守儿童），重视他们的成长环境，对他们加强心理教育。

第八章

最美大学生的科研之路

我的学习我做主

导语：学习是大学生从事的经常性、渐进性和持续性活动，与大学生心理健康水平有着密切的关系，大学生采取针对性的措施树立正确的学习意识、培养有效的学习动机、养成良好的学习习惯、掌握恰当的学习策略、提高学习行动力尤为重要。学习是立身做人的永恒主题，也是报国为民的重要基础，大学生风华正茂，有老师指导，有同学切磋，有浩瀚的书籍引路，可以心无旁骛地求知问学。在新时代背景下，大学生要勤于学习、敏于求知，在学习中不断感悟人生、提升境界，使自己变得更加充实、更加睿智。

在学习过程中，学习者会遇到越来越多的来自各个方面的问题。他们会感受到越来越多的挑战，并被迫接受挑战……他们对挑战的回应则会带来更多新的挑战。在这个过程中，他们开始获得新知识，并且变得更加自信。

——弗雷勒

我一定要考研成功

小张（化名），男，21岁，某大学大三学生。小张来自农村的一个普通家庭，父母在他顺利考入重点高中后去大城市务工，小张便跟随奶奶生活。小张从小学习成绩优异，并且能够合理、自主地安排自己的学习，因此父母对他非常放心，很少过问他高中的学习成绩。但是，小张在高二时拥有了自己的手机，从那时起，他便沉迷于网络小说、手机游戏，学习成绩直线下滑，高考成绩不理想，没能考入自己理想的大学。

上了大学后，小张痛下决心：一定要把时间和精力放到学习上，通过考研进入自己理想的大学，不再让父母、奶奶失望。从大一开始，小张便一门心思扑在学习上，没有参加任何社团活动，也极少参加同学、舍友间的聚会。大一、大二的期末考试成绩均位居专业前三名，小张自己对这个成绩也比较满意，心想如果继续保持这个成绩，那么一定可以考取理想学校的研究生。可是，到了大三，周围那些平时不怎么学习的同学也都开始认真学习，小张产生了巨大的紧张感、焦虑感，害怕自己的成绩被其他同学超越，害怕不能如愿考取理想学校的研究生，因此小张更加严格要求自己，每天废寝忘食地学习。可即便如此，小张却发现自己的学习效果并不明显，因此他心情非常低落，还出现了食欲不振、失眠等症状。

思考： 为什么小张会产生巨大的紧张感、焦虑感，并且心情低落、食欲不振、失眠呢？

专家点拨： 大学阶段是人生发展的重要阶段，很多同学希望通过大学这个"跳板"迈向更高的舞台。小张同学主要是由于学习动机过强，学习强度过大，对自己的要求、期望过高等，出现了一系列学习心理问题，从而影响了他的学习效率和学习效果。学习动机和学习效率并不完全成正比，二者往往呈倒U形关系，学习动机存在一个最佳水平，在一定范围内，学习效率随学习动机强度的提高而提高，直至达到学习动机最佳强度而获最佳，之后则随学习动机强度的进一步提高而下降。对小张来说，目前最重要的任务是合理地调整学习动机，制定适当的学习目标，减轻自己的压力，使自己在身心较为放松的状态下学习。

神奇的数字7±2

乔治·米勒曾经抱怨："我的问题是有一个整数一直在困扰着我，七年了，这个数字一直伴随我左右。"这是他著名的文章《神奇的数字7±2：关于我们加工信息的能力限制》开头的一句话。他接着写道："表象之下似乎有某种模式在操控着，关于这个数字一定有什么不同寻常的事情，否则我就是得了被害妄想症。"

虽然米勒的这篇文章以如此荒诞的文字开场，但是其中的内容是认真、严肃的，并且这篇文章成为认知心理学和工作记忆研究的一个重要里程碑。在这篇文章中，米勒对短时记忆容量的研究表明，保持在短时记忆中的刺激项目大约为7个，人的短时记忆广度为7±2个组块，这就是神奇的"7±2效应"。下面，我们做个小游戏来理解神奇的"7±2效应"吧。

1. 活动规则

下面有3行数字，每行12个数字。你任选一行，并用30秒的时间来记忆，然后尽可能多地把记住的数字按顺序写出来。

746317293649
593498165243
692846759372

2. 交流总结

你可以正确回忆起几个数字呢？你所正确回忆起的数字个数是不是在7±2个数字区间内呢？

总结： 如果你把一行中的12个数字都正确地记下来了，那么你的短时记忆力可以说是惊人的；大部分人可能记下5～9个数字，那么符合短时记忆容量神奇的"7±2效应"；如果你记住不到4个数字，那就需要找一下原因，并需要好好锻炼一下记忆力了。

第八章 我的学习我做主

第一节 燃烧吧——学习动机

一、学习的概念

学习有广义和狭义之分，长期以来，心理学中对学习有种种界定，目前被更为广泛接受的定义是："学习是由经验所引起的行为或思维的比较持久的变化。"对学习的定义，我们一般可以从以下四个方面进行理解。

第一，学习是动物和人共有的心理现象，虽然人的学习是相当复杂的，与动物的学习有本质的区别，但不能否认动物也是有学习能力的。

第二，学习不是本能活动，而是后天习得的。

第三，任何水平的学习都将引起适应性的行为变化，既有外显行为的变化（有时并不显著），也有内隐行为或内部过程的变化，即个体内部经验的改组和重建，这种变化是长久的。

第四，不能把个体的一切变化都归为学习，只有通过学习活动产生的变化才是学习，如由于疲劳、生长、机体损伤及其他生理变化所产生的变化都不是学习。

在现代社会，信息的更新速度极快，要想更好地跟上时代步伐，大学生需要树立终身学习的理念。"授人以鱼不如授人以渔"，在大学学习的目的不仅是掌握知识和技能，更重要的是掌握科学的学习方法和思考问题的方式。

二、学习的理论

你有没有想过为什么厂家选择明星作为其产品的代言人呢？在回答这个问题之前，让我们先了解一下心理学上有关学习的理论吧！

关于学习的研究是心理学中十分悠久、核心的领域之一，早在心理学还未分化成一门独立的学科时，就有不少哲学家、教育家开始研究学习。如今，随着心理学家对学习研究的不断深入，形成了不同的学习理论，如行为学习理论、认知学习理论、建构主义学习理论、人本主义学习理论等，而上述各个学习理论又有不同的学派。

你是否听过这样的顺口溜：

巴甫洛夫的狗，桑代克的猫，

斯金纳的老鼠，班杜拉的宝宝，

苛勒的猩猩抓香蕉，托尔曼的白鼠走迷宫。

其实，这个顺口溜就代表上述几位心理学家的学习理论。下面为大家介绍行为学习理论中具有代表性的几个学习理论，如果大家对其他的学习理论感兴趣，则可以自行查找资料。

（一）巴甫洛夫的经典性条件作用理论

让我们通过一个心理学中的经典实验弄清楚学习的经典性条件作用理论吧。

巴甫洛夫做了一个经典条件反射实验，又称狗进食的摇铃实验（见图8-1），巴甫洛夫在研究狗的进食行为时发现，狗吃到食物时，会分泌唾液，这是自然的生理反应，不需要学习，巴甫洛夫称这种反应为无条件作用（UCR），引起狗这种反应的刺激是食物，称为无条件刺激（UCS）。原来铃声不会引起狗分泌唾液，此时的铃声是一种中性刺激（NS）。如果在狗每次进食时发出铃声，一段时间后，狗只要听到铃声也会分泌唾液，这时作为中性刺激的铃声由于与无条件刺激的多次联结而变成了条件刺激（CS），由此引起的狗唾液分泌就是条件作用（CR）。

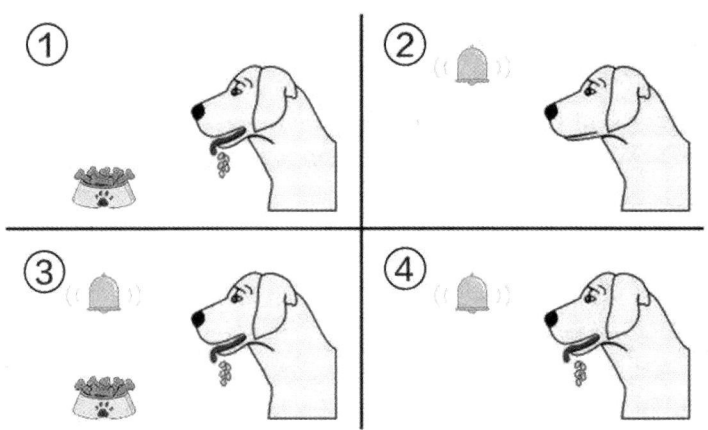

图 8-1　经典条件反射实验

一个中性刺激与一个无条件刺激相结合，而使动物学会对那个中性刺激做出反应，这便是经典性条件作用的基本内容。

但是，在条件作用建立后，如果多次只给条件刺激而不用无条件刺激加以强化，那么条件作用的反应强度会逐渐减弱，最后将消失。例如，如果一直给狗摇铃铛，但是不给其食物，那么狗便会从原来对铃声流口水变为不流口水。

巴甫洛夫的狗摇铃实验如图 8-2 所示。

图 8-2　巴甫洛夫的狗摇铃实验

在了解了巴甫洛夫的经典性条件作用理论后，再来想一下这个问题吧——"为什么厂家选择明星作为其产品的代言人呢？"相信聪明的你已经知道答案了。其实产品不管是通过明星,还是通过动物等代言,都是要通过良好的形象给产品注入一种良好的感觉,厂家在选择明星时会事先考虑这些问题。消费者通过看明星代言产品的广告形成条件作用,联想到产品的良好感觉,从而诱发消费者的积极情感,引起购买欲。

巴甫洛夫很忙

伊万·彼德罗维奇·巴甫洛夫(Ivan Petrovich Pavlov, 1849年9月26日—1936年2月27日),俄国生理学家、心理学家、医师、高级神经活动学说的创始人,高级神经活动生理学的奠基人,条件作用理论的建构者,是对心理学发展有重大贡献的人物之一。1904年,巴甫洛夫因在消化系统生理学方面取得开拓性成就,获得了诺贝尔生理学或医学奖。他是俄国第一个获得诺贝尔奖的科学家。

"巴甫洛夫很忙……",这话不是别人说的,是巴甫洛夫对别人说的。"巴甫洛夫很忙……"是巴甫洛夫在生命的最后一刻说的,当时有人敲门,想进来看看他。

巴甫洛夫将自己关在屋子里忙什么呢?忙着写遗嘱、分财产、交代后事吗?忙着像过电影一样回顾一生中那些精彩的瞬间吗?忙着哀求医生不惜一切代价用最好的药吗?

都不是。在生命的最后一刻,巴甫洛夫一直密切注视着越来越糟糕的身体情况,不断地向坐在身边的助手口授生命衰变的感觉,他要为一生至爱的科学事业留下更多的感性材料。对人们的关心、探望,他只好不近人情地加以拒绝:"巴甫洛夫很忙……"来人被拒之门外,只好心情复杂地走了。

巴甫洛夫对科学事业所表现出来的勤奋、豁达、超然、镇静、无私、无畏,令人深深折服。

(二)华生的行为主义理论

华生在西方心理学历史上有着举足轻重的地位,现在介绍的是他一个备受争议的实验——小白鼠恐惧实验(又称小阿尔伯特实验),如图8-3所示。

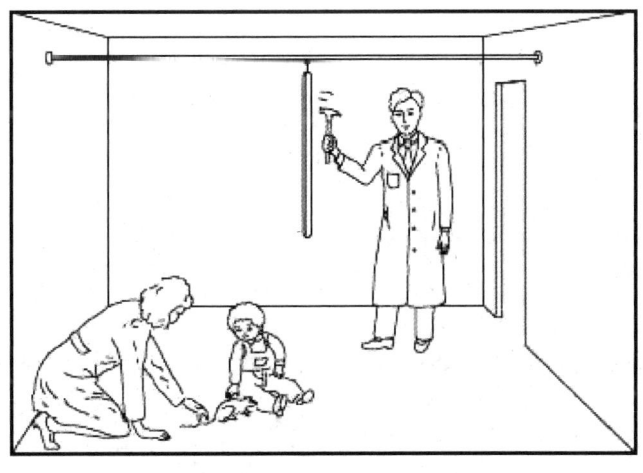

图8-3 小白鼠恐惧实验

华生和雷纳从一所医院挑选了 9 个月大的阿尔伯特进行这项研究。在实验开始之前,小阿尔伯特接受了一系列基础情感测试,让他首次短暂地接触以下物品:白鼠、兔子、狗、猴子、有头发和无头发的面具、棉絮、焚烧的报纸等。结果发现,在此起点,小阿尔伯特对这些物品均不感到恐惧。

大约两个月后,当小阿尔伯特刚超 11 个月时,华生和他的同事开始进行实验。开始时,他们把小阿尔伯特放在房间中间的床垫上。华生和他的同事将白鼠放在靠近小阿尔伯特处,允许他玩耍它。白鼠在他周围游荡,他开始伸手触摸它,这时他对白鼠并不恐惧。在后来的测试中,当小阿尔伯特触摸白鼠时,华生和雷纳就在小阿尔伯特身后用铁锤敲击悬挂的铁棒,制造出响亮的声音。在这样的情况下,小阿尔伯特听到巨大声响后大哭起来,并表现出恐惧。经过几次这样将两个刺激配对,白鼠再次出现在小阿尔伯特面前。这时,他对白鼠出现在房间里感到非常痛苦。他哭着转身背向白鼠,试图离开。显然,这名男婴已经将白鼠(原先的中性刺激,现在的条件刺激)与巨响(无条件刺激)建立了联系,并产生了恐惧或哭泣的情绪反应(原先对巨响的无条件反射,现在对白鼠的条件反射)。

后来,小阿尔伯特的恐惧出现了泛化,他对任何有毛的东西都感到害怕,如兔子、狗,甚至有白胡子的圣诞老人。

巴甫洛夫的实验和华生的实验中蕴含的知识可以广泛地运用到大学生的学习中。例如,大学生可以把课堂(开始是中性刺激)与教师的热情联结在一起,久而久之,课堂变成一种条件刺激,引发出大学生积极的学习情绪;大学生寒暑假在家学习时,可以给自己打造一个舒适的学习环境,使自己有温馨的感觉,并将这种感觉泛化到学习活动中。

华生与他的消费心理学

约翰·华生于 1878 年 1 月 9 日出生在美国南卡罗来纳州的格林维尔附近的特拉弗勒斯·雷斯特。其父亲皮肯斯·巴特勒是一位性情暴躁的小农场主,母亲艾玛是一位虔诚的美南浸信会信徒,从小按照严格的教规培养华生。他幼时学会了木匠活儿,这也成为他一生的爱好。

13 岁时他的父亲抛弃家庭,于是母亲卖掉农场,搬到格林维尔镇居住。来自偏僻乡村的华生经常受到同学的嘲弄,这使他情绪低落,学习成绩不佳。16 岁时,他请求面见当地美南浸信会的福尔曼大学的校长,得以进入该校。华生在大学期间学习很刻苦,并于 1900 年获得文科硕士学位,1903 年获得博士学位。

博士毕业后,华生留在芝加哥大学教实验心理学。1919 年,他出版了《行为主义观点的心理学》,系统地阐述了他的行为主义心理学理论体系,也正是这本书,让华生成为行为主义心理学的创始人,使华生走上了人生巅峰。

然而,1921 年妻子要求与华生离婚。他经朋友介绍,进入了智威汤逊广告公司。我们都知道,广告的撒手锏就是改变消费行为,而华生正是行为主义心理学的开山鼻祖。华生果然不负众望,将他的理论应用在广告上,展现了行为主义的强大威力。

在智威汤逊广告公司,华生沿袭了科学家的实证精神。开展项目时,他会要求去客户店面,收集客户样本,研究消费习惯。华生很快发现"新产品销售曲线的增长与人类学习曲线的增长十分吻合"。他还发现，受众是否购买商品和广告是否符合事实没有必然联系。决定受众购买行为的，是广告带给他们的情绪刺激——恐惧、爱意，甚至是愤怒。因此，消费者购买一件产品时，除了购买产品本身，还有品牌价值。他将这些理论运用在客户身上，获得了巨大成功。

同时，华生还是名人代言广告的先行者。他认为崇拜英雄、羡慕名人是人的本性，通过模仿英雄和名人的行为，可以获取某种心理满足。华生抓住了罗马尼亚皇后玛利亚来访美国的机会，向皇后赠送了某品牌面霜样品，获得了皇后的认可。这一举动，让该品牌面霜扭转了销售劣势。

另外，华生还十分善于"创造消费需求"与"培养消费习惯"。为了卖出咖啡，你光说咖啡多好喝还不够，你得改变大家的行为，创造更多喝咖啡的机会。为了推销某品牌咖啡，华生掀起了一场"咖啡时间"运动，使"咖啡时间"成为美国办公室、工厂、家庭中的习惯。

三、学习动机的理论

学习动机（Motivation-to-learn）是指激励并维持学生朝向某一目的的学习行为的动力倾向。学习动机与学生的学习兴趣、学习需要、个人价值观、态度、志向水平、外来鼓励、学习后果（如学位、待遇、社会地位等）及客观现实环境的要求（如考试、竞赛、升学）等诸多因素紧密相连。学习动机与学习的关系是辩证的，学习动机驱动学习，学习又能产生学习动机。学习动机可以增强行为方式促进学习，而所学到的知识反过来又可以增强学习的动机。因此，大学生在注重动机在学习中的重要作用的同时，也应该看重学习过程，学习本身就是下一步的学习动机。

还记得本章开头成长故事中的小张吗？他由于学习动机过强，学习强度过大，对自己的要求、期望过高等，出现了一系列的学习心理问题，从而影响了他的学习效率和学习效果。过分强烈的学习动机往往使大学生处于一种紧张、焦虑的情绪状态，往往会出现注意力难以集中的情况，从而影响大学生的智力活动和学习效率。那么，大学生应该如何处理学习动机与学习效率之间的关系呢？

耶克斯-多德森定律表明，一般来说学习动机与学习效率之间的关系大致呈倒 U 形曲线，学习活动都存在一个最佳的动机水平，动机不足或过强，都会使学习效率下降。动机强度的最佳水平随学习活动的难易程度而有所变化，在比较容易的学习活动中，学习效率随动机强度的提高而上升；在难度较大的学习活动中，动机强度的最佳水平点会低一些。因此，大学生应该根据学习任务的难度，合理地调节自己的学习动机，从而更好地提高自己的学习效率。

在了解了学习动机与学习效率之间的关系后，让我们再在成就动机理论中获得一些启发吧！

成就动机（Achievement Motivation）是人们希望从事对自身有重要意义、有一定困难的、具有挑战性的活动，在活动中能取得优异的成绩，并能超越他人的动机。麦克利兰和阿特金森的成就动机理论认为，个人的成就动机可以分为两部分，一部分是力求成功的意向，另一部分是避免失败的意向。也就是说，成就行为体现了趋向成功或避免失败两种倾向的冲突。如果一个人追求成功的动机强度高于避免失败的动机强度，那么这个人便会努力去追求特定的目标；如果一个人避免失败的动机强度高于追求成功的动机强度，那么这个人就会尽可能选择减少失败机会的目标。

阿特金森在 1960 年进行了一个实验来验证成就动机理论。实验中，五岁的孩子们手拿着许多绳圈走进一间屋子，实验者让他们用绳圈去套屋子中间的一个木桩。孩子们可以自由选择自己站立的位置，并且让他们预测自己能够套中多少个绳圈。结果发现：追求成功的孩子选择了距离木桩适中的位置，然而避免失败的孩子选择了要么距离木桩非常近，要么距离木桩非常远的位置。麦克利兰这样解释：追求成功的孩子选择了具有一定挑战性的任务，但同时也保证具有一定的成功可能性。因此，他们选择了距离木桩适中的位置。这个发现在不同年龄、不同的任务中取得了一致的结果。避免失败的孩子关注的不是成功与失败的取舍，而是尽力地避免失败和与此有关的消极情绪。因此，要么距离木桩很近，轻易成功，要么距离木桩很远，几乎没有成功的可能性，这是任何人都达不到的，因此也不会带来消极情绪。

成就动机水平不同的人在选择任务难度和目标时都有不同的行为表现。成就动机高的人追求成功的倾向强，他们往往选择适中的任务难度和目标（成功概率约为 50%），因为这种选择可以给他们提供适宜的现实挑战。成就动机高的人对完全不可能成功或稳操胜券的任务，动机水平反而下降。成就动机低的人避免失败的倾向强，他们往往选择非常容易或者非常难的任务和目标，因为选择的任务如果非常困难，那么即使失败了，也可以找到适当的借口，从而减少失败感；选择的任务如果非常简单，这样他们就可以避免失败。成就动机低的人往往通过各种活动防止自尊心受到伤害。

例如，成就动机高的大学生在选择考研目标院校时，会选择那些与自己实力水平相符的、难度适中的院校；而成就动机低的大学生在选择考研目标院校时，要么会选择超出自己水平的、难度很高的院校，这样如果考研失败，他们也可以有各种理由来避免自己的自尊心受到伤害，要么会选择低于自己水平的、难度很低的院校。

成就动机对大学生学习任务的选择、学习的习惯、学习的态度、学习的动机、学习的质量等方面都有重要影响，因此大学生应该学会合理地调整自己的成就动机。

四、学习动机的激发

学习动机不足是指学习没有内在的驱动力，没有学习需求、没有学习兴趣、没有学习计划、没有学习目标等。大学生可以用以下方法来解决自身学习动机不足的问题。

（一）培养对学习的兴趣

"兴趣是最好的老师"，学习兴趣是人们在认知过程中的某种情绪情感的倾向性。大学生的学习主要是通过听老师讲课和自己阅读的方式来学习前人总结的各种间接经验，因此学习内容大部分是抽象的、概括的。大学生应该明确自己所学专业的社会意义，丰富感性认知、多观察自然和社会现象，理论联系实际、多参加科学实验和社会实践活动，使学习变得形象、生动、有趣。

（二）掌握正确的学习方法

"工欲善其事，必先利其器"，培养学习动机离不开掌握正确的学习方法。每个大学生都应该根据自己的学习特点选择适合自己的学习方法，在掌握了正确的学习方法后，学习效率就会提升。

（三）运用合理的自我奖励、惩罚措施

大学生可以对自己近期的学习状态、学习成绩、学习态度给予适当的奖励或惩罚，这是一种强化方式，也是激发自身学习动机的一种方式。一般来说，表扬或奖励比批评或指责更能有效地激发大学生的学习动机。

（四）掌握正确的归因方式

对学习结果的归因往往影响大学生的学习动机，也会影响大学生以后的学习行为。良好的归因模式有利于激发大学生的学习动机，形成对下次成功的高期待；不良的归因模式不仅不利于学习动机的激发，还会因为大学生总把失败归因于自己的能力差，而产生习得性无助的现象，即认为无论自己怎样努力，也不可能取得成功，因此便采取逃避努力、放弃学习的无助行为，使学习一蹶不振。因此，大学生应该掌握正确的归因方式，尽量将学习上的成功归因于自己的能力和努力，而将学习上的失败归因于内部的不稳定因素，即努力不够。

第二节　找到你——学习风格

一、学习风格的概念

学习风格是指人们在学习时所具有或偏爱的方式，换句话说，就是学习者在研究和解决其学习任务时，所表现出来的具有个人特色的方式。学习风格具有独特性和稳定性；独特性是指学习风格是在学习者个体神经组织结构及其机能基础上，受特定的家庭、教育和社会文化的影响，通过个体自身长期的学习活动而形成的，具有鲜明的个性特征；稳定性是指学习风格是个体在长期的学习过程中逐渐形成的，具有持久稳定性，很少随学习内容、学习环境的变化而变化，但是学习风格的稳定性并不表明它是不可以改变的，它仍然具有可塑性。

二、学习风格的类型

心理学中有多种关于学习风格类型的划分和界定，大部分心理学家都认同学习风格的概念应该是多维的。

（一）科尔勃的两维坐标理论

科尔勃（Kolb）对学习风格中的认知风格进行了综合性探讨。他从两个维度来考虑认知风格，即具体经验（CE）—抽象概括（AC）维度和反思观察（RO）—主动体验（AE）维度，然后他由这两个维度构成了一个坐标系，确定出四种学习风格：顺应型、同化型、发散型和聚合型。

（1）顺应型。这类学习者通常用具体的思维方式感知信息，并对信息进行积极主动的加工。他们喜欢动手操作，善于执行计划并愿意完成有挑战性的任务。在解决问题时，他们更倾向于从他人那里获取信息，而非自己反思、分析。在学习中，他们会进行冒险、变换实践方式，具有一定的灵活性。

（2）同化型。与顺应型学习者相对，同化型学习者通常采用抽象的思维方式感知信息，并对信息进行反思式的加工。他们善于理解大量的信息，并且能用简洁且合乎逻辑的形式将其概括出来。在学习中，他们对理论和抽象概念非常感兴趣，比较适合学习数学、物理这些基础理论学科。

（3）发散型。这类学习者通常用具体的思维方式感知信息，并对信息进行反思式的加工。他们善于多角度地审视具体的情境，常采用观察法从多种观点中寻找问题的答案。他们往往具有丰富的想象力和较高的敏感度，比较适合学习文化、艺术等学科。

（4）聚合型。与发散型学习者相对，聚合型学习者通常采用抽象的思维方式感知信息，并对信息进行积极主动的加工。他们善于发现理论的实际价值，具有较强的决策力，并能有效地解决实际问题。在学习中，这类人喜欢技术性强的学科，如计算机、建筑等。

科尔勃的学习风格模式如图 8-4 所示。

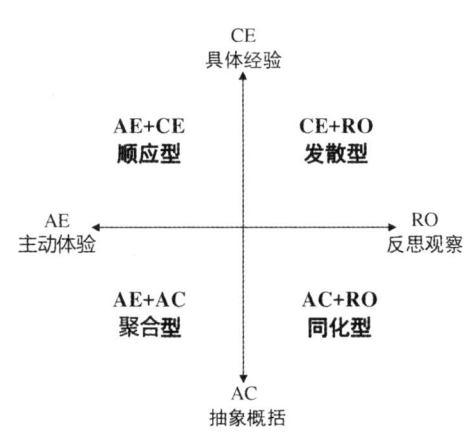

图 8-4 科尔勃的学习风格模式

（二）赫尔曼·威特金的场独立—场依存认知风格理论

美国心理学家赫尔曼·威特金（Herman Witkin）曾对空军飞行员靠什么线索来确定自己是否坐直的问题感兴趣。威特金设计了一种可以倾斜的房间，他让被试坐在房间里的一把椅子上，椅子可以通过转动把手与房间同向或逆向倾斜。当房间倾斜后，他要求被试转动把手使椅子转到事实上垂直的位置。结果发现，有些被试在离垂直差 35° 的情况下，仍然坚持认为自己完全是坐直的；而有些人能在椅子与倾斜的房间看上去角度明显不正的情况下，仍能使椅子非常接近垂直状态。威特金由此得出结论，某些人的知觉较多地依赖他们周围的环境信息，而另外一些人的知觉较多地依赖他们身体内部的线索。威特金把受环境因素影响大的称为场依存性（Field Dependence），把不受或很少受环境因素影响的称为场独立性（Field Independence）。前者是"外部定向者"，基本上倾向于依赖外在的参照（身外的客观事物）；后者是"内部定向者"，基本上倾向于依赖内在的参照（主体感觉）。

场依存和场独立这两种认知风格与学习有着密切的关系。一般而言，场依存的人对人文学科和社会学科更感兴趣；而场独立的人更擅长数学和自然科学方面。场依存的人注重学习环境的社会性，并且对具有社会内容的材料更感兴趣；场依存的人易于接受别人的暗示，他们学习的努力程度往往受外来因素的影响。因此，场依存的学生在诱因来自外部时学得更好；而场独立性的学生在内在动机作用下学习时，常常会产生更好的学习效果。

（三）杰罗姆·卡根的反思型和冲动型学习风格理论

美国心理学家杰罗姆·卡根研究了学生反思型和冲动型学习风格。冲动型的学生倾向于根据几个线索做出很大的直觉的跃进，往往以很快的速度形成自己的看法，在回答问题时很快就做出反应；反思型的学生则在做出回答之前倾向于进行深思熟虑的、计算的、分析性的和逻辑的思考，往往先评估各种可替代的答案，然后给予较有把握的答案。

三、"我"的学习风格

科尔勃学习风格测试

这个测试用于了解你的学习方式、思维方式及你处理日常生活情景的方式。表 8-1 中有 12 个问题,每个问题都有 A、B、C、D 四个选项,每个问题的四个选项均包含对具体经验(CE)、反思观察(RO)、抽象概括(AC)、主动体验(AE)倾向的描述。请你对每个问题的选项按照自身学习情况相似程度以 1、2、3、4 进行排序(1=最不像你,4=最像你)。

表 8-1 Kolb 学习风格测试

问题	选项			
	A	B	C	D
例:当我学习时	[4]我是很强调分析的	[1]我依自己的心情而定	[3]我喜欢自己先问自己问题	[2]我重视学习效果
1. 当我学习时	[ ]我喜欢自己加入自己的感受	[ ]我喜欢观察与聆听	[ ]我喜欢针对理论进行思考	[ ]我喜欢实际操作
2. 我学得最好的时候是……	[ ]我努力完成实作时	[ ]我相信我的直觉与感受时	[ ]我仔细聆听与观察时	[ ]我依赖逻辑思考时
3. 当我学习时	[ ]我试着将事情想通	[ ]我负责所有的实作	[ ]我有强烈的感受与反应	[ ]我是安静、谨慎的
4. 我学习是利用……	[ ]观察	[ ]思考	[ ]实作	[ ]感觉
5. 当我学习时	[ ]我能接受新的经验	[ ]我会从各个层面来考虑问题	[ ]我喜欢分析事情,并将其分解成更小的问题	[ ]我喜欢试着实际动手做
6. 当我学习时	[ ]我是个行动型的人	[ ]我是个自觉型的人	[ ]我是个观察型的人	[ ]我是个逻辑型的人
7. 我学得最好的时候是……	[ ]学习理论时	[ ]试做与练习时	[ ]同学间讨论时	[ ]观察时
8. 当我学习时	[ ]我会在行动前尽量准备妥当	[ ]我喜欢概念及理论	[ ]我喜欢看到自己的实作成果	[ ]我整个人都会投入学习
9. 我学得最好的时候是……	[ ]我依赖自己的感觉时	[ ]我依赖自己的观察力时	[ ]我依赖自己的观念时	[ ]自己试着做一些事情时
10. 当我学习时	[ ]我是个负责任的人	[ ]我是个容易产生信任的人	[ ]我是一个审慎的人	[ ]我是个理智的人
11. 当我学习时	[ ]我喜欢评估事物	[ ]我喜欢积极参与	[ ]我是非常投入的	[ ]我喜欢观察
12. 我学得最好的时候是……	[ ]我非常小心时	[ ]我分析想法时	[ ]我实际动手做时	[ ]我接受他人的看法,开放心胸时

【记分规则与结果解释】

科尔勃学习风格测试通过将每道题目的四个关于 CE、RO、AC、AE 的描述选项中对应选项序号前数值相加的方式计算出 CE、RO、AC、AE 四个维度的数值,需要注意的是,计算出的四个数值相加之和为 120。具体计算方式如下:

CE=1A+2B+3C+4D+5A+6B+7C+8D+9A+10B+11C+12D
RO=1B+2C+3D+4A+5B+6C+7D+8A+9B+10C+11D+12A
AC=1C+2D+3A+4B+5C+6D+7A+8B+9C+10D+11A+12B
AE=1D+2A+3B+4C+5D+6A+7B+8C+9D+10A+11B+12C

请将你通过计算得到的 CE、RO、AC、AE 四个值分别标在图 8-5 所示的坐标系上,并将四个点进行连接,形成一个四边形。通过四边形可以明确你的学习风格偏好。

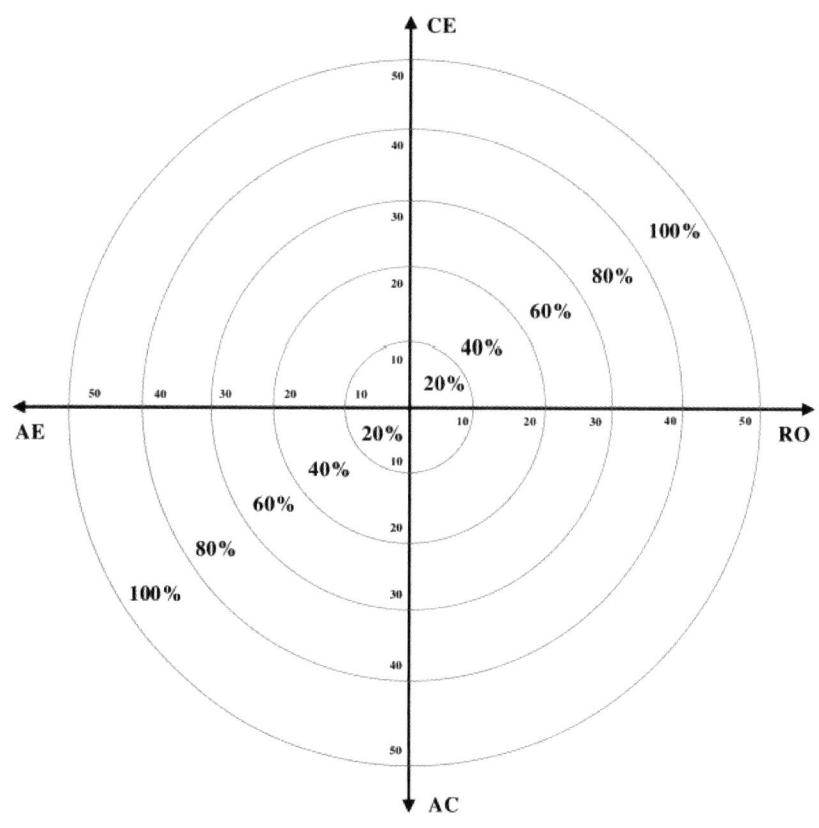

图 8-5　科尔勃学习风格模型

知识窗

高原现象

你是否有过这种感觉:当学习到达一定的层次以后,想要再进一步地提高学习成绩便变得非常困难,仿佛学习停滞不前了,即使继续努力也收效不大。这就是心理学上所说的"高原现象"。"高原现象"是指学习成绩并非直线式地上升,有时会出现暂时停顿的现象。

最早用实验的方法证明高原现象的是 1897 年布瑞安(Bryan)等的研究。布瑞安等研究了收发电报中动作技能的进步,结果发现,在收报练习 15～28 天,成绩一度停顿下来,虽有练习,但成绩不见提高,这就是高原时期。弗兰克斯等人研究高原现象发现,实验任务是追踪物体,每天练习 105 次,共 10 天,在最初的 4 天中,进步十分明显;在第 5、6、7 三天中,学习成绩没有提高,呈现高原现象;而 7 天后,学习成绩进一步提高。

大学生在学习过程中遇到"高原现象"是正常的,学习中产生这一现象的主要原因有两个。一是学习成绩的进一步提高需要改变旧的学习活动和方法,代之以新的活动和方法。在大学生没有完成这种改造以前,学习就会处于停顿状态,在改造过程中,学习成绩甚至可能暂时下降;当完成了改造,成绩又会提高。二是大学生经过一段时间的学习后,出现学习兴趣降低、厌倦学习、身体疲劳或发生疾病等现象,这也会造成学习成绩暂时停顿现象。那么,当大学生出现"高原现象"时应该怎样做呢?

(1)正确看待高原现象,高原现象是一种正常现象,在度过高原期之后,学习成绩还会继续上升的。

(2)改变旧的学习活动和方法,探索、适应新的学习活动和方法,改变不合理的学习方法,建构知识网络,学会将知识融会贯通。

(3)注意劳逸结合,适当的休息不仅有利于体力和精力的恢复,还可以因记忆恢复而产生潜伏学习的效果,如之前不太理解的知识点,休息一段时间后,说不定有种茅塞顿开的感觉。

(4)对学习的结果进行及时的反馈,了解自己的学习进度、困难,及时调整学习目标与方法,加强短板训练。

(5)平时注意心理调节,消除急躁、急于求成、患得患失等不良情绪,增强自信心,沉着冷静,从容面对。

第三节　UP　UP——学习策略

科学有效的学习策略可以帮助大学生积极健康地学习、提高学习效率、减轻学习压力、提高学习成绩,但是掌握了学习策略却没有尝试这些策略的行动,也未必能使学习非常有效率。因此,在掌握了科学有效的学习策略后,还需要在适当的场合中去运用。下面给大家介绍几种学习策略,方便大家进入高效的学习状态。

一、记忆策略

记忆策略是认知活动的一种特殊形式,是经过主观努力,在一定的目标指导下,用以提高记忆成绩所采取的各种措施。多数人都承认自己会忘记读过的大部分内容,即使读的时候很喜欢那部分内容。

(一)遗忘的规律

在心理学中谈及记忆,就不得不提一位著名的德国心理学家——艾宾浩斯,他对记忆中的遗忘现象做了系统的研究,将无意义的音节作为记忆的材料,把实验数据绘制成一条曲线,这条曲线叫作艾宾浩斯遗忘曲线(又称记忆曲线、保持曲线等),用来描述人类大脑对事物遗忘的规律。

艾宾浩斯遗忘曲线如图8-6所示。

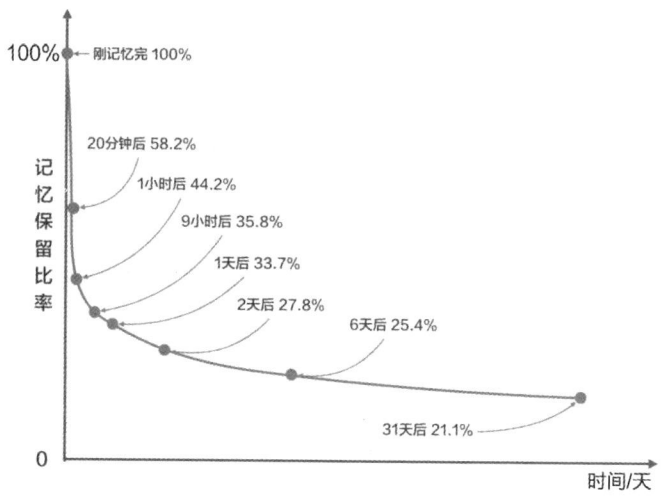

图 8-6　艾宾浩斯遗忘曲线

艾宾浩斯的研究发现，遗忘在学习之后便立即开始，遗忘的过程最初进展得很快，但随着时间的推移，遗忘的速度逐渐减慢，即遗忘的进程是先快后慢的。例如，在学习 20 分钟后记忆保留比率剩下 58.2%，在学习 1 小时后记忆保留比率剩下 44.2%，在学习 9 小时后记忆保留比率剩下 35.8%，在学习 1 天后记忆保留比率剩下 33.7%，在学习 2 天后记忆保留比率剩下 27.8%，在学习 6 天后记忆保留比率剩下 25.4%，在学习 31 天后记忆保留比率剩下 21.1%。根据这项研究，艾宾浩斯认为，保持和遗忘是时间的函数。后来很多心理学家重复了艾宾浩斯的研究，都得到了大体相同的结果。

因此，从遗忘进程的规律来看，为了更有效地记忆知识，我们应该做到及时复习。

（二）记忆材料的系列位置效应

在开始了解记忆材料的位置效应前，让我们来做一个小游戏。请大家两两组成一组，把下面的词语以相同的速度念给对方听，念完后请对方进行回忆。

自由　活动　爱好　理念　直觉　研究　靠谱　习惯　公共　精神　阅读　测试

请核对一下，你朋友回忆出的词语与没有回忆出的词语分别在这一系列词语的什么位置？为什么会出现这样的情况呢？

在心理学的一项研究中，让学生记忆有 32 个单词的词表，并在学习后要求学生进行回忆，回忆时可以不按照原来的顺序。结果发现，学生最先回忆起来最后呈现的单词，其次是最先呈现的单词，而最后回忆起来词表中间的那部分单词；并且在回忆的正确率上，最后呈现的单词回忆的正确率最高，其次是最先呈现的单词，而中间那部分单词回忆的正确率最低。这种在回忆系列材料时发生的现象叫系列位置效应。最后呈现的材料最容易回忆，遗忘最少，这叫近因效应；最先呈现的材料较容易回忆，遗忘较少，这叫首因效应。

因此，从记忆材料的系列位置效应来看，当我们在记忆一段内容时，我们应该加强对中间部分内容的记忆。

（三）学习的程度

当你记忆一段材料能达到无误背诵的标准时就停止识记，那么这段材料的内容很快就会被你遗忘，但是如果达到恰能背诵后还继续识记一段时间，那么记忆效果会更佳，这便是过度学习对材料保持的作用。同时，我们也应该知道，过度学习是有一定限度的，研究发现，最佳的学习程度是150%。例如，当你记忆一段材料时，4遍恰好可以背诵，那么你最好再多识记2遍，这样你记忆的效果更佳。

徐特立是如何读书学习的

无论处在什么样的时代，读书皆是我们不断进步的必要途径。杰出的无产阶级教育家徐特立，为国家革命和建设事业不断奋斗之余，仍然坚持读书学习，并形成了独特的行之有效的读书方法。

读书须定量并持之以恒。他43岁学习法语，有人劝他："你岁数大了，别从头学外文了！"他自信地说："我就是一天学一个字，一年也可以学到360多个字，7年可以学到2500多个字，到了50岁时，岂不是一个通法文的人了吗？"他在谈青年人学习问题时总结到："我读书的办法总是以'定量''有恒'为主。""每个人要有一个算盘，打算一天读多少？一年读多少？一生读多少？要有个计划。哪怕一天学一点，只要不间断，就能得到知识。问题就是要坚持，要持之以恒。这个'恒'字对学习尤为重要。三天打鱼、两天晒网是学不好的。"徐特立把读书计划作为重点，把坚持读书作为难点，日复一日，年复一年，充分体现了读书目标和过程的统一与为人治学的持之以恒。

读书须利用一切空闲时间。徐特立对《三国志·王肃传》所载学足"三余"思想非常赞赏，学足"三余"意思是说晚上是日中多余的时候，落雨下雪是晴天多余的时候，冬季是春夏秋之季多余的时候，平日工作繁忙，只有得闲多余的时候读书学习，持之以恒，才能做好学问。充分利用空闲时间读书，日积月累，学问渐长，这是徐特立坚持不懈、身体力行所获得的经验。

读书应做好笔记。读书切忌为追求数量而走马观花。要领会书中要点，摘录书中经典，写出心得体会，这样才能领会作者的思想观点，并结合自己思想以对问题有更深一步的了解。他很注意抄读书籍的方法，并非无理解地机械全抄，而是分清重点、难点，并将抄读与理解、分析相结合，天长日久，徐特立养成了抄录的习惯，后来即便是在不缺书的时候，他也会在读书时抄录，以便加深理解。常年教育工作使他得出结论：买书不如借书，读书不如抄书，全抄不如摘抄。读书要标记书中的要点，要在书眉上写下自己的心得体会和意见，还要摘抄自己认为精彩的地方。

读书范围要广，种类要多。徐特立认为读书应该广一些，兼顾古今中外，注意古今结合、中外结合。只有博览群书，知识广博才可以培养出鉴别的眼光，看问题才能尽可能全面。他认为读书学习在博览的同时，也要抓住要领。他强调："有关国家书常读。"希望青年后学继承读书人国事、家事、天下事，声声入耳的优良传统。

徐特立读书方法是其毕生学习实践的提炼总结，是他对于如何读书学习问题的深刻见解，道出了读书的基本原则、学习的基本规律，其优良的学风和科学的读书方法，值得我们继承和发扬。

（引文来源："学习强国"学习平台）

二、时间管理策略

在进入大学后，大学生的时间相较于中学时期更加宽松、自由，一部分同学可以合理地利用自己的时间，使自己的学习、生活更有效，事半功倍；当然，还有部分同学离开了家长、老师的监督便不会合理地安排自己的时间，导致学习效率下降。时间管理策略是指通过一定的方法合理安排时间，有效利用学习资源。

美国管理学家科维认为可以按照重要性和紧迫性两个维度把事情分为四种类型，即重要且紧迫的事、重要但不紧迫的事、不重要但紧迫的事、不重要也不紧迫的事，按照这四种类型来合理分配时间。我们应该先做重要且紧迫的事，如为明天的期末考试复习知识；再做重要且不紧迫的事，如准备下学期的英语六级考试；其次做不重要但紧迫的事，如归还从图书馆借的书籍；最好不做不重要也不紧迫的事，如看电视连续剧。

研究发现，普通人在不重要也不紧迫的事情中消耗的时间最多，因为这些事情做起来没有什么难度和压力；其次是在不重要但紧迫的事情中消耗时间多，这使他们虽然看起来很忙，但没有什么效果。

成功者往往花费更多的时间在重要的事情上，而不是紧迫的事情。成功者与普通人都会花费时间在重要且紧迫的事情上，而造成时间管理效果差异的秘密在重要但不紧迫的事情上。成功者比普通人少花很多时间来处理重要但不紧急的事情。因此，大家要合理安排时间，主动去处理那些重要的事情。

三、认知策略

（一）复述策略

复述策略是指在工作记忆中为了保持信息，运用内部语言在大脑中重现学习材料或刺激，以便将注意力维持在学习材料上的方法。适用于大学生的常见的复述策略有抄写、重复、做记录、画线等。

（二）精细加工策略

精细加工策略是指把新信息与头脑中的旧信息联系起来，从而增加新信息的意义的深层加工策略。它常被描述成一种理解记忆的策略，其要旨在于建立信息间的联系。联系越多，能回忆出信息原貌的途径就越多，即提取的线索就越多。精加工越深入、越细致，回忆就越容易。适用于大学生的常见的精细加工策略有想象、总结、做笔记、联想、口诀、谐音法、编故事、编儿歌等。

（三）组织策略

组织策略是指将经过精加工提炼出来的知识点加以构造，形成知识结构的更高水平的信息加工策略。适用于大学生的常见的组织策略有组块、列提纲、画图形、做表格、制作流程图等。

第八章 我的学习我做主

> **知识窗**
>
> **PQ4R 学习法**
>
> 　　这里给大家介绍一个有效的、新颖的学习策略——PQ4R 学习法。PQ4R 学习法是由托马斯和罗宾逊提出的能帮助学生理解和记忆的学习技术，它的名称是由六个英文单词的首字母组成的，共有 6 个步骤：预习（Preview）、提问（Question）、阅读（Read）、反思（Reflect）、背诵（Recite）和复习（Review）。
>
> 　　（1）预习：快速浏览所要学习的知识，对知识的主题和副主题有一个基本的了解。注意各级标题，找出你要读的和学习的信息。
>
> 　　（2）提问：阅读时自己问自己一些问题。根据标题用"谁""什么""为什么""哪儿""怎样"等疑问词提一些问题。
>
> 　　（3）阅读：阅读材料，不要泛泛地做笔记，并试着回答自己前面提出的问题。
>
> 　　（4）反思：试图理解信息并使信息有意义。例如，把信息和你已知的事物联系起来；把课本中的副标题和主要概念及原理联系起来；试着消除对呈现的信息的分心；试着用这些信息去解决联想到的类似的问题。
>
> 　　（5）背诵：通过大声陈述和一问一答，反复练习记住这些信息。你可以使用标题、画了线的词和对要点所做的笔记来提问。
>
> 　　（6）复习：积极地复习材料，主要是问你自己问题，只有当你确定自己答不出来时，重新阅读材料。
>
> 　　大家在今后的学习中可以充分利用 PQ4R 学习法，也可以结合其他学习策略来高效学习！

第四节　再见吧——学习拖延

一、为什么会学习拖延呢

　　你是否有过这样的经历呢？本来计划用一周的时间完成学习计划，可是一周过去了，学习计划却几乎未执行，又过了一周，仍然没有什么进展。虽然你每天都感到很焦虑，惦记着要去执行学习计划，然而控制不住自己不停地玩游戏、追剧、刷抖音直到凌晨。等直到拖到最后一刻才想着提高效率，抓紧时间赶学习计划。拖延有时候就像"毒药"一样侵蚀着我们的心灵，让我们进退两难，举步维艰。

　　拖延症其实是自我调节失败，在能够预料后果有害的情况下，仍然把计划要做的事情往后推迟的一种行为。拖延是一种普遍存在的现象，很多大学生都存在拖延问题。严重的拖延症会对个体的身心健康带来消极影响，如出现强烈的自责情绪、负罪感，不断地自我否定、贬低，并伴有焦虑症、抑郁症等心理疾病，一旦出现这种状态，需要引起重视。

　　那么，你有没有考虑过，为什么会出现学习拖延呢？以下几点可能会为你答疑解惑。

（一）自我期望过高

很多学生拖延的原因是对自我的能力期望过高，往往把事情想得过于简单，认为不需要花费过多的时间和精力就可以将事情做好，这就导致这部分学生经常被外界的诱惑所吸引，如玩游戏、看电影、跟朋友逛街等。这部分学生即使学习任务没有完成也不会过多地担心，因为他们觉得等到回来后再做也不迟。然而事情的真相是，等到真正开始做时，才发现事情远没有自己想象中那么简单，是很费时间和精力的，因此产生畏惧、厌烦心理，导致学习任务一拖再拖。

（二）惰性思维

当一个人处于高强度的学习状态，一直紧绷着的时候，他往往更需要休息，可是一旦有了休息的时间，他便会想办法来弥补自己这么长时间以来学习的辛苦，即使手头还有需要完成的学习任务也不会去做。这种惰性思维的本质通常建立在高压学习状态之后的放松心理上。可是，也有一些学生是习惯性的懒惰，他们不愿意第一时间去完成学习任务，一定要等到这项学习任务快到约定日期时才着手去做。

（三）追求完美

追求完美本来是一件好事，可如果一直停留在想象中，却从来不去做，那便会变成一种拖延症。这类学生无论是在学习上，还是在生活上，都要求自己在精力、能力、状态、思路、时间等条件上准备充分时才会着手去做，他们要求尽善尽美，否则便会无限延长自己做事的时间。其实，人没有十全十美的，生活中也没有那么多万事俱备的时候，做事只要尽力就好，别让追求完美的心态影响了我们的学习、生活。

（四）责任分散

责任分散效应又称旁观者效应，是指对某一件事来说，如果是单个个体被要求单独完成任务，责任感就会很强，会做出积极的反应。但如果是要求一个群体共同完成任务，群体中的每个个体的责任感就会很弱，面对困难往往会退缩。因为前者独立承担责任，后者期望别人多承担些责任。"责任分散"的实质就是人多不负责，责任不落实。在一项需要小组成员合作完成的学习任务中，当小组成员责任感弱时，他们常常期望任务由小组其他成员来完成，而自己却一直拖延。

（五）学习任务特征

学习任务的难度会影响个体的拖延行为，学习任务越复杂、越困难，学生们越容易拖延，当学生认为某项任务超出自己的能力时，由于缺乏对成功的控制感，他们通常会采用拖延的方式逃避执行该项学习任务；学习任务的奖惩时限也会对学生的拖延行为产生影响，如果学习任务奖赏及时，那么会在一定程度上减少学生的拖延行为。

（六）环境

我们平常可能也会有这样的体验：学习氛围很重要，学习的环境也很重要。如果你周围的学习环境很安静、很舒适，并且很有学习氛围，大家都在忙着自己的事情，那么你不会让自己有太多拖延的时间。大家都在做，只有你不做，你的心中也是无法接受的。这就是环境对一个人行为的影响。

二、向学习拖延"宣战"

知道了造成我们学习拖延的原因后，你大概率还想知道应该如何做才能告别学习拖延吧！那就让我们一起向学习拖延"宣战"，跟学习拖延说再见吧！

（一）澄清目标

制定目标并不是一件简单的事情。人们经常容易因过于理想化、不符合客观情况、不容易执行等情况使目标仅仅变成一种"美好的愿望"。下面给大家介绍一个简单而容易遵循的设立目标的法则——SMART 法则。

SMART 法则由五个英文字母构成：Specific（具体的）、Measurable（可衡量的）、Attainable（可达到的）、Relevant（相关的）、Time-based（有时限的）。

1. 目标需要是具体的

制定的学习目标应该具体，不能模糊，如今天要背 50 个英语单词、今天要做 3 页高数题。目标一定要具体，如果目标太大、太模糊，就要把目标分解成一个个小目标，并且是清晰、具体的小目标。

2. 目标需要是可衡量的

可衡量的意思是学习目标是否达成可以用指标或成果的形式进行衡量，如今天要背 50 个英语单词便是可衡量的，今天要做 3 页高数题也是可衡量的。在制定好学习目标后，可以先问自己一个问题：我的目标能不能被衡量？

3. 目标需要是可达到的

制定的学习目标需要是可以通过自己的努力达到的。例如，一天背 50 个英语单词是可以通过努力达到的，但如果给自己制定的目标是一天背 500 个英语单词，则通常是很难达到的。建议大家在制定学习目标时坚持"跳一跳，够得着"的原则，通过自己的努力能够达到目标，不断完成目标不仅能给自己带来愉悦感，也能不断增强自信心。

4. 目标需要是相关的

大学生在制定自己的学习目标时，可以将短期目标与长期目标相结合。例如，长期目标是通过大学英语四级考试，同时可以根据距离大学英语四级考试的时间来制定短期的具体目标。

5. 目标需要是有时限的

制定自己的学习目标时要有明确的时间限制，这样才能使目标更加可控，建议大学生给自己制定的每个学习目标都设置上截止日期，这样能督促我们按照定好的时间去推进学习计划，避免拖延，提升学习效率。

（二）承诺行动

可能大学生们都有过这样的经历：虽然为自己制定了详细的学习目标，但是真正执行时发现自己没办法按照原定目标进行。因此，大学生们制定好自己的学习目标后需要承诺自己会采取行动去执行。另外，可以向大家说出自己的承诺，通过公开承诺的方式增强自信心和提高行动力，跟拖延说拜拜！

蔡格尼克效应

20世纪20年代，苏联心理学家蔡格尼克让被试做22件简单的工作，如写一首自己喜欢的诗，从55倒数到17，把一些颜色和形状不同的珠子按一定的规律用线穿起来等。完成每件工作所需要的时间大体相等，一般为几分钟。在这些工作中，只有一半允许做完，另一半在没有做完时就会受到阻止。允许做完和不允许做完的工作出现的顺序是随机的。在做完实验后，在出乎被试意料的情况下，立刻让他回忆做了22件什么工作。结果是未完成的工作平均可回忆起68%，而已完成的工作只能回忆起43%。在上述条件下，未完成的工作比已完成的工作保持得较好，这种现象就叫蔡格尼克效应。

蔡格尼克效应是指人们天生有一种办事有始有终的驱动力，人们之所以会忘记已完成的工作，是因为欲完成的动机已经得到满足；如果工作尚未完成，那么这同一动机便使他对此留下深刻印象。

蔡格尼克效应使人走入两个极端：一个是过分强迫，面对任务非得"一气呵成"，不完成便死抓着不放手，甚至偏执地不管其他任何人、事物；另一端是驱动力过弱，做任何事都拖沓，时常半途而废，总是不把一件事情完全完成后再转移目标，永远无法彻底完成一件事情。

对大多数人来说，蔡格尼克效应是推动我们完成工作的重要驱动力，但是有些人会走向极端，要么因为拖沓永远完不成一件事，要么非得一口气把事做完不可。这两种人都需要调整自己的完成驱动力。

当面临一大堆学习、工作任务时，许多人试图拒绝开始学习、工作，这使得拖延症更加肆无忌惮。通过蔡格尼克效应，摆脱拖延症的一个好办法是开始学习、工作，随便开始些什么都好。但建议开始先尝试一些简单的项目，逐渐过渡到难度高的项目。因为根据蔡格尼克效应，一旦开始了工作，不管工作多难、多琐碎，总会有些东西让你坚持到最后！

因此，大学生们在学习中可以善用蔡格尼克效应，它有助于我们终结拖延症！

课堂研讨

1. 学无定法，除了本章所讲的学习策略，你在日常的学习中还运用了哪些学习策略？小组讨论并和大家分享一下吧！

2. 学习了设立目标的SMART法则后，快来制定你本周的学习目标吧！可以小组讨论并分享你制定的目标！

一、心理测试

学习动机测试

这个测试用于了解你在学习动机、学习兴趣、学习目标制定上是否存在行为困扰,共由20个题目构成。测试时,请仔细阅读问卷中的每一个题目,并与自己的实际情况相对照。若觉得相符,请回答"是";觉得不相符,请回答"否"。

1. 如果别人不督促你,你就极少主动学习。( )
2. 当你读书时,需要很长的时间才能提起精神。( )
3. 你一读书就觉得疲劳与厌倦,一直想睡觉。( )
4. 除了老师指定的作业,你不想再多看书。( )
5. 如果遇到不懂的,你根本不想设法弄懂它。( )
6. 你常想自己不用花太多的时间,成绩也会超过别人。( )
7. 你迫切希望自己在短时间内大幅度提高学习成绩。( )
8. 你常为短时间内成绩没能提高而苦恼不已。( )
9. 为了及时完成某项作业,你宁愿废寝忘食、通宵达旦。( )
10. 为了把功课学好,你放弃了许多感兴趣的活动,如体育锻炼、看电影与郊游等。( )
11. 你觉得读书没意思,想去参加工作。( )
12. 你常认为课本的基础知识没啥好学的,只有看高深的理论、读大部头作品才带劲。( )
13. 只在你喜欢的科目上狠下功夫,而对不喜欢的科目放任自流。( )
14. 你花在课外读物上的时间比花在教科书上的时间要多很多。( )
15. 你把自己的时间平均分配在各科上。( )
16. 你给自己定下的学习目标,多数因做不到而不得不放弃。( )
17. 你给自己定下的学习目标,多数不容易做到。( )
18. 你总是同时为实现几个学习目标忙得焦头烂额。( )
19. 为了对付每天的学习任务,你已经感到力不从心。( )
20. 为了实现一个大目标,你不再给自己制定循序渐进的小目标。( )

【记分规则与结果解释】

每个题目若回答"是"记1分,若回答"否"记0分。

上述20个题目可分成4组,它们分别测查你在以下四个方面的困扰程度:

1~5题测查你动机是不是太弱;

6~10题测查你动机是不是太强;

11~15题测查你学习兴趣是否存在困扰;

16~20题测查你学习目标是否存在困扰。

假如你在某组(每组5个题目)题目中的得分在3分以上,则可认定你在相应的学习问题上存在一定程度的困扰。

总分在 0～5 分，说明你在学习动机上有少许问题，必要时可调整。

总分在 6～10 分，说明你在学习动机上有一定的问题和困扰，可以进行调整。

总分在 14～20 分，说明你在学习动机上有严重的问题和困扰，需要进行调整。

二、体验分享

学会合理归因

如果人们做事情的动机水平不同，那么对做这件事情成功或者失败的原因的看法也会有所不同。高成就动机的人把成功归因于自己有高能力，并在接下来的新任务中不断探索，期待下次成功的到来；他们把失败归因于自己不够努力，在以后的任务中会更加努力，并期望下次能够成功。低成就动机的人则往往把成功归因于外部因素（如运气好），而将失败归因于稳定的内部因素（如缺乏能力），这会使他们逃避未来的任务，并认为自己将来会再次失败。

心理学家韦纳对人们的归因方式进行了系统的总结，他发现个体对成功或失败的大多数解释都受稳定性、内外性和可控性的影响，并认为能力、努力、任务难度、运气、身心状况和其他因素是人们成功或失败的主要原因。

1. 学习了韦纳的归因理论后，当你取得好成绩时，你会如何解释？
2. 学习了韦纳的归因理论后，当你取得坏成绩时，你会如何解释？

推荐书籍：《学习心理学》（第 6 版），简妮·爱丽丝·奥姆罗德著，中国人民大学出版社。

推荐理由： 本书包含广泛的学习理论：行为主义、社会认知理论、情境学习理论和发展理论等。作者在写作方面采用深入浅出的风格和技巧，即使没有心理学基础的读者也能理解书中的理论观点，读者定能从书中获益。

第九章

压力应对有力量

压力是奋斗的不竭动力

导语：在步入大学后，我们面临着学习、人际交往、就业等多重压力，也会经历各种各样的挫折。面对挫折和压力，我们是选择迷茫焦虑、怯懦逃避，还是理性分析、直面挑战？其实，每一次的压力和挫折，都是成长的契机，关键是看我们如何认识、理解和面对。在这一章里，我们将对压力和挫折进行全面分析，从而正确认识压力，掌握客观认知自我、调整压力认知、构建支持系统、觉知压力预警、消除心理负累、有效管理时间、正念生活方式等压力管理策略。青年大学生要培养积极乐观、理性平和的心态，脚踏实地、聚焦远大理想，正确面对人生中的困难，以百折不挠的勇气和逆风翻盘的魄力，书写青春的奋斗篇章。

心灵导语

故天将降大任于斯人也，必先苦其心志，劳其筋骨，饿其体肤，空乏其身，行拂乱其所为，所以动心忍性，曾益其所不能。

——孟子

成长故事

狼与马拉松选手

在一次越野马拉松赛上，一位名不见经传的选手居然以绝对优势摘取了金牌，无论是观众，还是裁判都震惊不已，根本不相信眼前的事实。

面对众多媒体的追捧，这位选手不好意思地揭开了谜底。原来，在比赛途中，他本来落后于许多选手，他甚至想过放弃，但意外的情况出现了，不知从什么地方忽然蹿出了一只土狼，它向他杀气腾腾地扑来。他惊慌失措，只得拼了命狂奔，而那只土狼也像疯了一样，死追不放。就这样，狼疯狂地追，他狂奔，最后稀里糊涂地第一个抵达终点，获得冠军。

因为一只狼的威胁，导致选手在求生本能的驱使下，爆发出超常的力量，创造了奇迹。所以，对生活中的每一个人来说，有压力不一定是件坏事。

正所谓"井无压力不出油,人无压力不成材"。很多时候,我们需要学会给自己施加一些压力,并努力把这份压力化作向目标冲刺的动力。只要坚持这么做,成功终将到来。

思考: 压力是有害的吗?

专家点拨: 研究表明,压力本身没有害,如果认为压力有害才会有消极影响。我们人类的身体在长期的进化中,形成了一种自我平衡的系统,这种天生的自我平衡的系统往往可以帮助人们识别压力、应对压力。就像上述马拉松比赛中的选手那样,本能的自我保护反应激发了马拉松选手的超常力量。因此,当面对压力时,不经意间的坚持能很好地帮助我们实现自己的目标。上述故事告诉我们,压力一定会有,但压力给我们带来的负能量是可以转为正能量的。

流水落叶

1. 活动物资

一段轻松而舒缓的音乐。

2. 活动指导语

请以舒服的姿势坐好。这通常是指你的双脚平放在地上,在椅子上坐直,双手放在膝上。如果你的手里有东西,那么请把它放到地上。我将用铃声表示这个练习的开始和结束。请轻轻合上你的双眼或者目光下垂到你眼前地板上某一个固定的地方。

(敲响铃声,开始练习)

在下面的时间,看看你是否可以只是留意和全然观察你的呼吸。你不需要改变任何东西,你不需要让呼吸变得更深或者更慢。只是留意你自然的呼吸,怎样吸进……呼出……你可以只是观察……不需要任何控制……,这只是一个观察你的呼吸的练习……

看看你是否可以让自己想象你正在沿着一条森林小路走着,你沉浸在森林的色彩中,感到阳光穿过你头上的树枝在你的脸上闪耀……也许你还可以感受到微风徐来……留意到森林里空气的味道……听到你脚下落叶的沙沙声,请继续前行,你听到轻轻的流水声……你跟随着声音……随着你穿过一片空地,你发现自己来到了河边……让自己在河岸边坐下……开始观察树叶轻轻地顺着河水漂走……

在下面的时间,请留意任何在你脑海中显现的东西……也许是一个想法、一段影像或者一种情绪……不论是什么,看看你是否可以把它放到一片落叶上……不论是愉悦的还是不愉悦的……时时刻刻,留意任何在你心中浮现的体验,把它放到一片落叶上,并看着它们自然离去……不需要去加速或者放慢(暂停至少 20 秒)……

如果你的大脑变成空白,那么你只要保持平静……而且保持警觉任何可能会出现的想法……

如果你有这样的想法——"这好奇怪""这好无聊"或者"这太难了""这太容易了"再或者"我不会做对的""我没有想法"——把这些想法放到一片叶子上,看着它们顺水漂走。

如果一个痛苦的感觉升起,只要承认它,对自己说"我留意到了我有一个痛苦的感觉",再把它放到一片叶子上,并看着它顺水漂走。

如果你的注意力不集中,只要轻轻地把自己带回到这个练习上……不需要做评判。

(留出一分钟做静默练习)

如果你的心已飘走,或者你完全忘记了跟着做练习,恭喜你自己注意到这点……温和地引导你的意识回到练习当中,不要有任何评判,如果你留意到任何的评判,把那个评判放到叶子上,并看着它顺水漂走……

(留出一分钟做静默练习)

看你是否可以让那些想法、树叶、那条河,或者任何想象离去,轻轻地把注意力带到你的呼吸上,吸进,呼出,注意到我们的呼吸其实早就在那里轻轻地导引你去觉知你即坐在这里。在此刻,你可以发现你就在这里,和我们同在这个空间里,在你的脑海中,看看你是否可以想象房间和地板上的图案,现在是我们再次连接的时刻,当你听到铃声这是练习结束的信号,任何时候当你准备好了,轻轻地睁开你的双眼,带着清醒和清新的感觉。

(敲响铃声,让声音慢慢消失,结束练习)

3. 交流分享

(1)这种练习你感觉舒服吗?是否体验到放松的感觉?

(2)有没有同学睡着了?分享一下感受。

(3)有没有同学没有跟随指导语进入活动?分享一下当时的感受和想法。

第一节 压力知多少——认识压力

一、初识压力

压力是指人们在社会适应过程中,对各种刺激做出生理和行为反应时所产生的一种紧张的心理体验和感受。压力又称应激或精神压力,是一种内部的精神紧张状态。简而言之,压力是压力源和压力反应共同构成的一种认知和行为体验过程。

(一)压力是一种心理感受和体验

我们这里所说的压力不同于力学中的压力。力学中的压力是实实在在的直接作用,可以测量,并且容易控制和消除。心理压力是一种心理感受,同时存在个体差异。压力是心理失衡的结果,来源于内心冲突。心理作为现实的反应,会将我们日常生活中遇到的各种各样的矛盾,如理想与现实、自我与社会等冲突,引入我们的内心世界,从而引发焦虑、苦恼等情绪体验和感受。

（二）压力是压力源作用的结果

压力虽然是一种体验，但其离不开客观刺激——压力源。例如，生活费超支、即将到来的期末考试、毕业后的就业问题等是大学生产生压力的原因。

压力源是引起压力的具体人和事，包括非人为的压力源和人为的压力源两种。非人为的压力源又称"自然逆境"，如地震、泥石流、台风、海啸等自然因素，不以人的意志为转移；人为的压力源又称"社会逆境"，如经济压力、竞争压力、就业压力、人际压力等。

（三）压力反应与主观评价

压力并不直接导致我们的感受和体验，而我们对压力的反应或主观评价决定了我们的感受和体验。

个体对压力的反应不是直接而单纯的，而是要受中介机制——认知评价的影响。它决定着个体如何看待刺激的性质与压力的大小。认知与评价机制主要取决于以下因素。

（1）压力源本身的性质与特点，即是单一性的还是复合性的，一般性的还是破坏性的。

（2）社会支持系统。当个体具有较强的社会支持系统时，他可能对压力感知为没什么大不了的，自己可以得到帮助；相反，社会支持系统薄弱的人会很沮丧，有一种独自面对困难的悲伤。

（3）当事人自身的身心特点。其主要包括三个方面：性别、年龄、受教育程度、经济状况、婚姻状况、职业等人口统计学状况；体魄强健与否的生理状况；认知与归因风格、性格倾向、情绪状态、应对能力与应对风格、人格动力特征、自我概念等心理因素。

吃愤怒的怪兽

从前，有一位国王，他住在一座漂亮的皇宫里。这位国王要离开皇宫一阵子。当他不在的时候，一个怪兽来到宫殿的大门前。这个怪兽非常丑陋，身上还散发出难闻的味道，它的声音也很难听，以至于守卫的士兵都被吓呆了。怪兽径直从士兵身边走过，登上了国王的宝座。等士兵们回过神来，冲进皇宫朝着怪兽大吼大叫，命令它赶快从国王的宝座上下来。当他们每说一句恶言恶语，怪兽就变得更丑陋并散发出更难闻的味道。士兵们变得更加愤怒，于是他们拔出宝剑，准备使用暴力铲除怪兽。但是，怪兽变得越来越大，最后都要占据整个宫殿了。它也比之前变得更丑陋和令人厌恶，散发的味道快要把士兵们熏晕了。

终于，国王回来了，他很有智慧，并且心怀慈悲，他看到了发生的事情，他知道该怎么办。国王微笑着对怪兽说："欢迎来到我的皇宫！"接着，他问怪兽，有没有人给它倒一杯咖啡。当怪兽开始啜饮咖啡时，它开始变小。国王又送给怪兽一些可以打包带走的比萨和薯条。随着国王友善的行为，怪兽继续变小，然后国王又给怪兽提供全身按摩。当士兵们给它按摩时，怪兽变得非常微小。伴随着对怪兽友善的行为，它最终消失不见了。

我们的压力源很有可能就是一头吃愤怒的怪兽。你是不是觉得愤怒让它变得更大了？在一些充满压力的环境中，负面想法、语言或者行为越多，会使得处境更加艰难。希望这个故事可以帮助你敞开心扉接纳困难，用一种更加友好的方式看到其中蕴藏的价值。

二、常见的压力反应

人在压力状态下，会出现一定的生理反应、心理反应和行为反应，这些身体和心理信号提示人们要关注自己的压力水平。

（一）生理反应

压力的生理反应主要表现在自主神经系统、内分泌系统和免疫系统等方面，如心率加快、血压升高、呼吸急促、激素分泌增加、消化道蠕动和消化液分泌减少、出汗等。谢尔耶在20世纪50年代以白鼠为研究对象进行了多项有关压力的研究，指出压力状态下的身体反应分为3个阶段，如表9-1所示。

表9-1 压力状态下的身体反应

阶段	特征
警觉	刺激的突然出现导致情绪紧张和注意力提高，体温与血压下降、肾上腺素分泌增加，进入应激状态
抗拒	企图对身体上受损的部分加以修复，因此产生大量调节身体的激素
衰竭	压力存在太久，应付压力的精力耗尽，身体各功能受损，适应能力丧失

1. 警觉阶段

警觉阶段又称唤醒期或准备期。发现事件并引起警觉，同时准备应付。交感神经支配肾上腺分泌肾上腺素和副肾上腺素，这些激素促进人体的新陈代谢，释放储存的能量，于是主要器官的活动处于兴奋状态，包括呼吸、心跳加快，汗腺分泌加速，血压、体温上升，骨骼肌紧张等。

2. 抗拒阶段

抗拒阶段又称搏斗期、战斗期或反抗期。继警觉之后，人体全身心开始抗拒，或消除压力，或适应压力，或退却。这一阶段人体会出现以下生理、心理和行为特征。

（1）抗拒阶段的生理生化指标表面恢复正常，外在行为平复，实则处于意识控制之下的抑制状态。

（2）个体内部的生理、心理资源及能量被大量耗费。

（3）此时个体变得极为敏感和脆弱，即便是微小的刺激，也能引发个体强烈的情绪反应。比如，爱人的唠叨、孩子的纠缠会让一个下班后精疲力竭的人勃然大怒，找对方"出气"。

3. 衰竭阶段

衰竭阶段又称枯竭期或倦怠期。由于抗击压力的能量已经消耗殆尽，此时个体在短时间内难以继续承受压力。如果一个压力反应周期之后，外在的压力消失了，经过一定时间的调理和休息，个体很快就能恢复正常的体征。如果压力源持续存在，个体仍不能适应，那么一个能量已经消耗殆尽的人，就必然会发生危险，此时，患上疾病、死亡都是极有可能的。长期处于叠加性压力和破坏性压力状态下的人容易出现身心疾病就是这个道理。

（二）心理反应

在压力情境下，个体的感知功能被激活，注意力集中，记忆力增强，思维也变得活跃。个体的认知反应既有积极的一面,也有消极的一面。积极的一面是认知活动增强,有利于应对压力情境,迎接威胁与挑战。但也可能产生诸如"灾难化"消极认知反应,即对负性压力源的潜在后果估计得过分严重。消极认知反应还包括自我评价降低,使得个体的自主感知自信心丧失。例如,一个长期得到师生称赞的学生,突然面对一次考试失利,很可能就会一蹶不振,变得怀疑自己。

个体的心理反应还集中在情绪方面。面对压力,个体最常见的情绪反应包括焦虑与恐惧、愤怒与怨恨、抑郁等。

个体面对压力的心理反应,从认知、情绪和行为3个方面表现出来,如表9-2所示。

表9-2 压力的心理反应

不同反应	具体表现
认知反应	可能降低或提高注意力、工作能力和逻辑思考能力
情绪反应	焦虑、不安、恐惧、易怒、攻击性、无助、工作成就感降低
行为反应	生产力降低或升高、行为慌乱、易发生意外事件

压力的生理反应和心理反应有着明显的性别差异。美国一项重要的研究结果显示,面对压力,男性多以生理疾病的形式表现,如心肌病和溃疡,而女性多表现在情绪上,如焦虑、沮丧等。面对压力,男性和女性大脑的反应不同:男性左脑血液充足,启动"攻击/逃跑"机制,他们想要独处;女性启动情绪机制,更想找人聊一聊。

(三)行为反应

压力条件下的行为反应与心理和情绪反应密切相关,也可以将其视为心理和生理过程的外显反应。行为反应主要涉及面部表情、目光、身姿和动作,也包括声调、音高、语速和节奏等副言语线索。当压力超过当事人承受能力的时候,个体的行为反应可能会显得惊慌失措,以致身体的协调能力和灵活性下降,动作刻板,或运动性不安,搓手顿足,或运动减少,呆滞木僵。

知 识 窗

认识精疲力竭

精疲力竭是由于长期和过度的压力导致的一种身体、精神和情绪的耗竭状态。如果你感觉似乎每一天都是糟糕的一天,总是感觉疲倦,并且觉得做什么区别不大,也许你正接近精疲力竭。精疲力竭通常由过度劳累所致,但是也可能由睡眠不足、缺乏支持性的人际关系、完美主义或者悲观主义导致。

如果你感觉自己接近精疲力竭,或者已经如此,请尝试下面的小诀窍。

- 开始每日练习正念或瑜伽。
- 健康饮食,确保按时睡觉,每周锻炼几次。
- 学习说不(拒绝),即设置边界,不承担额外的工作。
- 每天安排一些娱乐时间,或者至少一周一次。做一些能让自己想象力流动的事情。
- 放慢生活的节奏。
- 从朋友和家人处得到支持,寻求社会支持、交流是非常重要的。
- 考虑重新评估人生目标。精疲力竭是一个征兆,很可能是时候换种方式生活了。

三、压力是把双刃剑

个体在面对难以适应的环境或威胁时会产生压力。人们都讨厌、逃避压力，但没有压力生活是否就完美了呢？研究发现，压力对身心健康的影响具有两面性。压力对人的积极影响在于压力引起适度的紧张，有利于人们更清醒地认识自己所处的环境，能不断调整自己，磨炼意志，使人更加成熟、坚强，从而有更好的发展。但是，研究结果同样也发现持续时间过长、强度过大的压力对身心具有破坏性作用。

压力和意义无法分割。对不在乎的事情，你不会感到压力；不经受压力，你也无法开创有意义的生活。

（一）压力对健康的积极作用

一般单一性社会压力有益于健康，它使人生活得充实，人生变得有意义，这类压力被称为良性压力。事实上，完全没有压力的生活是不可想象的，也是不真实的。

心理学的研究表明，早年的心理压力是促进儿童成长和发展的必要条件。经受过生活压力的青少年在以后的生活和工作中更容易适应环境，更容易取得成功；反之，早年生活条件太好，没经历过挫折和压力，则如温室里成长的花朵，经不起生活的风吹雨打。对大学生而言，适度的压力是维持正常身心功能活动，激发大学生的积极性和主动性，锻炼和培养良好意志品质的必要条件。

可见，适度的压力其实可以激发人们的潜能，让人们高效率地完成任务，帮人们更好地应对生活的挑战。理想压力水平可以激发人的热情、敏锐度，让人充满干劲，从而获得较好的绩效。那些考场上超常发挥的同学、实践项目中表现出色的同学及在运动场上尽情挥洒汗水的同学，都是将压力调适到适度水平的例子。压力水平与绩效的关系如图 9-1 所示。

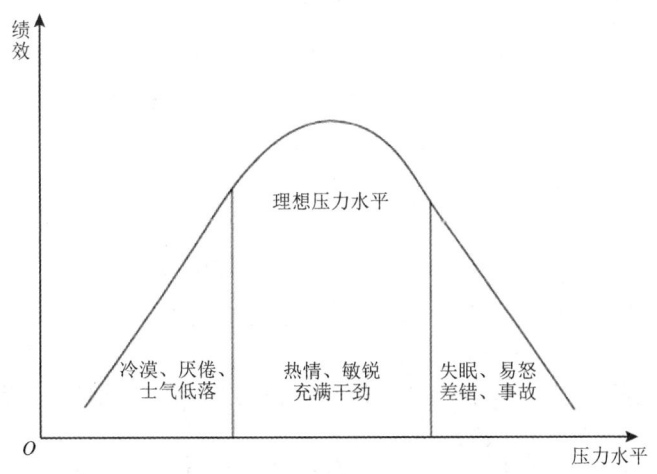

图 9-1　压力水平与绩效的关系

（二）压力对健康的消极影响

继时性压力和破坏性压力是人们健康的杀手。继时性压力使人处于慢性心理应激状态，时间一久便容易引发一系列身心症状。人们会产生呼吸困难、易疲劳、心悸和胸痛等生理症状，以及紧张性头痛、焦虑、抑郁、强迫行为等心理症状。

破坏性压力（如地震、战争等）则容易使人患上创伤后压力失调，或创伤后应激障碍，造成感知、情绪、行为等方面的系列问题，此为急性应激障碍。强大自然灾害的心理反应，则比创伤后压力失调更为严重，产生灾难症候群。

可见，如果压力超过了人们的承受限度，会带来严重的后果，影响人们的身心健康。研究发现，无论是长期的心理压力，还是短期的心理压力，都会影响免疫系统的活力。心理压力可能让人处于情绪低落、焦虑、恐慌、不耐烦、易激惹等情绪状态，行为表现可能是学习、工作效率下降。压力过大还可能导致失眠、饮食失调、免疫力下降等。压力过大造成的影响如图 9-2 所示。

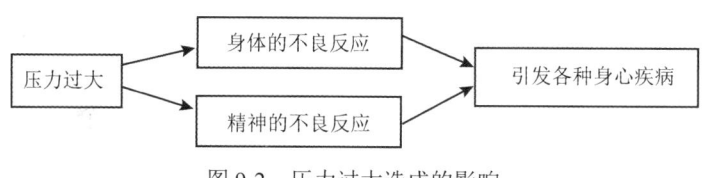

图 9-2　压力过大造成的影响

（三）压力的影响取决于认知方式

研究显示，压力对人的影响取决于个人的认知方式。相信压力有促进作用的人，比那些认为压力有害的人，更少抑郁，更有活力，更少出现健康问题，更快乐，工作更高效，对生活更满意。他们更乐于视压力为挑战，而不是打垮自己的问题。他们对自己的挑战能力更自信，更善于在困难情境中发现意义。美国学者 Kelly 曾做过一项研究，他连续 8 年追踪了美国 30 000 名成年人，询问两个问题："去年你感受到了多大压力？""你相信压力有碍健康吗？" 8 年后，研究人员查看了公开的死亡记录数据，并找出了那些已经去世的参与者，研究结果令人大吃一惊。那些相信压力有害健康的参与者，会经常失眠、内分泌失调，并且诱发癌症或心脏病，最终使得死亡的风险增加了 43%，严重影响身心健康。如果承受极大压力的人不认为压力有害，死亡的风险就不会太高，甚至比压力较小的参与者死亡风险还低。研究揭示了真正有害的不是压力，而是认为"压力有害"的想法。真正对人有影响的是对压力的想法。

> ◆ 知　识　窗 ◆
>
> **压力可以是一件好事——认识积极压力**
>
> 许多人不知道压力有两种：积极压力和消极压力。积极压力是压力的一种正面形式，而消极压力是负面形式。
>
> 压力源并不能决定它会产生积极压力还是消极压力，产生何种压力取决于人们是把处境看作积极的挑战还是令人讨厌的麻烦。
>
> 积极压力的案例像是坐过山车。如果你期待挑战的经历，那么你会有应激反应，但是对这种经历感觉良好。然而，如果你觉得无法应对那种经历，那么同样的过山车体验将是一种压力源。
>
> 将压力看作一种积极体验，这就是一个转变。证据表明，短期爆发的压力实际上能提升身体机能。2013 年，加利福尼亚大学柯斯汀·阿施巴赫和她的同事做了一项有趣的研究，两组女士被要求做一个演讲。第一组女士具有来自生活的长期压力，而另一组没有。

已经不堪压力的一组和预期的一样，额外的压力导致细胞额外受损。但是，下一个结果让研究者们都感到惊讶：突发的压力之后，发现平时放松的女士们的细胞损伤较少。可见，一点点压力似乎是有益的。

当短时间内做体育锻炼，并接着休息一段时间，健康状况将有所改善。同样，短暂突发的压力对健康也是有益的。短暂突发的压力促使人释放肾上腺素，肾上腺素提高警觉和觉察，就像一杯咖啡，同样可以增强记忆、使思维敏捷。

四、大学生的压力源

压力源也就是压力的来源，指能够引发压力产生的刺激或环境需求。压力源并非都是消极事件，某些人期望发生的积极事件也会让个体产生压力，如当选学生干部本身是一件好事，但要想胜任工作角色需要我们花费时间和精力去适应它，这仍然会导致个体产生压力。王道阳和姚本先（2012）的研究认为，我国大学生的压力源主要来自学习、生活、发展、环境、社交及恋爱等方面。

（一）外部环境压力源

外部环境压力源指外部环境中突然发生或变化的事情，通常指消极事件或灾难性事件，既包括重大突发事件（如地震、海啸等巨大的自然灾害），也包括来自校园环境中的突发事件、环境中长期存在的慢性问题。不管环境中有何种压力源存在，都需要个体对其做出一定的适应性反应。外部环境压力源一般不会给个体造成强烈而持久的压力，因为人们清楚自然灾害及其他环境中的消极事件所带来的问题都是可以解决的，灾难过后，不会再有更大的压力。

（二）个人压力源

个人压力源指个体所遇到的特殊压力事件。大学生在日常生活中可能遭遇各式各样的压力，如家庭变故、失恋、考试不及格、面试失败等。大学生的压力源主要分为三类：重大生活事件、日常生活压力源和慢性压力源。

1. 重大生活事件

重大生活事件指的是大学生在与自己关系密切或影响个人前途的问题上遭受的挫折，如亲人亡故、家庭悲剧、失恋、重要考试失利等。面对重大生活事件，个体需要有一个逐步接受的过程。个体一般在当时会产生强烈的反应，然后逐渐消退。例如，因考试作弊受处分的学生产生的压力在当时最为强烈，会出现高强度的焦虑、抑郁情绪，但是随着时间的流逝，当事人所体会的压力会逐渐变小并能慢慢适应，直至思想上觉悟并认识到对自己的教育意义。

2. 日常生活压力源

日常生活压力源指的是在对自己而言不太重要的事情上遭受的挫折，也就是日常生活中的"小事"或"不愉快"，如对所学专业不满意、老师讲课乏味、与同学关系紧张、去图书馆学习总是占不到位子、上课迟到、作业拖沓、害怕不被朋友接受等。这些事件的共同特点是：它们发生时会对自己产生一些消极的影响，如心里不痛快、情绪冲动等，持续时间一般较短。如果采取有效的应对策略，它们的影响会明显降低，而且能增强对其他事件的应对能力。一

般而言，大学生重大生活事件发生的概率较小，更多情况下是遭受一些日常事件的困扰。

3. 慢性压力源

慢性压力源是长期存在的、与自身相关的、短期内难以实现或解决的某一类问题。这些压力源（如经济问题、自信心问题、个人发展问题等）并不是具体发生的事件，而是可能在很长一段时期内一直存在于个体身上的问题。比如，有的大学生自卑心理严重，这种自卑心理就会泛化影响生活的其他方面，使其在生活中不能自如应对，导致产生很大的心理压力；也有相当一部分大学生对未来发展感到迷茫和焦虑，如果他们对未来职业生涯没有明确的规划，那么其学习、生活就会处于无目标状态，表面上看起来很轻松，但实际上，这类学生承受着不确定感和模糊状态带来的巨大压力。经济问题也是慢性压力源中比较典型的一种，部分经济困难的学生在日常生活与他人的对比中产生自卑心理。他们总担心别人瞧不起自己，同学间不经意的一个玩笑都会深深刺伤他们的心灵，甚至影响其正常的人际交往。

第二节　与压力共舞——压力管理

压力无处不在，无法逃避，因此就有个压力适应的问题。压力适应是指个体在压力反应之后能很快恢复正常的身心特征，或者面对持续压力其反应不处于极端状态而能保持身心健康的能力。为了很好地适应大学乃至今后的学习、生活和工作，大学生宜进行有效的压力管理，提高自己的压力适应能力。压力管理是指针对可预见的压力源进行必要的干预，维护身心健康，提高问题处理的效率，保证学习、生活目标顺利实现的管理活动。压力应对具有事后性和被动性，而压力管理具有一定程度的主动性和积极性特征，它包含压力应对。笔者建议大学生从以下几个方面着手进行压力管理。

一、客观认知自我

大学生富于理想、抱负高、成就动机强，对自己的未来充满了信心，通常会在脑海中构想一个"理想我"，并将这个"理想我"和"现实我"加以对照，一旦发现两个形象不一致，便会产生很大的压力。

研究发现，客观地认知自己的智力程度、能力水平、知识积累厚度、所从事领域的人才密度和兴趣浓度等，是制定恰当的奋斗目标的前提。恰当的抱负水平能使人长久地保持旺盛的进取的热情；过高的抱负水平则会给当事人带来压力。因此，确定适当的抱负水平是避免挫折、获得成功与自信的重要条件。国外有人做过一个投环实验：投掷距离由被试自己决定；距离越远，投中后得分越高。实验结果表明，凡是抱负水平高的人，多选择在中等距离投掷；而抱负水平较低的人，多选择很近或很远的距离投掷。可见，真正具有较高抱负水平的人制定的目标总是适度的，既有足够的把握，又能经过一定的努力达到。因此，客观认知自我会使人在面对事物时可以进行合理、客观的评判，从而减少不合理认知与评判，提高压力耐受度，降低压力感。

二、调整压力认知

认知因素在压力管理中有着关键性的意义。通过前面的学习我们明白，压力之所以对健康有害，并不是压力本身决定的，怎样看待压力才是关键。对压力的看法不仅影响我们产生压力时怎样理解压力事件，同时会对我们的行为产生影响，认为压力有益的人更可能积极主动地应对压力。对压力的不同认识导致不同的压力处理方式，结果也往往截然不同。面对困难迎头而上能强化应对压力的资源，逐渐建立处理压力情境的信心，也会因此建立更强大的社会支持，从而不会因为恶性循环而失去控制，压力情境就变成了成长机会。

三、构建支持系统

当一个人独自面对压力的时候，其应激反应的消极作用远远大于社会支持的效果。因此，要想不在压力面前孤立无助，最好构建自己的社会支持系统，这其中包括自己的亲人、朋友、同学、老师等。社会支持系统可以在你需要的时候给你情感安慰、行动建议，帮助你渡过难关。强大的社会支持让你不再感到孤立无援，可以迅速恢复你的信心和勇气，面对挑战，解决问题。要构建社会支持系统，你需要做到以下几点。

（一）学会尊重他人

这里包括你的同学、老师、朋友、家人。只有尊重他人的人才能获得他人的友谊，才可能获得帮助。

（二）扩大社会交往面，结识更多的朋友

首先，让你的同学成为你最亲密的朋友；其次，你需要一位人生导师，可以在你遇到困难的时候帮助你进行客观分析和提供有益的建议，而这样的导师可以是你的老师或者其他长者。

（三）你需要向亲人、朋友和老师敞开心扉

你可能基于自尊或面子而拒绝他人的帮助。但是，在你确实遇到无法解决的问题时，你应将你面临的压力说给他们听，让他们帮助你分析并提供建议。请相信这样做不会遭到嘲笑，而是会让他感到你信任他们，因此你也能得到最大可能的帮助。

（四）寻求专业人员的支持

当压力强度比较大或持续时间比较长时，个体往往会出现一些身心反应，如焦虑、抑郁、失眠等。这时应采取措施及时加以化解，不要听之任之。此时，可以积极寻求专业人员的帮助，如寻求心理咨询师或精神科医生的帮助，接受必要的心理咨询或药物治疗。

逐梦苍穹真英雄——记神舟十四号航天员

1978年，河南洛阳铜加工厂的一个职工家里再添新丁。因为出生在冬天，父母就给这个男孩起了个直白的名字——陈冬。

打小，陈冬就喜欢看《上甘岭》《地道战》等战争影片。"每每看到电影里军人手握钢枪把敌人打得落花流水的场面，心里就特别崇拜他们。"他说，从军报国的梦想种子，在那个时候就已经在心田播种。

1997年高考季，陈冬填报的志愿只有一个，那就是长春飞行学院。

成绩喜人，他如愿穿上了帅气的空军蓝军装，成为一名飞行学员，可兴奋的感觉还没持续多久，就被深深的挫折感替代。

刚入学时，陈冬的身体有些虚胖，单杠、双杠和1500米跑的成绩还不能达标。学校规定，任何一项不过关就要被淘汰。

陈冬说，他绝不会放弃驾驶战机飞向蓝天的梦想。

每次早操，他都要比别人多跑一圈，腿上再绑上沙袋。晚上熄灯后，他还要单独加练俯卧撑和仰卧起坐……3个月里，陈冬瘦了10多斤，各项成绩不光达标，还都达到了优秀。

1999年4月，他光荣地加入了党组织。这一年，他成功驾驶教练机飞上了蓝天。

"记得第一次升空是盛夏时节，从驾驶舱看下去，庄稼茂盛，大地一片绿色。真是太震撼了！"他说。

就在他首次驾机直冲蓝天的几个月后，我国第一艘神舟飞船——神舟一号无人飞船成功升空。

那个时候，陈冬还不知道，已经有一群飞行员前辈秘密集结，正在以超人的毅力进行各种训练，目标直指中华民族的千年飞天梦想。

2001年，陈冬毕业分配到空军某团。在那里，他以"空中铁拳、舍我其谁"为战斗格言，天天苦练精飞本领，年年高标准完成各项任务。

2003年，神舟五号成功发射。看着航天员杨利伟为国出征的画面，陈冬心潮激荡："我能不能飞得再高点，飞出大气层会是什么样？"

2008年，神舟七号飞向太空，航天员翟志刚把中国人的第一行足迹印在了浩瀚太空。五星红旗舞动太空的那一幕，深深地印在了陈冬的脑海里，当一名航天员的梦想在他心田生根发芽。

第二年，陈冬正带领飞行大队在西北某地参加演习。演习间隙，团长给他打电话，说部队正在进行第二批航天员选拔体检，由于你们还在执行任务，上级决定你们不参加选拔。

放下电话，陈冬望着天空发呆许久。那一刻，天空是蓝色的，他的内心却是灰色的。

演习结束，本以为错过一次人生重要机会的陈冬回到部队，发现机遇之门再次打开——参加补检。

2010年5月，陈冬正式加入中国航天员大队，奔向更加寥廓的宇宙。

从天空到太空，一字之差，但需要学习的东西太多太多了。

刚开始的转椅训练，每次转完他都会身上出冷汗，头也是晕乎乎的。他在家买了一个可以旋转的电脑椅，一有空就坐在上面让妻子推着转。超重耐力适应性训练，要求过载达到8个G，即人体自重的8倍。这是挑战人体潜能的一项"魔鬼训练"。陈冬说："你会觉得这8个G压在你每一寸肌肤、每一个细胞上，甚至感觉你的脏器都临时'位移'，透不过气来。你明明没有哭，但泪水会不受控制地甩出去。"……

历经艰辛终淬火成钢。2016年6月，陈冬入选神舟十一号航天员乘组，成功拿到进入太空的"入场券"。10月17日陈冬开始了自己的首次飞天之旅。第一次看到太空的风光，他情不自禁地说出了梦想成真的感受："爽！"天马行空的33天里，他把地面上所练的内容都运用

到天上去，没有出现一点失误。他的搭档、三次飞天的航天员景海鹏这样评价："表现太棒了，如果满分100分，我给他硬邦邦的100分。"

2019年，陈冬再获飞天机会，入选神舟十四号航天员乘组，并首次担任指令长带队出征。

（引文来源：新华社，节选自《逐梦苍穹真英雄——记神舟十四号航天员》）

四、觉知压力预警

生理状态是压力最直接的指标。要想有效地管理压力，首先要有压力意识，要能觉察压力的信号。人在应激状态下，本能会驱动机体的防御机制，这是自发反应。现在，我们要进入自觉反应状态。在进行压力管理时，我们需要建立一个对付压力，尤其是那些慢性压力的预警机制。为此，你需要做到以下几点。

（一）有意识地觉知自身紧张、焦虑等情绪状态

当你处于应激状态时，自己在生理和情绪上会有什么样的不适反应？记录自己的这些压力反应，然后锁定这些反应指标，以后每当你产生这些不适反应时，便对自己发出警告。你的压力预警可以让你保持必要的警惕。

（二）学会控制自己的不良生理指标

当你的压力知觉性提高时，你也需要提高生理指标控制力，如心跳、呼吸、血压等。这实际上就是生物反馈过程，当然提供反馈的不是机器而是你自己的觉知能力。

知 识 窗

通过标记减轻压力

在修习正念中，标记情绪是指在心中陈述你所经历的。例如，如果你感到生气，那么你可以在心中说"我感到生气"。

2007年，加利福尼亚大学洛杉矶分校的大卫·科雷斯韦尔和他的同事希望了解标记对大脑有何影响，于是，他们找来27人做研究。当给被试做脑部扫描时，同时给他们看不同面孔的图片：生气或恐惧。这些图片通常在他们的大脑中产生压力反应，在大脑中被称为杏仁核的这一部分活动更加活跃。

当被试用"生气或恐惧"标记情绪时，发现他们的杏仁核活动减少，反而激活了被称为右腹外侧前额叶皮质层的大脑部分，它被认为有助于管理情绪和行为。如果他们用其他词语来标记面孔表情，则达不到同样的效果。

这项研究也发现，那些更有正念的人的前额叶皮质层活动更活跃，作为一个整体参与进来——大脑的这一部分负责管理情绪、解决问题和做出智慧的决定。

因此，如果你感到有负面情绪，则可以在心中默默标记。这样做可以帮你降低压力反应，并减弱情绪的强度。你也可以在日志上写下这些情绪，或者向某位朋友说出你的感受，用语言表达出你的情绪。

五、消除心理负累

应激，即便是本能反应，也足以使我们身心疲惫。我们应卸掉由压力带来的紧张和焦虑，否则持续性的压力累积，可能会让我们垮掉。消除心理负累的方法很多，这里介绍两种。

（一）理性辨析和积极归因

你可以找来纸、笔，将自己面临的核心问题写下来，并且需要围绕这个问题逐步回答：这个问题是如何产生的？这个问题真的与我有关吗？这个问题真的就是一种威胁吗？这个问题真的不能解决吗？通过如此反复、逐层深入自我辨析，厘清问题症结所在，从而减轻夸大威胁而产生的焦虑。

（二）学会经常进行放松训练

放松训练是通过一定的练习程序，学习有意识地控制和调节自己的身心活动，以达到降低机体唤醒水平，调整因紧张而紊乱的身心功能，从而使机体内环境保持平衡与稳定的过程。

六、有效管理时间

我们日常学习、生活和工作中的许多压力，都来源于事情和任务本身。因此，对压力源进行管理，也是进行压力管理的重要策略。压力源管理常常与时间管理相关联。所谓时间管理，简单地说就是为了提高时间的利用率和有效性，而对时间进行合理的计划和控制，有效安排和管理日常事务的管理活动。大学生的时间管理是大学生对大学生活时间（包括学习时间和闲暇时间），采用科学的手段，围绕学习、生活事务及其进程，进行有计划、有系统的控制、调节，最终达到通过有效利用时间来实现自我发展的目的的管理活动。以下时间管理方式建议大学生朋友学会运用。

（一）ABC 时间管理法

ABC 时间管理法最初由美国管理学家莱金（Lakein）提出，他建议为了提高时间的利用率，每个人确定今后 5 年、今后半年及现阶段要达到的目标。人们应该将其各阶段目标分为 A、B、C 三个等级，A 级为最重要且必须完成的目标，B 级为较重要且很想完成的目标，C 级为不太重要可以暂时搁置的目标。我们可以按照如下步骤具体实施：列出"日学习清单"，对学习目标进行分类；按照重要性和紧急程度确定顺序；确定工作日程及时间分配；实施计划；记录花费的时间；总结经验。

（二）四象限时间管理法

我们可以按照重要性和紧迫性把事情分成两个维度：一是按重要性排序，二是按紧迫性排序。接着，把所有事情纳入四个象限，按照四个象限的顺序灵活而有序地安排工作。

（三）记录统计法

通过记录和总结每日的时间消耗情况，判断时间耗费的整体情况，分析时间浪费的原因，采取适当的措施节约时间。

七、正念生活方式

除了以上管理压力的方法，采取健康的生活方式也是一个好办法。下面一些小技巧供大家参考。

（一）运动

我们可以一周运动 5 天，每天运动 30 分钟，即便是散步也可以。通过把注意力放在身体感觉、周边风景上，让自己保持正念。

（二）平衡饮食

我们应花时间和精力好好吃饭，因为这将使你感觉良好、提振能量和提升对压力的复原能力。自我慈爱是一种重要的正念态度。

（三）睡眠充足

如果你希望保持身体健康，那么最好每晚睡 7 个半小时至 9 个小时。我们应尽可能在工作日也做到，因为在周末补觉的效果实际上没有那么好。如果睡眠有障碍，则可以尝试晚上练习身体扫描冥想，看看是否有帮助。

（四）开心

只因为快乐而去做某件事情，并非一件奢侈的事，而是身心健康需要的。观看你喜欢的电影、在大自然中安静地漫步、打球或者参加一场聚会……任何你觉得让自己开心的事都可以。当你做这些事情的时候，应保持正念，尽可能全身心投入。

第三节　与正念为伴——正念减压

每个人都有一个自动化的大脑，当生活中的要求达到极限时，我们都会自动化地反应过火。当事情不尽如人意时，我们不需要丧失信心，正念能缓慢而稳定地舒缓你的身心，正念与惯性及自动化生活相反，可以帮助你更有觉知地生活。

一、认识正念

对于正念，很多人望文生义，认为是正确的想法或正向积极的思考。正念减压训练课程的创始人卡巴金博士对正念所下的操作型定义是："时时刻刻非评价的觉察，需要刻意练习。"这句话包含四个关键点。

（1）正念就是练习"觉察"。

（2）正念觉察的重点是"非评价"。

（3）正念觉察的练习时机是"时时刻刻"。

（4）保持正念觉察能力是需要"刻意练习"的。

觉察，不发生在过去，因为过去的已经过去了，无法觉察。

觉察，无法发生在未来，因为未来的还没发生。

觉察只发生在当下，也就是此时此地所呈现的一切，此亦吻合定义中的"时时刻刻"，也就是一瞬间接着一瞬间的觉察，每个瞬间都只存在于当下。

"非评价"其实是另一个很深入的议题。一般而言，当我们进入某种对人或事物的评价时，不知不觉中这颗心大多也跟着进入某种好恶。如果心是个天平，那么这时候天平往往已经偏了。从这个角度看，非评价就是即便有各种想法，仍能保持心不偏不倚。

因此，正念就是对当下所呈现的一切，时时刻刻保持不带评价与不偏不倚的觉察，需要刻意练习。

> **知识窗**
>
> **正念可以减轻炎症，从而对许多疾病起到帮助**
>
> 许多疾病与身体的慢性炎症有关，包括类风湿、关节炎、牛皮癣、肠炎和哮喘等。
>
> 2013年，一项研究对大约60人做了对比，其中一半人参加正念减压课程，而另一半人参加健康提升计划（HEP），计划中包含步行、平衡、灵活度、核心力量、营养学和音乐治疗。
>
> 通过让他们做一场指定主题的5分钟现场演讲，紧接着做一个5分钟心算，两组被试都要承受一定压力。两组人的压力荷尔蒙皮质醇都有所下降，但是参加正念减压训练的那一组人的炎症明显减轻。这表明正念可能成为应对多种疾病的一种重要方法。

二、认识正念减压

正念减压是一套以正念为基础的练习，1979年由麻省理工学院前医学教授卡巴金博士所创。从1979年至今，3000多份研究显示了正念训练的多元效益，包括减轻压力、提高情绪调节能力、提高自我效能感、提升免疫力等。

简而言之，正念减压就是通过学习正念，观照不断增加的压力，并在压力造成不良影响前降低它。正念减压练习的第一个受益人是自己，随着练习的开展与深化，受益对象自然能扩及他人。

正念减压练习的过程亦包含若干弹性的练习。整体而言，正念减压练习的目的如下。

（1）系统地培育觉察能力，包括对静态身体的觉察、对动态身体的觉察、对想法的觉察、对情绪的觉察、对人际沟通的觉察，由粗至细、由狭至广、由浅至深地逐层开展生活中时时刻刻的觉察。

（2）当我们有觉察能力后，能比较清晰地看到生活中点点滴滴的惯性反应。这些惯性反应就是各种习惯，它们左右了我们的生活，塑造了当下的状态，不论是喜欢的还是不喜欢的、有益的还是有害的。

（3）通过不断练习，我们可以把正念觉察带入日常生活中，在觉察中看到更多不同的可能与选择。经由一次又一次由内自主启发的明智选择，我们开始能从惯性反应中不太费劲地自然挣脱，尤其是对自己有害的惯性，慢慢培育出以觉察回应为底蕴的生活方式，降低因惯性所带来的有形或无形的危害，促进自己身心的健康、疗愈与成长。

（4）正念减压练习是一套优良的自我照顾训练，可以增进自我认识，有效地减轻压力，提升情绪调节能力，训练既专注又放松的能力，提升免疫力等。

正念练习分为正式练习和非正式练习。正式练习指的是与自己单纯同在的练习，进行的方式需要挪出一些单独的时间，找到一个不受干扰的空间，跟着 45 分钟的音频练习。这是一段与自己约会的时间，没人打扰，就与自己同在。非正式的练习可以说是当代正念练习中有趣、丰富与自在的层面，在发呆、发火、呼吸、吃东西、喝水、胡思乱想、走路、打扫、倒垃圾、洗碗、冲澡、上厕所、骑车、坐车、吵架、运动、开会、上学等状况下都可以练习，时时刻刻都可以正念觉察，完全不受时间与空间的限制，因此我们常开玩笑说，正念恐怕是全世界投资回报率最高的学习了。当把正念带入时时刻刻的生活后，一成不变的生活渐渐变得多彩而立体，当获得愉悦的经验时生活更积极，当面临不愉悦的状况时则有能力调节情绪。

智慧的水手和聪明的教授

曾经有一位教授搭船旅行。他看到甲板上有一位年长的水手，于是决定去打听一些海洋科学的知识，之前他学过这个学科。但是，水手说："对不起，对航海知识我一无所知！""你这个笨蛋！"教授说道。

第二天，教授在甲板上看星星。他想水手一定知道天文知识，天文知识有助于航行。"我完全不了解天文学。"水手说。"你真是个笨蛋！"教授惊呼道。接下来的这天，教授享受着微风拂面，他想水手一定知道气象学。但是，水手坦诚地告诉他自己对科学所知甚少。"你真是无知！"教授生气地说，并发誓再也不要跟水手说话了。

又过了一天，船遇到了暴风和巨浪。船身裂开，船开始下沉。水手看到教授，问他："你会游泳吗？""不会！"教授惊叫道。"现在谁是傻瓜呢？"水手说道，他跳下水游到安全的地方去了。

这个故事与正念的压力管理有关。你可以学习大部分应对压力的理论，但是只有把这些知识付诸实践，它才管用。尝试冥想练习，并学习冲浪，无惧生活中压力所产生的浪花。小小的努力也将带来回报。

三、正念减压练习

（一）2 分钟正念练习

现在就做这个练习，设置 2 分钟后的闹铃。

做一个深长而缓慢的呼吸，吸气、呼气。现在把注意力放在呼吸的感觉上，自然地呼吸。每一次留意到走神了，就只是温柔地将注意力带回到呼吸上。2 分钟时间到，练习结束。

（二）正念吃东西（以苹果为例）

这是一个简单的练习，建议你拿来一个苹果尝试一下。做这个练习，你只需要坐下来，在接下来的 10 分钟里尽量不要被打扰。如果你不想吃苹果，那么可以用任何其他食物替代——葡萄干、香蕉、巧克力或者一块棉花糖。

1. 引导语

（1）首先从真正留意苹果的样子开始，留意苹果皮和果肉的颜色，看看果皮的纹理和颜色细微的变化，还有印痕。光线是如何从苹果表面反射出来的？触碰这个苹果的感觉是怎样的？继续看着这个苹果，你还留意到了什么？有什么样的评价在脑海中出现？尽可能保持好奇心。

（2）如果可以现在请闭上眼睛。觉知拿着这个苹果的感觉。它有多重？把苹果放在手上有什么感觉？它的温度是怎样的？感觉柔软、娇嫩或者很鲜脆。当你拿着它时，手指头或手臂的肌肉感觉是紧绷的还是放松的？让你的觉察慢慢来，不着急。

（3）继续保持眼睛闭上，将苹果慢慢地放到鼻子底下。留意在哪个位置你闻到了苹果的气味。它有什么样的气味？是很浓的还是清香的？当你闻到苹果的味道时，有没有刺激你的唾液分泌？你发现自己是喜欢还是不喜欢这种味道？

（4）眼睛继续保持闭着，放下手臂休息一会儿。然后，慢慢地专注地将苹果放入口中，留意是否有唾液分泌。嘴唇轻轻地触碰苹果，感受接触的感觉，觉知将苹果放入口中的感觉。慢慢地将苹果放在上下牙齿之间，留意你用的是哪部分的牙齿。你总是用这些牙齿咬食物吗？接着慢慢地咬下第一口。感觉声音、味道，这是一种什么体验？苹果的味道散布于整个口腔的感觉如何？当你咀嚼时，苹果的质地发生了什么变化？继续慢慢咀嚼，体验苹果被嚼烂咽下的过程。

（5）当你吃完苹果时，留意口腔中余留的味道，觉知身体的感觉是怎样的。

2. 变化形式

如果你觉得很难专注做这个练习，那么尝试标记你的体验，在心里对自己说"拿苹果""红色""感觉冰冷""闻起来香甜"等。在心中默默标记体验能帮助你提升专注力。

3. 反思

现在，请回答以下问题。
（1）这次吃苹果的体验怎么样？
（2）这次吃苹果与你平时吃苹果有什么不同？
（3）你是否喜欢这次体验？
（4）为什么你觉得这不是你平时吃东西的方式？
（5）你可以怎样把正念饮食融入生活呢？

（三）正念呼吸冥想

这是所有冥想方法中最简单的，或许又是最强有力的。说它简单，不是说正念呼吸冥想是一件容易坚持的事情，而是理论很简单，觉知你的呼吸。当你的思绪游离时，把注意力带回到呼吸上。就是这样！不需要评判或者做任何其他事情，只是觉知呼吸。尝试不借助引导音频做这个练习。

1. 引导语

（1）准备一把椅子，上身相对挺直，如果可以不要靠在椅子上。不要僵硬或者感觉很不舒服，但是也不要塌腰。设置一个10分钟后的闹铃。如果你觉得可以，那么请慢慢地闭上眼睛。
（2）做一个深长而完整的呼吸。吸气，感觉空气充满肺部，呼气。

（3）现在，让你的呼吸变得自然。留意呼吸的感觉：在你的鼻孔周围、喉咙、胸部或者往下腹部的区域，任何你觉得容易感觉到呼吸的地方。

（4）尽量将注意力保持在呼吸上。

（5）每一次念头四处闲逛时，留意一下是什么样的念头。可以用计划、担心、回忆或者沉思做标记，或者用自己觉得合适的词语来标记这些思绪。如果愿意，那么可以只是用"打妄想"来做标记。

（6）不要评判或者自责，只需要将注意力再一次带回呼吸上。当你把注意力带回来时，友善地对待自己，而不是评判自己。

（7）当闹钟响起，慢慢地睁开眼睛。

2．变换形式

你可以站着或躺着做这个练习，看看效果如何。

3．深入练习

在做这个练习时，尝试保持身体和眼睛尽量不动。如果平时做练习时都是闭着眼睛，那么可以睁开眼睛，柔和地凝视下方，看看效果怎么样。如果通常都是睁着眼睛，那么就尝试闭上眼睛，尝试带着一种友爱的态度去感觉呼吸，就好像你正在看着一个婴儿或美丽的日落、心爱之人。在一开始的时候就注意自己练习的意图，问问自己："我做正念练习的意图为何？"

4．小窍诀

如果发现头脑中妄念不断，而你也觉得很沮丧，可以尝试标记每一个呼吸，帮助自己集中注意力。你可以采取以下方式来做。每次吸气的时候，默默地在心中说"吸"或"吸气"，呼气的时候说"呼"或"呼气"；或者每次吸气时说"呼吸"，呼气时说"微笑"；或者可以在第一次吸气时标记"1"，呼气时标记"2"，下一次吸气时标记"3"，呼气时标记"4"……，一直数到10。如果数到10，则有可能妄念又出现了，又跑到购物清单或者与某人的不愉快上去了。当你意识到的时候，重新从1开始数数。

5．反思

对身体、头脑和情绪，通过这个练习你留意到什么？

最常见的回答是："我的思绪到处游荡。我没有办法静下来。"记住，就像之前说过的，妄念是非常正常和自然的。正念的目标不是使头脑安静，它的目标是温和地提升你的觉知力。妄念就像绊脚石，让你留意到头脑的运作模式。

觉察到头脑中妄念纷飞是一种积极的体验，这是一个正念时刻。

也许你发现正念呼吸是一个特别有挑战的练习。保持对呼吸的觉察，或许会带来焦虑感，也有可能你的呼吸变得更快速或者不舒服。如果这个练习不是一个愉快的经历，那么也许你想停止练习，或者认为做得不对。这些都是完全可以理解的，但是要坚持练习。如果因为想逃避焦虑感而不做练习，在短时间内管用，但是长期逃避自己的感受，只会让情绪更有可能返回来。如果可以友善而温和地继续与不舒服的感觉在一起，呼吸很有可能平和下来，变成一种更舒服和舒缓的体验。

（四）正念步行

这个练习需要 5～10 分钟。作为正念步行初学者，建议一开始慢慢地走，在你觉得舒服和有感觉的某个地方进行（大多数人选择在家里或者在公园里）。

1．操作方法

（1）设定意图。首先，非常清楚地知道自己在接下来的时间里要把全部的精力都放在正念步行上，确保减少任何潜在的干扰。

（2）做 3 个深长而正念的呼吸。这个小仪式帮助向大脑传达一个信号，现在要开始做正念练习了。深呼吸也有助于减轻身体的压力反应。

（3）站直。开始的时候，你只需要站直身体。如果身体能保持平衡，可以闭上眼睛待一小会儿。觉察一下身体是紧张的还是放松的；留意双脚上身体的重量，重量从左到右、从前向后移动，从而找到一个平衡的点，将身体的重量均匀地分布在两只脚上。

（4）提起、跨出、放下。当开始行走的时候，这个过程分为三个步骤：提起一只脚、向前跨出去、放下脚。接着将提起、跨出和放下的动作换到另一只脚并留意提起、跨出和放下的全过程。这样走的时候，你甚至可以对自己说"提起、跨出、放下"（在心里默默地标记，不出声）。

（5）当妄念升起，请停下来。与其他冥想方法一样，心会四处游荡，这是体验的一部分。当留意到心陷入某种念头之中时，停下来。做 3 个正念深呼吸，然后重新开始。

（6）停下及转身。当走到房间或院子的一端，停下来。花点时间留意自己的情绪，以及身体的感觉如何。接着，缓慢地转过身，体会转身的这个过程，留意所有不同的肌肉用力，以及是如何扭转身体的。

（7）结束练习。做 3 个深长的正念呼吸结束这个小练习。看看现在是否可以正念地去做接下来任何要做的事情，投入全部的注意力。这是一个正念地从一件事情转换做另一件事情的例子。

2．小诀窍

开始的时候要慢，但是记住，正念并不等同于慢。当在快速旋转的时候，也可以练习正念。

当在房间中、院子里或公园里练习时，如果是按照圆形行走，无须停下来或转身。

当在日常生活中外出散步时，只需要把注意力放在一个方面，可以是你的双脚、呼吸或者优美的环境上。你喜欢的都可以！正念行走没有规则，只要注意力在眼前事物上即可。

（五）修习慈心

1．引导语

（1）做这个练习时确保你自己感到特别舒适和温暖。身体的安全感和温暖将有助你培养慈爱的情绪品质。如果你想，则可以坐在椅子上或者躺下。

（2）做几个深长、缓慢而正念的呼吸，接着让你的身体回到自然的呼吸节奏上。感受靠近心脏区域的呼吸，留意胸腔是否在膨胀或收缩，觉知身体的温暖。将一只手（代表自我的良善和关爱）温柔地放在心脏的位置，留意它有什么感觉。感受在心脏位置的那只手的温度。

如果你想把手放在腹部或者膝盖上也是可以的。

（3）当你准备好的时候，在心里想着让你面带微笑的某个人，也可以是某只宠物。你和那个人（或其他任何东西）之间的关系是放松和积极的，最好不是你的伴侣，因为这样的关系可能比较复杂，很容易陷入某种念头之中。可以是一位老师或者一位小朋友，无论这个人是活着的还是已经去世的。用下面这样的话来祝福这个人：

愿你身心安乐，愿你身体健康，愿你远离所有的痛苦。

如果可以，让这些话从你的心里流淌出来，而不是仅仅在脑袋中。想想这些话语和背后的意义，如果有其他的话打动你，那么你可以使用它们，继续重复这些语句几分钟。记住，你不要强迫任何的情感出现——只是表达美好的愿望，并有空间接纳任何升起的情绪。

（4）现在，以同样的状态，在心中想你自己，希望自己一切安好。你与这个地球上其他任何人一样都是有价值的，你值得同样友善和关爱。

愿我身心安乐，愿我身体健康，愿我的心中充满对自己的慈悲和友善，愿我远离所有的痛苦。

对于一些人，这个部分是最困难的。对自己表达友善，你也许感到内疚，或者觉得溺爱自己。如果是这样，这个部分的慈爱冥想将是一个有效的练习，帮助你释放这种压力。压力通常是由对自己过于苛刻、严格造成的，这个冥想是非常棒的解毒剂。如果你抗拒自我友善，没有关系，假以时日，这将是一个对你特别滋养和具有疗愈力的冥想。尽可能地对自己保持耐心，温柔而坚定，并带着好奇心去观察会怎么样。

（5）在心中想起一个中立的人，一个你既不喜欢也不讨厌的人，如超市收银员或者快递员。记住，他们也和你一样，在工作之外也有自己的生活。想想他们的朋友和家人，他们的希望和恐惧、愿望和梦想，愿他们一切安好。用你自己的话或者下面的话来祝福这个人。

愿你健康快乐，愿你心中充满爱与和平，愿你远离所有的痛苦。

（6）在心中想起一个你不喜欢的人（这个人可以已经去世）。作为一个刚开始做这个练习的人，应选择一个自己讨厌，但不是最讨厌的人，可以是过去给你带来麻烦和痛苦的人。把他作为一个完整的人来考虑，不仅是考虑那个人带给你的伤痛。作为人类，这个人也会体验到痛苦、焦虑、压力，看看自己是否能原谅他，他也许不是故意伤害你的。他给你造成伤害可能出于某种原因——那个人的情绪状态。你不认为他做的是正确的，只是放下因为他的行为而造成的痛苦，这会温暖你的心。用下面的话为这个人祝福：

愿你健康快乐，愿你远离压力、焦虑和痛苦，愿你的心中充满对自己的友善和慈爱。

（7）将前文提到的四个人在心中想起：你自己、你的朋友、中立的人及你不喜欢的人。当你想象你们在一起的时候，看看你是否能够给每个人都平等地送出美好的祝福和慈爱。

（8）你可以把慈爱送给地球上的一切生命来结束这个冥想——对身处困境和痛苦中的所有生命保持正念，并希望他们远离一切痛苦。

（9）现在回到你自己。把注意力集中在呼吸上，感受呼吸自然的节奏和深浅，将温暖、爱护和感恩送给自己。

（10）在结束冥想之前，感恩自己的努力，致力培养慈悲心。

2. 变化形式

你可以在任何时间练习慈爱冥想。如果时间不够，不需要进行所有的步骤。你可以只进行一个或两个步骤，或者任何你觉得需要的部分。

> **知识窗**
>
> **为什么要修习慈心**
>
> 　　科学家们发现，当你心生慈悲时，你的心率会变慢，释放出一种叫后叶催产素的荷尔蒙，它促进人与人之间的联结，同时大脑中负责关爱和愉悦的那部分被激活，接着你感受到鼓舞去关心和帮助他人。慈心也能提升对压力的韧性，调节免疫系统并加速疗愈。
>
> 　　你可以训练自己越来越有慈心，它不是一种与生俱来的性格特质，而更像肌肉。埃默里大学的研究者发现，那些参加慈心训练课程的人有更高水平的慈心，以及在他们的血液和唾液中有更低水平的压力应激激素。

课堂研讨

1. 你遇到过哪些压力？请进行简单描述与分析。
2. 你用过什么方式应对压力？效果如何？

心理训练

一、体验分享

我的压力圈

1. 在图 9-3 中的大小圈内写下你的各种压力（大圈代表大压力，小圈代表小压力）。

2. 交流分享。

（1）你的压力源有哪些？

（2）它为什么给你带来这么大的压力？

（3）每个圈给你的感觉是什么？

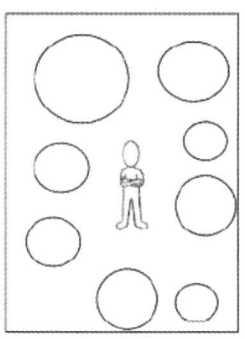

图 9-3　压力圈

二、心理测试

你有压力吗

请根据个人的实际情况参与测试。如果你近期出现以下情况请在表 9-3 中"是"一栏打"√"，没有出现请在"否"一栏打"√"。

表 9-3　压力测试表

情况描述	是	否
1. 经常感冒，且不易治愈		
2. 常有手脚发冷的情况		
3. 手掌和腋下常出汗		

续表

情况描述	是	否
4. 突然出现胸闷窒息感		
5. 时有心脏悸动现象		
6. 有胸痛情况发生		
7. 有头重感或头脑不清醒的昏沉感		
8. 眼睛容易疲劳		
9. 有鼻塞现象		
10. 有时会感觉眼花		
11. 站立时有头晕的情形		
12. 耳鸣		
13. 口腔内有水泡或溃烂情形出现		
14. 经常喉咙痛		
15. 舌苔明显发白		
16. 面对自己喜欢吃的东西却毫无食欲		
17. 常觉得吃下去的东西像积在胃里，没有消化		
18. 有腹胀、腹痛的感觉，而且常拉肚子或便秘		
19. 肩部很容易僵硬、酸痛		
20. 背和腰经常疼痛		
21. 疲劳感不易消除		
22. 体重减轻		
23. 稍做一点事马上就会感到疲劳		
24. 早上刚睡醒时经常有起不来的疲倦感		
25. 不能集中精力做事		
26. 晚上久久不能入睡		
27. 睡觉时经常做梦		
28. 深夜突然醒来后不易继续入睡		
29. 与人交往时很没有劲头		
30. 稍不顺心就会生气，而且时常产生不安的情绪		

1. 结果解析

如果有 0～5 项选择"是"，那么你属于轻微紧张型，心理压力不是很大，只需要多加留意，注意适当休息便可恢复。

如果有 6～20 项选择"是"，那么你属于严重紧张型，平时感觉到的压力比较大，有必要的话可以做一下心理咨询。

如果有 20 项以上选择"是"，那么说明你的心理压力十分大，需要引起特别注意。

2. 温馨提示

此为趣味心理测试，结果仅供参考。

学习资源

推荐书籍：《走出困境：如何应对挫折与压力》，尚致胜著，北京大学出版社。

推荐理由： 在日常生活中，人难免遇到挫折，难免有一些失败的经历，但很多人不能从过去的阴影中走出来，甚至对自己形成了一种错误的认知。这种认知影响了人能力的发挥，是实现成功人生的绊脚石。该书可以帮助读者朋友们改变过去，消除阴暗的历史，使人心灵充满阳光，积极应对人生道路上的挫折，笑对人生。

第十章

人际沟通的奥秘

钱学森的家庭教育

导语：人际沟通是我们必备的社会生存能力之一，家庭、学校、社会生活都需要与人沟通。大学生正处于由稚嫩到成熟的过渡阶段，需要发展人际沟通能力，掌握人际沟通智慧，从而更好地融入社会生活。通过对心理学相关知识的学习，大学生可以形成对人际沟通的正确认识，了解人际沟通的重要性，通过萨提亚模式提升自己在家庭及其他领域中的人际沟通技巧，在与他人沟通中实现价值提升。在中国特色社会主义新时代，青年大学生要进一步提升与人沟通的智慧，弘扬奉献、友爱、互助、进步精神，以青春梦想、用实际行动为实现中国梦做出实际贡献。

与人交谈一次，往往比多年闭门劳作更能启发心智。思想必定在与人交往中产生，而在孤独中进行加工和表达。

——列夫·托尔斯泰

小希是一名大二的女生，学习成绩一直不错，可最近在考虑休学。原因很简单：小希平时学习很努力，每天早起晨读，晚上上晚自习到十点（周末没有特殊情况时都会去上自习），回到宿舍后就该熄灯睡觉了，所以小希与舍友交流的机会很少，渐渐地小希更加融入不了宿舍的环境，周末大家聊天时小希也觉得插不上嘴。这一天正好是周末，宿舍里一个同学过生日，有人买了蛋糕想在宿舍里为过生日的同学庆祝一下，小希心里想等开始点蜡烛的时候她也去祝福一下，因为觉得时间还早，小希就按照自己原先的计划去水房洗衣服了。等小希洗完衣服回宿舍时，发现宿舍门已经关了，并且从里面反锁了，敲门也没人理会，推也推不开。听着里面不断传出来的欢笑声，小希心里又气愤又羞愧，她也不知道最后自己哪里来的那么大力气，一脚就把门踢开了……就这样，小希在满屋子人惊呆了的表情下拿起书包逃出来了，她觉得自己再也回不去了，甚至想到了休学。

思考：当我们遇到这样的事情时该怎么办呢？

专家点拨：许多人都假定其他人能够彻底了解自己，这是一种常见的沟通陷阱。故事中的小希就是这样假定的。小希周末没有特殊情况时都会去上自习，这个周末因为有舍友过生日她特意没去上自习，所以小希就想当然地以为舍友都了解她的想法，都知道她没去上自习是为了给同学庆祝生日。而舍友们并没有这样想，她们以为小希喜欢安静，不喜欢参加吵闹的生日庆祝会，况且小希出去时舍友们也都没有注意到她去洗衣服了，都认为小希又去上自习了，所以就想当然地关门了。误会就这样产生了。一个小小的事件、小小的误会，就导致整个宿舍生活不和谐，甚至导致小希产生了休学的念头。

我说你做

1．活动物资

废纸若干张，大小为A4纸的一半即可。

2．活动规则

（1）将预先准备好的废纸发给学生，每人一张。

（2）请学生闭上眼睛。

（3）向学生说明活动进行的方式。

指导语：同学们，请闭上眼睛，看我们今天的活动名称大家就知道我们今天要做什么。稍后，我说什么，你们就做什么，不用思考是什么，凭直觉去做就可以了，也不需要去看别人怎么做，大家清楚了吗？好，现在闭上眼睛！

（4）开始引导学生折纸（老师自己也要折纸）。

- 把纸对折；
- 再对折；
- 再对折；
- 把右上角撕下来，转180°，把左上角也撕下来；
- 睁开眼睛，把纸打开。

（5）让学生互相看看折出来的纸是否相同，也要看看是否与老师所折的相同。

3．交流总结

（1）周围的同学折出来的纸相同吗？你跟老师折出来的有什么不同呢？

（2）老师说的明明是同一个指导语，为什么会造成这样的结果？

（3）影响沟通效果的因素有哪些？

总结：在我们的日常生活中，常常会发生类似的状况，即同样的语言在不同的人听起来却有不同的意思。这就表明了沟通，尤其是双向沟通的重要性。希望通过本章的学习，同学们能够掌握增进沟通的技巧，实现有效的沟通。

第十章 人际沟通的奥秘

第一节 人际沟通的心理探索

凡是有生命的地方，就有沟通的存在。人们的行为99%以上存在于沟通之中。在人类社会里，沟通无处不在，人生的成功与失败、荣辱与得失、平淡与精彩，无不反映着沟通的价值。当今社会的优秀人才基本都具备良好的人际沟通能力，而且拥有良好的人际沟通能力有助于你在未来的人才竞争中脱颖而出。

但也许有人不认同这样的观点，认为独处是人生的调味剂。的确，我们每个人都需要独处，有些人对独处的需求程度也远远超过其实际的独处时间。但从另一个方面来讲，每个人都有自己独处的临界点，一旦超过这个临界点，愉快就变成痛苦了。

W.卡尔·杰克逊，一位独自航行55天、横跨大西洋的探险家，概述了大多数独居者的心情：我发现航行第二个月的孤独使我深感痛苦。我一直以为自己是个自给自足的人，但是此刻我终于明白，没有旁人做伴的生活是没有意义的。我开始有了强烈的、想要跟别人——一个真实的、鲜活的、有气息的人说话的需求。

一、沟通与人际沟通

沟通，从词源上来说，本意指开沟而使两水相通。《左传·哀公九年》记载："秋，吴城邗，沟通江淮。"后来，沟通泛指彼此能相通，两方能够经过疏通达到通连。

人际沟通是一切社会赖以生存的基础，是人类社会交际的基本过程，是人类社会交际最初的、最亲的形式。在心理学研究领域，人际沟通被定义为社会中人与人之间的联系过程，即人与人之间传递信息、沟通思想和交流情感的过程。在实际生活中，对人际沟通的理解主要有以下几点。

（1）人际沟通是一种关系。学者俞群认为："人际沟通，就是人与人之间建立联系。人际沟通主要通过语言来达到沟通。这些语言包括口头语言，即人们用嘴说出来的话；书面语言，即用文字写出来的书信、文献等；肢体语言，即通过面部表情、身体动作等表露的意思；艺术语言，即用图画、音乐等表达的内容。"

（2）人际沟通是一个动态的过程。学者秦向荣认为："人际沟通是一个动态的过程，涉及个人因素、情景因素、动机、知觉及反应等。"

（3）人际沟通是信息的传播。英国传播学者哈利特认为："人际沟通是一个个体向另一个个体的信息传播，双方是面对面的，双方采用的沟通方式能反映个体的个性特征和社会角色及双方的关系。"

（4）人际沟通是多方面的，但基本发生在两个水平上：一个水平是内容方面，另一个水平是关系方面。这两个方面密切相关、不可分割。沟通的内容方面指沟通中的信息；关系方面指沟通者是怎样相互联系的。人际沟通是人与人或人与物之间信息传递和关系互动的辩证统一过程。

二、沟通的重要性

1. 沟通影响生理健康

沟通非常重要，沟通的存在与否会对生理健康产生很大影响，甚至关系到人的生存和死亡。

1935年3月10日至12日，中共中央政治局在苟坝村召开会议，讨论要不要进攻打鼓新场。大部分同志同意进攻打鼓新场，想借此拓展川滇黔边根据地，但毛泽东提出了反对意见。毛泽东认为，虽然占据打鼓新场的黔军战斗力不强，但打鼓新场城墙坚固，若开战将是一场久攻的损耗战；另外，国民党其他军队很快就会增援，到时候就会南北夹击红军，而红军刚恢复元气，长途攻坚和腹背受敌，恐有全军覆灭的危险。会议中，毛泽东与其他战友产生了严重分歧，会议不欢而散。毛泽东夜不能寐，焦虑万分，提着马灯，在黑暗和寒风中，步行四五里山路来到周恩来的住处，与他耐心沟通。随后，毛泽东和周恩来又与朱德深度讨论，最终避免了灾难的发生。这条被马灯照亮的山路，又被称为"毛泽东小道"。这是42岁毛泽东的胸襟。当他的战略洞察能力不被战友理解时，他没有撂挑子、愤而离开，而是坚持真理，积极与战友沟通，耐心地分析利弊，诚恳地说服战友，从而保全了红军的中坚力量。

从古至今，沟通随处可见，有效的沟通更是发挥了无比积极的作用。在中华民族的发展历史上，领导人之间的积极沟通，避免了巨大的损失，保全了大局。

一组研究可以说明因缺乏亲密关系而导致威胁健康的情况。

（1）一份包含近150项研究、超过30万人参与的综合分析显示，那些与家人、朋友有着密切联系的人的平均寿命比孤立者的平均寿命长3.7年。

（2）贫乏的人际关系会危害冠状动脉的健康，其危害程度与吸烟、高血压、血脂异常、过度肥胖等接近。

（3）相比拥有活跃社交网络的人，社交孤立者罹患感冒的概率要高四倍。

（4）婚姻幸福的人比单身的人在肺炎、外科手术和癌症上的发生率更低。需要注意的是，在这些研究当中，关系的品质，即关系亲密与否比婚姻本身重要得多。

（5）在沟通中创造出积极关系的生活更健康。一个人一天仅需短短十分钟的交往就能改善记忆力，增强智力功能。同时，与他人交谈还可以减少孤独感和与之而来的疾病。

这些研究结果表明了拥有令人满意的人际关系的重要性。当然，每个人需要的与他人亲近的次数并不相等，沟通的质与量是同等重要的。不可否认的是，对我们的健康而言，人际沟通不可或缺。

2. 沟通是自我认同的重要渠道

沟通是人们认识自我、认同自我的重要渠道。人们对自我的认识源自和他人的互动。究竟我们是聪明的还是愚笨的，动人的还是丑陋的，善良的还是凶恶的，这些问题的答案并不会从镜子中照出来，而是由他人对我们的回应决定的。如果被剥夺了与人沟通的权利，我们将无从得知自己是谁。

有一个小女孩很爱她的爸爸，希望爸爸多陪陪自己。但她的爸爸很忙，每天回家后都要忙着制作文件，几乎每天都要工作到半夜三更，那时候小女孩已经睡了。一次，小女孩半夜起来上厕所，看到爸爸放在桌子上的电脑，心想不就是敲键盘吗，我也会。于是，她开始帮爸爸"干活"。第二天早上，爸爸看到被动过的文件大发雷霆，原来小女孩把爸爸之前做的文件弄得乱七八糟，得重新做一遍。小女孩心里十分委屈，躲在房间里偷偷流眼泪，也不敢说话。

她想为爸爸减轻负担,却没想到自己的"能力"不足。小女孩没有向爸爸解释自己这样做的原因,她因爸爸的责备陷入了自我怀疑。

就如这个小女孩,由于缺乏和爸爸的沟通而改变了自我认识,可见我们在别人诠释我们的过程中才逐渐明了自己是谁。我们在童年时期所接收到的信息对我们的影响很大,他人的影响可能贯穿我们的一生。

3. 沟通满足社交需要

沟通将我们和他人联结在一起,学者已经证实,沟通可以满足我们的社交需要,包括娱乐、感情、友谊、解闷、休闲和控制等。

研究显示,有效的人际沟通与快乐之间具有紧密的联系。在一份超过200名大学生参与的研究中,研究人员发现,非常快乐的那10%的人都认为自己拥有丰富的社交生活。同时,这些非常快乐的人跟其他同学在睡眠时长、运动量、看电视时长等可观测项上并没有太大的差别。另一项研究显示,女性认为社交对生活满意度的贡献大于其他活动,包括放松、购物、吃东西、运动、看电视或玩电子游戏等。

积极的关系是生活满足感和幸福感十分重要的来源。如果你现在停下来,并为自己的人际关系列一张表,那么你很有可能发现,无论你与家人或朋友目前的互动多么成功,你的日常交际仍有很大的提升空间。

4. 沟通有助于实现目标

沟通是实现工具性目标十分有效的方法。工具性目标是指让他人按照我们的方式去表现。例如,跟发型设计师说你只需要稍微修剪一下发尾,与家人协商家务的分工,说服水管工人现在就到你家来修理被损坏的水管……沟通就是可以实现这些目标的工具。

沟通还可能影响其他更加重要的工具性目标,如沟通可能决定一个人的职业生涯,大多数职业都需要沟通技巧。例如,有效沟通的能力对医生、护士和其他医疗工作者来说同等重要。研究发现,"糟糕的沟通"是造成超过60%医疗事故(包括死亡、严重的身体伤害及心理创伤)的根本原因。

有一位学生患者因"头痛且呕吐"来医院急诊科就诊,首诊医生为患者做了头颅CT,未见明显异常,就让其输液,并且告诉这位患者回去后若头痛加重,再来就诊。这位患者就诊回学校后头痛稍微缓解但仍感全身乏力,夜间仍感头痛及腹部不适,自己喝了水。第二天早晨,这位患者两眼可睁开,四肢能活动,但未告诉舍友自己症状加重了,舍友也未注意到这一点。后来,舍友发现患者不省人事了,紧急呼叫120,后来将患者送至医院急诊科,当时已经无呼吸和心跳,抢救无效。在本案例中,医生与患者没有进行详细沟通,对患者其他症状没有进行详细询问,患者也没有及时反馈病症加剧。患者回学校后身体不适也没有与舍友沟通,多方未进行沟通,信息的阻塞导致了悲剧的发生。

而早在2500多年前,医学之父希波克拉底就说过:"医生有三件法宝——语言、药物、手术刀。"这要求医生不仅需要掌握临床技能,还需要掌握沟通技能。

心理学家亚伯拉罕·马斯洛提出,人类的需要可以分为五个层次,并且在关注高层次的需要之前,应该先满足低层次的需要。最基本的需要是生理需要:充足的空气、水、食物、休息及繁衍种族的能力。在马斯洛的需要层次理论中,第二类需要是安全需要:使我们的生存免于威胁。在生理需要和安全需要之上的是社交需要,再往上是尊重需要:希望自己是有价值的、有用的。至于最上层的需要，马斯洛称之为自我实现的需要，指的是希望自己的潜能发挥至最大，使自己成为优秀的人。实际上，沟通对实现各个层次的需要都是必不可少的。

知识窗

沟通技巧的学习阶段

学习新技巧一般需要经过以下几个阶段：

（1）意识觉醒期（Beginning Awareness）。这是你第一次意识到新技巧可以带来一种全新且更好的行为方式。例如，如果你在打网球时，意识到新学到的发球方法可以提升自己的发球力量和准确度，那么觉醒就开始了。

（2）笨拙期（Awkwardness）。正如你第一次学骑自行车或者开车时有过笨拙表现一样，初次使用新技巧与人沟通的时候同样会有些尴尬。

（3）熟练期（Skillfulness）。如果你继续保持练习，克服了最初尝试的尴尬，那么虽然你仍然需要思考自己正在干的事情，但是你已经能够把握自己了。你可以将这个阶段看成是由大量的前期思考、计划及好的结果组成的。

（4）整合期（Integration）。当你没有特意做一些工作，却能表现得很好时，这一阶段就是整合期了。在此阶段，你的行为举止是自然而然的，并已成为你日常行为的一部分。

第二节　如何成为沟通高手

一、学会倾听

在人际沟通中，语言是一个主要的媒介，而听和说是语言交流的两个方面，倾听是语言表达的前提，在说话之前，要先做一个好的倾听者。

那么，我们应如何做一个好的倾听者呢？

1. 目光交流

眼睛是心灵的窗户，因此在倾听时要用眼神表达你正在专心听对方说话。但是，要注意不要一直盯着对方的眼睛，避免给对方造成压迫感。

2. 适时回应

认真倾听并不是一言不发，单纯地听。在倾听的时候要适时点头或发出"哦""嗯"等声音以示回应。这样既能表示自己在倾听，也能激起对方进一步讲话的兴趣。否则，对方的独角戏很快就会谢幕。认真倾听并不等于一味地附和对方的观点。从不表达不同观点的人，会被人认为没有主见或者太圆滑。如果是前者，对方会觉得与这种人交往很无趣；如果是后者，对方不会敞开自己的心扉畅所欲言，双方的交往也不会太深入。因此，在认真倾听的同时，要得体地向对方表达自己的观点和意见，这样不但不会得罪人，反而会受到对方的欢迎。

3. 获取信息

倾听对方讲话，并不只是让对方感觉你在听他讲话，你要尊重他，最重要的是你要从他讲的话中得到需要的信息。如果你没有听清楚对方讲话的要点，那么你可以要求对方讲得详细一些，说明自己对交谈的内容很感兴趣，也很重视，需要进一步了解，引导对方做更进一步的阐述，便于获得更深入的信息。需要注意的是，当你没有听清楚或没有理解对方所讲内容的时候，要等对方讲完之后再询问，不要中途随意打断对方的话头，否则可能造成对方思路中断，对方也可能因为被打断讲话而不高兴。

4. 适时提问

适时提问能帮助我们理解对方所讲的内容，也有助于控制谈话的方向和激发对方谈话的积极性。通过提问，可以让对方感觉到你对他所讲的内容很感兴趣，同时能启发对方提出彼此都感兴趣的话题。并不是每个人都能对他人畅所欲言，尤其是初次碰面的两个人。当交谈出现冷场的时候，可以寻找一些新的话题，并且通过及时提问来打破沉默和尴尬。再好的话题也有说完的时候，当交谈者的兴趣减弱的时候，仅重复一些没有新意的话题是令人乏味的，要敏感地觉察到对方对谈话是否感兴趣，以便及时将谈话内容转移到新的话题上。

二、学会表达

A 和 B 是从小玩到大的好朋友，后来 A 到外地去工作，过年的时候才回来看看。有一年 A 给 B 打电话说："你怎么不给我打电话？我都回来好几天了。我从外地给你带了些特产，你有时间过来拿吧！"B 一听这话，心里顿时很烦："你回来好几天了，怎么也不给我打电话？"两个人就此产生了裂痕，这就叫"好话没好好说"。表达同样的意思，如果换一种说法，看是什么效果："我回来了，最近在忙什么？连老朋友都忘了联系。我从外地给你带了些特产，你看看什么时候有空，我给你送过去。"

不同的表达方式会产生截然不同的效果。在日常交往中，我们要学会选择合适的表达方式。常用的表达方式有委婉、幽默等。

1. 委婉

在生活中，很多话是不便直接说出口的，否则会让人联想起一些不美好的事物，产生不愉快的感觉。委婉的表达方式能帮助人们消除这种感觉，使谈话的内容保留在美好的层面上，使人们在表达自己的想法时更含蓄、更动听，尤其是当谈到敏感的事情或拒绝对方的时候，能让对方更容易接受。例如，当提到"厕所"一词的时候，总让人联想到一些不好的内容，所以在日常生活中，人们常常用"去方便一下""去洗手间"等来代替，这就减轻了尴尬的程度。

2. 幽默

说话的艺术里面少不了幽默这一项。一个心理健康的人通常富有幽默感。心理学研究表明，人们普遍喜欢具有幽默感的人。329 家大公司的经理曾参与一项关于幽默的调查，调查结果显示，97% 的人相信幽默感在企业的管理工作中具有重要的价值，60% 的人相信幽默感能决定一个人事业成功的程度。幽默能使人从笑声中发现真、善、美的印迹，给人以深刻的启迪，正如莎士比亚所说："幽默和风趣是智慧的闪光。"

延伸阅读

幽默能创造一个轻松的环境，缓解紧张的气氛。

一次，周恩来总理接见一群记者，一位美国记者不怀好意地问："总理阁下，你们中国人为什么把人走的路叫作马路？"周总理听后没有急于用刺人的话反驳，而是妙趣横生地说："我们走的是马克思主义之路，简称马路。"这位美国记者仍不死心，继续出难题："总理阁下，在我们美国，人们都是仰着头走路，而你们中国人总是低着头走路，这又怎么解释呢？"周总理笑着说："这不奇怪，答案很简单，你们美国人走的是下坡路，当然要仰着头走路了，而我们中国人走的是上坡路，当然要低着头走路了。"记者又问："中国现在有四亿人，需要修多少个厕所？"这纯属无稽之谈，可是，在这样的外交场合，又不便回绝，周总理轻轻一笑回答："两个！一个男厕所，一个女厕所。"

三、试着赞美

赠人玫瑰，手留余香。赞美是一种很有效的奖赏。林肯说："每个人都喜欢人家的赞美。"威廉·詹姆斯指出："人性中最深切的秉性是被人赏识的渴望。"但在日常生活中，十分容易忽视的许多美德中的一项，就是对别人表示真诚的赞扬和欣赏。真诚的赞扬和欣赏是待人处世的成功秘诀。1921年，美国钢铁公司首任总裁查尔斯·史考伯成为美国商界中年薪最先超过一百万美元的人之一。他之所以能获得这么高的薪资，主要是因为他具有善于跟别人沟通的能力。他说："我那能够使员工鼓舞起来的能力，是我所拥有的最大资产。"若我们对别人"诚于嘉许，宽于称道"，可能别人就会把我们的话视为珍宝。发自内心地赞扬和欣赏别人是处理好人际关系的一项重要原则。

在人际沟通中，合理地使用赞美能给自己的人际关系带来意想不到的好处。如果在本章开始的案例中有赞美的存在，可能就会有不同的结果。例如，在宿舍的团体辅导"戴高帽"活动中，舍友们都给予小希积极、肯定的评价。当舍友们说"小希，你学习很好，我很羡慕你""小希，你很努力，我一直想跟着你一起去上自习"时，小希哭了，她真切地感受到了赞美的力量，她觉得浑身充满了力量。的确，又有谁不喜欢不时地有人拍打一下自己的背呢？因为这个动作很简单地说明"我很欣赏你"。相信有了这次经历小希也会尝试着赞美别人，因为这样做会有意想不到的收获。

那么，如何赞美别人呢？

1. 以真诚的微笑面对别人

真诚的微笑是令人喜欢的一项重要因素，在人际沟通中，需要真诚的微笑。微笑所表示的是"我喜欢你，很高兴见到你"。你的笑容就是好意的信差，它能像穿过乌云的太阳一样带给人温暖，照亮看到它的人。在与人交往的时候，要尽量挖掘他人身上的长处，欣赏他人，这样才会发自内心地微笑。赞美与溜须拍马不同，我们要克服不敢赞美他人的心理障碍，学会大胆地、真诚地赞美他人。一个面带微笑的人远比满脸愁容的人受欢迎。

2. 真正拥有爱心

拥有爱心的人能发现他人的长处，能给予他人欣赏和赞美。

3. 勇敢地、恰当地表达你的爱

埋在心底的爱就像被乌云遮住的太阳，无法让人感觉到，因此不能产生任何实用的价值。无论面对新朋友还是老朋友，都需要释放爱，如果人人都使用赞美这个工具，那么我们的生活会充满阳光。

赞美是人人都渴望得到的，它使被赞美的人内心充满阳光，而你也能够从中获得足够多的幸福感。美国著名心理学家斯金纳通过实验证明，当减少批评和惩罚且增加赞扬和奖赏时，人们主动做好事的概率会提高很多，许多不良行为也会因被忽视而减少。赞美别人的优点其实就是在强化其身上的闪光点，使之感到幸福、快乐，并努力提高自身价值，反过来他们也会对赞美者报以感激和友善。"赠人玫瑰，手留余香"就是这个道理。

当然，朋友之间交往不能只讲优点不看缺点，不能只赞美不批评，但是批评时要采用一定的策略和技巧。例如，对事不对人，批评时针对具体的某件事情而不要贬低对方；采用先扬后抑的策略，即先赞美对方的长处，再指出其存在的不足；就事论事，不提过去的事，让对方意识到自己犯错误是一时的，是可以通过努力改正的。

四、重视"第一印象"

良好的第一印象是人际沟通顺利进行的首要条件。我们可以通过以下途径有效地建立良好的第一印象。

1. 注重自身外表和体态语言的塑造

我们要做到穿着得体、举止大方、文雅、礼貌、谦虚、面带微笑等。形象是信誉的重要标志，所以我们要注重自己的形象。人的形象有内在形象和外在形象之分。内在形象包括人的性格、人格、学识、智慧、才能、处世态度等；外在形象是通过人的衣着、谈吐、办事方式等表现出来的。外在形象有时是虚假的，容易让人上当受骗，而内在形象是一个人长期修炼的结果，更为可靠。我们要塑造好自己的形象，要使自己的内在形象和外在形象一致，兼具内在美和外在美，以真实、统一的自我同他人交往，这是保持良好人际关系的关键。

2. 建立自信，勇于展示自己的优点而不过分夸大

人们不仅希望自己是自信的，还希望自己的交往对象是自信的。试想一下，谁愿意与一个缩手缩脚、唯唯诺诺的人交往？与这种人交往，自己会特别累，要时刻担心会不会给对方造成伤害，因为不知道什么时候就会伤害这种人的自尊心。因此，在与人交往的时候，我们要建立自信，要勇于向别人展示自己的优点，大方地接受别人的夸奖。但要记住，凡事都要有个度，我们虽然要勇于向别人展示自己的优点，但不是痴迷于向别人炫耀自己的优点。我们要把握好这个度，并且要在与人交往的过程中不断地反省、调整自我。

3. 主动热情，在最短的时间内缩短与别人的心理距离

在与人交往的过程中，尤其是与陌生人的交往过程中，每个人都是一个"懒汉"，都希望别人比自己更主动。根据这种普遍心理，我们可以凭借交往过程中的主动给别人留下良好的第一印象。不要认为自己在与人交往的过程中主动了就是让别人占了便宜，相反，我们可以看作自己引导和控制了整个交往过程，要体会到成就感。

4. 运用相似性原则，寻找自己与对方的共同之处

我们可以运用相似性原则，寻找自己与对方的共同之处，如共同的爱好、专业、信仰等。在人际吸引的原则中，有一个相似性吸引原则，在与人交往的过程中这一原则非常实用，也非常有效。在大学里，刚入学的大学生们很喜欢找老乡，究其原因，就是因为老乡这种较为亲密的关系容易给人一种温馨的感觉，使交际双方容易建立信任。特别是在与陌生人交往的过程中，突然得知对方与自己有某种关系，就会有一种惊喜的感觉。从人的心理上讲，每个人的潜意识中都有一种排他性，对自己或跟自己有关的事物往往自觉地表现出更多的兴趣和热情，对跟自己无关的事物则表现出一定的排斥性。因此，在与陌生人交往的时候，如果能找到类似老乡的关系，不妨直接说出来，使对方意识到你们的关系其实很"近"。这样，无论对方的地位在你之上还是在你之下，都能较好地形成坦诚相谈的气氛，打通初次见面由于生疏造成的心理上的设防。

5. 记住对方的名字

记住对方的名字能使自己在对方的心中留下良好的印象。人际关系专家戴尔·卡耐基曾经说过："一种既简单又重要的获得好感的方法就是牢记别人的姓名。"在人际沟通中，记住对方的名字可谓小事一桩，但能收到意想不到的效果。

小民的故事

在高中二年级的时候，学校重新分了班。因为班里大多数同学都是陌生的，彼此之间连名字都叫不上来。分班后没几天，老师让同学小笔帮他收一项费用。小笔挨个收钱，收了谁的钱就把名字记录下来。收到小民这里的时候，小民把钱递给她，说："我叫……"还没等小民把名字说出来，她抢先说："我知道。"然后，她把小民的名字在本子上写了下来。小民当时真有点喜出望外的感觉，随后向别人打听了小笔的名字，牢记下来。在后来的日子里，小民总是很乐意与小笔交往，他们最终成了很好的朋友。小民和小笔之间这段友谊的产生和发展，记住姓名这件小事创设了一个良好的开端。

对一个人来说，自己的名字是自己社会自我的一部分，在与人交往时，名字会显示神奇的作用：如果你在与一个原来不熟悉的人再次碰面的时候就能准确无误地叫出他的名字，两个人的关系会迅速拉近；相反，如果你在与一个人交往过好几次的情况下还将他的名字叫错，就会处于非常不利的地位。准确地叫出对方的名字，等于给了对方一个赞美，让对方觉得你很重视他，你心中有他这个人。记住对方的名字这样一件小事，能轻松地与交往对象之间架起一座桥梁。

五、其他技巧

1. 自我暴露

自我暴露就是把自己较为私密的方面展示给别人，奥特曼（Altman）等人研究发现，良好的人际关系是随着自我暴露的增加而发展起来的。随着信任程度和接纳程度的提高，交往的双方会越来越多地暴露自己。因此，自我暴露的广度和深度是人际关系尝试的一个晴雨表，如果想了解自己对某个人的接纳程度，只要了解自己在其面前的暴露水平就可以了。对一个人的接纳水平越高，就越期望对方对我们进行自我暴露。但是，无论关系多么密切，每个人都有自己不愿意暴露的领域。我们不能因为关系密切就期待对方完全敞开心扉，更不应该随意侵入对方不愿意暴露的领域，否则会让对方产生强烈的排斥情绪，从而降低对我们的接纳水平。

自我暴露的程度，由浅至深可以分为以下四个层面。

一是情趣爱好方面，如饮食偏好、生活习惯等；二是态度，如对某个人的看法、对时事的评价；三是自我概念与个人的人际关系状况，如自己的自卑感、与恋人的相处方式等；四是最为隐私的内容，如个体不为社会接受的一些想法和行为等。

一般情况下，关系越密切，人们的自我暴露就越广泛、越深刻。但事情也不完全是这个样子的，有时没有任何关系的两个人，却有可能达到完全自我暴露。一个人不愿意告诉身边朋友的事情，可能会对素不相识的网友和盘托出。正是因为素不相识，而且以后对方介入自己生活的可能性很小，暴露给自己带来的风险就越小，这个时候，个体的心理防御机制就会减弱，从而有可能达到完全自我暴露。

2. 学会寻找话题

对人与人的沟通来说，话题是必不可少的，因为如果没有话题，交谈便无从开展。很多人害怕与人交往，主要原因就是见了人不知道该说些什么，该怎样说。寻找话题是人际沟通中很重要的一课，以下寻找话题的技术供大家参考。

（1）投石问路技术。在与陌生人交谈时，先提一些"投石"式问题，在对对方的情况了解之后再确定交谈的主题。比如，在某一部电影流行的时候，想跟刚认识的人交流一下对这部电影的看法，可以先问一下："你看过最近特别火的那部电影了吗？"

（2）察言观色技术。在与陌生人交谈时，先以话试探，在寻找到与对方的共同点之后再确定谈话的主题。比如，看到眼前这个刚认识的人身材健壮，可以试探性地问："我看你身材这么好，是不是平时喜欢参加体育活动？"

（3）直截了当技术。在双方有明确的交往目的时，可采用直截了当技术，直奔主题，而不必拐弯抹角。这种情况比较适合关系较稳定的两个人。比如，A 想让 B 帮忙做点事情，那么最好见面或通电话后直奔主题，谈关于需要帮忙的事情。这时候如果拐弯抹角，那么 B 反而会觉得 A 太圆滑、太做作。

（4）由情景入题技术。这是指从眼前和身边的具体情景开始进行交谈。英国人尤其善于采用由情景入题技术，他们碰面后的第一句话通常是"今天天气不错！"，在等对方回应之后，再开始谈自己想要谈的内容。

（5）趋同技术。在相似的因素上寻找并确定共同关心和感兴趣的话题。对刚认识的两个人来说，如果能找到一个双方都关心和感兴趣的话题，那就再好不过了。共同关心和感兴趣的话题可以让双方迅速开展交谈，并且因为这个共同点而在心理上迅速接纳对方。

第三节　家庭中的沟通与成长

家庭中的沟通是我们生活中很重要的一部分。学习健康地与人交往，进行家庭沟通很重要，这是建立和改善家庭关系的重要一环。从家庭系统治疗的观点来看，一个家庭就是一个系统，个人的成长与家庭系统这个整体息息相关。心理学家沙利文认为，人的性格大部分是在身边重要人物的影响下形成的。父母的人格品质对孩子具有潜移默化的影响，父母的心理健康水平对孩子的影响也很大，父母是孩子模仿的对象。婴儿在依恋阶段，需要和父母之间建立一种安全的依恋关系，这对其未来能否成长为一个乐观的、开朗的、具有安全感的、愿意和别人交往的孩子非常重要。

一、依恋关系

1. 母婴依恋关系

依恋理论最早由英国精神分析师约翰·鲍尔比提出，他曾经在1951年为世界健康组织写了《母亲的关怀与心理健康》，后来又写了《依恋与丧失》三部曲，即《依恋》《分离、焦虑和愤怒》《丧失、悲伤及抑郁》，这些书都讲到了依恋对儿童的影响。依恋理论研究的重大进展是爱因斯沃斯的认识，其认为依恋中个体的重要差异在于依恋的安全性和不安全性。爱因斯沃斯在1978年进行了陌生情境测验，其将一岁的婴儿放在一个房间里，让孩子坐在地上玩玩具，这时母亲进来了，孩子很开心。后来，母亲出去了，一个陌生人进来了，孩子开始紧张，然后大声哭泣。这时，母亲进来抱起孩子。爱因斯沃斯通过婴儿的行为和情绪表现来评定婴儿对其母亲依恋的安全性，并根据测验结果将依恋关系分为以下两类。

（1）安全的依恋关系。有安全依恋关系的婴儿在母亲回来时，能够自然地、自由地表达内心的恐惧。母亲来了以后，他愿意和母亲有身体接触。母亲抱着他，他哭了一会儿，然后从母亲的身上滑下来，又把注意力转移到环境中继续玩玩具。这样的孩子与母亲建立了基本的信任，情绪很容易恢复平静。

（2）不安全的依恋关系。不安全的依恋关系又分为回避型和矛盾（焦虑）型。回避型婴儿和母亲再次相聚的时候，会表现出一种超乎寻常的独立，显得很淡漠，母亲回来后他不表达自己的情感，他也不愿意和母亲有身体接触，自己在一边假装玩玩具。这样的孩子压力非常大。矛盾（焦虑）型婴儿极其依赖母亲，抱着母亲一直哭，久久不能平静下来，对母亲又爱又怨。他有的时候想被抱，但又因为害怕再次分离而拒绝被抱，同时心里很愤怒，也很难过。这样的孩子哄很久都不能停止哭闹，他没有办法对环境进行再次探索。

研究发现，安全依恋的婴儿大约占65%，不安全依恋的回避型婴儿大约占21%，矛盾（焦虑）型婴儿大约占14%。依恋理论为后来对人们的行为及家庭对孩子影响的研究奠定了基础。

2. 成人依恋关系

在母婴依恋关系的基础上，约翰·鲍尔比提出了成人依恋关系。他认为孩子身上表现出来的依恋特征，也会在其成年以后的人际关系中，特别是亲密关系中显露出来。因此，成人依恋关系应分为以下几类。

（1）A型，即安全型。安全型的人和别人建立亲密关系并不难，其能够安心地依赖别人，或者让别人依赖自己，不担心被别人抛弃，也不担心别人和自己的关系太密切。这一人群大约占60%。

（2）B型，即回避型。回避型的人觉得和别人的亲密关系令自己很不舒服，很难相信和依赖别人。在与人交流时，如果太亲密他们就会觉得尴尬、紧张，有负担；如果别人想增进亲密关系，他们就会感到不自在。这一人群大约占20%。

（3）C型，即矛盾（焦虑）型。矛盾（焦虑）型的人发现别人不太愿意像自己希望的那样和自己亲密，经常担心自己的伴侣不爱自己，或者因怨恨而不想和伴侣在一起，彼此之间容易出现纠缠问题。因此，他们既想和伴侣关系密切，又怕把对方吓跑。这一人群大约占20%。

成人依恋关系的三种类型的人群占比和婴儿的安全型、回避型、矛盾（焦虑）型人群占比非常匹配，这也支持了弗洛伊德的一个观点，即从成人的行为中能找到其童年的痕迹。也就是说，孩童时的依恋关系直接影响着一个人成年后的人际关系。

二、萨提亚模式沟通类型

父亲和母亲之间、父母和孩子之间的沟通，是孩子接触社会、接触人际关系的第一课。如果家人之间经常有摩擦和冲突，而且没有正确地表达出来，而以挑毛病、发牢骚、仇视、恶毒攻击等方式表达，这实际上展示出来的就是人与人之间没有信任，这会导致孩子对父母也不信任。当孩子出现问题时，他们可能会迷失自我，铤而走险。因此，有的时候孩子出现问题，是由于父母不知道怎样正确沟通，不懂得教孩子正确沟通。另外，家庭中很常见的一种亲子沟通就是不恰当的非语言和语言沟通。例如，说话时没有眼神的接触，面部没有表情，声音很平淡。有时语言和非语言传达的信息不一致，也会导致沟通不顺畅。家里本应有很多爱的情境却没有用正确的方式去表达，如习惯命令、指挥，经常警告、威胁，或者否定、批评、讽刺、挖苦等。

著名的家庭治疗大师萨提亚把家庭沟通方式分为五种类型：讨好型、指责型、超理智型、打岔型和一致型。其中，前四种都是不恰当的沟通方式。

（1）讨好型。孩子想得到父母的喜欢，可能会用讨好的方式引起父母的关注，等他成人以后也容易成为讨好型的人。讨好型的人往往会失去自我、自我价值感低、无法正视和满足自己的需要，其往往牺牲自己来成全他人或者避免冲突，在人际关系中总处于心理上的低位。

（2）指责型。指责型的人总是指责和批评他人，仿佛自己永远都是对的，缺乏自我反思能力和与他人共情的能力，总是颐指气使、推脱责任、归罪他人，给人一种压迫感和咄咄逼人的感觉。

（3）超理智型。超理智也是一种防卫，即用超然的态度来压抑和隔离自己内心的真实感受，即使遇到了挫折或有需要也不表达。例如，孩子看到别人吃糖，自己也想吃糖但觉得很丢人，所以超理智地说"糖不能吃、不好吃，吃多了牙齿会坏"。如果成年人总处于超理智的状态，就很难和他人真实地沟通。

（4）打岔型。在沟通中不愿意面对真实的问题和感受，总是顾左右而言他。例如，在沟通时，孩子对爸爸说"我想去吃肯德基"，爸爸不直接告诉他"你不能去吃肯德基"，而是打岔说"你的作业做了没有？"。然后，孩子就会去做作业，这位爸爸就没有直面问题，没有直接处理问题。

（5）一致型，又称表里如一。例如，在孩子不开心时，爸爸妈妈先做表率，向孩子示范不开心时可以表达"我不高兴了，你说这话我很委屈"。这样，孩子会认识到：当我不开心时，我可以表达出来，而不是压抑自己。有时候孩子不表达，内心压抑，就会出现病态。家人之间保持这种一致的亲密联系和沟通方式，会使孩子受益。父母的示范可以让孩子觉得父母解决问题的方式使他们感到舒服，从而减少部分同龄人对他们的不良影响。

父母之间经常保持良好沟通，亲子之间关系密切，能促使家庭成员进行有效的沟通，同时有利于他们在家庭以外去发展和改善人际关系。

维吉尼亚·萨提亚是谁

在20世纪70年代美国精神医学会列出的21位最具影响力的治疗师中，维吉尼亚·萨提亚（Virginia Satir，1916—1988）是唯一一位女性，且高居榜首。萨提亚是一名真正的学者，是一位一生都在孜孜以求的人，她从小就有一个心愿：做大人们的"侦探"。她对人和世界非常好奇，也非常好学，她努力将其所学身体力行，创造性地用于自我关爱和援助他人。尽管当年萨提亚女士只是硕士毕业，而在这个领域，当时其他的专业人士大多是拥有博士学位的精神科医生、心理学家和生物学家等，但这丝毫没有影响萨提亚女士对家庭治疗领域的贡献。

2007年，美国心理治疗十分重要的杂志《心理治疗圈内人》公布了一份针对美国心理治疗师的调查结果：在过去的四分之一世纪里，他们心目中最有影响力的治疗师，结果前十名依次是人本治疗师罗杰斯、认知行为治疗师贝克、结构派家族治疗师米纽庆、团体治疗兼存在主义治疗师欧文·亚隆、体验派家族治疗师萨提亚、理性情绪疗法治疗师艾利斯、精神分析家族治疗师鲍文、去世多年依然影响力十足的治疗师荣格、传奇的催眠大师艾瑞克森及以"爱情实验室"闻名的家族治疗师高特曼。

不仅如此，对萨提亚在家庭治疗领域的突出贡献，许多著名心理治疗专家都曾给予高度的赞誉和评价。罗杰斯与萨提亚有过许多合作，称赞萨提亚："我很好奇你的工作，当你为一个人做着疗愈的工作时，那个改变就像水面的涟漪一样拓展开来，我觉得很奇妙，好像打开了一扇大门。"

萨提亚女士最大的愿望就是内在和谐，人际和睦，世界和平，这个愿望与我国古人"修身、齐家、治国、平天下"的志向如出一辙。如今，在萨提亚女士去世30多年之后，萨提亚模式仍然对世界具有影响力。这样一位伟大的女性，她虽然走了，但她把自己的爱从精神和物质两个方面都留在了这个世界。

三、萨提亚模式的人际沟通能力提升

1. 提升自我价值感，建立人际交往自信

自尊是一个人对自身价值的判断、信念或感受，也是自我价值的体验。萨提亚延续了人本主义的理念，相信人具有符合社会主流价值观的积极向上的动机与内在能量，每个人生来就具有平等的内在价值。自我价值是人们生命力的源泉，始终存在并植根于人们的心底，时刻希望被发现、被承认和被证实。个体的能量取决于是否欣赏与珍爱自己，身体语言与行动折射出个体的思想、情绪和能量状态，自我价值感是个体与其内心深处的自己建立联结的基石，和谐的自我更具适应性。

自我价值感是一个内在建构的过程。儿童的自我同一性来源于原生家庭三角关系中的经验，一个人成人后的自我价值感或自尊来源于原生家庭三角关系中，建设性与破坏性交互作用经验的相对比例。当面临危机和挫折时，不同的自我价值感所带来的外部反应差异非常明

显：高自尊的人能够很好地平衡自身各个部分资源的价值，在需要时及时联结、调动所需的资源，以此来应对学习、人际交往、生活中的困难和压力，满足内在的期待与渴望；但对低自尊的人而言，尽管他们同样拥有自己的内在资源及渴望，但当面临压力，或对自身、他人的期待不能得到满足时，由于不能很好地与自己生命的积极面相联结，不能把自身价值与发生的事情区分开，认为自己是一个毫无价值的失败者，从而引发强烈的心理冲突，对他人产生愤怒、感到自责、对生活感到绝望，甚至引发自杀或者伤害他人等过激行为。因此，"提升自我价值感，建立人际交往自信"是心理干预工作的根基。

2. 做更好的选择者，获得心灵自由

由于个体在成长过程中受到各种规则的限制，在日常生活中，常用机械、退缩的观点来看待问题，只看到问题的是与非、对与错、好与坏，这种两极性思维方式使个体陷入两难的选择，甚至将个体引向极端。"一个选择不是选择，两个选择进退两难，三个选择才是选择"是萨提亚很经典的一句话，她鼓励人们在任何情况下，都至少要给出三种选择。萨提亚认为，如果个体有能力与很多资源相联结，就能更自由地做出更好的选择，即使不能选择外在对自身的影响，也可以选择内在如何应对这些影响，这种选择不仅包括个体对外在压力的应对，也包括个体对自身未满足期待的对待方式、个体对自身感受是否接纳等，而不是一味地以一种习惯的、僵化的、失功能的反应方式自动化地去应对外在事件。

萨提亚主张每个人都拥有与生俱来的天然资源，拥有看、听、触摸、品尝、嗅、感受、思考、行动、说话和选择的能力，鼓励个体在处理人际关系的过程中积极、主动、富有弹性地应对心理挫折，挖掘积极的心理社会资源，成为一个更加和谐一致的人，不断地去适应外在环境的要求，成为自己人生之舟灵活的掌舵者，在一生的心灵之旅中，时时保持生命的弹性与活力，从容应对人际关系的挑战。

3. 更能为自己负责，主管自己人际关系的品质

当个体对自身、对他人、对环境抱有的期待不能得到满足的时候，常以受伤、愤怒、委屈等形式呈现出来，造成"是他人的过错"这一假象，把责任从自身推向他人和环境，从而逃避责任，维护虚假的自我价值感。实际上，若个体可以自主做出选择，则在获得生命掌控感的同时，也会更有责任感，能够为自己的选择承担相应的责任。这种责任不仅体现在个体对自身外在行为的负责，同时体现在个体对自己内在体验的负责，从内心的感受、观点、期待、渴望到外在的行为，都是个体自身管辖的一部分。如何管理它们是个体自身的选择，培养个体自我负责的精神是萨提亚模式的目标之一，也应成为大学生心理援助工作的一大重要目标。大学生要对自己负责任，学会自主管理自己的内在世界，以及外在行为与关系，成为自己心理和行为的主人。

萨提亚相信每个人都具有内在驱动力，这是一份积极的生命能量，自己可以掌管自己的内在系统，能够改变过去对自己的影响，把握当下，逐渐趋向完美。个体接受自己的独特性与差异性，承认自己并不附属于他人，尊重自我与他人的边界，善用自己的资源，也会赢得他人的支持。在人际交往中，大学生既要能够倾听自己内心的声音，也要能够顾及家人和社会的期待，这样才能在亲密与独立、自主与合作之间拿捏适度。

4．更加和谐一致，在人际的海域自在遨游

和谐一致是一种协调而统合的状态。它既包括内在冰山的和谐，也包括人际的和睦。萨提亚女士总结的四种典型的求生存应对姿态——"讨好、指责、打岔、超理智"，为我们深究宿舍关系、同学关系、恋爱关系、师生关系等大学生所面临的人际关系不协调问题的根本原因提供了合理的依据。造成这种困扰的主要原因是个体不能很好地协调自身各部分的关系，以及自身与他人、情境的关系。而与此相对应，如果个体能欣赏、接纳自己内在的资源，处理好资源与自己的关系，在互动过程中可以兼顾自身、他人、情境的需要，有意识、有选择地对外界做出反应，就是萨提亚所说的和谐一致。达到身心整合、内外一致的和谐状态，可以从根本上减少大学生的消极情绪，以及攻击等行为，建立良好的师生关系、和谐的同学关系、宿舍关系及亲密的恋爱关系，促使大学生在轻松、自由、快乐中学习与成长。

萨提亚提倡内外一致地表达，这既是一种存在状态，也是一种与自我和他人进行沟通的方式。也就是说，在沟通过程中，能够在合适的背景下，恰当地传递真实、真诚的自我信息，而不是传递双重束缚的或混乱的信息，做到既传达了自我信息，也照顾到了情境，自我、他人和情境三方面都得到了应有的尊重。一致状态下的个体既能平衡角色之间的矛盾，也保持了自我的同一性，能够与他人合作、与环境适配，是一种自在、愉快的人际互动与合作状态。

萨提亚模式的目标之一就是提升个体的一致性，即个体内在冰山的和谐，以及与他人和情境互动时的和谐与平衡，包括与家庭、社会、国家的和谐。因此，运用萨提亚模式对塑造大学生健康人格、提高人际交往的情商、打造幸福人生、构建和谐社会具有深远的现实意义。

1．我们为什么要沟通？
2．影响人际沟通的要素有哪些？
3．萨提亚模式的学习如何助益于你的人际关系？本章对你最大的启示是什么？

检查你的沟通能力

他人是你的沟通能力的最佳裁判。不仅如此，他们还能对如何提高你的沟通能力提供有用的信息。现在，请按以下步骤重新认识自己。

1．选择一个和你有重要关系的人。
2．与这个人合作，尽量明确你们沟通的情境。试着选择不同的情境，如"解决冲突""给予朋友支持""表达感情"等。
3．在每一种情境中，都要让你的合作伙伴回答下列问题，借此评定你的沟通能力。
（1）在这种情境中，"你"是拥有多样的应对方式，还是一直采用同一种方式？
（2）面对情境，"你"是否能够（灵活）选择最有效的行为方式？
（3）"你"在表现这些行为的时候，是否有技巧？（注意"你想"如何表现并不意味着"你能"这样表现）

(4)"你"的沟通方式能让对方满意吗?

4. 回顾你的合作伙伴的回答,明确你在哪些情境中表现最好。

5. 选择一个你想沟通得更好(或者在模拟中发挥得不太好)的情境,在你的合作伙伴的帮助下完成以下几件事。

(1)决定你的行为资料库(应对方式)是否需要扩展。

(2)明确哪些方式能够提升你的沟通技巧。

(3)发掘一些监控自我行为的方法,以让你在关键的情境中获得有效的反馈。

推荐书籍:《新家庭如何塑造人》(第2版),维吉尼亚·萨提亚著,易春丽、叶冬梅译,世界图书出版社。

推荐理由:本书是关于家庭治疗的经典著作,不仅可以作为家庭治疗师、心理咨询师和社工人员的专业用书,还可以作为每个渴望身心健康的人的良好读物。正如萨提亚本人所说:"我写本书的最大愿望是帮助每个人获得成为和谐的人的权利。"本书中所展现的经验和榜样会引导我们用创造性的方式去理解他人,关爱自己和他人,为孩子提供一个让他们可以获得力量和完满人格的基础。

第十一章

网络中的"虚"与"实"

"云"抗疫传播网络正能量

导语： 网络空间是广大网民共同的精神家园，了解网络生活与大学生心理健康的关系，掌握大学生使用网络的心理需求，提高网络安全意识，掌握文明使用网络的方法和技巧，有助于大学生合理使用网络，提高大学生的网络心理素质。在新时代背景下，青年大学生应合理利用网络资源，规范自身上网行为，提高网络法治意识，培养积极健康的网络心理状态，共同唱响网络空间主旋律，传递思想正能量，营造风清气正的网络空间。

心灵导语

大力弘扬和践行社会主义核心价值观，唱响主旋律，传播正能量，培育良好道德风尚，有力净化网络环境，争做网络文明建设的参与者、贡献者、维护者。

——以"汇聚向上向善力量，携手建设网络文明"为主题的首届中国网络文明大会上发布的共建网络文明行动倡议

成长故事

在网络中迷失的学霸

常某某出生在湖北荆门的一个普通家庭里，爸爸是名工人，妈妈是名护士。常某某从小就学习非常好，数学成绩特别突出，学习习惯也好，一直很自律，学习不用父母操心。

高考时，常某某以出色的成绩被北京大学（以下简称北大）录取，而且拿到了北大当年仅有两个名额的"高通奖"。

常某某在进入北大之后本应该以"黄沙百战穿金甲，不破楼兰终不还"的精神继续提升自己，可没承想常某某在入学一个月后，教室里不见了他的身影。白天舍友去上课，他在宿舍里睡觉；晚上舍友回宿舍后，他就开始玩游戏。沉迷网络游戏、逃课慢慢地成为常某某的日常行为。就这样，常某某在北大荒废了三年的时光，白白浪费了自己的大好青春，由于常某某两个学期都没有认真学习，他的成绩不能达标，被北大退学。

从北大黯然退场，复读的一年中，常某某远离游戏，将精力都用在学习上。一年后，他以712分的成绩被清华大学录取。

思考：为何从小那么自律的学霸，到了大学却迷失了自己，为何他会沉迷网络游戏无法自拔？

专家点拨：高中时，我们的目标非常明确——考大学。那时虽然学习任务繁重，但在学习的过程中，我们非常容易进入高度专注的心流状态，从学习中获得成功的喜悦。心流指的是一种全身心投入脑力或体力活动中的沉浸式体验。上了大学后，骤然从高压环境到相对宽松的环境，有些同学突然没了明确的学习目标，没了高度专注的心流状态，这时学习不会带来好的心流体验，所以有些同学就选择了让人感到轻松、舒适的网络游戏。

网络游戏的开发人员恰恰运用了心流理念，人们突破一个个关卡、等级不断提升，在玩游戏的过程中获得了成就感和满足感。同时，网络游戏不断地给人们正向刺激和反馈，因此有些人越玩越沉迷，一旦沉迷网络游戏再想捡起学习则非常困难。

告别"手机控"——记录你的手机 App 使用时间

1. 活动物资

手机、纸、笔。

2. 活动规则

请大家拿出手机，在"设置"中找到自己的手机 App 使用时间排名，按照由高到低的顺序在表 11-1 中记录你的手机 App 使用时间，并且与小组其他成员分享。

表 11-1 手机 App 使用时间记录表

序号	使用的手机 App	使用时间
1	例如：微信	5 小时
2		
3		
4		
5		
6		
……	……	……

3. 交流总结

（1）仔细查看你的手机 App 使用情况，近期一天当中你使用最多的 App 是什么？回忆一下你在使用这个 App 的时候，是为了满足自己什么需求？

（2）你从表 11-1 中发现了什么样的规律？你认为表格中排位第一的 App 的使用时间是否合理？为什么？

总结：网络在带给我们便利的同时，也给我们带来一些负面的影响。网络慢慢渗透到我们的生活中，占据了我们很多时间。为什么有的人会沉迷网络？网络对大学生的生活有什么影响？在这一章，我们将一起来认识网络，学会正确运用网络。

第一节　网络生活与大学生心理健康

网络作为现代社会文明的标志之一，以其数字化、信息化的生存状态和开放性、虚拟性、多元性、交互性、共享性的特点，为我们的生活赋能赋智，让我们的生活方式、学习方式、交往方式、消费方式、休闲方式等发生变革，同时也给大学生带来了心理方面的影响。网络的平等、开放和互动，极大地满足了大学生的心理需要，由于可采用匿名的方式使用网络，嬉笑怒骂、畅所欲言，不受时空、地域的约束，纵横驰骋，轻而易举地赢得大学生的青睐。如今，网络就像水和空气一样，与我们密不可分。

一、网络与生活

2021 年 8 月 27 日，中国互联网络信息中心（CNNIC）在京发布第 48 次《中国互联网络发展状况统计报告》，勾勒出了我们的网络"自画像"：截至 2021 年 6 月，我国网民规模达 10.11 亿人，其中 10～19 岁网民占网民整体的 12.3%，20～29 岁网民占比高达 17.4%，如图 11-1 所示。

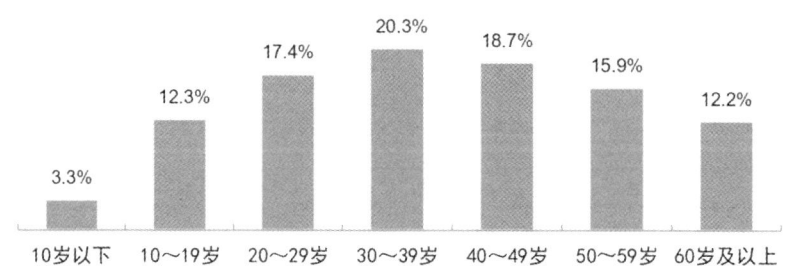

图 11-1　网民年龄结构

注：由于数据是近似值，加总约等于 100%。

截至 2021 年 6 月，我国手机网民规模为 10.07 亿人，较 2020 年 12 月增长 2092 万人，网民使用手机上网的比例为 99.6%，如图 11-2 所示。

截至 2021 年 6 月，我国网民的人均每周上网时长为 26.9 小时，较 2020 年 12 月提升 0.7 小时，如图 11-3 所示。

第十一章 网络中的"虚"与"实"

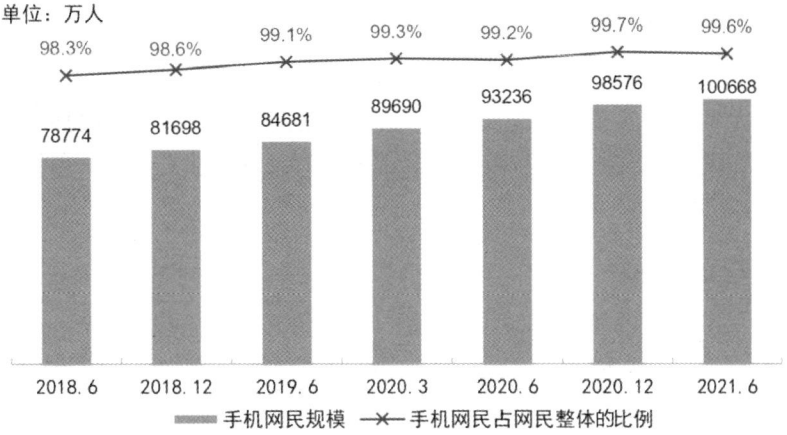

图 11-2 手机网民规模及其占网民整体的比例

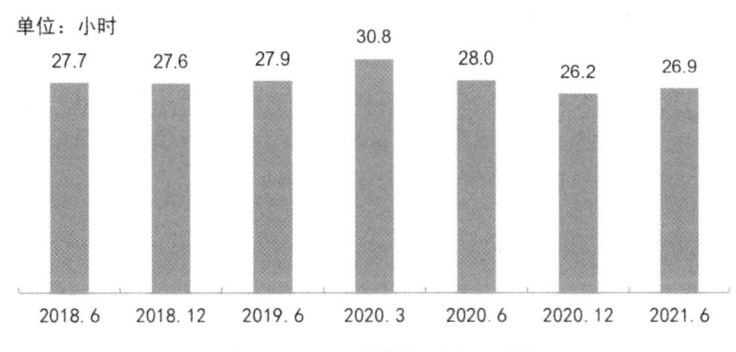

图 11-3 网民人均每周上网时长

作为信息的载体,网络具有以下特点。

(1)信息容量大:网络每时每刻都在更新和传递着海量的信息,尤其是各大网站、App 提供了信息传播的平台,使更多人能获得需要的信息。

(2)时效性:从北京飞纽约大约需要 13 小时,而在北京访问纽约的网站,一秒钟都用不了。可见,利用网络能在事件发生的第一时间获得相关信息。

(3)互动性:每个人都可以在网络平台上畅所欲言,相互分享信息。

(4)便捷性:网络改变了我们的生活方式,我们可以进行网络社交、网络购物,网络丰富了我们的业余生活。

二、大学生使用网络的心理需要

(一)信息获取的需要

网络是一个开放的信息源,能使我们在第一时间获得自己需要和感兴趣的信息,上至天文地理,下至衣食住行,使我们实现了"手指轻轻点击,世界尽在眼前"的梦想,真正做到了"足不出户知天下",使我们强烈的求知欲得到了满足。

（二）社会交往的需要

网络没有国界，没有等级，人人自由且平等，为我们提供了一个展示自己个性和才华的舞台，使我们的个性得到淋漓尽致地发挥。我们可以通过网络跨越地域的限制建立新的人际关系，满足自己社会交往的需要。网络为我们创造了恰到好处的"黄金距离"，在某种程度上实现了"天涯若比邻"。

（三）自我实现的需要

虚拟的网络是大学生实现自我的一个理想王国，在这里可以获得自信和自我认同等。在网络上，大学生可以自由地发表自己的观点，抒发自己的情感，表达自己的思想和信仰。在网络上，大学生可以发挥自己的主体意识，去学习更多的知识、技能，不断发展自己的网络社交，充分发扬自己的个性，实现自我的发展。

三、网络对大学生心理健康的影响

网络是一把双刃剑。一方面，我们可以通过网络接触到前所未有的广阔空间，能更加有效、广泛地获取信息、学习知识、交流情感和了解社会；另一方面，网络空间以令人眩晕的魅力诱惑着涉世不深的大学生，使得部分大学生迷失自我。

（一）网络对大学生认知的影响

网络在提供丰富资源、创造新的文化环境的同时，也在潜移默化地影响着大学生的认知。在虚拟的网络世界中，信息资源瞬息万变，大学生的需求、动机、价值观和人格特征等正在发生着相应的变化。一方面，在网络的虚拟空间中我们可以更加坦诚地表达自己的主张和感受，使得个体的创造性得到挖掘，促进了个体的发展（陈毓秀等，2019）；另一方面，由于大学生阅历尚浅，辨别是非的能力不足，很容易受到虚假信息、文化垃圾等的侵扰，使得他们难以看清自己，出现"理想自我"与"现实自我"的冲突，导致出现自我认同感的混乱（黄希庭等，2020）。

例如，一些大学生盲目追星，由于他们需要一个看得见、摸得着的活生生的形象作为自我成长的参考，通过追逐偶像来进行自我完善。一些大学生把自己认同为某某明星的粉丝，给自己贴上"粉丝"的标签，也会去做自己认为粉丝该做的事，如打榜、应援、做数据，以此获得群体归属感和自我认同感。

（二）网络对大学生情绪和情感的影响

网络以其开放性、虚拟性、便利性等特点为我们提供了情绪发泄、情感表达的空间。在网络上，我们可以卸掉日常所戴的面具，真实表达、宣泄内心压抑的不良情绪，缓解心理压力。原本相互陌生的人可以发展友谊甚至产生爱情，通过这种超时空的、双向的交流，产生一种自信、自尊和自我稳定的心理感受。但一旦离开网络，有的人在现实生活中却不懂得交往的艺术与技巧，很难表达自己。例如，有的大学生在网上口若悬河、谈笑自如，在现实生活中却无法与他人进行沟通，甚至与自己的家人、同学等的关系越来越淡漠，不由产生了孤独感。同时，网络游戏所营造的虚拟世界有时比较暴力和血腥，可能使大学生在现实中变得麻木，久而久之，产生网络依恋、网络孤独、网络抑郁、网络自我认同感混乱等问题，导致个人情感迷失（胡凯，2013）。

（三）网络对大学生社会适应性的影响

网络为我们进行自由、轻松的人际交往提供了广阔的空间，增加了我们与同学、老师、朋友、家人交往的机会，我们会感到被人理解、接纳，感到安全、温暖、有价值，从而心情会更加舒畅，性格会更加开朗，兴趣爱好会更加广泛，逐渐形成良好的个性品质。但是，由于网络是神秘的、虚拟的，容易引发大学生道德上的冲突。

例如，许多大学生没有协调好网上与现实的关系，在网上和现实中对自己的道德要求不一致，在现实中是个好学生，仪表端庄，彬彬有礼，而在网上却不负责任地胡乱发表言论。长此以往，网络世界与现实环境中的不一致会使大学生缺乏现实的沟通技巧，无法正常学习和生活，造成社会适应困难。

第二节　网络世界里的迷失

一、网络道德迷失

网络在丰富道德认知、拓展人际交往渠道的同时，也导致大学生陷入道德迷失。由于受网络匿名性、平等性、自由性等特点的影响，我们有时在网络空间感受到了梦寐以求的自由和平等，实现了"天高任鸟飞，海阔凭鱼跃"的理想，但是稍有不慎可能就会造成网络道德迷失。

（一）网络言行不文明，网络道德意识欠缺

我们总会有这样一种感觉，在网络上约束较少，只要不违反法律即言行自由，但是如果不加节制，则可能产生违反网络道德的行为。部分大学生在利用网络的过程中，在不了解事情真相之前不自觉跟风点赞，或转发未经证实的消息、恶意评论等，甚至在与陌生人的交流中辱骂、诋毁、攻击对方，成为"网络喷子""键盘侠"。这些缺乏网络公德意识的行为都是违反网络道德的表现，不仅会对他人的身心造成伤害，也会对和谐、健康、有序的网络环境造成不良影响。

由于大学生年龄较小、社会经验不足，对很多事件的判断不全面，言行随意，可能会演进为"人肉搜索"等违法行为。"人肉搜索"是指人们利用道德的名义，以网络虚拟社会为载体，对热点事件的当事人进行言语攻击、侮辱。更有甚者搜索、公布当事人真实的情况，如姓名、工作单位等，这种行为对当事人的精神、生活都造成了巨大的消极影响。令人担忧的是，一些大学生在成为网络暴力施加者的同时，往往也可能成为网络人身攻击的受害者。

网络去抑制效应

为什么网络上会出现"网络喷子""键盘侠"？在网络世界中，有些人会表现得比他们在日常生活中更大方或者更激进，这被称为"网络去抑制效应"。它是指人们在网络上交流时特有的现象。不同于人们在现实生活中面对面交流，人们在网络中感觉轻松，变得肆无忌惮，并且更倾向于无视各种社会约束或社交禁忌。也就是说，沟通者在网上会更诚实、坦率地表达自我，他们变得不那么谨慎，也较少进行自我监控。因此，我们在网络上会经常看到"网络喷子""键盘侠"。

（二）侵犯知识产权，网络诚信意识缺失

2019年，演员"翟某某事件"引起相关部门开始重拳整治学术不端，作为知名大学的博士后，却不知道查询论文的网站，最终被揭穿学术论文造假。由于网络具有便捷性，我们可以通过网络查询国内外最前沿的学术资源，但随之出现的也有大学生剽窃论文、捏造数据等学术不端行为，违反了学术规范，在科研、学术地位等方面造成不正当竞争。

（三）传播垃圾信息，污染网络信息

网络世界中的信息资源丰富，各路信息良莠不齐，一些大学生突破传统道德标准，在网络上传播垃圾信息、散播谣言，这对网络社会的道德秩序造成了不良影响。他们采用的主要手段是偷换概念、以偏概全，尤其是关于食品安全、自然灾害、新冠肺炎疫情等的谣言令人防不胜防。例如，"戴口罩前要先甩掉致癌物""核酸检测验不出德尔塔病毒"等都是关于新冠肺炎疫情的网络谣言，这些谣言或危言耸听或夸大其词，成了抗"疫"路上的绊脚石。

二、网络社交迷失

在微信上，不时有家人、同事、客户"微"你，群里还总有人喊你帮忙"砍一刀"，朋友圈"逛"个没完；在微博上，人们热衷于追星、追热点；在短视频平台上，人们观看直播购物、自拍同款、看主播秀才艺、分享养生视频……为什么我们总是时不时地拿起手机，而拿起手机后就感觉放不下了呢？其实在无形中，我们被社交媒体吸引和"控制"了。

非点不可的未读消息

你是否有过这样的体验：每当看到手机软件图标右上角鲜红的提示信息就觉得分外刺眼；看到提示信息就浑身不自在；看到微信里的小红点就难以克制内心的冲动想要一消为快。

其实，小红点的作用在于提示我们有未读的信息，但是现在我们的目的仿佛变成了"消除小红点"。为什么我们会执着于消除这些小红点呢？

1. 对接收信息的期待和错失信息的担心

我们经常会感觉手机震动或响了，满心欢喜地以为有人找自己。因为期待获取新的信息，

所以我们对代表着未读信息的小红点分外敏锐。于是，看到小红点我们难免十分好奇，手指点向小红点的那一刻，我们也在期待着跳转出的界面有自己期待的内容。内心的期待可能是消除小红点的最初原因。

此外，由于我们的学习、生活和工作都离不开聊天工具，很多重要的信息都是通过微信班级群、工作群发布的，有些信息一旦错过就是过错，很多时候对信息接收逐渐从主动期待转变为被动担心。消除微信中的小红点成了一项任务，于是我们紧张地检查每一处小红点下是否埋藏着重要通知，生怕遗漏一个。这时候，消除小红点使人感到安心、踏实，意味着此时此刻自己没有错过重要信息。

2. 无意识的机械行为

从一开始对小红点的期待、担心，到慢慢随手拿起手机消除小红点，然后将手机放在一边，有时候你甚至不由地看着自己娴熟地完成这一套动作。这时候，消除小红点成了一种无意识行为。无意识行为可以理解为即使我们的大脑在思考某个难以解决的问题，我们的习惯也会指引自己完成某个动作。它能够缓解心理活动带来的疲劳，同时也可能形成惯性思维，这样的思维指导我们的身体进行机械的惯性运动。比如，有些人经常旁若无人地抖腿。平日里消除小红点的操作已重复多遍，慢慢地，消除小红点就成为一种无意识的机械行为。

3. 将小红点视为"眼中钉"可能源于一种强迫倾向

不少人可能有一些"强迫倾向"，如有的人玩"植物大战僵尸"时排兵布阵必须整齐划一、左右对称，这种行为背后涉及一种"不恰如其分的体验"。研究发现，不恰如其分的体验与强迫症状关系密切，它指的是个体在主观上感觉事物不应该是它们呈现的样子，那些不刚刚好、不恰到好处的状态会让他们感到不舒服，而且会有一种事情没有完成的感受。有强迫倾向的人也容易受此影响。于是在生活中，他们往往更加在意时空的秩序，崇尚条理性，杂乱无序和任性随意的状态更容易引发"强迫倾向"。突兀的小红点使得整个界面看起来十分不对称和不整齐，使人产生一种不恰如其分的感觉，会促使有强迫倾向的人将它消除。

面对小红点，我们应该怎么办？

消除小红点的行为如果能成为我们生活中的小乐趣，那么没有问题；但如果感觉自己好像被小红点绑架了，不断被催促裹挟并为此深感焦虑，那么我们可以尝试着远离让我们焦虑的小红点，如可以取消微信朋友圈的未读通知、手机的更新提示等，避免非必要通知的提醒。如果觉得强迫倾向还是驱使我们不断拿起手机消除小红点，那么也可以尝试使用心理咨询中的系统脱敏法。例如，刚开始坚持十分钟不点小红点，然后坚持半小时不点，再逐步延长时间……多次尝试将会达到不错的效果，我们应对有小红点的情况也会少一些焦虑、多一些自如。

（来源：曾庆轩，微信公众号"趣味科普"，华东师范大学心理健康教育与咨询中心）

根据中国互联网络信息中心第 48 次《中国互联网络发展状况统计报告》，截至 2021 年 6 月，我国即时通信用户规模达 9.83 亿人，占网民整体的 97.3%。可见，即时通信的用户规模最大、网民使用最多，其中 QQ、微信、微博等社交软件使用率很高。由此可以看出，人们十分倾向于通过社交媒体与他人进行沟通，进行网络人际交往。社交网络现在似乎真的成了一张网，无数的人在这张网中，虽身隔千里却能随时交流，但同时这张网也正在制造"新病人"。

（一）虚拟的交往环境容易使大学生产生认知迷茫

网络时代每个人都可以是信息的发布者与传播者，每时每刻都有数量庞大的信息传播到互联网中。对还没有接触过社会的大学生而言，如果不能很好地辨别接收到的信息中所包含的价值导向，则很容易被"正义感"所裹挟，从而发布过激言论，对自身原有价值观产生怀疑，产生认知迷茫。

（二）对网络产生依赖心理容易使大学生忽视现实的人际交往

网络上"人机交往"部分代替了现实的人际交往，导致一些人的人际交往能力下降，一回到现实生活中就感到无所适从，出现人际关系冷漠、社交焦虑等问题。彭良姝等人（2012）指出，大学生习惯于网络交往，形成了网络交际圈和特定的网络表达，在现实的社会交往中容易出现人际交往能力下降的情况。

（三）虚拟自我与现实自我发生分离

在通过网络进行人际交往时，为了获取他人的认同和认可，我们往往会对自己的形象进行美化，塑造一个不同于现实的虚拟形象。虚拟形象可以不受现实的约束，大学生在网络上进行虚拟交往时有时会向对方展示一个不同于真实自我的形象。为了让虚拟形象获得别人的认可，使虚拟形象更符合自己的想象，有些人会不断地对虚拟形象进行美化，使虚拟形象更加立体，这就容易导致虚拟自我与现实自我发生分离，不能更好地认清自我。

（四）大学生网恋增加网络诈骗的风险

网络的出现，为人类爱情的天空增添了一些色彩，"网恋"成为大学生的恋爱方式之一。大学生渴望与异性交往，追求美好的爱情，幻想来一场美好的邂逅和恋爱。在马斯洛需要层次理论中，处于爱和归属需要层次的大学生，更加需要他人的接纳、关爱、欣赏和理解，而网络的便捷性和虚拟性能轻松地满足大学生寻求关心、理解、尊重的需要，网恋自然成为其精神寄托。另外，距离产生朦胧美，为想象提供了足够的空间，而想象产生美感，却也模糊了每一个人的真实面孔。例如，一些大学生在网上结识异性，网恋奔现，结果照片成"照骗"，网络另一头的"美女"可能是个"抠脚大汉"，甚至是一个有层级、有剧本的传销式诈骗团伙。

警惕"杀猪盘"

一、什么是"杀猪盘"

杀猪盘是指诈骗分子利用网络交友，诱导受害人投资、赌博的一种电信诈骗方式。诈骗分子准备好人设、交友套路等"猪饲料"，将社交平台作为"猪圈"，在其中寻找被他们称为"猪"的诈骗对象，然后建立恋爱关系——"养猪"，最后骗取钱财，即"杀猪"。

二、远离"杀猪盘"

在通过微信、微博等网络社交工具交友时一定要谨慎，切勿轻信他人，尤其在涉及财务等时一定要提高警惕。

（1）如果碰到条件优越的陌生人主动加你好友，请谨慎。

（2）如果陌生人主动聊收入、房产等涉及个人经济实力的话题，不要和盘托出，避免露富。

（3）在未充分了解对方的情况下，切勿与对方发生任何借贷关系。

（4）不要随意在网上晒出个人信息，谨防被不法分子利用。

（5）一旦遭遇"网恋"骗局，一定要马上报警，及时止损。

三、网络沉迷

（一）拿得起放不下的网络游戏

2021年11月7日，EDG电子竞技俱乐部取得LPL夏季赛冠军、英雄联盟全球总决赛冠军，一夜之间这三个字母响彻大江南北。EDG夺冠后，大学男生宿舍沸腾了，彻夜狂欢。有人在宿舍外悬挂了EDG的旗帜，有人吹唢呐庆祝，还有人拿着EDG的旗帜狂奔……

网络游戏有引人入胜的动画和音响效果，有生动的故事情节，能使不同地域、年龄和身份的人随时找到拥有共同爱好的人，在游戏中交流、团结协作，让人感到友好、轻松和快乐。置身游戏中的紧张、激动与惊险，攻克一个个难关的成就感，能使人得到精神上的满足和愉悦。在许多大学生的眼中，网络游戏不仅是一种游戏，更是一个情趣、兴趣和情感相互交融的世界，是一种生活方式。然而，沉迷网络游戏可能会造成学业荒废、放弃现实的人际交往、产生暴力倾向等不良后果。

为什么我们会沉迷网络游戏呢？无论是引领现代人娱乐方式的短视频App还是手机游戏，都有一个特色——将人们的注意力碎片化，短暂的专注带来极大的满足感和愉悦感，从而使人产生高沉浸体验。当我们刷视频、玩游戏的时候，我们的注意力就集中在了充满刺激性和趣味性的屏幕上。此刻，注意力的"闸门"几乎只为视频和游戏而开，于是我们用来感知时间的那部分注意力自然就下降了，导致我们难以注意到时间的流逝。而网络算法和定制化推送，也成为一种隐形的控制力量，抓取着人们的注意力，它往往能迎合人们内在的兴趣和需要，不断地推送各式各样的内容。这就解释了为什么刷视频、玩游戏会让我们迷失在"时间黑洞"中了。

为了获取更多的商业利益，游戏商家会想方设法地利用算法来提高玩家黏性，用多样的环节和游戏模式设置降低玩家厌倦的可能性，充分占用玩家的时间和精力，让玩家长时间停留。网络游戏更是把"上瘾机制"发挥到了极致，游戏中建立的架空却宏伟的世界着实令人着迷。当我们玩网络游戏时，把自己代入虚拟世界的游戏角色中，就像我们真的来到屏幕里的那个世界一样，尤其是现在很多第三人称视角的游戏，会让玩家的代入感更强，更容易沉浸其中。但是，网络游戏在丰富我们娱乐方式的同时，也给我们带来很多负面影响。具体来说，沉迷网络游戏会带来以下负面影响。

1. 易导致身心健康问题

大学生长期沉迷网络游戏可能造成脑功能退化。沉迷网络游戏会影响大脑的眶额回、伏隔核、纹状体等奖赏相关脑区的正常功能，导致大学生对正常的知识和技能学习、社会交往等适应性行为漠不关心。长时间沉迷网络，开始是精神依赖，随后可能发展为躯体依赖，表现为情绪低落、头昏眼花、疲乏无力、食欲不振等，还会使人体的植物神经功能严重紊乱，导致失眠、紧张性头痛，甚至会出现幻觉和妄想。

2. 导致认知能力失衡

认知能力失衡的突出表现为浏览信息的数量增多，但接触信息的种类减少。一个人玩网络游戏的时间若增加了，自然就会对周围事物的注意范围逐步缩小，这容易导致信息来源单一。此外，长期玩网络游戏可能造成认知麻痹现象。

3. 影响大学生健康人格的形成

在网络世界中，大学生沉迷于光怪陆离的虚拟环境中，人格容易受到影响，长期沉迷于此，会丧失对周围现实环境的感受力和参与意识，导致心理闭锁，使得大学生社会化发展滞后，从而形成缄默、孤僻、冷漠、攻击等心理，不利于健康人格的形成。

4. 易产生网络游戏心理障碍

网络游戏心理障碍是指个体经常无特定理由、无节制地花费大量时间和精力玩网络游戏，醉心于浏览网络游戏信息、购买网络游戏装备等，造成对网络游戏过度依赖，导致个体生理受损，出现人格障碍，严重影响个人正常的生活和学习。若持续一段时间不玩网络游戏就会出现精神不振、自我评价低、兴趣丧失等症状。

（二）买买买，停不下来的"剁手党"

"买它！"为什么有魔力？网红直播带货经常魔音绕耳。随着消费者的购买欲被迅速点燃，网络冲动消费现象也愈发普遍，"我怎么就管不住这双手啊！"是我们经常听到的现代人对网络冲动消费的诠释。

我们一般认为，心情好时人们更容易"买买买"，但真实情况恰恰相反——"剁手"行为在人们心情不好的时候最常出现。其实，这符合心理学中的"自我损耗"原理。"自我损耗"是指人的意志力随着使用会不断消耗。在自我损耗状态下，由于意志力被消耗殆尽，大脑会切换到"节能模式"，拒绝一切需要费力思考的事，并且偏爱直接的命令与绝对化的信息。这就解释了为什么网红直播带货时一般会用极快的语速介绍商品——通过短时间输出大量信息可以造成消费者的大脑疲劳，一旦在损耗中失去抵抗力，购买行为就很容易发生了，这被称为"无脑下单"。

自我损耗还解释了"双十一"的狂热消费现象，在"双十一"之前，许多人会压制自己的购物需求，看到好看的衣服与鞋子就会告诉自己降了价再买，这种压制会消耗意志力资源，到了"双十一"时，购物欲望被集中释放，大脑却再也没有能量克制消费冲动了，导致人们购买了一堆计划之外的东西。

自我损耗误入商家陷阱仅是财产的损失，但如果不慎踏进购物成瘾的泥淖，就是对身心健康的威胁了。购物成瘾又称"强迫性购物症"，是一种心理疾病，会造成明显的心理、财务、家庭问题，包括患上抑郁症、产生大量债务、亲密关系或家庭破裂等。强迫性购物症是一种逃避机制。当事人无法感受到自己的价值，会产生自卑和各种心理不适感，他们希望购买行为可以帮助自己摆脱这种感受，还有一些强迫性购物症患者在通过消费抵抗内心的抑郁感。法国的一项调查显示，抑郁症与购物成瘾的共病率非常高，在参与调查的抑郁症患者中，近三分之一（31.9%）有强迫性购物行为。当我们不够快乐时，看到商业广告上温情与欢乐画面的那一刻，会产生一种错觉：买下来，我就会快乐。然而，这同样是一种逃避的表现，从长期来看并没有真正起到作用，反而会陷入更深的购物成瘾中。

三、网络犯罪

2006年10月16日，25岁的李某制作了肆虐网络的"熊猫烧香"病毒，并在网上将该病毒卖给120多人，非法获利10万多元。另外，5名犯罪嫌疑人通过改写、传播"熊猫烧香"等病毒，盗窃各种游戏和QQ账号等方式非法牟利。

网络的虚拟性既为网上行为提供了安全的屏障，也给不正当、不道德的行为披上了外衣，从而造成网络社会虚假信息的泛滥及不道德行为的发生（黄希庭，郑涌，2020）。由于一些大

学生自我约束能力差,网络法律意识淡薄,在网上容易出现不道德的行为,甚至引发网络犯罪。例如,通过网络制作、复制或传播色情物品,危害社会秩序,利用网络侮辱与诽谤、侵犯公民人身权类的犯罪等都是常见的网络犯罪形式(刘启明,2016)。

第三节 合理运用网络

一、文明用网,传递网络正能量

在互联网时代,每个人都是网络发展成果的享用者、网络空间的建设者、网络秩序的维护者,维护网络文明,需要我们共同努力。让我们依法上网、文明上网、理性上网,一起为构建清朗网络空间、传播网络正能量而努力。

(一)杜绝网络暴力,不做"键盘侠"

2020年,一位女孩因某事被骂上了热搜,网友对其指指点点,指责她私生活不检点,还有网友恶意造谣,传播女孩在朋友圈发表侮辱性评价,更多嘲讽和谩骂奔涌而至,哪怕有人为女孩打抱不平,都被群起而攻之……众口铄金,匿名的网络空间,言论自由的环境,"键盘侠"安然地躲着疯狂地敲击键盘,扰乱别人的生活。

2020年3月1日施行的《网络信息内容生态治理规定》明确规定网络信息内容服务使用者和网络信息内容生产者、网络信息内容服务平台不得利用网络和相关信息技术实施侮辱、诽谤、威胁、散布谣言以及侵犯他人隐私等违法行为,损害他人合法权益。我们要意识到,网络中同样要对自己的言论负责,文明上网、理性表达、有序参与,不散布虚假信息,不造谣、不信谣、不传谣,强化责任意识,自觉做到不随意对网络信息做判断、不恶意谩骂、不参与"人肉搜索"、不进行人身攻击,对自己的话语和行为负责。

另外,在面对网络暴力时,要提高利用法律武器维权的意识,通过网络投诉、举报、提起诉讼等方式维护自身合法权益。

(二)规范网络行为,争做优秀网民

1. 提高网络道德素养

"道德的基础是人类精神的自律",无论是在现实生活中还是在虚拟的网络空间里,都要自觉遵守校规校纪和网络道德规范,树立网络公德意识。我们要不断学习网络道德知识和法律知识,提高对网络社会的认识,树立正确的价值观。此外,我们还要坚持正确的网络意识形态,努力培养和提升网络素养。

2. 培养网络信息辨识能力

为了更好地应对网络谣言、网络不良社交、网络贷款和网络诈骗等,我们要培养网络信息辨识能力,提高对网络信息的甄别能力,接受并认同对未来发展有帮助的网络信息。

3. 提高网络行为自我控制力

我们应主动提升个人的网络素养,规范自己的网络行为,弘扬正能量,倡导文明健康的

网络生活方式，提高自己的网络信息辨识和处理能力，抵制不正确、不道德的网络信息的侵蚀，并且规范网络言行，自觉遵守网络法律法规和道德规范，培养良好的网络行为习惯，提高网络行为自我控制力。

二、网络交友需谨慎

（一）树立正确的网络人际交往观

网络人际交往是现实人际交往的延伸和拓展，在网络人际交往中，要培养正确的人际交往观，提高对网络人际交往的认知能力，辩证地看待网络社交带给我们的是什么，清楚、全面地认识网络人际交往的特点与利弊，掌握网络人际交往原则、规范等，处理好网络人际交往与现实人际交往的关系。

（二）培养健康的人际交往心理素质

只有正确地认识和评价自己，才能正确对待和处理个人与社会、个人与他人的关系，进行健康的网络人际交往。而客观地评价他人，有利于为自己的网络人际交往提供良好的镜子，建立真诚、平等、和谐的网络人际关系。

（三）正确对待网恋

1. 树立健康的"网恋观"

爱情是指存在于各种亲近关系中的爱，意味着人际关系中的接近、悦纳、共存的需要及持续和深刻的同情，共鸣的亲密感情。狭义的爱情是指心理成熟到一定程度的异性个体之间的强烈的人际吸引。爱情是有现实基础的，不能仅强调精神上的共鸣。网络并不是爱情滋生或存在的正常空间，它只是建立恋爱关系、交流思想的一种途径，不能将爱情寄托在虚拟的网络世界，网络中的爱情只有回归到现实生活中，才有生长的土壤。

2. 提高网络安全意识

大学生在网恋中应保持理性和清醒。网络既可能成为大学生自由追逐爱情的伊甸园，也可能成为藏污纳垢、上演爱情骗局的罪恶渊薮。首先，大学生应增强自我保护意识，加强对网络安全法制的学习，了解网络诈骗的手段，做到防患于未然。其次，大学生应提高网络信息辨识能力，对网恋要保持审慎的态度，不要轻易相信他人。在网络世界遇到真爱固然是一桩幸事，可屏幕的另一头到底是心中的完美恋人，还是把你当成提款机的不法分子，还要细细甄别。

三、远离网络陷阱

（一）防止网络沉迷

1. 适度娱乐，避免玩网络游戏上瘾

（1）记录。

大学生应适度娱乐，可以通过记录上网时间来监督自己，最好用一张纸质的日历来记录。

心理学上有一个著名的实验，是由哈佛大学心理学专家乔治·埃尔顿·梅奥主持的。这个实验原本是为了研究工厂环境对工人工作效率的影响，但后来发现那些被观察的工人工作效率比往常大幅度提高。于是，梅奥提出霍桑效应，这个效应用来说明被观察对人的行为的影响。被他人观察会有效果，被自己观察同样会有效果。当你关注自己的一种行为时，自我记录通常会促使你按照想要的方式来改变自己的行为。因此，如果一段时间你沉迷网络游戏，那么这时候就可以进行记录，要连续记录，并且在玩网络游戏之前就记录，比如你今天计划玩几局游戏就打几个对号。大家可以在一两周内坚持记录，并进行自我观察，慢慢地，你就会按照自己的想法来控制玩网络游戏的时间了。

（2）管控。

一般来说，玩游戏的初衷是让我们放松或缓解压力。玩游戏最可怕的是没有节制地玩，玩到成瘾，玩到对其他事物都不感兴趣。当我们下决心要戒掉某个游戏的时候，可能会产生亏欠感——知道自己要戒掉游戏，要"受苦"了，就很难坚持下去。在这个阶段，我们可以把玩游戏当作放松，每天规定玩几局。当我们知道今天我们努力控制住自己，明天就会有机会好好"奖励"自己，我们的心理上就不会有那么多的负担了，也能更好地坚持下去。

（3）阻断。

在这个时期，你可以控制自己玩不玩网络游戏了。也就是说，你想玩就玩，不想玩就不玩，这个时期如果你不想玩网络游戏，则可以给自己制造点麻烦或者阻碍。比如，可以把网络游戏卸载了，或者把手机电量耗尽。

（4）戒除。

最后一个时期，我们需要下定决心戒除网络游戏。回顾一下前三个时期你取得的成就：第一个时期，你已经坚持进行了自我监督和观察；第二个时期，你已经知道如何缓解自己的压力，用游戏让自己放松；第三个时期，你已经知道如何控制自己，对玩不玩网络游戏可以控制自如。回顾之后，我们可以发现前三个时期已经为戒掉游戏打下了铺垫。如果你真的想戒掉游戏，摆脱游戏成瘾，那你再下一次决心，就会彻底戒除！当然你不想戒除也是可以的，用这种方法来好好控制自己打游戏也是个不错的选择。

2．适当"剁手"，网上购物讲究艺术

实际上，大多数时候购物是无害的，适当"剁手"能带来一定的心理疗愈效果。对此，心理学家提出了"零售疗法"（Retail Therapy），它指的是通过购物来自我调节、释放压力、缓解负面情绪等的一套自我调节方法。

"随时随地，想淘就淘"，通过筛选网络商品，浏览商品详情，人们可以不断地进行自主选择，而通过做出这些选择，人们也获得了一种对生活的掌控感。除此之外，购物会让人们自然而然地开始想象拥有了这些商品之后的生活，帮助人们适应生活的转变。例如，一些大学生会提前买好面试需要的衬衫、西服和皮鞋等，这能够促使他们想象面试成功后快乐、兴奋的样子，减轻内心的焦虑感。

要想"零售疗法"起效，需要掌握购买的艺术。首先，多逛街，少网购。一项消费者购买体验研究表明，去实体店购物的心理体验优于网购，线下店铺的立体感和真实感更有逛街的气氛，也能让人更加投入其中。研究者甚至发现，仅仅佩戴 VR 眼镜观看店铺，都可以使人心情愉悦，因此当你下次想购买东西时，请尽量走出家门。

其次，与其购买实物，不如购买体验。购买体验指的是不购买实物的消费体验，如参加学习培训、健身锻炼等。曾有研究者让消费者回忆人生中让自己感到幸福、开心的一项体验性消费和一项物质性消费，并评价哪项体验让自己更开心，结果显示，大多数人都表示体验性消费更让人感到幸福、开心。这可能是由于体验性消费和自我概念联系更紧密，人们更多地用人生经历定义自己，而非自己的物品，正如人们一般会炫耀自己开车去某个地方旅行，却很少直接秀自己的车。

最后，别小看生活中的"小确幸"。很多次小额的"买买买"比一次性的大额消费带来的快乐更多。例如，花大价钱买了一双限量版篮球鞋，时间久了可能不会一穿就快乐，但隔三岔五买点小东西会让人保持积极情绪。因此，我们要学会用小钱激励自己，让幸福聚沙成塔。

（二）预防网络犯罪

以习近平同志为核心的党中央高瞻远瞩、高屋建瓴，将网络安全问题提升至国家战略层面，在总体国家安全观引领下系统落实网络强国建设。近年来，大学生群体之中的网络犯罪案件多次发生，造成了十分恶劣的社会影响。因此，为切实维护网络安全，大学生应当增强法律意识，预防网络犯罪。

1. 遵守国家和学校的有关规定

自觉遵守法律规范和网络道德规范，营造健康文明的良好氛围，培养自我教育和控制能力，做一个高尚的网络人。共青团团中央、教育部等单位联合发布的《全国青少年网络文明公约》明确提出"五要五不"："要善于网上学习，不浏览不良信息。要诚实友好交流，不侮辱欺诈他人。要增强自护意识，不随意约会网友。要维护网络安全，不破坏网络秩序。要有益身心健康，不沉溺虚拟时空。"

2. 遵守网络礼仪和道德规范

诚实友好交流，不危害公共安全、不损害公众利益、不侵害他人正当权益。不窃取和泄露国家、他人秘密，不侮辱、欺诈他人；不制造、传播网络谣言，或冒用他人名义上网；不侵犯他人隐私信息；不利用群发邮件或微信等方式散布有害信息。

3. 遵守校园教学和日常生活秩序

自觉维护正常的学习、生活秩序，增强自我保护意识。遵守宿舍的作息制度，充分利用网络资源加强专业知识学习，不浏览不良信息，不沉湎于网络聊天、游戏等。积极参与校园文化生活，主动参与学校开展的丰富多彩的文体活动，丰富自己的业余生活，最大限度地减少上网时间。

4. 遵守网络系统安全操作规程

维护网络安全，不破坏网络秩序。不制造和故意传播计算机病毒或发布、传播有计算机病毒的信息；不攻击他人的网络系统；不非法获取 IP 地址，不扰乱网络正常秩序。

网络安全小技巧

1. 网络交友的注意事项

（1）上网交友时，尽量避免使用真实的姓名，不轻易告诉对方自己的电话号码、住址等信息。

（2）不轻易与网友见面，在与网友见面时，尽量不要一个人去，尽量选择在白天见面，不要选择偏僻、隐蔽的场所。

（3）警惕网络色情聊天。

2. 浏览网页的注意事项

（1）在浏览网页时，选择合法的网站。

（2）不要浏览色情网站。浏览色情网站会给自己的身心健康造成伤害，长此以往还可能走向犯罪的道路。

（3）不发表带有攻击性的言论，或者反动、迷信的内容。

3. 网上购物的注意事项

（1）选择合法的、信誉度较高的网站或 App 进行交易。在网上购物时应对网站的信誉度、安全性、付款方式等进行考查，防止个人账号、密码遗失或被盗，造成不必要的损失。

（2）一些虚拟社区里面的销售广告，只能作为参考，特别是在进行二手货物交易时，更要谨慎，不可贪图小便宜。

（3）若网上商店所提供的商品与市价相距甚远或明显不合理，要小心求证，切勿贸然购买，谨防上当受骗。

（4）在进行网上交易时，妥善保存交易记录。

4. 如何避免遭遇网络陷阱，防止网络诈骗

（1）不轻易相信互联网上抽奖、中奖之类的信息，不轻易向他人提供银行卡号或其他个人资料等。

（2）不轻易相信互联网上来历不明的测试个人情商、智商之类的软件。

（3）不轻易用自己的手机号码、身份证号码注册网站，一些人在注册成功后，可能会受到一些诈骗电话、信息的骚扰。

（4）不轻易相信网上公布的快速致富的窍门，"天下没有免费的午餐"。

课堂研讨

1. "键盘侠"究竟是不是"侠"？
2. 哪些方法可以让我们避免沉迷网络？

心理训练

下面是一项关于网络使用情况的调查，请结合你一年之内的实际情况选择合适的选项。

（1）曾不止一次有人告诉我，我花了太多时间在网络上。　　　　　　（　　）
　　A．极不符合　　　B．不符合　　　C．符合　　　D．非常符合
（2）我发现自己上网的时间越来越长。　　　　　　　　　　　　　　（　　）
　　A．极不符合　　　B．不符合　　　C．符合　　　D．非常符合
（3）不管多累，上网时觉得自己很有精神。　　　　　　　　　　　　（　　）
　　A．极不符合　　　B．不符合　　　C．符合　　　D．非常符合
（4）其实我每次都只想上一会儿网，但常常一上网就停不下来。　　　（　　）
　　A．极不符合　　　B．不符合　　　C．符合　　　D．非常符合
（5）我曾不止一次因为上网一天睡眠时间不到四小时。　　　　　　　（　　）
　　A．极不符合　　　B．不符合　　　C．符合　　　D．非常符合
（6）从上学期以来，我平均每周上网的时间比以前增加许多。　　　　（　　）
　　A．极不符合　　　B．不符合　　　C．符合　　　D．非常符合
（7）我只要有一段时间不上网就会情绪低落。　　　　　　　　　　　（　　）
　　A．极不符合　　　B．不符合　　　C．符合　　　D．非常符合
（8）我发现自己沉迷网络而忽视了与朋友的互动。　　　　　　　　　（　　）
　　A．极不符合　　　B．不符合　　　C．符合　　　D．非常符合
（9）我曾经因为长上网而腰酸背痛，或者有其他身体不适。　　　　　（　　）
　　A．极不符合　　　B．不符合　　　C．符合　　　D．非常符合
（10）我每天早上醒来，想到的第一件事就是上网。　　　　　　　　（　　）
　　A．极不符合　　　B．不符合　　　C．符合　　　D．非常符合
（11）上网对我的学业或工作已经造成了一些负面影响。　　　　　　（　　）
　　A．极不符合　　　B．不符合　　　C．符合　　　D．非常符合
（12）我只要一段时间不上网，就会觉得自己好像错过了什么。　　　（　　）
　　A．极不符合　　　B．不符合　　　C．符合　　　D．非常符合
（13）因为上网我平常的休闲活动时间减少了。　　　　　　　　　　（　　）
　　A．极不符合　　　B．不符合　　　C．符合　　　D．非常符合
（14）我每次不上网后，其实要去做别的事，却又忍不住再上网看看。（　　）
　　A．极不符合　　　B．不符合　　　C．符合　　　D．非常符合
（15）没有网络，我的生活就没有乐趣可言。　　　　　　　　　　　（　　）
　　A．极不符合　　　B．不符合　　　C．符合　　　D．非常符合
（16）上网对我的身体造成了不良影响。　　　　　　　　　　　　　（　　）
　　A．极不符合　　　B．不符合　　　C．符合　　　D．非常符合
（17）我习惯减少睡眠时间，以便有更多的时间上网。　　　　　　　（　　）
　　A．极不符合　　　B．不符合　　　C．符合　　　D．非常符合
（18）比起以前，我需要花更多的时间在网络上才能得到满足。　　　（　　）
　　A．极不符合　　　B．不符合　　　C．符合　　　D．非常符合

（19）我因为熬夜上网而白天精神不济。　　　　　　　　　　　（　　）

A．极不符合　　　B．不符合　　　C．符合　　　D．非常符合

1．评分标准

此调查采用四点计分：极不符合——1分、不符合——2分、符合——3分、非常符合——4分。

2．结果解释

网络依赖可以划分为3个类别：

（1）小于46分为正常群体；

（2）大于等于46分且小于53分为网络依赖群体；

（3）大于等于53分为网络成瘾群体。

推荐书籍：《网络心理学》，周宗奎等著，华东师范大学出版社。

推荐理由：《网络心理学》系统地介绍了网络心理学领域研究的发展概况，全书分为学科概论、网络个体心理、网络群体心理和特殊网络心理问题四个部分，论述了网络心理学的基本范畴和概念，梳理了网络心理学的主要理论，介绍了网络心理学的主要研究方法，总结了网络心理学主要领域的研究进展，探讨了网络心理学的未来趋势及其与人类发展的关系。

第十二章

活出你的精彩

"大先生"的为学之路

导语：生涯规划是思考我想干什么、我能干什么及该如何去做的过程，了解自己的职业兴趣，学会分析自己的职业能力，掌握职业生涯规划的方法，更好地发现自己的优势，有助于大学生明晰生涯目标，更好地规划生活。青年一代是国家的建设者和接班人，大学生在进行生涯规划时，要将个人理想追求融入党和国家的事业之中，牢固树立为实现中华民族伟大复兴而努力奋斗的志向，以更好地实现自己的人生价值。

心灵导语

青年循蹈乎此，本其理性，加以努力，进前而勿顾后，背黑暗而向光明，为世界进文明，为人类造幸福，以青春之我，创建青春之家庭，青春之国家，青春之民族，青春之人类，青春之地球，青春之宇宙，资以乐其无涯之生。

——李大钊

成长故事

四只毛毛虫的故事

毛毛虫都喜欢吃苹果，有四只要好的毛毛虫都长大了，各自去森林里找苹果吃。

第一只毛毛虫跋山涉水，终于来到一棵苹果树下。它根本不知道这是一棵苹果树，也不知道树上长满了红红的可口的苹果。当它看到其他毛毛虫往上爬时，稀里糊涂地跟着往上爬。它没有目的，不知终点，更不知道自己到底想要哪一种苹果，也没想过怎样去摘取苹果。它最后的结局呢？也许它找到了一颗大苹果，幸福地生活着；也许它在树叶中迷了路，过着悲惨的生活。

第二只毛毛虫也爬到了苹果树下。它知道这是一棵苹果树，也确定它的"虫"生目标就是找到一颗大苹果，问题是它并不知道大苹果长在什么地方。但它猜想：大苹果应该长在大枝叶上吧！于是，它慢慢地往上爬，遇到分枝的时候，就选择较粗的树枝继续爬。它按照这个标准一直往上爬，最后终于找到了一颗大苹果，这只毛毛虫刚想高兴地扑上去大吃一顿，但是

放眼一看，它发现这颗大苹果是整棵树上最小的，上面还有许多十分大的苹果。更令它泄气的是，要是它上一次选择另外一个分枝，它就能得到一个大得多的苹果。

第三只毛毛虫也到了一棵苹果树下。这只毛毛虫知道自己想要的就是大苹果，并且研制了一副望远镜。还没有开始爬时，它就先利用望远镜搜寻了一番，找到了一颗很大的苹果。同时，它发现当从下往上找路时，会遇到很多分枝，有各种不同的爬法；但若从上往下找路，却只有一种爬法。它很细心地从苹果的位置，从上往下反推至目前所处的位置，记下这条确定的路径。于是，它开始往上爬了，当遇到分枝时，它一点也不慌张，因为它知道该走哪条路，而不必跟着一大堆虫去挤破头。如果它的目标是一颗名叫"教授"的苹果，那么应该爬"深造"这条路；如果它的目标是"老板"，那么应该爬"创业"这条路。最后，这只毛毛虫应该会有一个很好的结局，因为它已经有自己的计划。但是真实的情况往往是，因为毛毛虫的爬行相当缓慢，当它抵达时，苹果不是被别的虫捷足先登，就是已熟透烂掉了。

第四只毛毛虫可不是一只普通的虫，它做事有自己的规划。它知道自己要什么苹果，也知道苹果将怎么长大。因此，当它带着望远镜观察苹果时，它的目标并不是一颗大苹果，而是一朵含苞待放的苹果花。它计算着自己的行程，估计当它到达的时候，这朵花正好长成一颗大苹果。结果它如愿以偿，得到了一颗又大又甜的苹果。

思考：结合人生规划谈谈你对这四只"毛毛虫"的理解。

专家点拨：其实，我们就是毛毛虫，而苹果就是我们的人生目标——职业成就。爬树的过程就是我们职业生涯的道路。毕业后，我们都要爬上人生这棵苹果树去探索未来，合理的职业生涯规划可以帮助我们寻找适合自身发展的职业方向，达到人职匹配，实现自我价值的最大化。

"我的10个职业梦想"

1. 活动物资

纸、笔。

2. 活动规则

请大家在纸上描出自己的双手，然后在10个手指上写下你从小到大10个梦想去从事的职业。请大家注意，暂时不需要考虑专业、能力、就业市场等，只要是你的职业梦想，是你喜欢的就可以。

3. 交流总结

（1）认真审视这10个职业梦想，每个职业梦想最吸引你的是什么？

（2）你是否从这10个职业梦想中看到了一致的东西（如兴趣、需要、价值等）？

总结：大学是职业生涯的准备期和人生旅途的"加油站"，是人的职业理想、职业意向形成和发展的关键期，如何做好职业生涯规划并进而做好人生规划，是每位同学都要思考的问

题。在这一章，我们将用"三个一"行动（一次内在对话、一个重要决定、一场长期修行）串联自我生涯探索的脚步，一起触摸梦想，设计未来。

第一节　一次内在对话——生涯剖析

在大学期间，相信每位同学都对自己未来的职业发展有过思考、迷茫和困惑。是继续深造还是就业？我喜欢的工作是什么？我能做什么工作？我适合做什么工作？在成长之路上，我们每个人都发出过这样的"灵魂拷问"。接下来，我们就带着这样的问题，与内在自我开启一次深层对话。

一、生涯和职业生涯

1. 生涯

在日常生活中，我们经常听到"舞台生涯""艺术生涯""政治生涯"等。简单地说，生涯就是一个人一生的工作经历。美国国家生涯发展协会给生涯下了定义：生涯是个人通过从事工作所创造出的一个有目的、延续一定时间的生活模式。由这个定义可以看出：生涯不是个人随意、短暂的行为，也并不简单地就是一份工作，它是人们规划、思考、权衡而创造出来的、具有独特个性的一种生活模式。每个人都有属于自己的生涯，每个人的生涯都在自己的脚下进行着，或默默无声，或轰轰烈烈。生涯像水一样流动，你可以通过自我寻觅与探索去改变它的流向，也可以通过行为的调适来完善人格，从而提升它的深度。即使社会上诸多因素不断影响着你的生涯的发展，但是你可以从现在开始，认识自己，掌握生涯，贴近生命。

2. 职业生涯

职业生涯指个体职业发展的历程，指一个人一生连续从事的职业、职务、职位的动态过程。职业生涯不仅指职业活动，还包括与职业有关的行为和态度等内容。它是指从职业能力的获得、职业兴趣的培养、选择职业、就职直至完全退出职业劳动这样一个完整的职业发展过程。

> **知识窗**
>
> **舒伯的生涯发展理论**
>
> 舒伯根据自己生涯发展研究的结果，将职业生涯发展分为成长、探索、建立、维持与衰退五个阶段。
>
> 第一阶段：成长阶段（从出生至14岁）
>
> 孩童开始发展自我概念，以各种不同的方式表达自己的需要，且经过对现实世界不断探索，修饰自己的角色。发展任务：塑造自我形象，培养对工作的正确态度，了解工作的意义。

第二阶段：探索阶段（15~24岁）

通过学校的活动、社团休闲活动、打零工等机会，对自我能力及角色、职业进行探索。发展任务：使职业偏好逐渐具体化、特定化，并实现职业偏好。

第三阶段：建立阶段（25~44岁）

个人开始尝试选择适合自己的职业领域。发展任务：个人致力于工作上的稳固，大部分人处于最具创造力的时期。

第四阶段：维持阶段（45~65岁）

个人通过不断努力来获得职业生涯的发展和成就，并逐渐在自己的领域中占有一席之地，同时会面对新的人员的挑战。发展任务：维持既有成就与地位。

第五阶段：衰退阶段（65岁以上）

由于生理及心理机能日渐衰退，个人职业角色的分量逐渐减少，开始考虑退休并享受晚年生活。

舒伯提出，在一个人一生的职业发展过程中，职业发展的五个阶段是一个循环再循环的过程。这五个阶段之间不存在严格的界限，可能有交叉，也并不完全和年龄相关，但在不同的时期，都可能经历由这五个阶段构成的一个"小循环"。例如，一个大学生在大学期间对大学生活的适应，经过"成长""探索""建立""维持""衰退"的过程后，又要开始面对另一个阶段——求职，这是社会职业活动的开始，又要经历新的五个阶段，如此周而复始。

3. 职业生涯规划

职业生涯规划是指个人和组织相结合，在对一个人职业生涯的主客观条件进行测定、分析、总结的基础上，对自己的兴趣、爱好、能力、特长、经历及不足等进行综合分析与权衡，结合社会需要，根据自己的职业倾向，确定最佳的职业奋斗目标，并为实现这一目标做出行之有效的安排。

从生涯发展的角度可以把大学分为生涯适应期、生涯探索期和生涯决定期三个阶段，每个阶段包括两个方面的任务。

（1）生涯适应期。

大学一年级是生涯适应期。大学生经历了从梦想到现实的过程，这个阶段的主要任务是"适应"，注重培养对大学的认识和设想未来职业。生涯适应期的具体任务如下。

①学习方面：了解专业发展（包括如何利用资源查找有关自己专业的信息）；改变学习策略（制订学习计划和进行时间管理）；学习使用学校资源；参加社团工作（发展与人交往和团队合作的能力）。

②个人成长方面：探索个人兴趣和价值观（发现自己的兴趣，同时避免在众多兴趣中迷茫）；自我适应（适应现在的生活，克服自卑心理，正确定位，培养自理能力）。

（2）生涯探索期。

大学二、三年级是生涯探索期。大学生对自己的专业和兴趣更加了解，开始进行职业的探索，需要经历从学业到工作的尝试过程。大学生在这个阶段的主要任务是"尝试"，注重职业生涯的实践。生涯探索期的具体任务如下。

①专业发展方面：专业学习（着重基本能力的培养）；了解职业（了解职业发展需要什么样的能力）；辅修、选修课程（衡量自己的兴趣和能力做出选择）；职业目标确定与规划（探索

工作或进修的实际要求,并与自己的兴趣相匹配);缩小与职业目标的差距(展开与职业发展相关的实践);兼职和实习(注重选择的质量与金钱管理)。

②个人成长方面:进一步了解自我兴趣和价值观;发展与职业生涯相关的能力(注重在活动或兼职中自己能力的发展,特别是发展团队合作、时间规划等能力);培养创新意识和同理心(在工作中发现自己的独特价值,自我关照并能从他人的角度考虑问题,建立对他人的信任,发展亲密关系)。

(3)生涯决定期。

大学四年级是生涯决定期。大学生不管是工作还是继续深造都要在这一阶段做出决策。大学生经过大学二、三年级的生涯探索期,在这个阶段要从尝试走向实战,因此这个阶段的主要任务是"理性决策"。大学生要能够根据自己的需求和社会形势做出适合自己的生涯决定,同时明白这次生涯决定是人生中众多决定中的一次,重要但不唯一。生涯决定期的具体任务如下。

①生涯决定方面:掌握求职技巧(收集、使用信息,写简历,学习着装礼仪,进行面试准备);了解就业相关信息(相关的求职、考研等信息);分析不同地方、行业、学校、专业可能的发展前景和利弊;进行职业选择(理性选择并对选择负责);为考研、申请出国做准备(包括知识、心理和考试的准备)。

②个人成长方面:理解工作或者深造对恋爱关系和生活的影响(学习处理事业与爱情的关系,考虑自己对多种生涯角色的平衡);适应工作(提高工作能力,适应工作时间);规划以后发展(分析此次生涯决定对下次规划的影响,再次进行自我探索、工作探索,为下一次生涯选择做准备)。

在这些过程中,大学生关于职业生涯的困惑非常多,总结为以下几点:不知道自己想干什么;不知道自己适合干什么;不知道自己能干什么;不知道社会需要什么样的人;不了解自己所学专业未来的发展状况;不了解去哪里找工作;不知道现在该做什么;不知道自己应该深造还是应该就业。这几个问题可以归结为三个方面:自己的特质、教育与职业资料、自己与环境的关系。自己的特质是指自己的人格特点、兴趣、理想;教育与职业资料是指自己感兴趣的职业需要什么样的能力及什么样的素质类型;自己与环境的关系是指在追求特定目标的过程中,环境给自己的助力和阻力。我们可以把自己的特质、教育与职业资料、自己与环境的关系视为职业生涯规划的金三角。接下来,我们重点探讨自己的特质,即我们通过什么样的方式正确认识自己。

二、职业兴趣——我想做什么

"兴趣是最好的老师。"做自己感兴趣的工作,往往使我们能承受更大的压力,更容易在困难中坚持下去,对工作更满意。下面我们来看看如何认识自己的职业兴趣。我们先一起来做一个小测试。

环游兴趣岛

马尔代夫新开发了6个岛屿(见图12-1),需要大量移民前去建设它们,你可以选择其中任意一个岛屿居住，建设开发它，永远在那里生活下去，你会选择哪一个岛屿呢？这 6 个岛屿如下。

R 岛：自然原始岛。岛上居民以手工见长，自己种植瓜果蔬菜、修缮房屋、打造器具，喜欢户外运动。岛上居民大多喜欢独自行动，彼此居住的距离较远，往来较少。

I 岛：深思冥想岛。岛上有多处天文馆、科博馆及科学图书馆等。岛上居民喜欢观察、沉思、追求真知，常有机会和来自各地的哲学家、科学家、心理学家交换心得。

A 岛：美丽浪漫岛。岛上有美术馆、音乐厅、街头雕塑，弥漫着浓厚的艺术气息。岛上居民保留了传统的舞蹈、音乐与绘画，希望与众不同，不喜欢按部就班。许多文艺界的朋友都喜欢来这个地方寻找灵感。

S 岛：温暖友善岛。岛上居民个性温和、十分友善、乐于助人，社区均自成一个密切互动的服务网络，人们多互助合作，重视教育，充满人文气息。

E 岛：显赫富庶岛。岛上居民善于经营企业和进行贸易，喜欢说服和影响别人，做事高效，追求经济效益。该岛经济高速发展，处处是高级饭店、俱乐部、高尔夫球场，往来者多是企业家、经理人、政治家、律师等。

C 岛：现代井然岛。岛上建筑十分现代化，以完善的户政管理、地政管理、金融管理见长。岛上居民个性冷静、保守，有计划、有条理，善于组织规划，细心高效，愿意遵守规则，不喜欢突如其来的变化。

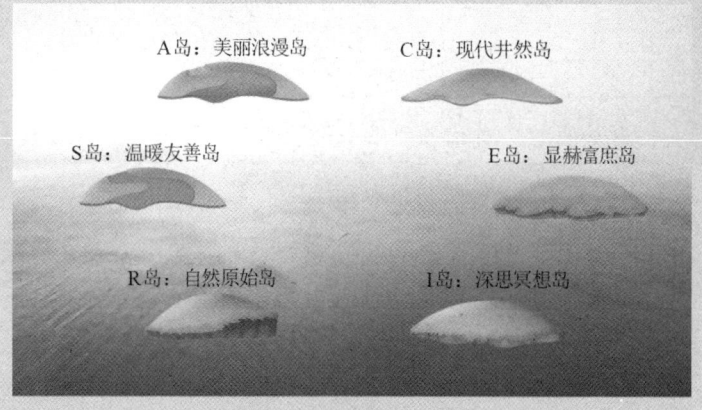

图 12-1　岛屿分布示意图

你正在进行的是霍兰德职业兴趣测验，6 个岛屿对应着 6 种典型的职业兴趣类型。R 岛对应的职业兴趣类型是实际型，I 岛对应的是研究型，A 岛对应的是艺术型，S 岛对应的是社会型，E 岛对应的是企业型，C 岛对应的是事务型。不同职业兴趣类型个体的特点与偏好的职业环境如表 12-1 所示。

表 12-1　不同职业兴趣类型个体的特点与偏好的职业环境

职业兴趣类型	个体的特点与偏好的职业环境
R 型：实际型	诚实、谦和、节俭、脚踏实地、实际、重视物质。 行动多于言语，重现在多于未来。 喜欢：具体明确、需要动手操作的工作环境。 不喜欢：需要社交、与人接触的活动

续表

职业兴趣类型	个体的特点与偏好的职业环境
I型：研究型	独立内向、温和谨慎、头脑聪明、理性逻辑。 擅长运用心智技能去观察、分析、推理。 喜欢：与符号、概念、文字、抽象思考有关的活动。 不喜欢：与领导、竞争等相关的工作
A型：艺术型	对美的事物十分敏锐。 爱借助文字、声音、动作或色彩表达内心对美的感受。 喜欢：自由自在、富有创意的工作环境。 不喜欢：文书处理等方面的工作
S型：社会型	温暖友善、慷慨仁慈、易与人相处、乐于合作、不爱竞争、有责任感。 关心人胜于关心物。 喜欢：与人接触的活动。 不喜欢：需要技术、体力等机械操作方面的工作
E型：企业型	爱冒险和竞争、精力充沛、个性积极、有冲劲。 做事有计划、行动力强、喜欢领导人们达成工作目标、获取利益。 喜欢：拥有权力、受人注意的工作。 不喜欢：科学研究
C型：事务型	保守谨慎、按部就班、注意细节、有责任感。 工作仔细、有效率、尽职尽责、值得信赖。 喜欢：有规则可循的、变化性不大的工作。 不喜欢：艺术活动

学习到这里，我们更加明确了自己的职业兴趣，然而，围绕职业兴趣和职业选择，很多同学存在一些疑问。

问题1：我选择的职业必须与兴趣完全匹配吗？

回答：人的兴趣不可能完全划入一个类型，就像我们选择岛屿时，并不只有一个岛屿吸引我们一样，这说明兴趣是多元的。工作更是这样，一份工作通常包含多种类型的活动，有我们喜欢的，也有我们不喜欢的。兴趣和专业或职业的匹配程度有高有低，如果你选择的工作大多数时候是你喜欢的，这就已经很不错了，我们很难做到完全匹配。

问题2：我必须根据兴趣选择职业吗？我觉得兴趣不一定非要与职业挂钩。

回答：职业是否应该符合兴趣，这本质上是一个价值观问题。选择自己感兴趣的工作，其好处是你会感到生活中的大部分时间都在做自己喜欢的事情，工作满意度和稳定性更高，能承受更大的工作压力，更容易在面对困难时坚持下去。当然，你也可以选择通过兼职或参加公益活动来满足兴趣，让你的职业主要去满足兴趣以外的其他需要，如高收入和稳定，但这时候你需要用更强的责任感来保持工作热情。

问题3：我的兴趣会变化吗？我有可能对一个职业慢慢培养起兴趣吗？

回答：人的兴趣是可以培养的。有时候，我们的兴趣在遇到具体的职业之前是模糊的，在选择职业后才真正转变为职业兴趣、职业热情，才具体、清晰起来，才有了血肉。因此，如果你一开始对某个职业的兴趣不高，那么可能是因为缺乏体验，没有发现其中的乐趣。我们的职业兴趣通常不是一个点，而是一个范围，符合你兴趣的职业也不是一个，而是一类，因此我们不要狭隘地认为只有一两个职业适合自己。

问题4：如果我在毕业时找的工作暂时不能满足我的兴趣我该怎么办？

回答：这是一个很常见的问题。一方面，因同学们的职业能力和经验有限，有时候不能完全按照兴趣来选择职业，而需要考虑能力的匹配；另一方面，人的兴趣是多元的，一般很难找到一份能够满足我们所有兴趣的工作。满足兴趣是人的基本需要，如果职业不能满足你的兴趣，那么你可以尝试从生活的其他方面来补充，如兼职和公益活动。在生活中，不乏有人通过兼职和公益活动在自己感兴趣的领域获得了能力、经验和人脉之后，改变了自己的职业发展方向，沿着符合兴趣的方向发展。

三、职业能力与职业个性——我能做什么

职业能力是指人们从事某种职业活动必须具备的各种能力，一般分为通识能力和专业职业能力两种。通识能力是指从事职业活动应普遍具备的能力，包括学习能力、社会适应能力、语言表达能力、人际沟通能力、团队合作能力等；专业职业能力是指对某一专业领域的活动有特殊作用并在活动中表现出来的能力，是顺利完成该项工作的必备条件，如外科医生的手术操作能力、教师的教学设计能力、驾驶员的空间判断能力等。各专业领域的专业资格证书、学历证书等都是专业能力的外在体现。

职业个性是指职业及环境所需要的个性特征，主要指的是我们的气质、性格与职业的匹配情况。例如，气质分为4种类型，包括胆汁质、多血质、黏液质、抑郁质，这4种气质类型表现出不同的特点，一些研究者根据气质特点及职业要求，列出了4种气质类型与职业的匹配情况（见表12-2）。

表12-2 4种气质类型与职业的匹配情况

气质类型	较适合的职业	不适合的职业
胆汁质	反应迅速、应急性强、冒险性强、难度较高且费力的职业，如导游、抢险、救护、外贸、勘探、管理、推销、节目主持、演讲、外事接待等	稳重、细致的职业，如外科医生、财务会计、计算机程序员、出版和媒体采编等
多血质	反应敏捷、社交性、文艺性、多变性职业，如外交、推销、管理、驾驶员、律师、运动员、新闻记者、教师、冒险家、服务员、侦查员、干警、演员等	需要细心钻研的职业，如从事流水线工作、出版业编辑校对、IT制造业工程师、电子维护及软件工程师
黏液质	原则性强、细致持久、有条不紊、刻板半静、耐受性较高的职业，如统计、科研、调查、保管、金融、外科医生、管理人员、法官、IT产业人员、编辑、行政、会计等	需要灵活应变的职业，如外事人员、公关人员、营销员、媒体策划者等
抑郁质	平静、刻板、按部就班、持久性的职业，如技术人员、会计、统计、排版员、检录员、化验员、研究员、艺术工作者、护士、心理咨询师、幼儿教师、软件开发人员、机要秘书、保管员等	要求反应敏捷、处理果断的职业，如演讲、主持、推销员、运动员、军事指挥员、探险者等

性格与职业也有密切的关系，不同的职业有不同的性格要求。例如，教师职业要求从业者热爱教育事业、尊重学生、具有耐心、认真负责等，医生职业要求从业者负责任、严谨、尊重病人、精益求精、心存敬畏等。美国心理学家布里格斯经过长期的观察和研究，提出了职业性格测试模型。该模型对性格与职业的关系进行了较为清晰的阐释，是目前国际上应用较广的性格测试和人才甄别工具。

第二节 一个重要决定——目标确立与规划

我们已通过系统的测评与分析了解了我们的职业兴趣、职业能力、职业个性，那么接下来该如何确定我们的发展目标？如何安排我们的时间？本节将对SWOT分析法、目标管理、时间管理等内容进行解读，帮助大家更好地发现自己的优势，更好地规划生活。

一、SWOT分析法

在了解自己的过程中，有一种十分有效的方法，叫作SWOT分析法（见图12-2）。它可以帮助我们明确在针对一个具体的工作、职业时，我们的优点和缺点到底是什么。SWOT分析法利用的是一种系统思维，优点在于考虑问题全面、条理清楚、便于检验，而且可以把对问题的"诊断"和"开处方"紧密结合在一起。

图12-2 SWOT分析法示意图

SWOT四个英文字母分别代表"优势"（Strength）、"劣势"（Weakness）、"机会"（Opportunity）、"威胁"（Threat）。优势是指个人的优点和成功之处，如专长、过去的成就、拥有的社会支持等；劣势是指个人外在的和内在的不利因素，如有待提高的能力、个性的缺点、外在环境的限制等；机会是指个人各方面可能拓展和创新之处，如提高能力的训练课程、得到别人帮助或支持的方法、让自己成长或充实的途径等；威胁是指阻碍个人发展和成功的因素，如自信心不足、他人的负面影响、竞争的压力等。

我们可以按照以下步骤对SWOT分析法予以实际应用。

（1）评估自己的优势和劣势。每个人都有自己独特的技能、天赋和能力。在当今社会分工非常精细的市场经济里，一般每个人只精通某个领域，不可能样样精通。例如，有些人不喜欢整天坐在办公桌旁，而有些人一想到不得不与陌生人打交道，就心生抵触。人们可以根据SWOT分析法的四个部分，列出自己喜欢做的事情和优势。如果觉得界定自己的优势比较困难，那么可以向身边的朋友或家人寻求帮助。同时，通过列表我们还可以找出自己不喜欢做的事情和劣势。

事实上，找出劣势和发现优势同样重要，因为人们可以基于自己的优势和劣势做出两种选择：一种是努力改正常犯的错误，提高技能；另一种是放弃那些对自己不擅长的技能要求很高的职业。我们可以首先列出自己认为已具备的很重要的强项和对自己的职业选择具有不良影响的弱项，然后标出那些对自己最重要的强、弱两个方面的特质。

（2）找出自己的职业机会和威胁。不同的行业，包括这些行业里不同的公司，都面临不同的外部市场机会和威胁，因此找出这些外界因素将有助于我们成功地找到一份适合自己的工作，这对我们求职和将来的职业发展非常重要。例如，如果我们感兴趣的公司处于一个常受到外界不利因素影响的行业里，那么是否进入这个公司是需要慎重考虑的。因为我们会发现，该公司提供的职业机会很可能非常少，而且职业升迁机会相对其他行业或其他职业来说可能更少。

（3）提纲式地列出未来3~5年的职业目标。明确自己的目标可以帮助我们更好地规划自己在大学里的生活。我们应认真地为自己做 SWOT 分析，列出大学毕业后 3~5 年内自己最想实现的 3~4 个职业目标。这些职业目标可以包括想从事哪一种职业，希望上升到什么位置，管理多少人，薪资达到什么水平。我们应竭尽所能发挥自己的优势，使之与行业提供的工作机会尽量匹配，通过分析和匹配找到相应的职业。

（4）提纲式地列出一份 3~5 年的职业行动计划及实施方案。这一步主要涉及一些具体的内容，可以拟出一份实现上一步列出的每个职业目标的行动计划，并且详细说明针对每个职业目标所做的每件事及完成时间。

二、目标管理

美国管理大师彼得·德鲁克于 1954 年在其著作《管理实践》中最先提出"目标管理"的概念，其后他又提出"目标管理和自我控制"的主张。这里的目标管理借鉴了他的理念，同时加入了心理学中自我管理的成分，并给目标管理下了定义："以目标的设置与分解、目标的实施及完成情况的考评、赏罚为手段，通过自我管理来实现目的的一种方法。"

简单地说，目标管理可以分为三个步骤：①设定目标—分解目标—实施目标（或制订计划）；②观察目标的完成情况；③评估和反馈。在此，重点介绍第一个步骤中的设定目标和分解目标。

首先是设定目标。什么样的目标是好目标？答案：符合 SMART 原则的目标。SMART 原则是一个很实际、很方便的实施原则，由五个英文单词的首字母组成。

S 代表 Specific：目标应该是具体的，不可以是抽象、模糊的，应该清楚地说明要达成的行为标准。例如，"我要成功"不是一个好目标，因为它不够具体。

M 代表 Measurable：目标应该是可衡量的，若没有量化的标准，难以评估，则往往容易引起争议。

A 代表 Attainable：设定的目标要具有一定的挑战性，但也应该是可以达成的。例如，一个不具备条件的人设定的目标为"超过刘翔"或者"战胜围棋世界冠军柯洁"，虽然这些目标足够具体，但是不可以达成，因为自身没有条件，练得再狠也没有用。

R 代表 Relevant：设定的目标要和其他目标或最终的理想相关联。

T 代表 Time-based：对设定的目标，要规定在什么时间内达成。因为如果没有时间标准，我们可能永远不会开始。

接下来，以英语为例说明上述规则。一位大学生结合个人实际情况安排英语学习，他设定了自己在大学二年级通过大学英语四级考试的目标，这是一个符合 SMART 原则的好目标。目标是具体的（S）：大学英语四级。目标是可衡量的（M）：通过大学英语四级的标准，一般可以理解为达到 425 分。目标有一定的难度却是可以实现的（A）：不是每个大学生都能在大学二年级通过大学英语四级考试，但是经过努力，有一定数量的大学生可以通过。如果个人英语水平较高，那么也许能在大学二年级上学期通过；如果个人英语水平较低，那么也许可以在大学二年级下学期通过。目标和个人的学习及就业密切相关（R）：通过大学英语四级不但表明自己较好地完成了大学英语的学习任务，而且能够向用人单位证明个人具有一定的英语水平，对某些学校而言，通过大学英语四级意味着可以顺利拿到学位证书。目标有明确的完成时间（T）：大学二年级。

其次是分解目标。如果不把一个大目标分解成更具体的、可以执行的目标，那么我们往

往无法去具体地执行。我们可以使用"目标多杈树"技术(又称"计划多杈树"技术)对目标进行更细致的划分。

我们可以想象,一棵大树的树干上会有若干分枝,每个分枝会有更小的树枝,而每个更小的树枝上还可以有比它还小的树枝,甚至在此基础上还可以有更小的树枝,直到最后是叶子。如果用树干表示大目标,每个树枝代表小目标,那么叶子就是我们现在的目标,或者说是我们现在应去做的事情、应该达到的结果。在使用这项技术之前,我们应弄清楚大目标和小目标之间的逻辑关系——小目标是大目标的条件,大目标是小目标的结果。如果小目标全部实现了,大目标就一定会实现。

理解并接受了以上内容,我们就可以使用"目标多杈树"技术来分解自己的目标了。

第一步,写下一个大目标,并明确实现该目标的条件是什么。这些条件也就是实现该大目标之前应实现的小目标。每个小目标就是大目标的第一层树杈。

第二步,明确实现这些小目标的条件是什么。以此类推,直到画出所有的树叶,才算完成了该目标的多杈树分解。最后,每个目标都可以被描绘成一棵枝繁叶茂的大树。

在这一过程中,我们要不断地问自己:"如果这些小目标均已实现,那么大目标一定会实现吗?"如果答案是"是",就表示这个分解已经完成;如果答案是"不一定",那么所列出的条件还不够充分,需要继续补充被忽略掉的树枝。一棵完整的目标多杈树,就是一份完整的实现该目标的行动清单。需要强调的是,同一层的各条件间应满足两个核心逻辑:一是彼此独立;二是条件完全穷尽。彼此独立是指同一层的两个条件间不能有重叠的内容;条件完全穷尽是指同一层的条件应该涵盖所有的可能性。

三、时间管理

进入大学之后,大学生的时间相对宽松和自由。有些同学热衷于参加各种活动,但不知道合理地安排自己的学习时间;有些同学因为没有了教师和家长的监督,整天沉迷网络;有些同学平时从来不复习,考试前才挑灯夜战;当然,也有些同学对自己的学习和生活有很好的规划,学得轻松又自在。大学生要学会管理时间,这样学习才能更有效。时间管理是一门重要的人生课程,它是指通过事先规划和运用一定的技巧、方法与工具实现对时间的灵活和有效运用,从而实现个人或者组织的既定目标。

美国管理学家科维认为,我们可以把要从事的活动按照重要性和紧迫性两个维度进行分类。活动具体可以分成重要且紧迫的事情、重要但不紧迫的事情、不重要但紧迫的事情和不重要且不紧迫的事情,如图12-3所示。在实际行动中,我们应该先做重要且紧迫的事情,如复习功课,准备明天的考试;再做重要但不紧迫的事情,如准备下学期竞选学生会主席;少做不重要但紧迫的事情,如阅读明天就要归还给图书馆的一本小说;不重要且不紧迫的事情最好不做,如玩网络游戏。在生活中,我们总是会遇到一些突发状况或亟须解决的问题,如果我们每天都在处理这些事情,我们的时间管理肯定不太理想。成功者往往花费更多的时间做最重要的事情,而不是最紧迫的事情。总之,我们在安排时间的时候要记住这一原则:要事第一。只要确定了最重要的事情,不管它是否紧迫,都需要主动处理。只有这样,才能游刃有余地安排自己的学习和生活。

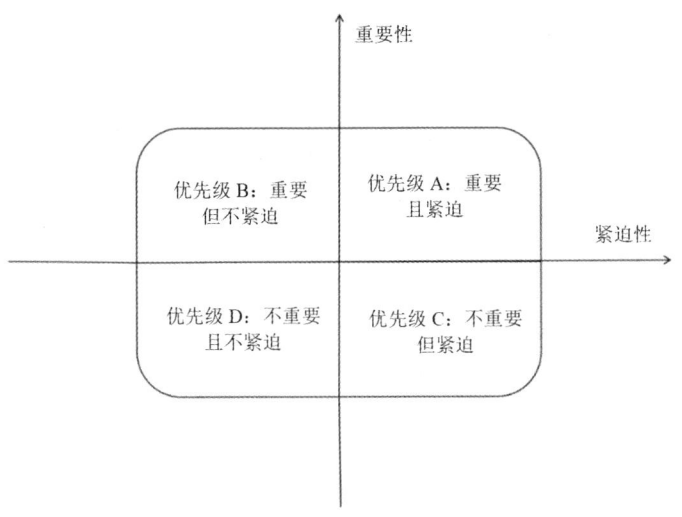

图 12-3　活动分类

在大学生中有一种非常常见的现象，就是拖延。大家可能都有过这样一种体验：在截止日期前一天才开始写作业、做任务。有一种有效的方法可以帮助我们解决拖延问题，叫作 4D 法。

第一个 D，延迟反应（Delay Reaction）。

停下来，请你想一下，你是否被要求完成以下任务中的一项：①不该由你完成的任务；②你不知道该怎样完成的任务；③你没有时间，因此需要推迟一段时间再完成的任务。你对自己将要承担的这项任务足够了解吗？如果你不了解，那么先不要回应。

第二个 D，每日决定（Diary Decision）。

在你的时间计划表中为某一项任务留出时间，这样如果你不想拖延，你就会发现，因为每天当你看时间表时，它都会提醒你任务要在什么时间之前完成。这种做法可以帮助你坚持完成这件事情。

同样，如果有一项艰巨的工作需要完成，那么你应该计划每天花一小时在这项工作上。与其安排一整段的时间，不如每天花一点时间在这项任务上，最后再把内容整合在一起。这种做法更轻松、简单，而且效果很好。

第三个 D，授权（Delegate）。

也许你解决不了一项自己已经拖延很久的工作，其原因在于：你不知道怎样去处理它；这项工作不应该由你去处理；由于你乐于助人，你答应别人去做这件事情。这时，你不妨停下来思考一下，这项工作是否有更合适的人去做。可能的话，可以把这项工作的一部分交给其他人去做。一个问题，两人分担，每人处理部分问题，你就会发现这件事情给你的压力没那么大了。

如果把这项工作完全托付给某个人去做结果会更好，就请你把它托付给这个最佳人选。如果"外包"是一个合适的解决方案，那么请你考虑采取"外包"的措施。

第四个 D，截止日期（Deadline）。

如果你已经尝试了好多方法，但都没有奏效，那么不妨考虑一下修改截止日期。你清楚地知道自己在承担什么工作，因为在你答应去做之前已经对这项工作有充分、全面的了解。你可以重新估算一下自己需要用多长时间完成这项工作，然后立刻去做。现实可行的截止日

期是最佳的截止日期。如果你给自己设定了一个过于紧迫的截止日期，那么很可能你在截止日期之前无法完成这项任务。确定真正适合你的、现实可行的截止日期，有利于你规划自己的工作，否则你在工作时感觉不到工作的快乐，而且按时完成的可能性也会大打折扣。

能使自己感觉不错并且避免产生过大压力的一种方法就是稍早于计划时间完成这一任务，计划时预留多于现实所需的时间。这样会让你有时间检查、核对自己做过的工作，以保证工作的质量。

第三节　一场长期修行——问题调适与终身学习

自我探索与规划的道路是一条漫长的道路，在前行的过程中，我们会遇到各种各样的困惑，如何战胜它们继续阔步向前是我们成长路上的必修课程，本节将从心理学的视角探讨我们正在苦恼或即将面临的生涯发展问题，以及该用什么样的理念贯穿成长全程。

一、生涯规划二三事——常见问题和调适方法

1. 大学生常见问题

（1）考研还是就业？

案例："老师，你说我该考研还是该就业啊？我好纠结啊！甚至都睡不着觉……"这是大三学生萧山的困扰。萧山来自农村，父母年过半百，由于多年务农，身体劳累，健康状况不是很好，且收入较低，仅够基本生活消费。每每假期回家，看到父母因劳累而日渐消瘦的身躯，他都感到无比心疼。每当这时，他就会暗暗下决心，本科毕业后立即参加工作，减轻父母的负担，并努力让父母尽早过上安逸的生活。

就在萧山初步决定就业时，他了解到同班同学多数要考研，考研比例甚至达到60%～70%。这些准备考研的同学每天忙于购买考研资料、上考研辅导班、抢自习座位、熬夜学习……在这样的环境中，萧山慌了。"大家都考研，我真的不知道该怎么办了。"萧山一脸迷茫，他说已经想了好几天了，越想越乱，若就业，害怕找不着合适的工作，若考研，父母又要劳作多年。徘徊在十字路口，萧山连续几天夜里辗转反侧，甚至怀疑自己得了焦虑症。

分析：萧山的情况在大学生中很普遍，很多人会由于不同的事情一直纠结，结果到最后考研落空，就业不成。其实，"纠结"是这期间正常的心理现象，正因为重视、认真才会纠结。虽然纠结，但最终决定还是要做的。

在这里我们需要先探讨一个问题：考研的动机会如何影响我们之后的学业呢？从调查结果来看，国内学生考研的动机主要可以分成两大类：外部动机，包括好找工作、具有经济优势（工资高）、政策优惠（落户）、家人期待等；内部动机，包括喜欢、擅长、个人成就和理想等。

研究普遍认可的结论是，内部动机的影响更加持久，也就是说遇到一些打击的时候，内部动机能够持续发挥作用。但大部分时候，我们的考研动机不是单一的，而是复杂而多元的，受兴趣驱使，但也离不开外在诱惑的推动。若只凭内在动机，那就太理想化了，毕竟外部动机也是很现实的利益。那么，问题来了，我们应如何平衡这两种动机呢？

心理学家指出，外部动机可以在很多时候发挥作用，但是在做一个选择的时候，尽量不要让你的外部动机盖过内部动机。因为当外部动机太强的时候，不仅不能持久，它还会削弱内部动机。

因此，我们可以受外部动机驱动而考研，但是与此同时，要思考一下自己最主要的动机是什么，以及外在动机是否盖过内在动机。最重要的是，你要想清楚自己到底想做什么，以及是否有足够的动机支撑你做这件事。在分析了自己的动机之后，充分调研就业市场现状，再结合自己的特点和能力，给自己定位，规划未来的职业发展。

（2）求职总是失败，怎么办？

案例： 大四学生小康的就业目标很明确，在综合考虑了自己的学业成绩、性格、兴趣、能力之后，他坚定地做出了找工作的打算。因此，大四一年，无论是各类公务员考试还是企业招聘，他都会去试一试。然而，公务员考试成绩出来后，小康深受打击，连着两场公务员考试，他都没通过笔试。于是，小康决定放弃考公计划，去企业"闯出一片天"。为此，他还专门买了一套西装，试图给面试官留下一个好印象。在第一家单位面试后，小康的"西装"并没有发挥效用，他没有被录用。自认为素质尚可的小康想不通为什么会是这样的结果。很快，小康又接到了第二家单位的面试通知，这次的面试形式是无领导小组面试，在小组里，各位应聘者都竭尽所能地展现自己最好的一面，小康了解到，小组里有"双一流"高校的毕业生，有学生会主席，还有实习经历丰富的实践达人，他们侃侃而谈，而小康呢，却怎么也插不进话去，好不容易有了表达的机会，抛出的观点也没有引起其他人的兴趣，最终不了了之。因此，这次面试的结果可想而知。小康开始怀疑自己，考公失败、去企业面试失败，也许自己并不是那么优秀。以至于在第三家单位面试的时候，小康开始不自觉紧张起来，手心出汗，而且越紧张越表现不好，最后自己都不知道回答了面试官什么提问，就匆匆结束了。

分析： 案例中小康求职结果持续不佳，挫折连续出现，情绪低落，自信心严重受挫。现在的他逐渐陷入了"习得性无助"的漩涡。一个人遭受的打击过多，出于自我保护，可能会觉得自己注定做不好，甚至产生自己是个一文不值的人的错误想法。接下来，小康应该对自己现在的状态进行理性分析，进行合理归因。比如，考公失败的原因是否与复习投入的精力不够有关，是否与自己对公务员考试激烈竞争程度的认识不足有关。再比如，在企业面试中，自己的表现不佳，是否与简历制作不足、语言表达欠佳、缺少模拟训练有关。将失败进行具体、合理的归因后，我们才能找到调整的方向。如果笼统地把失败的原因归纳为"我不行"，既不能解决实际问题，还会让自己陷入习得性无助的境地。

知识窗

习得性无助

1967年，美国心理学家塞利格曼在研究动物时提出了习得性无助的概念。他用狗做了一项经典的实验，如图12-4所示。他起初把狗关在笼子里，只要蜂音器一响，就给狗以电击。狗被关在笼子里逃避不了电击。在多次实验后，只要蜂音器一响，在给狗电击前，研究者把笼门打开，此时狗不但不逃反而直接倒地开始呻吟和颤抖。接下来，他把这样的狗放进有低矮隔板的大笼子里，当蜂音器响起时，它本来可以轻松越过低矮的隔板躲避电击，它却不敢再尝试了，只在原地等待痛苦的到来，这就是习得性无助。

图 12-4 习得性无助实验

在对人类的观察实验中，心理学家也得到了与习得性无助类似的结果。细心观察，我们会发现：正如实验中那条绝望的狗一样，如果一个人总是在一项工作上失败，他就会在这项工作上放弃努力，甚至还会因此对自身产生怀疑，觉得自己"这也不行，那也不行"，甚至无可救药。

而事实上，此时此刻的我们并不是"真的不行"，而是陷入了"习得性无助"的心理状态，这种心理让人们自设藩篱，把失败的原因归结为自身不可改变的因素，失去了继续尝试的勇气和信心，从而"破罐子破摔"。比如，有的人认为学习成绩差是因为自己智力不好，失恋是因为自己本身就令人讨厌等。

因此，要想让自己远离绝望，我们应学会客观、理性地为我们的成功和失败进行正确的归因。

（3）求职中的压力如何应对？

案例：小敏是一名会计专业的大四学生，眼看还有近一年就要毕业了，她却陷入深深的焦虑之中。原来，小敏看了一篇新闻报道，报道中说，本年的毕业生数量再创新高，就业形势严峻。小敏不知道自己能否在众多毕业生中突出重围，找到一份心仪的工作。为此，她心里像压了一块大石头，饮食、睡眠都受到了影响，人也瘦了一圈。

分析：求职压力是历届毕业生都必然面对的问题。由于新型冠状病毒肺炎疫情的影响，毕业生求职压力很大。尽管国家、学校、社会各方面都在努力为拓宽大学生就业门路创造条件，但新型冠状病毒肺炎疫情对毕业求职的影响依然不可忽视。但是，决定人情绪的从来不是现实生活本身，而是人们对现实生活的看法和理解。

任何心理压力都不是完全由现实情境直接决定的。任何外部压力只有转化为自我心理上的内部压力，才会成为影响人生活的真正压力。既然是心理压力，就必然有自我心理方面的原因，而且可能是决定性的原因。也就是说，所谓心理压力，主要是一种自我主观感受，心理压力的大小也主要是由人的主观感受决定的。

面对严峻的就业形势，毕业生会产生较大的就业心理压力。但会不会被就业压力压垮，关键在于能否有效地应用科学的心理策略提升自己的抗压能力。具体来说，心理自救可以采用以下策略。

一是进行积极的自我心理暗示，增强自信心。面对毕业求职，有了积极的心理暗示，就会最大限度地激发自我潜能，最大限度地在求职过程中展现自己的优势。二是调低自我心理期望值，勇于从低处做起。毕业生应调低自我心理期望值，扔掉自负，勇于从低处做起，先找到一份工作再说。即便对工作不是很满意，工作到手了总比没有工作好一些，焦虑会淡化许多，压力会减轻许多。三是拓宽自我心理定向，善于多向谋出路。比如，毕业生可以继续进修，为自己充电；可以自主创业，为自己蓄势。"先生存，后发展"是很多人的成功之路。面对就业困扰，作为刚刚走上社会的年轻人，能够先做到自己养自己就算是成功了。这些出路都属于积极等待，积极等待比消极等待有更多的发展机遇。

2．常见问题的调适方法

除了上述三类问题，我们在职业生涯规划的过程中还可能遇到其他困难，这里提供一些心理调适的方法供同学们学习。

（1）自我激励法。

大学生在择业的过程中容易遭受失败和挫折，这个时候如果轻信别人的消极评价而进行自我否定，就容易导致止步不前，求职失败。大学生一定要认识到在现实中遭遇挫折，不一定在于自身存在不足，也有可能是自己不可控制的因素在起作用，因此不要妄自菲薄，要通过自我鞭策保持对生活和学习的高度热忱，还可以通过语言、想象等暗示，使自己保持乐观和自信，从而调动内在潜能，发挥主观能动性。

（2）适度宣泄法。

适度宣泄是指通过某种途径把内心的情绪发泄出来，以使得内心平衡。当求职受挫或遇到不公正的待遇，情绪非常低落或心情非常激动时，可以采用适度宣泄法。大学生既可以找朋友、同学、老师诉说内心的委屈和烦恼，也可以大哭一场以发泄自己的情绪，还可以参加一些体育活动（如打篮球、击沙袋等），宣泄的方法只要适合自己就好，但一定要把握不伤害自己和不损害他人利益的原则。

（3）理性情绪行为治疗。

理性情绪行为治疗（REBT）是心理学家艾利思提出的心理理论。他认为一种行为或者情绪的产生并不取决于发生的事情或者情景，而在很大程度上取决于你怎样解释所发生的事情，以及你对自己下什么样的指令。如果你用非理性、消极的思维方式解释发生在你身边的事情，那么你的情绪反应也将是非理性的、消极的，你的生活中将充斥着压力与不愉快。反之，如果你善于从积极的角度思考问题，则总会有一些积极的可利用的因素助你成功。因此，在择业过程中，大学生要学会用积极的眼光看待遇到的问题与挫折，用积极的心态和方式解决问题，这样将会使自己保持择业热情，把握就业机会。

（4）注意力转移法。

注意力转移法是指通过把注意力从不良刺激转移到其他事物或其他活动上，使个体情绪从消极变为积极的一种方法。大学生在求职受挫后，可以放下不良情绪，暂时把注意力转移到自己感兴趣的事情上面，如看电影、看书、散步、唱歌等，以防止不良情绪蔓延。

（5）外界帮助法。

大学生在择业过程中遇到困难，产生焦虑、紧张的心理时，可通过以上方法调节。如果通过调节，不良情绪仍然存在，则应求助心理咨询中心或就业指导中心，通过专业老师的分析和帮助，正确看待和处理择业问题，消除心理障碍，从而保持健康的就业心态，积极迎接择业过程中的各种挑战。

二、生有涯而学无涯——终身学习

学习是一辈子的事情，只有在学习中不断感悟人生、提升境界，才会使自己变得更加充实、更加睿智。对广大学生来说，从学校毕业只是人生漫长学习过程中的一小步，要矢志不

渝地追求更有高度、更有境界、更有品位的人生，把学习作为一种责任、一种爱好、一种健康的生活方式、一种贯穿人生旅途的生活方式，做到重学、好学、乐学。

这涉及终身学习这一理念。关于终身学习这一概念，很多学者认为其是1965年12月在联合国教育、科学及文化组织（UNESCO）成人教育大会上首次由法国人保罗·朗格朗提出的，但终身学习作为思想则起源较早，在我国传统文化中就有萌芽，在春秋战国时期的《论语》经典著作中就有"学而时习之"等话语，而且在孟子、庄子、朱熹等思想家的著作中也强调教育的开放性、对象的广泛性、学习的终身性等经典思想。

坚持终身学习的刘少奇

刘少奇之所以能够从一个农民家庭出生的湖湘学子，成长为在理论和实践上均有卓越贡献的伟人，很大程度上源于他高远的学习志向和一生秉持的"学习、学习、再学习"精神。高远的学习志向，决定了他学习不是为了单纯的学理研究或是取得一纸文凭、谋个好职位，而是"以天下为己任"，探寻救国救民的真理。"学习、学习、再学习"的精神，使他不停地钻研和思考，不断地获得新知和智慧，因此也就比别人站得更高些，看得也更远些，最终成为卓越的马克思主义理论家。

——《坚持终身学习的刘少奇》（引文来源：人民网）

随着经济社会的发展，社会生产生活方式逐渐朝着信息化、网络化、数字化方向发展，知识经济蓬勃发展，新事物、新问题、新思想不断产生。大学生已经不能把学习当作简单地求知，而应该转化为一种生活方式。大学生不能只想着通过每学期的考试即可，而不思考课程之间的联系、知识点的扩展，应该勤思考、多实践。终身学习的意识是一种对自身天花板不断突破、不断提高的过程，学会学习、学会创新、学会合作是社会发展的必然要求。

一是要做一名善于反思的学习者。"古之学者为己，今之学者为人"，学习的目的归根结底在于"学以成己"。大学生应将学习与人生的目的，安放在对自我完善的不断追求之上，让作为生活方式的学习真正成为生活与工作的底色。面对纷繁复杂、不确定性日益凸显的世界，唯有通过主动的、反思性的学习，才能去探索自我，塑造更加深刻丰盈的灵魂；去探知世界，发现更加深邃广袤的天地；去探享未来，创建更加深醇美好的生活，进而达到"学而时习之，不亦乐乎"的人生境界。

二是要做一名赋能升级的学习者。当今世界，知识经济兴起，大数据、人工智能等新一代信息技术飞速发展，深刻改变了人们的生活方式、交往方式和学习方式。知识迭代更新的速度日新月异，学习稍有懈怠，就会落伍于时代。如果说每个人的人生就像一个圆，那么学习就是半径，半径越大，拥有的人生就越广阔、越丰富。对广大毕业生来说，毕业离校，结束的只是作为"学生"的身份，并非"学习"的行为。面对层出不穷的各种新知识、新情况、新事物，必须时刻增强知识更新的紧迫感，努力摆脱传统的学习方式，不断拓展学习的视野和疆界，提升学习的效率和效能。唯如此，才能在未来的人生道路上不断赢得主动、赢得优势。

三是要做一名深学笃行的学习者。学习的根本目的在于实践。"为学之实，固在践履。苟徒知而不行，诚与不学无异。"知识要转化为人们的能力和素养，就必须躬身实践，在实践中砥砺才干、增长本领，不断实现螺旋式上升。要坚持知行合一，不要以知代行，夸夸其谈却无务实举措；也不要以行取代知，不求根务本，否则无法达成理论与实践的辩证统一。

1. 结合本章所学,制定你的职业生涯规划。
2. 在自我规划的道路上,你曾经遇到过哪些困惑,你是如何解决的?

自我了解练习单

1. 我最喜欢做什么类型的事情,即使没有报酬也会享受其中?写三件。
2. 我最擅长做什么类型的事情,通常比别人做得更好?写三件。
3. 我最希望未来的工作满足自己的哪三个需要?
4. 我的性格可能在做哪类工作时遇到挑战?

思考:
1. 分享填写这个练习单的感受,这几个问题容易回答吗?
2. 写完后你觉得和平时对自己的认识有何区别?
3. 通过填写这个练习单,你认为了解自己为什么对职业选择很重要?
4. 如果想要根据这些去选择职业,你还需要做什么?

推荐书籍:《极简主义:风靡欧美的工作与生活理念》,弗格斯·奥康奈尔著,廉凯译,人民邮电出版社。

推荐理由:本书告诉我们,如果换一种角度看世界,就会发现事情其实没有那么复杂,解决问题的方法也很简单。我们可以运用书中提出的极简思维理念先弄明白自己究竟要做什么,再站在局外进行思考,据此厘清事情的优先顺序,并对结果和预期有所界定,我们就能以简单、有效的方式达成目标。

参考文献

[1] 本书编写组．马克思主义基本原理（2021年版）[M]．北京：高等教育出版社，2021．

[2] 本书编写组．思想道德与法治（2021年版）[M]．北京：高等教育出版社，2021．

[3] 本书编写组．毛泽东思想与中国特色社会主义理论概论（2021年版）[M]．北京：高等教育出版社，2021．

[4] 俞国良．大学生心理健康[M]．北京：北京师范大学出版社，2021．

[5] 夏翠翠．大学生心理健康教育（慕课版）[M]．北京：人民邮电出版社，2019．

[6] 樊富珉．结构式团体辅导与咨询应用实例[M]．北京：高等教育出版社，2018．

[7] 冯正玉，李焰．大学生心理健康[M]．北京：高等教育出版社，2021．

[8] 黄希庭，郑涌．大学生心理健康教育[M]．上海：华东师范大学出版社，2021．

[9] 屈艳红，周秀艳．大学生心理健康教育[M]．北京：科学出版社，2018．

[10] 周秀艳，黄居源，屈艳红．大学生心理健康教育实践与探索[M]．济南：山东大学出版社，2018．

[11] 亚伯·艾里斯．别跟情绪过不去[M]．广梅芳，译．成都：四川大学出版社，2007．

[12] 江光荣．心理咨询的理论与实务[M]．2版．北京：高等教育出版社，2012．

[13] 菲利普·津巴多．心理学与生活（第19版）[M]．王垒，等译．北京：人民邮电出版社，2016．

[14] 李艳．大学生心理健康教育[M]．北京：北京邮电大学出版社，2017．

[15] 龙瑞全，余图军．大学生心理健康教育[M]．成都：电子科技大学出版社，2017．

[16] 沈伊默．大学生心理健康教育[M]．重庆：重庆大学出版社，2021．

[17] 张艳艳．大学生心理健康教育[M]．重庆：重庆大学出版社，2018．

[18] 彭贤，马千珉．人际关系心理学[M]．北京：清华大学出版社，2019．

[19] 周莉，刘海娟．大学生心理健康教育[M]．北京：中国人民大学出版社，2020．

[20] 马丁·塞利格曼．活出最乐观的自己[M]．杭州：浙江教育出版社，2021．

[21] 马丁·塞利格曼．认识自己，接纳自己[M]．杭州：浙江教育出版社，2020．

[22] 彭聃龄．普通心理学[M]．5版．北京：北京师范大学出版社，2018．

[23] 戴维·迈尔斯．社会心理学（第11版）[M]．侯玉波，等译．北京：人民邮电出版社，2016．

[24] 林崇德．发展心理学[M]．3版．北京：人民教育出版社，2018．

[25] 维吉尼亚·萨提亚著．萨提亚家庭治疗模式（第2版）[M]．聂晶，译．北京：世纪图书出版社，2018．

[26] 李玫瑾．心理抚养[M]．上海：上海三联书店，2021．

[27] 高玉祥．个性心理学[M]．北京：北京师范大学出版社，2007．

[28] 陈琦，刘儒德．当代教育心理学[M]．北京：北京师范大学出版社，2007．

[29] 沙玛什·阿利迪纳．正念减压——通往健康快乐的八周之旅[M]．吴灵芝，译．北京：中国青年出版社，2021．

[30] 法布里奇奥·迪唐纳. 正念疗法——认知行为治疗的第三次浪潮[M]. 郭书彩, 范青, 陆璐, 译. 北京: 人民邮电出版社, 2021.

[31] 胡凯等. 大学生网络心理健康素质提升研究[M]. 北京: 中国书籍出版社, 2013.

[32] 戴朝护. 大学生心理健康[M]. 北京: 北京大学出版社, 2011.

[33] 侯志瑾, 常雪亮. 团体的力量——学生生涯团体辅导手册[M]. 北京: 清华大学出版社, 2017.

[34] 心理健康教育课题组. 大学生心理健康教育[M]. 北京: 中国传媒大学出版社, 2012.

[35] 张晓文. 爱情的真相——亲密关系心理学[M]. 北京: 清华大学出版社, 2020.

[36] 盖瑞·查普曼. 爱的五种语言[M]. 王云良, 译. 北京: 中国轻工业出版社, 2006.

[37] 罗兰·米勒, 丹尼尔·珀尔曼. 亲密关系（第5版）[M]. 王伟平, 译. 北京: 人民邮电出版社, 2011.

[38] 陈毓秀, 韦一文, 邱德锋. 探究网络及其文化对大学生心理健康的影响[J]. 智库时代, 2019（36）：276, 280, 2096-4609.

[39] 同雪莉, 彭华民. 大学生心理问题污名认知及应对[J]. 教育评论, 2013（16）：75-77.

[40] 刘华山, 心理健康概念与标准的再认识[J]. 心理科学, 2001, 24（4）：481-482.

[41] 李强. 心理疾病污名影响研究与展望[J]. 南开学报（哲学社会科学版）, 2009（4）：123.

[42] 赵争, 杨亚鸣. "95后"大学生入学适应教育问题探讨[J]. 宿州学院学报, 2014, 29（5）：100-102.

[43] 蔡峻. 大学新生入学适应性教育探讨[J]. 重庆科技学院学报（社会科学版）, 2007（3）：127-128.

[44] 沈燎, 刘枭. 高校学生干部胜任力模型构建研究[J]. 当代青年研究, 2009（12）：61-64.

[45] 陈红波. 浅谈高职高专学生自制力的培养[J]. 教育教学论坛, 2016（39）：270-271.

[46] 汪海云. 积极情绪的自我培养[J]. 大众心理学, 2020（6）：43-44.

[47] 丁妩瑶, 彭凯平. 中译人际信任量表勘误及修订[J]. 心理月刊, 2020, 15（6）：4-5, 7.

[48] 王雨晴. 面孔吸引力、人格标签对于男女择偶偏好的影响[J]. 心理学报, 2015, 47（1）：108-118.

[49] 张妍, 张丽丽. 择偶偏好的生物学、心理与行为及社会性影响因素综述[J]. 中国青年研究, 2016（8）：97-102.

[50] 李昀, 杜莉莉. "00后"大学生恋爱动机、危机及其应对策略研究[J]. 传播力研究, 2020, 4（17）：124-125, 127.

[51] 王雪颖, 胡志蕾. 大学生恋爱动机研究综述[J]. 现代交际, 2019（13）：135-136.

[52] 黄秋莲. 浅谈大学生恋爱动机对恋爱收获和体验的影响[J]. 现代交际, 2018（6）：153-155.

[53] 李雪平. 大学生的孤独感与恋爱动机的关系研究[J]. 教育研究与实验, 2013（04）：92-96.

[54] 李同归, 加藤和生. 成人依恋的测量——亲密关系经历量表（ECR）中文版[J]. 心理学报, 2006, 38（3）：399-406.

[55] 黄艺娜. 大学生婚前性行为和性态度调查分析[J]. 中国性科学, 2012, 21（1）：19-21.

[56] 王树青, 朱新筱, 张粤萍. 青少年自我同一性研究综述[J]. 山东师范大学学报（人文社会科学版）, 2004, 49（3）：29-32.

[57] 王树青, 陈会昌. 大学生自我同一性状态问卷中文简版的修订[J]. 中国临床心理学杂志, 2013.

[58] 张建平,刘强.论大学生自我同一性的危机及其解除[J].当代教育论坛,2008(11):98.

[59] 丁小芳.社团参与情况、班级规模、班级心理氛围与大学生自我同一性发展关系的研究[J].黑龙江生态工程职业学院学报,2020.

[60] 吴琪,王为民.我国大学生"延缓偿付期"内的心理现状及应对策略[J].安徽广播电视大学学报,2014(3):62-66.

[61] 范师昀.人格的形成——遗传与环境因素对心理变化的影响[J].教育现代化,2017,4(38):333-334.

[62] 赵敬涵.中西方文化差异及其对跨文化交际的启示[J].青春岁月,2021(03):20-21.

[63] 朱华,徐萍.幼儿人格与家庭养育环境的相关性分析[J].南昌大学学报(医学版),2014(9):79-80.

[64] 赵海霞.创造性人格特征及形成机制[J].才智,2010(14):139.

[65] 彭良姝,方章东.社交网络对大学生人格和价值观的影响[J].西昌学院学报(社会科学版),2012(1):111-113,117.

[66] 花玲玲.学以成人——终身学习及其对当代大学生的启示[J].长江丛刊,2020,020(9):61-62.

[67] 古丽娜•阿扎提.大学生终身学习意识与能力培养浅析——以新疆高校文科专业为例[J].继续教育研究,2021(10):14-16.

[68] 刘启明.现阶段大学生网络犯罪现状与防范对策[J].无线互联科技,2016,2(13):84-85.

[69] 杨森,谷传华,周宗奎.中国大学生创造性人格的特点以及相关因素[J].心理学与创新能力提升——第十六届全国心理学学术会议论文集,2013.

[70] 尹艳新.大学生心理疾病污名、复原力与专业心理求助态度的关系研究[D].哈尔滨:哈尔滨工程大学,2013.

[71] 肖世君.大学生心理疾病污名、自我效能感和专业心理求助态度的关系研究[D].成都:四川师范大学,2017.

[72] 李凤兰.中国公众的心理疾病观:内容、结构及测量[D].武汉:华中师范大学,2015.

[73] 赵超前.大学新生入学教育存在的问题及对策研究[D].济南:山东大学,2016.

[74] 王璐.大学新生环境适应教育研究[D].长春:长春理工大学,2014.

[75] 黄娜.大学新生适应性教育研究[D].南昌:江西理工大学,2013.

[76] 郭春明.当前我国大学生新生适应性教育的主要问题及对策研究[D].重庆:西南大学,2012.

[77] 林细妹.思想政治教育视野下的大学新生适应性教育研究[D].重庆:西南大学,2011.

[78] 马俊.大学新生心理适应性训练研究[D].成都:西南交通大学,2011.

[79] 文华.当代大学新生适应不良问题及对策研究[D].重庆:西南大学,2010.

[80] 车锦若.爱国情感的积极心理作用及其神经机制[D].曲阜:曲阜师范大学,2021.

[81] 庞亚玲.大学生亲社会行为的影响因素及作用机制研究[D].石河子:石河子大学,2021.